T0161705

LE HASARD SAUVAGE

NASSIM NICHOLAS TALEB

LE HASARD SAUVAGE

COMMENT LA CHANCE NOUS TROMPE

Traduit de l'anglais (E.U.)
par Carine Chichereau
avec la collaboration de l'auteur

Deuxième tirage

PARIS

LES BELLES LETTRES

2022

www.lesbelleslettres.com

Pour consulter notre catalogue
et être informé de nos nouveautés
par courrier électronique

Titre original :
Fooled by Randomness
The Hidden Role of Chance in Life and in the Markets

Published in the English language by South Western, a Thomson
Learning Company (Copyright © 2004)

© 2005, pour la traduction et la première édition françaises,

© 2020, Société d'édition Les Belles Lettres,
95, boulevard Raspail 75006 Paris

ISBN : 978-2-251-45139-8

À ma mère,
Minerva Ghosn Taleb

PRÉFACE À L'ÉDITION FRANÇAISE

Prendre la connaissance moins au sérieux

Ce livre est une synthèse : d'une part, il y a le professionnel de l'incertitude, pourfendeur d'absurdités, qui a toute sa vie essayé de ne pas se laisser duper par le hasard et de résister aux émotions qu'engendrent les résultats aléatoires ; d'autre part, il y a cet être épris d'esthétique et de littérature, prompt à se laisser berner par n'importe quelle inconséquence si elle est élégante, raffinée, originale et de bon goût. Je ne suis pas capable de me soustraire aux pièges du hasard : tout ce que je peux faire, c'est le cantonner au domaine où il m'apporte une satisfaction esthétique.

Tout cela me vient droit du cœur : ce livre est un essai personnel principalement axé sur mes propres réflexions, mes batailles, et certaines observations issues de mon expérience en matière de prise de risque. Il ne s'agit pas d'un traité, et encore moins d'un rapport de vulgarisation scientifique (loin de moi cette pensée ! Les idées de cet ouvrage sont primaires, et non des reformulations secondaires). J'ai écrit ce livre pour le plaisir, et je souhaite avant tout qu'il soit lu comme tel. On a beaucoup publié ces dix dernières années sur les biais (innés ou acquis) qui entrent en jeu quand on prend des décisions dans des conditions d'incertitude. En commençant cet ouvrage, je m'étais donné pour règle de ne parler : primo de rien, concernant le hasard, que je n'aie constaté par moi-même, ou sur quoi je n'aie fait des recherches personnelles ; secundo d'aucun sujet que je ne maîtrise suffisamment pour être à même d'en parler sans effort. J'ai systématiquement éliminé tout ce qui, de près ou de loin, ressemblait à du travail. J'ai expurgé mon texte des passages qui sentaient trop la bibliothèque, y compris des noms de scientifiques connus. J'ai tenté de ne pas utiliser de citation qui ne me vienne de mémoire et qui ne soit d'un auteur que je fréquente intimement depuis des années (je déteste la pratique qui consiste à user au hasard d'une sagesse d'emprunt – je reviendrai plus tard amplement sur ce sujet). *Aut tace aut loquere meliora silencio* (seulement quand les mots sont meilleurs que le silence).

L'ÉDITION FRANÇAISE

Le titre anglais de ce livre (« Fooled by Randomness ») est né à Paris, sur un slogan conçu initialement en langue française. En 1999, le professeur Rama Cont m'a invité à faire un exposé aux petits déjeuners de l'École polytechnique. Je n'avais pas la moindre idée de quel sujet choisir et, quand le professeur Cont m'a demandé mon titre, j'ai annoncé spontanément « dupes du hasard », une phrase sortie toute seule pendant la conversation téléphonique. Le matin de ma présentation, en avril de cette année-là, j'ai parlé sans ambages, pendant près d'une heure, mes inhibitions enlevées par la fatigue du décalage horaire. J'avais des cadres en face de moi, et je ne me suis pas privé de leur expliquer qu'ils avaient dû sous-estimer le rôle de la chance, malgré toutes leurs techniques et leurs calculs (en général mon message dérange les gens, et j'ai dû les froisser quelque peu). En rentrant à New York, sans faire attention, j'ai mis « Fooled by Randomness », la traduction anglaise de « dupes du hasard » en tête d'une page blanche, et je me suis mis à écrire. Je n'ai pu m'arrêter qu'une fois le livre fini : il s'est écrit tout seul.

La première édition me semblant un peu hâtive, j'ai décidé de la compléter avant de la faire traduire en français. Le fait (surprenant) que mon livre soit lu par une masse de personnes ne me convainquait pas qu'il soit celui que j'avais voulu écrire. Ma dette envers l'école française de probabilité était telle que je ne pouvais la trahir en publiant un ouvrage aussi incomplet – j'imaginais mes « vrais » lecteurs, c'est-à-dire mes maîtres, les professeurs Hélyette Geman (ma directrice de thèse) et Nicole Elkaroui, ou mon collaborateur Raphael Douady lisant le texte. Je ne me sentais pas à la hauteur.

En dehors des probabilités, le fait que j'aie passé une partie de mon enfance dans un lycée français a aussi dû jouer un rôle dans ma peur de voir un travail incomplet traduit en français. À propos des lycées français, je dois faire observer une chose curieuse. Le jour de mon anniversaire en 2004, je me suis offert un déjeuner avec les deux grands spécialistes de l'incertitude : le psychologue de l'incertitude Daniel Kahneman, qui venait de recevoir le Nobel, et le grand mathématicien Benoît Mandelbrot. Il ne manquait que Karl Popper à cette réunion. Mandelbrot était devenu mon maître à penser en matière d'incertitude sauvage mais domesticable ; je lui dédiai mon ouvrage suivant, et lui fis rencontrer mon héros, Daniel Kahneman. C'est alors que nous nous sommes rendu compte de ce fait étrange : nous avions tous les trois passé des années d'enfance sur les bancs d'un lycée français !

Je dois beaucoup à la patience de Carine Chichereau, à son intégrité et à sa conscience de traductrice. Je remercie aussi Catherine Danison-Guillet pour sa collaboration. Je sais gré également à Michel Desgranges et à Bill Bonner de leur enthousiasme et de m'avoir fait l'honneur de m'accueillir parmi les membres de l'écurie des Belles Lettres[1].

LE SUCCÈS VA AU SUCCÈS

J'espère faire de ce livre un objet vivant, reflet de mon évolution personnelle et d'idées nouvelles, au lieu d'en faire un tout autre livre. Chose étrange, j'ai réfléchi à certaines sections de ce livre bien davantage après sa première publication qu'en l'écrivant, notamment à propos des deux points suivants : d'une part les mécanismes qui poussent notre cerveau à considérer le monde comme beaucoup moins soumis aux lois du hasard qu'il ne l'est en réalité ; d'autre part le « point de bascule », ce type d'incroyable incertitude qui provoque d'énormes déviations (les événements rares nous apprennent à chaque fois un peu plus dans quel monde nous vivons, tout en restant aussi contre-intuitifs qu'ils l'étaient pour nos ancêtres). La présente édition reflète le glissement progressif de l'auteur qui étudie de moins en moins le hasard (il est si difficile d'en apprendre quoi que ce soit) et de plus en plus la façon dont celui-ci parvient à duper les gens.

Autre phénomène : comment ce livre a transformé son auteur. Alors que je commençais à « vivre » mon propre ouvrage après l'avoir écrit, le hasard m'est apparu là où je m'y attendais le moins. C'est comme s'il existait deux planètes : celle sur laquelle nous vivons, et celle sur laquelle les gens sont convaincus de vivre, qui est considérablement plus déterministe. C'est aussi simple que cela : les événements

1. Je souhaite également remercier Alain Kruger, Pascal Boulard, Guy et Dominique Rivière pour les commentaires sur l'édition française.

passés auront toujours l'air moins aléatoires qu'ils ne l'étaient (c'est ce qu'on appelle le « biais de rétrospection »). Plus j'écoutais les gens parler de leur passé, plus je comprenais qu'il s'agissait en grande partie d'explications illusoires concoctées *a posteriori*. Cela m'était parfois insupportable : quand j'observais les chercheurs en sciences sociales (en particulier en économie) et les investisseurs, j'avais l'impression d'avoir des fous en face de moi. Vivre dans le monde réel peut s'avérer douloureux, surtout quand on s'aperçoit que les paroles des autres vous en apprennent plus sur eux que sur le sujet concerné. Ainsi ce matin, dans la salle d'attente de mon dentiste, j'ai lu dans un numéro de *Newsweek* un article sur un éminent homme d'affaires, dans lequel le journaliste parlait notamment de sa capacité à « prendre les bonnes décisions au bon moment ». Au fil de la lecture, je me suis rendu compte que j'établissais une liste des préjugés de l'auteur, au lieu d'enregistrer l'information qu'il donnait dans l'article lui-même – article qu'il n'était pas possible de prendre au sérieux. (Pourquoi la plupart des journalistes ne réussissent-ils pas à comprendre qu'ils en savent beaucoup moins qu'ils ne le pensent ? Il y a cinquante ans de cela, des chercheurs ont étudié le phénomène des « experts » qui n'apprenaient rien de leurs échecs passés. On peut très bien passer sa vie à se tromper dans ses prédictions, et continuer à penser qu'on aura raison la fois suivante.)

INSÉCURITÉ ET PROBABILITÉ

Je crois que ma profonde insécurité intellectuelle est la qualité que je dois protéger et cultiver le plus. Voici ma devise : *Une grande partie de mes loisirs consiste à taquiner et à rendre furieux ceux qui se croient importants et prennent ce qu'ils savent trop au sérieux.* Cultiver une telle insécurité, et non sa confiance intellectuelle, peut sembler étrange – et difficile à mettre en pratique. Pour y parvenir, il faut s'affranchir de cette tradition récente qui consiste à avoir des certitudes intellectuelles. Un de mes lecteurs, avec qui j'ai établi une correspondance fructueuse, m'a fait redécouvrir Montaigne. Je me suis aussitôt vivement intéressé aux conséquences de la différence entre Montaigne et Descartes – et à la façon dont nous nous sommes égarés en suivant Descartes dans sa quête de certitudes. Il ne fait aucun doute que nous avons bridé notre esprit en préférant le modèle de pensée formelle de Descartes au jugement vague et informel (mais critique) de Montaigne. Un demi-millénaire plus tard, c'est le Montaigne introspectif sévère qui s'offre en modèle au penseur moderne. Sans compter que l'homme avait un courage exceptionnel : il faut en effet une certaine bravoure pour rester sceptique ; il faut une force d'âme hors du commun pour se livrer à la méditation, se confronter à soi-même, et accepter ses propres limites – les scientifiques trouvent de plus en plus de preuves indiquant que la nature nous a conçus pour que nous nous dupions nous-mêmes.

Il existe de nombreuses façons d'aborder intellectuellement les thèmes de la probabilité et du risque – le terme « probabilité » prend des significations légèrement différentes selon les disciplines dans lesquelles les gens travaillent. Dans ce livre, il est invariablement employé dans son sens qualitatif et littéraire, et non quantitatif et « scientifique » (ce qui explique la mise en garde contre les économistes et les professeurs de finance, puisqu'ils ont tendance à croire dur comme fer qu'ils détiennent un savoir, et un savoir utile qui plus est). Ce terme découle ici du « problème de l'induction » de Hume (ou de l'inférence du particulier au général d'Aristote), et s'oppose au paradigme présent dans les livres focalisés sur les dimensions ludiques du sujet. Dans cet ouvrage, la probabilité se présente donc principalement comme une branche du scepticisme appliqué, et non comme une discipline pratique scientifique (malgré le traitement mathématique excessif du sujet, les problèmes liés au calcul des probabilités méritent rarement plus qu'une note de bas de page).

De quelle façon ? Les probabilités ne sont pas un simple calcul de combinaisons portant sur des dés ou autres variantes plus complexes : c'est l'acceptation du manque de certitude dans notre savoir et la mise au point de méthodes destinées à composer avec notre ignorance. Hormis dans les manuels et les casinos, les probabilités ne se présentent presque jamais sous forme de problème mathématique ou de jeu de devinette. La nature ne nous dit pas combien de cases comporte sa roulette, et ne nous donne pas non plus les énoncés des problèmes que nous devons résoudre, comme dans les manuels scolaires (dans le monde réel, c'est le problème lui-même, plus que sa solution, qu'il faut découvrir). L'essence de la pensée probabiliste exposée dans ce livre tourne autour du fait qu'un événement aurait pu avoir un autre résultat, et que le monde aurait pu être différent. En fait, je me bats depuis le début de ma carrière contre l'utilisation quantitative des probabilités. Alors que les chapitres 13 et 14 (sur le scepticisme et le stoïcisme) contiennent à mon avis les idées maîtresses de cet ouvrage, la plupart des gens se sont focalisés sur les exemples d'erreurs de calcul de probabilité présentés dans le chapitre 11 (clairement, et de loin, le chapitre le moins original, et dans lequel j'ai condensé toute la littérature existante sur les distorsions cognitives). En outre, même si nous comprenons un peu les probabilités dans les sciences fondamentales, et en particulier en physique, nous n'en savons pas grand-chose dans le domaine des « sciences » sociales comme l'économie et la sociologie, par exemple, et cela malgré des bataillons d'experts.

HONNEUR AUX LECTEURS (ENFIN, À CERTAINS)

Dans ce livre, j'ai tâché d'utiliser le moins possible mon expérience de trader mathématique. Le fait de travailler sur les marchés m'a seulement servi d'inspiration – il ne fait pas de ce livre (contrairement à ce que beaucoup ont pensé) un guide sur le hasard dans le domaine des marchés, pas plus que l'*Iliade* n'est un manuel d'instruction militaire. Seuls trois des quatorze chapitres ont pour contexte le monde de la finance. Les marchés ne sont qu'un exemple de terrain où le hasard nous tend des pièges – mais ils sont de loin l'exemple le plus intéressant car la chance y joue un rôle très important (cet ouvrage aurait été bien plus court si j'avais été taxidermiste ou traducteur d'étiquettes pour marques de chocolat). En outre, le type de chance que l'on rencontre dans le monde de la finance est de ceux que personne ne comprend, mais que la plupart des professionnels *croient* comprendre, ce qui nous permet d'observer de près le phénomène des distorsions intellectuelles. J'ai utilisé les analogies avec le marché uniquement pour illustrer mon propos, comme je le ferais lors d'un dîner en compagnie d'un cardiologue manifestant une certaine curiosité intellectuelle (j'ai pris comme modèle mon ami de longue date, Jacques Merab).

J'ai reçu pléthore de courriels à l'occasion de la première édition de ce livre, rêve de tout essayiste puisqu'une telle dialectique vous met dans les conditions idéales pour écrire une seconde édition. J'ai exprimé ma gratitude en répondant une fois à chacun de ces correspondants. J'ai inséré quelques-unes de mes réponses dans certains chapitres. Comme je passe souvent pour un iconoclaste, j'attendais de pied ferme des courriers agressifs du genre « qui êtes-vous pour juger Warren Buffett » ou « vous enviez son succès » : quelle déception de constater que la plupart des lettres dans lesquelles je me faisais éreinter sont parues, anonymes, sur amazon.com (la mauvaise publicité, ça n'existe pas : certaines personnes réussissent à promouvoir votre travail justement en l'insultant avec passion).

Je me suis donc consolé de cette absence d'attaque grâce aux lettres de lecteurs qui se sentaient légitimés par mon livre. Les courriers les plus gratifiants sont venus de gens qui ont du mal à s'en sortir : ils se sont basés sur ce livre pour expliquer à leur conjoint qu'ils avaient eu moins de chance que leur beau-frère (et non qu'ils étaient moins doués). La lettre la plus touchante m'a été envoyée par un homme vivant en Virginie, qui en l'espace de quelques mois a perdu son travail, sa femme, sa fortune, et s'est retrouvé au centre d'une enquête menée par la redoutable *Securities and Exchange Commission* (la Commission des opérations de bourse américaine). Seul son stoïcisme lui a permis de reprendre le dessus. Ma correspondance avec un lecteur touché par un cygne noir (autrement dit un événement aléatoire inattendu et aux répercussions terribles – la perte d'un bébé) m'a poussé à me plonger quelque temps dans les ouvrages traitant des difficultés que l'on rencontre après la survenue d'événements aléatoires gravissimes (domaine également dominé, et ce n'est pas une coïncidence, par Daniel Kahneman, pionnier de la recherche sur les comportements irrationnels en période d'incertitude). Je dois avouer que je ne me suis jamais particulièrement senti utile à qui que ce soit (excepté à moi-même) lorsque je travaillais comme trader ; en revanche, endosser le rôle d'essayiste m'est apparu vivifiant et utile !

TOUT OU RIEN

Revenons sur quelques méprises concernant le message de ce livre. De la même façon que notre cerveau a du mal à discerner les nuances probabilistes (cela vaut pour la simplification excessive de l'expression « tout ou rien »), il a été difficile d'expliquer que le message, ici, était : « C'est plus aléatoire qu'on ne le pense » ; plutôt que : « Tout est aléatoire. » Je me suis retrouvé en position d'accusé : « Taleb est un sceptique, qui pense que tout est le fruit du hasard, et que les gens qui réussissent ont simplement de la chance. » Le symptôme « dupé par le hasard » a même affecté un débat organisé par la *Cambridge Union Society*, qui avait fait l'objet d'une bonne publicité, et à l'occasion duquel mon argument « La plupart des cracks de la City sont des nigauds chanceux » est devenu « Tous les cracks de la City sont des nigauds chanceux » (bien évidemment, j'ai perdu le débat au profit du redoutable Desmond Fitzgerald. Ce fut l'une des discussions les plus divertissantes que j'aie jamais eues – j'ai même été tenté de changer de camp !). De même que l'on prend l'irrévérence pour de l'arrogance (comme je l'ai remarqué au sujet du message de ce livre), les gens confondent scepticisme et nihilisme.

Je m'explique : bien sûr que la chance sourit à ceux qui s'y sont préparés ! Le travail, la ponctualité, une chemise propre (blanche de préférence), l'utilisation de déodorant et autres conventions de ce genre contribuent au succès – elles sont même nécessaires, c'est certain, mais sans doute insuffisantes, car ce ne sont pas elles qui sont la véritable cause du succès. Le même raisonnement s'applique aux valeurs conventionnelles comme la persistance, la ténacité, la persévérance : elles sont nécessaires, sans le moindre doute. Si on veut gagner à la loterie, il faut aller acheter un billet. Cela signifie-t-il que c'est l'effort fourni pour se déplacer jusque chez le commerçant qui nous a fait gagner ? Bien sûr les compétences ont leur importance, mais elles le sont beaucoup moins dans les professions hautement aléatoires que chez le dentiste.

Non, je ne suis pas en train de dire que la notion d'éthique de travail que vous a transmise votre grand-mère est caduque ! Qui plus est, étant donné que la plupart des succès sont dus à un nombre très limité de « perspectives d'ouverture », ne pas en profiter quand ces dernières se présentent peut être mortel pour une carrière. Il faut savoir saisir sa chance !

Vous avez dû remarquer la façon dont notre cerveau inverse parfois le sens de la flèche de la causalité. Supposez que certaines qualités *causent* effectivement le succès. Quand on part de ce postulat – et même si, de façon intuitive, il paraît juste de le penser –, le fait que toute personne intelligente, travailleuse et persévérante réussisse n'implique pas que toute personne qui réussit soit nécessairement intelligente, travailleuse et persévérante (il est remarquable de constater qu'un sophisme aussi primitif – l'affirmation du conséquent – puisse venir de personnes par ailleurs très intelligentes, un point que j'aborde dans la présente édition sous l'étiquette « deux façons de raisonner »).

Les recherches portant sur le succès ont pris un tournant qui leur a ouvert la porte des librairies, car les auteurs de ces études donnent désormais des conseils : « Voici ce qui caractérise un millionnaire. Si vous voulez avoir autant de succès qu'eux, faites ci, faites ça… » L'un des auteurs du malencontreux *The Millionaire Next Door* (dont je parle au chapitre 8) a écrit un livre encore plus insensé intitulé *L'esprit millionnaire*. Il y fait remarquer que, sur les mille sujets de son étude, la plupart n'étaient pas des enfants particulièrement brillants ; il en infère que ce ne sont pas les qualités avec lesquelles on naît qui nous font devenir riche, mais plutôt avec le travail. On pourrait naïvement en conclure à notre tour que la chance ne joue aucun rôle dans le succès. Pour ma part, je dirais de façon intuitive que, si ces millionnaires sont doués de qualités proches de celles de la moyenne de la population, cela signifie (même si cette interprétation est plus dérangeante) que, dans leur cas, la chance a effectivement joué un rôle. La chance est démocratique et touche tout le monde, quels que soient les dons naturels de la personne. L'auteur de *L'esprit millionnaire*, lui, aurait remarqué chez les individus qu'il a étudiés des degrés de ténacité et d'endurance au travail différents du reste de la population : autre confusion entre le nécessaire et le causal. Dire que tous les millionnaires sont des travailleurs acharnés et persévérants n'implique pas nécessairement que les travailleurs acharnés et persévérants deviennent des millionnaires. Les exemples sont légion d'entrepreneurs qui ont échoué alors qu'ils étaient des travailleurs acharnés et persévérants. Exemple classique d'empirisme naïf, l'auteur s'est aussi penché sur les caractéristiques que ces millionnaires avaient en commun et en a déduit qu'ils partageaient tous le goût du risque. Bien évidemment, prendre des risques est nécessaire pour obtenir de grands succès – mais c'est aussi nécessaire pour échouer. Si l'auteur avait étudié de la même façon les citoyens en situation de faillite financière, il aurait certainement découvert qu'ils avaient tous une prédilection pour la prise de risque.

Certains lecteurs (ainsi que les maisons d'édition uniquement capables d'imiter les autres – heureusement que j'ai eu la chance de trouver l'éditeur Texere) m'ont demandé « d'étayer mes affirmations » en « fournissant des données », graphiques, courbes, diagrammes, graphes, tableaux, nombres, recommandations, chronogrammes, etc. Ce livre est un ensemble de réflexions fondées sur la pensée logique, pas une dissertation en économie. La logique ne nécessite pas de vérification empirique (voici, encore une fois, ce que j'appelle le « sophisme en boucle » : c'est une erreur d'utiliser des statistiques sans avoir recours à la logique comme le font les journalistes et certains économistes, pas l'inverse : ce n'est pas une erreur d'utiliser la logique sans les statistiques). Si je m'imagine que mon voisin doit sa réussite en partie à la chance – peu importe dans quelle mesure – étant donné la nature aléatoire de sa profession, je n'ai aucun besoin de « tester » cette affirmation : la métaphore de la roulette russe le fera d'elle-même. La seule chose qu'il me faille montrer, c'est l'existence d'une possibilité alternative à la théorie selon laquelle mon voisin serait un génie. Je peux le faire en prenant un échantillon de personnes intellectuellement limitées et en montrant qu'une minorité d'entre elles peut réussir dans les affaires – et c'est alors cette minorité qui sera visible. Je ne dis pas que Warren Buffett n'a aucun talent ; je dis seulement que, sur un grand nombre d'investisseurs agissant au hasard, il est presque nécessaire que l'un d'eux obtienne les mêmes résultats uniquement grâce à la chance !

UNE FARCE RATÉE

Malgré ma défiance agressive à l'égard du journalisme de masse, j'ai été à ma grande surprise invité à des émissions de radio et de télévision, aux États-Unis et en Europe (ainsi ai-je participé, entre autres, sur une radio de Las Vegas, à un *dialogue de sourds*[2] hilarant tout au long duquel le journaliste et moi-même n'avons jamais parlé de la même chose). Personne ne m'ayant protégé de moi-même, j'ai accepté ces interviews. Chose étrange, il est nécessaire d'avoir recours à la presse pour transmettre le message que les médias sont nocifs. Ces émissions m'ont donné l'impression d'être un imposteur débitant des phrases toutes faites et insipides, mais je me suis quand même bien amusé à jouer ce rôle.

Peut-être ai-je été invité parce que ces journalistes grand public n'avaient pas lu mon livre, ou bien qu'ils n'avaient pas compris les insultes qu'il contenait (ils n'ont « pas le temps » de lire les livres), alors que les journalistes indépendants, eux, ne l'avaient que trop bien lu et s'en étaient trouvés confortés dans leur point de vue. J'ai quelques anecdotes à ce sujet. Ayant entendu parler de « ce Taleb qui dit que les analystes boursiers ne sont que des prévisionnistes au petit bonheur la chance », les réalisateurs d'une émission de télévision connue se sont empressés de me demander de venir présenter mes idées sur leur plateau. En contrepartie, il me fallait donner trois conseils boursiers pendant l'émission, pour prouver mon « expertise ». Je n'ai pas accepté l'invitation, et j'ai raté l'occasion d'un bon canular – en effet, j'aurais pu m'amuser à démontrer de façon convaincante la valeur de trois actions que j'aurais choisies complètement au hasard.

Au cours d'une autre émission de télévision, j'ai dit : « Les gens pensent toujours qu'il y a une "histoire" là où il n'y en a pas. » Je parlais du caractère aléatoire de la bourse et de la logique rétrospective

2. En français dans le texte *(N.d.T.)*.

qu'on applique toujours aux événements après coup. Aussitôt le présentateur m'a interrompu : « On a parlé d'"histoires" chez Cisco ce matin. Quels sont vos commentaires ? » Mieux encore : invité à un débat dans le cadre d'une émission financière radiophonique (les producteurs n'avaient pas dû lire mon chapitre 11), on m'a prié, quelques minutes avant le début de l'enregistrement, de ne pas trop mentionner les idées que je développais dans mon livre, étant donné qu'on m'avait fait venir pour parler des échanges boursiers et pas du hasard (j'aurais pu, là aussi, monter un bon canular, mais je n'étais pas assez préparé et j'ai décidé de quitter le plateau avant le début de l'émission).

La plupart des journalistes ne prennent pas vraiment les choses au sérieux : après tout, leur métier est plus proche du divertissement que de la recherche de la vérité, surtout à la radio et la télévision. Le secret consiste à éviter ceux qui n'ont pas conscience de faire du divertissement (à l'image de George Will, que je mentionne dans le chapitre 2) et se considèrent comme de véritables penseurs.

Mon livre s'est heurté à un autre problème : celui de l'interprétation par les médias. « Ce Nassim dit que les marchés sont aléatoires, donc soyons baissiers. » Aussitôt je suis devenu le porte-parole involontaire de messages catastrophistes. Comme quoi les « cygnes noirs », ces déviations rares et inattendues, peuvent s'avérer à la fois positifs et négatifs.

Quoi qu'il en soit, le journalisme de masse est moins standardisé qu'il n'y paraît. Il attire aussi une part significative de personnes réfléchies qui parviennent à s'arracher au système commercial friand de « petites phrases », pour s'intéresser réellement au message sans courir après l'audimat. Je ferai une observation naïve, suscitée par mes conversations avec Ojo Anandi (NPR), Robin Lustig (BBC), Robert Sculley (PBS) et Brian Lehrer (WNYC) : le journaliste indépendant est une race d'intellectuels complètement à part. Soit dit en passant, la qualité de la discussion est inversement proportionnelle au confort des studios d'enregistrement : ceux de WNYC (j'ai bien senti les efforts de Brian Lehrer pour comprendre mes arguments) sont les plus miteux que j'aie jamais vus à l'ouest du Kazakhstan.

Dernier commentaire : mon style. J'ai voulu qu'il demeure aussi personnel que dans la première édition. *Homo sum,* en bien et en mal. Je suis faillible, et je ne vois aucune raison de dissimuler mes petits défauts puisqu'ils font partie de ma personnalité (pas plus que je n'ai envie de me mettre une perruque quand on me prend en photo, ou d'emprunter le nez de quelqu'un quand je dois montrer le bout du mien). Presque tous les éditeurs m'ont suggéré de modifier la syntaxe de mes phrases (pour « améliorer » mon style) et la structure du texte (au niveau de l'organisation des chapitres) : à quelques exceptions près, je n'en ai pas tenu compte, et j'ai découvert ensuite qu'aucun de mes lecteurs ne jugeait ces changements nécessaires – en fait, je trouve que l'apport de la personnalité de l'auteur (imperfections comprises) rend un texte plus vivant. L'industrie du livre souffrirait-elle du classique « syndrome de l'expert » qui établit des règles générales n'ayant aucune validité dans la réalité ? Après avoir été lu par plusieurs centaines de milliers de lecteurs, j'ai découvert qu'on n'écrivait pas les livres pour les éditeurs.

RÉSUMÉ DES CHAPITRES

Chapitre 1 : Si vous êtes si riche, pourquoi n'êtes-vous pas plus intelligent ?

Illustration des conséquences du hasard sur la hiérarchie sociale et sur la jalousie à travers deux personnages aux attitudes opposées. Où il est question des événements rares cachés. Les choses dans la vie moderne évoluent de façon plutôt rapide, à part peut-être chez le dentiste ?

Chapitre 2 : Une curieuse façon de compter

Où il est question des histoires alternatives, d'une vision du monde fondée sur les probabilités, de la fraude intellectuelle, et de la sagesse face au hasard d'un Français qui s'habillait comme un paon. Comment les journalistes sont formatés pour ne pas comprendre les séries de probabilités des événements. Comment il faut se méfier de la sagesse des autres : toutes les grandes idées concernant le hasard vont à l'encontre du bon sens. De la différence entre le correct et l'intelligible.

Chapitre 3 : Méditation mathématique sur l'histoire

De la simulation Monte Carlo comme métaphore permettant de comprendre une séquence d'événements historiques aléatoires. Du hasard et des histoires artificielles. L'âge fait presque toujours la beauté ; la nouveauté et la jeunesse sont en général toxiques. Envoyez votre professeur d'histoire assister à un cours d'initiation à la théorie des trajectoires stochastiques.

Chapitre 4 : Hasard, inepties et intellectuels scientifiques

De l'extension de la simulation Monte Carlo à la production de pensée artificielle, comparée ensuite à des structures rigoureuses non aléatoires. La guerre scientifique entre dans le monde des affaires. Pourquoi l'esthète en moi adore se laisser duper par le hasard.

Chapitre 5: Les moins adaptés survivent. L'évolution peut-elle se laisser duper par le hasard?

Étude de cas portant sur deux événements rares. Des événements rares et de l'évolution. Comment les concepts de darwinisme et d'évolution sont déformés lorsqu'on sort de la sphère biologique. La vie n'est pas continuité. Comment l'évolution peut se laisser duper par le hasard. Introduction au problème de l'induction.

Chapitre 6: Distorsion et asymétrie

Où l'on introduit le concept d'asymétrie: pourquoi les termes « haussier » et « baissier » ont une portée limitée. Un gamin malicieux démantèle la structure du hasard. Introduction au problème de l'opacité épistémique. Avant-dernière étape avant d'aborder le problème de l'induction.

Chapitre 7: Le problème de l'induction

De la chromodynamique des cygnes. Application de la mise en garde de Solon au domaine philosophique. Comment Victor Niederhoffer m'a appris l'empirisme, auquel j'ai ajouté la déduction. Pourquoi il n'est pas scientifique de prendre la science au sérieux. George Soros fait la promotion de Karl Popper. La librairie au coin de la 21st Street et de la Cinquième Avenue. Le pari de Pascal.

Chapitre 8: Trop de voisins millionnaires

Trois exemples du biais du survivant. Pourquoi très peu de gens peuvent vivre à Park Avenue. Votre voisin millionnaire porte des vêtements fragiles. Une foule d'experts.

Chapitre 9: Il est plus facile de vendre et d'acheter que de faire cuire un œuf

Développements techniques au sujet du biais du survivant. De la distribution des « coïncidences » dans la vie. Mieux vaut avoir de la chance qu'être compétent (mais attention, on peut se faire prendre). Le paradoxe de l'anniversaire. De nouveaux charlatans (et de nouveaux journalistes). Comment un chercheur façonné par la culture d'entreprise est capable de trouver à peu près n'importe quoi dans des données. Des chiens qui n'aboient pas.

Chapitre 10 : Le raté rafle tout. De la non-linéarité de l'existence
De la non-linéarité vicieuse de l'existence. Emménager à Bel Air vous fait acquérir les vices des personnes riches et célèbres. Pourquoi Bill Gates, le patron de Microsoft, n'est peut-être pas le meilleur dans son domaine (mais, s'il vous plaît, ne le lui dites pas !). Priver l'âne de nourriture.

Chapitre 11 : Le hasard et notre cerveau : pourquoi nous sommes aveugles devant les probabilités
De la difficulté de concevoir ses vacances comme une combinaison linéaire de Paris et des Bahamas. Nero Tulip n'ira peut-être plus jamais skier dans les Alpes. Ne posez pas trop de questions aux fonctionnaires. Un cerveau made in Brooklyn. En quoi Napoléon pourrait encore nous être utile. Des scientifiques s'inclinent devant le roi de Suède. Encore quelques mots de la pollution que génèrent les journalistes. Pourquoi vous êtes peut-être mort à présent.

Chapitre 12 : La superstition du joueur et les pigeons dans la boîte
La superstition du joueur envahit ma vie. Comment le mauvais anglais des chauffeurs de taxis peut vous aider à gagner de l'argent. Dupe entre les dupes je suis – mais je le sais ! Composer avec son inadaptation génétique. Il n'y a pas de boîte de chocolats dans le tiroir de mon bureau.

Chapitre 13 : Carnéades à Rome : des probabilités et du scepticisme
Caton le Censeur renvoie Carnéades dans ses foyers. Monsieur de Norpois ne se souvient plus de ses opinions de naguère. Méfiez-vous des scientifiques. Mariage d'idées. Le même Robert Merton aide l'auteur à faire démarrer sa propre société. La science évolue de funérailles en funérailles.

Chapitre 14 : Bacchus abandonne Antoine
La mort de Montherlant. Le stoïcisme n'est pas l'indifférence, mais l'illusion de la victoire sur le hasard. Il est si facile de se montrer héroïque. Du hasard et de l'élégance.

PROLOGUE

« *Une mosquée à la place d'une usine* »

L e présent ouvrage traite de la chance déguisée, donc prise pour autre chose (c'est-à-dire le talent), et plus généralement du hasard déguisé, donc perçu comme un non-hasard (c'est-à-dire le déterminisme). Ces phénomènes s'incarnent dans la figure du nigaud chanceux, personne bénéficiant d'une chance phénoménale mais qui attribue sa réussite à un autre facteur, en général très précis. Ce genre de confusion se produit dans les domaines les plus inattendus, même en science, mais jamais de manière aussi accentuée et manifeste que dans le monde des affaires. Elle est endémique en politique : on la retrouve, par exemple, lorsque dans un discours un président parle des emplois qu'« il » a créés, de « sa » croissance, et de l'inflation causée par « ses prédécesseurs ».

Nous sommes encore très proches de nos ancêtres qui arpentaient la savane. La formation de nos croyances est truffée de superstitions, même aujourd'hui (j'ai envie de dire : surtout aujourd'hui). L'un de nos ancêtres primitifs qui un jour se grattait le nez a soudain vu la pluie tomber : il a ensuite élaboré une méthode compliquée pour se gratter le nez dans le but de faire venir la pluie si précieuse. De la même façon, nous lions la prospérité économique à la baisse des taux d'intérêts par la banque centrale, ou nous attribuons la réussite d'une entreprise au nouveau patron qui vient de « prendre la compagnie en main ». Les librairies sont pleines de biographies de femmes et d'hommes qui vous expliquent précisément comment ils ont réussi (nous possédons une expression, « se trouver au bon endroit au bon moment », qui apporte un bémol à leurs conclusions). Ce phénomène frappe des gens issus de différents domaines : le professeur de

littérature accorde de l'importance à la répétition purement acciden-
telle d'une construction stylistique ; l'économiste, lui, est fier de distinguer de la « régularité » ou des « anomalies » parmi des données
qui relèvent du pur hasard.

Au risque de sembler de parti pris, je dois ajouter que l'esprit littéraire peut avoir volontairement tendance à confondre le « bruit » et le
« sens », c'est-à-dire une construction résultant du hasard et un message
ayant un but précis. Toutefois cela n'est pas très grave : personne ou
presque ne prétend que l'art est un outil permettant la recherche de la
vérité – c'est plutôt une manière de la fuir, ou de la rendre plus acceptable. Le symbolisme est le fruit de notre incapacité ou de notre refus
à accepter le hasard. Ainsi nous donnons du sens à toutes sortes de
formes. Nous distinguons des silhouettes humaines dans des taches
d'encre. *Je voyais très franchement une mosquée à la place d'une usine*, écrivit
Arthur Rimbaud au XIXᵉ siècle. Cette interprétation le mena jusqu'à la
« poétique » Abyssinie (Afrique de l'Est), où il fut maltraité par un marchand d'esclaves, amputé d'une jambe gangrenée, et contracta la syphi-
lis. Peut-être par dégoût, il avait déjà abandonné la poésie à dix-neuf
ans. Mais il était trop tard. Les intellectuels européens avaient pour de
bon pris goût au symbolisme – et nous en payons toujours les conséquences à travers la psychanalyse et autres lubies.

Certains, hélas, se prennent trop au sérieux : ils sont payés pour
trop interpréter. Toute ma vie j'ai souffert de la contradiction entre
mon amour pour la littérature, la poésie, et mon allergie profonde à
la plupart des professeurs de littérature et aux « critiques ». Assistant
un jour à une analyse de ses poèmes, Paul Valéry eut la surprise d'apprendre qu'il s'en dégageait des significations qui lui avaient jusque-
là échappées (bien entendu, on lui expliqua qu'elles étaient dictées
par son subconscient).

De manière plus générale, nous sous-estimons la part du hasard à
peu près dans tous les domaines. Cela ne mérite peut-être pas un livre,
sauf lorsque ce sont les spécialistes qui se laissent le plus abuser. Fait
étonnant, il y a très peu de temps que les sciences travaillent sur le
hasard (seul le développement du bruit dépasse celui du nombre de
données disponibles). La théorie des probabilités est entrée récemment dans le domaine des mathématiques ; leur application pratique
est une discipline quasi inexistante. Par ailleurs, nous possédons des
preuves montrant que ce qu'on nomme « courage » est en réalité une
sous-estimation de la part du hasard plutôt qu'une noble disposition
à prendre les armes pour défendre une cause. Selon mon expérience
de l'économie (et d'après les recherches récentes), ceux qui « pren-

nent des risques » sont victimes de leurs illusions (ce qui conduit à un excès d'optimisme et d'assurance, doublé d'une sous-évaluation des revers éventuels). Leur « prise de risques » est souvent en réalité de l'inconséquence reposant sur le hasard.

Prenons les deux colonnes du tableau P. 1 (page 28). La meilleure façon de résumer la thèse principale de ce livre est de dire qu'il prend en considération des situations (dont beaucoup sont tragi-comiques) où l'on confond la colonne de gauche avec celle de droite. Les sous-sections illustrent aussi les enjeux clefs sur lesquels ce livre se base.

Le lecteur peut se demander si le cas inverse ne mérite pas d'être étudié : c'est-à-dire les situations où un facteur identifiable est pris pour le hasard. Ne devrions-nous pas nous préoccuper des cas où des schémas et des messages n'ont pas été détectés ? Je vous propose deux réponses. Premièrement, je ne m'inquiète guère que certains schémas n'aient pas encore été identifiés. On lit des choses vastes et complexes dans à peu près tout ce qui présente des irrégularités (la paume de la main, le marc de café, etc.). Grâce aux super-PC et aux processeurs en chaîne, aidés par les théories du « chaos » et de la complexité, les scientifiques, para-scientifiques et pseudo-scientifiques trouveront les indices qui prédisent l'avenir. Deuxièmement, il faut tenir compte du coût des erreurs : à mon avis, prendre la colonne de droite pour celle de gauche est moins grave que l'inverse. Même l'opinion publique s'accorde à dire qu'il est pire d'avoir de mauvaises informations que pas d'information du tout.

Certes ces sujets sont intéressants, et on pourrait en discuter longuement. Il est un domaine précis où la confusion entre chance et talent constitue une habitude très ancrée – et particulièrement visible –, c'est le monde des affaires. Par chance ou malchance, c'est dans cet univers que j'ai travaillé durant presque toute ma carrière. C'est donc celui que je connais le mieux. De plus, la vie économique est le meilleur laboratoire (et le plus divertissant) pour comprendre ces différences. C'est en effet le domaine où règne la plus grande confusion et où ses conséquences sont les plus pernicieuses. Ainsi, par exemple, nous avons souvent l'impression trompeuse qu'une stratégie est excellente, qu'un patron est doué d'une « vision », ou qu'un trader a du talent, alors qu'on finit par comprendre que 99,9 % de leur réussite est le fruit du hasard et du hasard seul. Demandez à un investisseur obtenant de bons rendements les raisons de son succès : il vous donnera une interprétation convaincante et fouillée de ses résultats. Ces faux-semblants sont souvent intentionnels, et ceux qui les pratiquent méritent d'être taxés de charlatans.

Tableau P. 1. Tableau des confusions
Présentation des distinctions centrales utilisées dans ce livre

GÉNÉRAL

Chance	Talent
Hasard	Déterminisme
Probabilité	Certitude
Croyance, conjecture	Savoir, certitude
Théorie	Réalité
Anecdote, coïncidence	Causalité, loi
Prévision	Prophétie

RÉSULTATS DU MARCHÉ

Nigaud chanceux	Investisseur talentueux
Biais du survivant	Surperformance du marché

FINANCE

Volatilité	Bénéfices (ou apports)
Variable stochastique	Variable déterministe

PHYSIQUE ET INGÉNIERIE

Bruit	Signal

CRITIQUE LITTÉRAIRE

Néant (il semble que les critiques littéraires ne donnent pas de nom à ce qu'ils ne comprennent pas)	Symbole

PHILOSOPHIE DES SCIENCES

Probabilité épistémique	Probabilité physique
Induction	Déduction
Proposition synthétique	Proposition analytique

PHILOSOPHIE GÉNÉRALE

Contingent	Certain
Contingent	Nécessaire (au sens de Kripke)
Contingent	Vrai dans tous les mondes possibles

Il existe une raison majeure expliquant la confusion entre la colonne de gauche et la colonne de droite de notre tableau : il s'agit de notre inaptitude à la pensée critique – peut-être aimons-nous présenter les conjectures comme des vérités. Telle est notre nature. Notre esprit n'est pas capable de réfléchir en termes de probabilités. Ce genre de handicap frappe aussi les experts, qui sont parfois même les seuls à en souffrir.

Au XIXe siècle, le personnage de caricature monsieur Prudhomme, bourgeois ventripotent, était toujours représenté avec une longue épée qu'il portait dans une double intention : premièrement, défendre la République contre ses ennemis ; deuxièmement, la remettre dans le droit chemin si jamais elle s'en écartait. De la même manière, ce livre a deux objectifs : défendre les sciences (rayon de lumière au milieu du fracas du hasard), et remettre dans le droit chemin les scientifiques qui viendraient à s'en écarter (les désastres sont essentiellement dus au fait que le scientifique ne possède pas une connaissance innée de l'erreur en général, et n'a aucune idée de ce qu'est la pensée critique ; de plus, il se montre incapable de gérer les probabilités dans le domaine des sciences sociales, et il est tout aussi incapable d'accepter ce fait). En tant que professionnel de l'incertitude, j'ai eu droit à mon lot de charlatans portant les habits de la science, en particulier dans le domaine économique. C'est parmi eux qu'on trouve les plus grands dupes du hasard.

Nous sommes des inadaptés incapables de nous améliorer, au moins dans ce domaine – mais c'est seulement une mauvaise nouvelle pour les utopistes qui croient à une humanité idéalisée. Il existe deux visions bien distinctes de l'être humain, entre lesquelles il y a peu de nuances. D'une part, on trouve l'universitaire local, la grand-tante Irma qui ne s'est jamais mariée mais donne des conseils à tout le monde, ou encore l'auteur de *Comment atteindre le bonheur en vingt leçons* et *Devenez quelqu'un de bien en une semaine*. C'est la vision utopiste, associée à Rousseau, Godwin, Condorcet, Thomas Paine, aux économistes conventionnels et normatifs (de ceux qui vous disent de faire des choix rationnels parce que c'est bon pour vous), etc. Ils croient tous à la raison, à la logique – ils pensent que le genre humain devrait surmonter les obstacles culturels afin de s'améliorer – car ils pensent que l'on peut délibérément contrôler sa nature et la plier à sa volonté dans le but d'atteindre, entre autres objectifs, le bonheur et la rationalité. On trouve par exemple dans cette catégorie ceux qui croient que, pour remédier à l'obésité, il suffit de dire aux gens de se nourrir sainement.

D'autre part existe la vision tragique de l'humanité, qui croit à l'existence de limites et de défauts inhérents à notre manière de penser, d'agir, et fonde toute action individuelle ou collective sur la reconnaissance de ce fait. On trouve dans cette catégorie des gens comme Karl Popper (falsificationnisme et méfiance envers les « réponses » intellectuelles, même à l'égard de toute personne qui prétend savoir quelque chose avec certitude), Friedrich Hayek et Milton Friedman (méfiance à l'égard du gouvernement et de ceux qui gèrent notre société), Adam Smith (l'intention de l'individu), Herbert Simon (la rationalité limitée), Amos Tversky et Daniel Kahneman (les biais heuristiques), le spéculateur George Soros, etc. On oublie le plus souvent Charles Sanders Peirce, philosophe incompris et même maudit, né cent ans trop tôt : il a inventé l'expression « faillibilité scientifique », par opposition à l'infaillibilité du pape. Inutile de dire que ce livre s'inscrit aussi dans la catégorie de la vision tragique : nous avons des défauts énormes, et ce n'est pas la peine d'essayer de les corriger. Nous sommes aussi très mal adaptés à notre environnement. Nous pouvons seulement agir autour de ces points faibles. J'en suis convaincu, car, durant presque toute ma carrière et ma vie d'adulte, un combat acharné s'est déroulé entre mon cerveau (pas *dupé par le hasard*) et mes émotions (complètement *dupées par le hasard*). Ma seule victoire est d'avoir laissé couler mes émotions plutôt que de les avoir rationalisées. Nous débarrasser de notre humanité n'est peut-être pas possible : nous avons besoin de ruses habiles, pas d'une pompeuse assistance moralisatrice. En tant qu'empiriste (plus précisément, empiriste sceptique), je méprise les moralisateurs plus que tout au monde : je me demande toujours pourquoi ils croient aveuglément en des méthodes inefficaces. Donner des conseils équivaut à imaginer que c'est notre appareil cognitif et non émotionnel qui exerce un véritable contrôle sur nos actes. Nous verrons comment les sciences du comportement modernes démontrent à quel point c'est faux.

Mon collègue Bob Jaeger (il a suivi un parcours inverse au mien, abandonnant sa carrière de professeur de philosophie pour celle de trader) présente une image encore plus puissante de cette dichotomie : certains pensent qu'il existe des réponses simples et claires ; d'autres que la simplification crée nécessairement d'importantes distorsions (son héros principal est Wittgenstein ; sa bête noire majeure, Descartes). Cette distinction me plaît énormément, car je pense que la source du problème, lorsqu'on est *dupé par le hasard*, la croyance erronée dans le déterminisme, est également liée à une semblable réduction de la dimension des choses.

L'auteur de ce livre déteste les ouvrages dont le contenu est facile
à deviner d'après la table des matières (on lit rarement un manuel par
plaisir) ; toutefois, donner une idée de ce qui va suivre semble nécessaire. Le présent livre comporte trois parties. La première est une
analyse de l'avertissement de Solon, car, toute ma vie durant, j'ai fait
ma devise de son conseil au sujet des événements rares. Il nous invite
à méditer sur les faits visibles et invisibles, ainsi que sur la nature insai-
sissable des événements peu attendus. La deuxième présente un
ensemble de probabilités biaisées que j'ai rencontrées (et qui m'ont
fait souffrir) au cours de ma carrière dans le domaine du hasard – je
me laisse toujours berner par certaines. La troisième illustre ma lutte
personnelle contre ma biologie et fait s'achever cet ouvrage sur
quelques conseils pratiques (de la cire dans les oreilles) et philosophiques (le stoïcisme). Avant le « siècle des Lumières » et l'avènement de l'ère de la rationalité, la culture véhiculait un ensemble
d'astuces permettant d'accepter notre faillibilité et nos revers de fortune. Les ruses des anciens peuvent encore nous être utiles.

NOTE DE LA TRADUCTRICE

Si Nassim Nicholas Taleb avait été contemporain de Socrate, il eût certainement été condamné à mort par ses pairs pour les critiques acerbes et fort justes dont il les abreuve. Rares sont en effet les traders qui fustigent ainsi leur propre univers – mais rares sont-ils à être également spécialistes en probabilités et en sciences de l'incertitude. À l'heure où George Bush parle de remplacer le système de retraite par répartition par un système par capitalisation basé sur la bourse, où même en France on évoque le système des fonds de pension, tout ce que nous apprend Taleb sur ce monde extrêmement aléatoire fait frémir. Ainsi, ces soi-disant maîtres de l'univers que sont les financiers internationaux ne seraient que de chanceux esbroufeurs ? Leur prétendue expertise ne serait que poudre aux yeux ? Au fil des pages, Taleb nous en fait la démonstration éclatante, preuves à l'appui. Mais son œuvre, éclectique à tous points de vue, ne se limite pas aux marchés boursiers. Partant d'une réflexion sur la place du hasard dans le domaine financier, Taleb nous fait prendre conscience des mille choses qui brouillent notre esprit et nous rendent impuissants face à ce hasard – en particulier les heuristiques, ces raccourcis de la pensée qui nous jouent de terribles tours. D'emblée, il dresse ce constat a priori désespérant : on ne peut connaître le hasard, puisque par définition il concerne ce qui n'est pas encore arrivé. Deuxièmement, il nous apprend que la déesse Fortune est si puissante qu'elle gouverne nos vies bien au-delà de ce que chacun d'entre nous pourrait supposer. Après ces nouvelles déprimantes, il nous livre cependant les quelques recettes qui lui ont permis d'échapper aux effets pervers de ce hasard, grâce à une réflexion mûrie, aux confluents des sciences, de la philosophie et de la littérature. La pensée de Taleb peut vous conforter dans vos choix de vie, et si vous pratiquez la « satisfaisance » et êtes adeptes du stoïcisme, alors vous êtes sur la bonne voie.

Pour ma part, je dois dire que ce livre m'a aidée à éclaircir en grande partie l'un des mystères de la traduction : on dit toujours en effet que les œuvres littéraires vieillissent bien, pas les traductions. En réalité, ceux qui l'affirment ont une vision biaisée et confondent deux choses. Les grandes œuvres ont déjà fait leurs preuves. Ce sont des rescapées parmi des milliers d'autres, fauchées par le temps et tombées dans l'oubli parce que justement elles ont mal vieilli. Au bout du compte, après des décennies, des siècles de filtre, seules les meilleures demeurent. Les traducteurs, eux, sont bien vivants. Ils sont en évolution constante, et à l'heure où ils travaillent, il est trop tôt pour déterminer qui saura résister au passage du temps. Ainsi confond-on les plus grandes œuvres avec la moyenne des traducteurs d'une époque donnée. D'où ce décalage entre les œuvres, sacrées meilleures de leur époque, et un traducteur parmi d'autres, choisi en partie au hasard et non consacré par le lent tamisage du temps.

Carine Chichereau

PREMIÈRE PARTIE

L'AVERTISSEMENT DE SOLON

Crésus, roi de Lydie, passait pour l'homme le plus riche de son temps. À ce jour, les langues romanes continuent d'utiliser l'expression « riche comme Crésus » pour décrire ceux qui possèdent une immense fortune. Crésus, dit-on, reçut un jour la visite de Solon, législateur grec célèbre pour sa dignité, sa réserve, sa droiture morale, son humilité, sa frugalité, sa sagesse, son intelligence et son courage. Solon ne manifesta aucune admiration pour son hôte, ni pour les fastes et la splendeur qui l'environnaient. Crésus fut si contrarié par l'indifférence de son illustre visiteur qu'il tenta de lui arracher un semblant de reconnaissance en lui demandant s'il connaissait une personne plus heureuse que lui. Le sage lui parla alors d'un homme qui avait mené une vie noble avant de mourir au combat. Pressé par son hôte d'en dire davantage, Solon lui donna d'autres exemples similaires de vies héroïques brusquement interrompues. Au bout d'un moment, Crésus, très en colère, demanda sans plus de détours au sage si lui, le roi de Lydie, n'était pas le plus heureux de tous. Solon lui fit la réponse suivante : « Les nombreuses infortunes qui accompagnent toute condition nous interdisent toute présomption quant à nos satisfactions présentes, ainsi que toute admiration pour le bonheur d'un homme qui, avec le temps, pourrait connaître des revirements. Car le futur incertain viendra, avec toutes ses formes possibles ; et seul celui à qui les dieux [ont garanti] un bonheur continu jusqu'à la fin peut être justement qualifié d'heureux. »

L'équivalent moderne nous vient, en des termes non moins éloquents, du célèbre entraîneur de base-ball Yogi Berra. Il semble avoir transposé l'envolée de Solon directement du pur grec d'Athènes, dans le non moins pur anglais de Brooklyn : « C'est pas fini tant que c'est pas fini » ; autrement dit, et un peu moins dignement : « L'opéra est pas fini tant que la grosse dame a pas chanté. » En outre, si l'on omet le recours à la langue vernaculaire, la citation de Yogi Berra présente l'avantage d'être vraie, alors que la rencontre entre Crésus et Solon fait partie de ces faits historiques issus de l'imagination des chroniqueurs, puisqu'il est chronologiquement impossible que les deux hommes se soient trouvés au même endroit en même temps.

La première partie de ce livre porte sur les vices de l'évolution qui peut affecter un état de fait au fil du temps. Car nous pouvons nous laisser prendre au piège de situations résultant en grande partie des caprices de la déesse Fortune – première fille de Jupiter. Solon était suffisamment sage pour comprendre ce point : ce que la chance donne, elle peut le reprendre (et qui plus est, souvent de façon rapide et inattendue). Il y a une contrepartie, qui mérite d'être également prise en compte (et qui, en fait, nous intéresse davantage) : ce qui dépend peu de la chance résiste mieux au hasard. Solon avait aussi eu l'intuition d'un problème qui obsède le monde scientifique depuis trois siècles, et auquel on a donné le nom de « problème d'induction ». Pour ma part, dans ce livre, je l'appelle « cygne noir » ou « événement rare ». Solon comprit aussi, en son temps, un autre problème, lié au premier, et que j'ai dénommé le « problème de l'asymétrie » : peu importe la fréquence des succès si le prix à payer pour l'échec est trop lourd.

Cependant l'histoire de Crésus a une chute (selon la légende). Vaincu par Cyrus, redoutable roi de Perse, Crésus allait être brûlé vif sur le bûcher lorsqu'il invoqua le nom de Solon, s'écriant à peu près : « Solon, tu avais raison ! » Cyrus lui demanda quelle était la nature de cette exclamation si inhabituelle, et le roi de Lydie lui relata l'histoire de l'avertissement de Solon. Prenant conscience des différents tours que pouvait lui réserver le destin, Cyrus, impressionné, décida de laisser la vie sauve à Crésus. Les gens faisaient preuve d'une certaine sagesse à l'époque.

CHAPITRE 1

SI VOUS ÊTES SI RICHE, POURQUOI N'ÊTES-VOUS PAS PLUS INTELLIGENT?

Illustration des conséquences du hasard sur la hiérarchie sociale et sur la jalousie à travers deux personnages aux attitudes opposées. Où il est question des événements rares cachés. Les choses dans la vie moderne évoluent de façon plutôt rapide, à part peut-être chez le dentiste.

Nero Tulip

COUP DE FOUDRE

Nero Tulip se prit de passion pour le trading après avoir assisté à une scène insolite, un jour de printemps où il visitait le marché des valeurs de Chicago, le Chicago Mercantile Exchange.

Une Porsche rouge décapotable, roulant très largement au-dessus de la vitesse autorisée, s'arrêta net devant le hall d'entrée, dans un crissement de pneus rappelant les cris d'un cochon qu'on égorge. Un homme athlétique d'une trentaine d'années, ayant apparemment perdu la tête, en sortit, le visage rouge, et grimpa les marches quatre à quatre, comme s'il avait un tigre à ses trousses. Il laissa son véhicule en double file, moteur allumé, provoquant un concert de klaxons irrités. Au bout d'une longue minute, un jeune homme las, vêtu d'une veste jaune (le jaune étant la couleur réservée aux employés) sortit, manifestement indifférent au désordre de la circulation. Machinalement, il conduisit la voiture dans un parking souterrain, comme si cela faisait partie de son lot quotidien.

Ce jour-là, Nero Tulip fut victime d'un coup de foudre. « Ça, c'est pour moi ! » s'écria-t-il, enthousiaste : il ne pouvait s'empêcher de comparer la vie de trader aux carrières alternatives qui s'offraient à lui. L'université faisait naître en lui l'image de bureaux silencieux aux secrétaires acariâtres ; le monde des affaires, celle de locaux tranquilles peuplés d'esprits plus ou moins lents, s'exprimant par phrases toutes faites.

LUCIDITÉ PASSAGÈRE

À la différence d'un coup de foudre, plus de quinze ans après l'événement, son goût pour la bourse de Chicago perdure. Nero jure même qu'à notre époque aucune autre profession légale ne pourrait être plus passionnante que celle de trader. Selon lui, même les pirates de haute mer – activité qu'il n'a jamais encore pratiquée – s'ennuient plus souvent que les traders.

Revenons un peu à notre héros. Nero est capable d'adopter l'attitude et le discours d'un historien des religions, et de les troquer brusquement pour la fougue et les abus de langage d'un trader du parquet de la bourse. Il peut engager des centaines de millions de dollars lors d'une transaction sans ciller, mais s'avérer incapable de choisir entre deux hors-d'œuvre, changeant sans cesse d'avis et mettant à rude épreuve les nerfs du serveur le plus patient.

Voici son parcours. Nero commença par obtenir une licence combinée de l'université de Cambridge (Angleterre) en littérature ancienne et en mathématiques. Il s'inscrivit par la suite en doctorat de statistiques à l'université de Chicago, mais, après avoir achevé les travaux préliminaires et effectué la plus grande partie de ses recherches, il déserta au profit du département de philosophie. Il qualifia ce changement d'orientation de « moment de lucidité passagère », augmentant ainsi la consternation de son directeur de thèse qui le mit en garde contre les philosophes et prédit son retour aux statistiques. Nero mena cependant jusqu'à son terme sa thèse en philosophie. Ce n'était pas cette philosophie européenne à la Derrida, qui demeure incompréhensible pour quiconque en dehors d'un cercle d'initiés (dont je ne fais pas partie). C'était tout à fait l'inverse : sa thèse avait pour objet la méthodologie des inférences statistiques dans leur application aux sciences sociales. En réalité, elle était tout à fait semblable à une thèse en mathématiques – elle était juste un peu plus fouillée, et deux fois plus longue.

On dit souvent que la philosophie ne nourrit pas son homme – mais ce n'est certainement pas pour cette raison que Nero l'abandonna. Il s'en détourna car la philosophie ne distrait pas son homme. Au début, cela lui parut futile : il se souvint de la mise en garde de son directeur de thèse en statistiques. Soudain, en effet, tout cela se mit à ressembler à du travail. Il se lassa d'écrire des articles sur d'infimes détails présents dans des articles précédents, et finalement quitta l'université. Les débats académiques le faisaient périr d'ennui, surtout lorsque l'enjeu portait sur un minuscule problème (invisible aux non-initiés). L'action, voilà ce dont Nero avait besoin. Le problème, toutefois, est qu'il avait choisi l'université en premier lieu pour éviter ce qu'il appelait la vie morne et soumise de salarié.

Après avoir assisté à la scène du trader pourchassé par un tigre, Nero trouva un terrain d'entraînement au Chicago Mercantile Exchange, la vaste bourse où les traders font affaire en criant et en gesticulant avec frénésie. Puis il se mit à travailler comme apprenti auprès d'un trader local, puissant et célèbre (mais excentrique), qui le forma au style de Chicago ; en échange, Nero résolvait ses équations mathématiques. L'atmosphère débordait d'une énergie qui galvanisa Nero. Rapidement il fut promu au rang de trader indépendant. Puis, quand il en eut assez d'être debout parmi la foule à s'égosiller, il décida de trouver un emploi « plus haut », c'est-à-dire dans un bureau. Il partit pour la région de New York, où il fut embauché par une société d'investissement.

Nero se spécialisa dans les produits financiers quantitatifs grâce auxquels il connut rapidement le succès, devint célèbre et très demandé. De nombreuses sociétés d'investissement de Londres et de New York lui offrirent des ponts d'or pour qu'il les rejoignent. Durant quelques années, Nero fit la navette entre ces deux villes, assistant à des « réunions » importantes, vêtu de coûteux costumes. Très vite, pourtant, il disparut : il se retira dans l'anonymat. Être une star de Wall Street ne correspondait pas à son tempérament. Rester un trader « dans le coup » exigeait un programme de carrière ambitieux et une soif de pouvoir dont il avait la chance d'être dépourvu. Il n'était là que pour s'amuser, et pour lui les travaux d'administration et de management n'entraient pas dans la catégorie des choses agréables. Il était en

effet prompt à s'ennuyer dans les salles de conférence, et incapable de
discuter avec des hommes d'affaires, surtout de la variété la plus communément représentée. Nero était également allergique au vocabulaire des affaires, et pas seulement pour des raisons esthétiques. Des
expressions comme « plan d'attaque », « résultat financier », « comment partir de là pour arriver ici », « nous apportons des solutions à
nos clients », « notre mission » et autres termes, cent fois rabâchés au
cours de ces réunions, n'avaient ni la précision ni la coloration qui lui
plaisaient. Les gens préféraient-ils combler le silence par des phrases
creuses ? Ces réunions étaient-elles sans intérêt ? Il n'aurait su tran-
cher. Quoi qu'il en soit, il ne voulait pas y participer. En réalité, Nero
ne fréquentait pratiquement pas le milieu des affaires. Mais, contrairement à moi (je peux me montrer extrêmement cassant quand un
homme d'affaires me prend à rebrousse-poil en affichant une grossière prétention) dans de telles circonstances, Nero faisait preuve
d'une affable condescendance.

Ainsi donc changea-t-il d'orientation pour embrasser la carrière
de trader en fonds propres. Ces traders sont indépendants, respon-
sables d'une certaine part du capital interne. On les laisse faire ce
qu'ils veulent, à condition bien sûr que leurs résultats satisfassent les
dirigeants. Ils placent les capitaux de leur propre compagnie, d'où
leur nom. À la fin de l'année, ils reçoivent entre 7 et 12 % des profits
générés. Le trader en fonds propres jouit de tous les avantages des travailleurs indépendants, et échappe à la corvée de gérer ses affaires au
quotidien. Il travaille quand cela lui plaît, voyage comme il veut, et
peut s'adonner à toute activité personnelle qu'il désire. C'est le para-
dis pour un intellectuel comme Nero qui déteste le travail manuel et
apprécie la réflexion impromptue. Il vit ainsi depuis dix ans, au service successif de deux firmes différentes.

MODUS OPERANDI

Un mot sur la méthode de Nero. C'est un trader extrêmement
conservateur. Par le passé, il a connu de bonnes et de moins bonnes
années – mais à peu près aucune « mauvaise ». Au fil du temps, il s'est
lentement bâti un petit pécule, grâce à des revenus alternant entre
300 000 et 2 500 000 dollars (au maximum). En moyenne, il réussit
à gagner 500 000 dollars nets d'impôt (sur un revenu moyen d'environ un million de dollars). Cet argent va directement grossir ses économies. En 1993, il a fait une mauvaise année et s'est retrouvé *persona*

non grata au sein de sa société. D'autres traders ayant obtenu de bien
meilleurs résultats que lui, le capital à sa disposition a été considérablement réduit, et on lui a fait comprendre qu'il n'était plus le bien-
venu. Il est alors parti à la recherche d'un emploi identique dans un
bureau identique, mais dans une société plus accueillante. À l'automne 1994, les traders en lice pour la médaille de la performance
ont tous sauté ensemble, lors du krach international du marché des
titres résultant du resserrement des taux de la Federal Reserve Bank
des États-Unis. Ils sont tous aujourd'hui hors course et se sont recon-
vertis dans des domaines variés. Dans cette profession, le taux de mortalité est très élevé.

Pourquoi Nero n'est-il pas plus riche ? À cause de sa façon de travailler – ou peut-être de son caractère. Il éprouve une aversion
extrême pour le risque. L'objectif de Nero n'est pas de maximiser ses
profits, mais plutôt d'éviter qu'on lui retire le hobby que constitue sa
place de trader. Éclater signifierait pour lui retourner à l'ennui de
l'université ou à la vie ordinaire. Lorsque le risque augmente, il se
remémore les couloirs calmes de l'université, les longues matinées
passées à son bureau à revoir un essai, ingurgitant du mauvais café
pour ne pas s'assoupir. Non, il refuse d'affronter la bibliothèque
solennelle où il s'ennuyait à mourir. « Je vise la longévité », aime-t-il à
dire.

Nero a vu beaucoup de traders sauter, et il n'a pas envie que ça lui
arrive. Sauter, dans notre langage, a un sens précis : cela ne signifie pas
seulement perdre de l'argent. Cela veut dire perdre des sommes telles
qu'on ne l'avait jamais envisagé, au point de se faire mettre à la porte
(l'équivalent, pour un docteur, d'être rayé de l'ordre des médecins,
ou, pour un avocat, d'être radié du barreau). Après une perte prévue,
Nero quitte très vite un marché. Il ne vend jamais d'« options à découvert » (stratégie qui l'exposerait à la possibilité de pertes importantes).
Il évite toujours les situations où il peut perdre disons plus d'un million de dollars, sans se soucier de la probabilité d'un tel événement.
La somme est variable ; elle dépend des profits de l'année. Cette aversion pour le risque l'a empêché de gagner autant d'argent que ses
confrères de Wall Street, qu'on surnomme souvent les « maîtres de
l'univers ». Les sociétés pour lesquelles il a travaillé allouent généralement des fonds plus importants aux traders qui ont un style différent, comme par exemple John, dont nous allons bientôt faire la
connaissance.

Perdre de petites sommes ne gêne pas Nero. « J'adore perdre un
peu. J'ai seulement besoin de gagner gros. » En aucun cas il ne veut

être soumis aux événements rares, comme les vents de panique et les krachs soudains qui en un éclair emportent un trader. Au contraire, il cherche à en bénéficier. Quand les gens lui demandent pourquoi il ne s'accroche pas aux valeurs à la baisse, il répond toujours qu'il a été formé par « le plus peureux de tous », Stevo, le trader de Chicago qui lui a mis le pied à l'étrier. Ce n'est pas vrai : la véritable raison tient à ses recherches sur les probabilités et à son scepticisme inné.

Mais si Nero n'est pas aussi riche que ses collègues, il y a une autre raison. Son scepticisme lui interdit en effet d'investir son propre capital ailleurs que dans les bons du Trésor. Ainsi ne profite-t-il pas des marchés haussiers. Il l'explique par le fait que ce marché aurait pu s'avérer baissier, et par conséquent être un piège. Nero éprouve le sentiment profond que la bourse est une sorte d'escroquerie à l'investissement et ne peut se résoudre à acheter la moindre action. La différence avec les gens qui l'entourent, et qui ont fait fortune à la bourse, est qu'il est riche en cash-flow, mais que ses actifs n'ont pas augmenté avec le reste du monde (la valeur de ses bons du Trésor n'a guère changé). Il se situe à l'opposé des start-ups du monde technologique au cash-flow éminemment négatif, mais qui ont démesurément plu aux masses. Cela a permis à leurs propriétaires de devenir riches grâce à la valeur de leurs actions, s'exposant aux aléas du marché. La différence avec ses amis investisseurs est qu'il ne dépend pas de la hausse de la bourse, et par conséquent n'a pas à se soucier de sa baisse. Sa valeur nette n'est pas fondée sur l'investissement de ses économies ; il ne veut pas dépendre de ses investissements pour s'enrichir, mais seulement des profits générés par son travail. Il ne prend pas le moindre risque avec ses économies, qu'il a investies dans le placement le plus fiable. Les bons du Trésor sont stables : ils sont émis par le gouvernement des États-Unis, et les gouvernements font rarement faillite puisqu'ils peuvent librement émettre leurs propres billets pour rembourser ce qu'ils doivent.

PAS D'AMOUR DU TRAVAIL

Aujourd'hui, à trente-neuf ans, après quatorze années dans ce domaine, Nero peut s'estimer confortablement installé. Son portefeuille atteint plusieurs millions de dollars en bons du Trésor de maturité moyenne, ce qui suffit à éliminer toute inquiétude pour l'avenir. Ce qu'il apprécie le plus dans sa profession, c'est qu'elle exige beaucoup moins de temps que la plupart des métiers lucratifs ; en d'autres termes, elle est parfaitement compatible avec son allergie au travail brut. Être trader nécessite une réflexion approfondie ; ceux qui se contentent de travailler dur, en général, perdent leur concentration et leur énergie intellectuelle. De plus, ils finissent par se noyer dans le hasard ; cette forme de labeur, selon Nero, pousse les gens à se concentrer davantage sur le bruit que sur le signal (différence établie dans le tableau P. 1, page 28).

Ce temps libre a permis à Nero de se consacrer à toutes sortes de loisirs. Comme c'est un lecteur vorace et qu'il passe beaucoup d'heures entre la salle de gym et les musées, il ne peut avoir le rythme de travail d'un médecin ou d'un avocat. Il a même réussi à trouver le temps nécessaire pour retourner au département de statistiques de l'université afin de terminer son doctorat en sciences fondamentales, réécrivant pour cela sa thèse précédente en termes plus concis. Il enseigne à présent un demi-semestre par an lors d'un séminaire appelé *Histoire de la pensée contingente et probabiliste* à la faculté de mathématiques de l'université de New York, cours d'une grande originalité qui attire d'excellents étudiants. Il a mis assez d'argent de côté pour maintenir son style de vie dans le futur et forme l'éventuel projet d'écrire des essais destinés au grand public sur l'épistémologie des sciences, dont les thèmes tourneraient autour de l'indéterminisme – mais cela uniquement au cas où un événement quelconque causerait la fin de la bourse. Nero pense que la probabilité de se construire une vie confortable est très élevée si l'on travaille dur, sans prendre de risques et en se montrant discipliné. Tout le reste est le fruit du hasard, soit parce qu'on joue trop avec le hasard (inconsciemment), soit parce qu'on bénéficie d'une chance extraordinaire. Un succès raisonnable peut être attribué au travail et à l'habileté. Un succès incroyable résulte de la chance.

IL Y A TOUJOURS UN SECRET

La réflexion de Nero fondée sur les probabilités a peut-être été influencée par un événement dramatique de sa vie – qu'il a gardé pour lui. L'observateur attentif détectera peut-être chez lui une exubérance suspecte, une énergie peu naturelle. Car son existence n'est pas aussi transparente qu'elle le paraît. Nero porte en lui un secret, dont il sera question plus tard.

John, le trader sur titres à haut rendement

Durant une grande partie des années 1990, John a habité en face de Nero – dans une maison bien plus vaste. Trader sur titres à haut rendement, il avait une autre façon de travailler. Un bref échange professionnel avec lui aurait révélé qu'il avait la profondeur intellectuelle et la finesse d'esprit d'un professeur d'aérobic (mais pas le physique). Le premier imbécile venu pouvait constater que John s'en tirait beaucoup mieux que Nero (ou, du moins, qu'il se sentait obligé d'en faire étalage). Ses deux superbes voitures allemandes étaient garées devant sa maison (une pour lui, une pour elle), en plus de leurs deux décapotables (dont une Ferrari de collection), alors que Nero conduisait le même cabriolet Volkswagen depuis près de dix ans – il l'a toujours.

Les épouses de John et de Nero se connaissaient, genre relations de club de gym, mais la femme de Nero se sentait très mal à l'aise en sa compagnie. Elle éprouvait le sentiment que non seulement l'autre essayait de l'impressionner, mais qu'elle la traitait en inférieure. Alors que Nero s'était habitué à voir des traders s'enrichir (et faire tous les efforts possibles pour devenir des gens sophistiqués, collectionneurs de vins et amateurs d'opéra), son épouse avait rarement rencontré de nouveaux riches – ce genre de personnes qui ont souffert de la pauvreté dans leur passé et cherchent à se rattraper en exhibant leurs biens. Le seul point noir, quand on est trader, dit souvent Nero, c'est qu'on voit des fortunes tomber entre les mains d'individus qui n'y sont pas préparés, et qui découvrent soudain que les *Quatre saisons* de Vivaldi constituent ce qu'on appelle de la musique « raffinée ». L'épouse de Nero, quant à elle, avait bien du mal à supporter le contact quotidien avec cette voisine qui ne cessait de se vanter de son nouveau décorateur. John et sa femme n'étaient nullement embarrassés par le fait que leur « bibliothèque » ait été livrée déjà garnie de volumes reliés cuir (leurs lectures de club de gym se limitaient au magazine *People*, et leurs rayonnages contenaient une sélection d'ouvrages jamais ouverts d'auteurs américains décédés). L'épouse de John ne cessait d'évoquer des lieux exotiques aux noms imprononçables où ils se rendaient pour les vacances, sans rien savoir de l'endroit – elle aurait eu bien du mal à dire à quel continent appartenaient les Seychelles. L'épouse de Nero était humaine : elle avait beau se répéter qu'elle n'enviait pas la femme de John, elle avait le sentiment d'avoir été propulsée à son corps défendant dans la compétition naturelle. Malheureusement, il semble que les mots et la raison soient totalement impuissants face à un énorme diamant, une maison gigantesque et une collection de voitures de sport.

UN PLOUC TROP BIEN PAYÉ

Nero éprouvait les mêmes sentiments ambigus envers son voisin. Il avait le plus profond mépris pour John : il représentait à peu près tout ce que Nero n'était pas et souhaitait ne pas être. Hélas, la pression sociale commençait à se faire sentir. Et puis il aurait aimé, lui aussi, faire l'expérience de la richesse démesurée. La supériorité intellectuelle n'empêche pas l'envie. La demeure d'en face continuait de grossir – et le malaise de Nero grandissait avec elle. Alors qu'il avait réussi au-delà de toute espérance, à la fois sur les plans personnel et intellectuel, il se mit à croire qu'il avait raté quelque chose. Dans la hiérarchie de Wall Street, l'arrivée de traders tels que John avait fait perdre à Nero sa place d'homme important. Mais si, en soi, cela ne lui importait guère, voir John, sa demeure et ses voitures lui restait en travers de la gorge. Tout aurait été bien s'il n'y avait pas eu cette fichue maison, qui chaque matin le narguait de l'autre côté de la rue en le jugeant sur des critères superficiels. Était-ce la hiérarchie animale qui se réveillait en lui, la maison de John lui donnant l'impression qu'il était un mâle *bêta* ? Pire encore, John avait environ cinq ans de moins que Nero et, malgré une carrière plus courte, il gagnait au moins dix fois plus.

Quand ils se croisaient par hasard, Nero sentait clairement que John essayait de le rabaisser par des manifestations de condescendance imperceptibles et pourtant très efficaces. Certains jours, il faisait exprès de ne pas le voir. S'il avait été un personnage éloigné, dont Nero eût entendu parler par les journaux, la situation aurait été différente. Mais John était là en chair et en os, et c'était son voisin. L'erreur de Nero avait été de lui adresser la parole : immédiatement, l'ordre hiérarchique était apparu. Nero essayait de se consoler en songeant à Swann, le personnage de Proust dans *À la recherche du temps perdu* : il s'agit d'un marchand d'art raffiné menant une vie de rentier, à l'aise auprès d'hommes tels que le prince de Galles, son ami proche, mais qui agit comme s'il avait quelque chose à prouver en présence de membres de la classe moyenne. Il est beaucoup plus facile à Swann de se mêler à l'aristocratie et à la société bien établie des Guermantes qu'au cercle d'arrivistes des Verdurin, car il éprouve beaucoup plus d'assurance en présence des premiers. De même Nero est traité avec respect par des gens très éminents. Il fait régulièrement de longues promenades méditatives à Paris ou à Venise en compagnie d'un scientifique érudit, friand de sa conversation, et digne du prix Nobel (le genre de personnage qui n'a plus rien à prouver). Un spéculateur milliardaire très connu l'appelle régulièrement pour connaître son opinion sur la valeur de certains titres dérivés. Et le voilà, obsédé par l'idée de gagner le respect d'un plouc trop bien payé, au langage vulgaire. (À la place de Nero, j'aurais témoigné à John une partie de mon mépris grâce au langage corporel, mais, une fois encore, Nero est un homme affable.)

Manifestement, John n'était ni aussi bien élevé, ni aussi instruit, ni aussi sain physiquement, ni aussi intelligent que Nero. Et cela ne s'arrêtait pas là : il n'était même pas aussi débrouillard que lui ! Au parquet de la bourse de Chicago, Nero avait rencontré des gens vraiment débrouillards, dont la pensée fusait à une vitesse qu'il ne retrouvait pas chez John. Nero était donc convaincu d'avoir affaire à un homme sûr de lui qui ne réfléchissait pas et qui avait réussi car il n'avait pas conscience de sa vulnérabilité. Parfois, pourtant, Nero ne parvenait plus à contenir son envie : il se demandait si son jugement vis-à-vis de John était objectif, et si le fait de ne pas se sentir respecté n'influait pas sur son raisonnement. Peut-être était-ce Nero qui n'était pas le trader le plus performant. Peut-être que, s'il était allé plus loin, avait attendu la bonne occasion… au lieu de « penser », de rédiger des articles et de lire des écrits complexes ; peut-être aurait-il dû se lancer sur des marchés rapportant gros, où il aurait brillé parmi des écervelés tels que John.

Nero essaya donc de calmer sa jalousie en se documentant sur les règles de la hiérarchie. Les psychologues ont montré que la plupart des gens préfèrent gagner 70 000 dollars si ceux qui les entourent en gagnent 60 000, plutôt que 80 000 si leur entourage en gagne 90 000. Économie, tu parles, tout est affaire de hiérarchie, songea-t-il. Mais aucune de ces analyses ne pouvait l'empêcher de juger sa condition de manière absolue plutôt que relative. Face à John, Nero sentait que, malgré son bagage intellectuel, il devenait comme ceux qui préfèrent gagner moins à condition que les autres aient des revenus encore plus bas.

Nero songeait pourtant qu'il existait au moins un élément accréditant l'idée que John avait tout simplement de la chance et que, par conséquent, il n'aurait peut-être pas besoin de s'éloigner de la demeure somptuaire de son voisin. Il attendait l'événement qui causerait la chute de son rival. Car celui-ci semblait ne pas avoir conscience de l'énorme et invisible danger qui le menaçait : celui de sauter. Il ne pouvait le voir car il n'avait pas suffisamment d'expérience (mais aussi parce qu'il n'était pas assez réfléchi pour étudier l'histoire). Comment John avec son esprit épais aurait-il pu amasser autant d'argent autrement ? Le commerce des junk bonds repose sur une certaine connaissance des « aléas », sur le calcul de la probabilité des événements rares (ou des hasards). Que savent de tels imbéciles de ces aléas ? Les traders de la trempe de John utilisent des outils « quantitatifs » qui calculent pour eux les risques – Nero désapprouve cette méthode. Le trader sur titres à haut rendement ressemble à un dormeur qui ferait la sieste sur une voie ferrée. Un après-midi, un train imprévu l'écrase. On gagne de l'argent tous les mois pendant une longue période, puis l'on perd tout en quelques heures. Nero l'avait déjà vu avec les vendeurs d'options en 1987, 1989, 1992 et 1998. Un jour, ils quittent la bourse, encadrés par les gorilles de la sécurité, et nul ne les revoit plus. La vaste demeure n'était qu'un prêt ; John finirait vendeur de voitures de luxe dans le New Jersey, faisant affaire avec les nouveaux riches qui, sans aucun doute, se sentiraient à l'aise avec lui. Nero, lui, ne pouvait sauter. Ses biens plus modestes et ses quatre mille livres lui appartenaient. Aucun événement ne touchant les marchés ne pouvait les lui enlever. Chacune de ses pertes était limitée. Sa dignité de trader ne serait jamais, jamais menacée.

John, quant à lui, considérait Nero comme un loser snob et trop instruit. Mais Nero s'occupait de marchés à maturité. Il pensait avoir franchi depuis longtemps les obstacles. « Ces traders sont en voie de disparition, avait coutume de dire Nero à propos de John. Ils se croient plus malins que tout le monde, mais ils appartiennent au passé. »

L'été de tous les dangers

Finalement, en septembre 1998, raison fut donnée à Nero. Un matin, alors qu'il partait travailler, il aperçut John devant sa maison, fumant une cigarette, fait peu habituel. Il n'était pas en costume. Il avait l'air humble : son arrogance coutumière avait disparu. Nero sut

immédiatement que John avait été renvoyé. En revanche il ne soup-
çonna pas qu'il avait également perdu presque tout ce qu'il possédait. Nous reviendrons en détail sur les pertes de John au chapitre 5.

Nero éprouva une certaine honte à se réjouir ainsi de l'infortune
de son rival. Mais c'était plus fort que lui. En dehors du fait que c'était
peu courtois, on disait que cela portait malheur (Nero a la faiblesse
d'être superstitieux). Toutefois, dans le cas présent, sa joie n'était pas
due au fait que John retrouvait ainsi sa place naturelle, mais plutôt à
ce que sa méthode, ses convictions et ses résultats venaient de gagner
soudain en crédibilité. Ses résultats devenaient susceptibles d'attirer
les capitaux précisément parce qu'un tel revers ne pouvait lui arriver.
La répétition de cet événement lui serait extrêmement bénéfique.
Son bonheur venait aussi en partie du fait qu'il était fier d'avoir
conservé si longtemps la même stratégie, malgré cette irrésistible
envie de passer pour le mâle alpha. Sans oublier le fait qu'à présent
il ne remettrait plus sa méthode en cause lorsqu'il verrait autour de
lui d'autres s'enrichir sans avoir compris la structure aléatoire des
cycles du marché.

HASARD ET SÉROTONINE

Peut-on juger de la réussite des gens d'après leurs seules performances et leur richesse personnelle ? Parfois, mais pas toujours. Nous
verrons comment, à tout moment, une large portion des hommes
d'affaires affichant des résultats exceptionnels ne valent pas mieux
que des fléchettes lancées au hasard. Plus curieux encore, et cela en
raison d'un effet pervers très particulier, il arrive souvent que le moins
doué d'entre eux soit le plus riche. Toutefois ils sont incapables de
reconnaître la part du hasard qui est à l'origine de leur réussite.

Les nigauds chanceux ne soupçonnent pas le moins du monde
qu'ils sont des nigauds chanceux – par définition, ils ne peuvent avoir
conscience d'appartenir à une telle catégorie. Ils se comportent
comme si tout cet argent leur était dû. Leurs nombreux succès font
tellement augmenter leur taux de sérotonine (ou autre substance
similaire) qu'ils s'abusent eux-mêmes quant à leurs capacités à antici-
per le marché (notre système hormonal ne sait pas que notre réussite
repose sur la chance). Cela se remarque à leur façon de se tenir : un
trader qui réussit marche en se tenant droit, avec un air dominateur,
et tend à parler davantage que celui qui perd de l'argent. Les scientifiques ont découvert que la sérotonine (un neurotransmetteur)

semble dicter en grande partie notre comportement. Elle met en place une réponse positive, un cercle vertueux. Toutefois les aléas extérieurs peuvent retourner la situation et déclencher un cercle vicieux. On a montré que, lorsqu'on injectait de la sérotonine aux singes, ceux-ci grimpaient dans la hiérarchie, ce qui fait augmenter leur sécrétion de sérotonine, jusqu'à ce que le cercle vertueux s'arrête, remplacé par un cercle vicieux (alors, l'échec fait rétrograder le sujet dans la hiérarchie, induisant un comportement qui le fera tomber d'autant plus bas). De même, de bonnes performances personnelles (peu importe qu'elles soient déterminées ou résultent de l'action de dame Fortune) induisent chez le sujet une augmentation du taux de sérotonine, développant ce qu'on appelle communément la capacité à diriger. Le sujet devient alors « membre du club ». D'imperceptibles changements dans son attitude, comme la capacité à s'exprimer avec assurance et sérénité, lui donnent l'air crédible – comme s'il méritait vraiment son argent. On n'attribuera pas à la chance ses résultats, jusqu'à ce que le hasard se manifeste à nouveau et assène le coup qui renversera la spirale.

Un mot sur la manifestation des émotions. Personne ou presque ne peut cacher ses émotions. Les spécialistes du comportement pensent que la raison principale pour laquelle on élit une personne n'est pas liée à ses talents apparents, mais plutôt à une impression extrêmement superficielle transmise par le biais de signaux physiques à peine perceptibles – ce qu'on appelle le charisme, par exemple. La biologie de ce phénomène est aujourd'hui bien étudiée par la discipline qui couvre les « émotions sociales ». Dans le même temps, un historien quelconque « expliquera » la réussite de telle personne par son habileté tactique, son éducation, ou encore d'autres raisons théoriques découvertes *a posteriori*. Par ailleurs, il semble y avoir un curieux lien entre le pouvoir et une forme de psychopathologie (la sociopathie) qui fait que les personnes insensibles, sûres d'elles et téméraires attirent les autres.

Les gens ont souvent le mauvais goût de me demander en public si ma journée a été profitable. Si mon père était là, il les arrêterait en disant: « Ne demandez jamais à une personne si elle vient de Sparte : si c'est le cas, elle vous aurait communiqué un fait d'une telle importance. Si ça ne l'est pas, vous pourriez l'offenser. » De même, ne demandez jamais à un trader s'il gagne de l'argent: cela se voit à son allure et sa gestuelle. Les membres de la profession peuvent facilement déceler si un trader gagne ou perd de l'argent; ceux qui les dirigent identifient rapidement les employés qui ont de médiocres résultats. Leur visage en général ne révèle rien car ils essaient de contrôler leurs expressions. Mais leur façon de marcher, de répondre au téléphone, leurs hésitations, tout cela renseigne sur leurs véritables dispositions. Le lendemain matin de son renvoi, John a certainement perdu une bonne partie de sa sérotonine – à moins qu'il ne s'agisse d'une autre substance que les chercheurs identifieront dans dix ans. Un chauffeur de taxi de Chicago m'a expliqué qu'il était capable de deviner si les traders qu'il prenait en charge du côté du Chicago Board of Trade (la bourse future) avaient de bons résultats. « Ils sont suffisants », déclara-t-il. J'ai trouvé intéressant (et énigmatique) le fait qu'il soit capable de le détecter si rapidement. Plus tard, des psychologues évolutionnistes m'ont apporté une explication plausible : les manifestations physiques du succès d'une personne, comme dans le cas d'un animal dominant, peuvent transmettre des signaux. Cela rend le vainqueur plus facile à identifier, ce qui est intéressant pour la sélection du partenaire.

Votre dentiste est riche, très riche

Nous allons refermer ce chapitre sur une évocation du suivant, qui traite de la résistance au hasard. Souvenez-vous que l'on peut considérer Nero prospère, mais pas « très riche », selon les standards actuels. Toutefois, selon d'autres points de vue plus insolites, il est extrêmement riche par rapport à la moyenne des vies qu'il aurait pu mener – il prend si peu de risques en tant que trader qu'il a très peu de chances de tout perdre. C'est parce qu'il n'a pas connu le succès de John qu'il n'a pas subi semblable chute. Il est donc riche si l'on mesure sa fortune en appliquant sa méthode inhabituelle (fondée sur les probabilités). Souvenez-vous que Nero se protège des événements rares. S'il devait revivre plusieurs millions de fois sa vie professionnelle, dans très peu de cas il serait frappé par la malchance. Mais, en raison de son conservatisme, il bénéficierait également dans très peu d'autres cas d'une chance extrême. Cela revient à dire que, du point de vue de la stabilité, son existence serait proche de celle d'un réparateur d'horloges ecclésiastique. Naturellement, nous ne parlons ici que de sa vie professionnelle, à l'exclusion de sa vie privée (parfois instable).

On pourrait dire qu'en termes de probabilités un dentiste est beaucoup plus riche qu'un chanteur de rock qui se fait conduire dans une Rolls rose, qu'un spéculateur qui s'enquiert du prix de toiles impressionnistes, ou qu'un entrepreneur collectionneur de jets privés. Car, si l'on étudie une carrière, il faut prendre en compte la moyenne de ceux qui ont tenté d'y entrer, et non se baser sur l'échantillon de ceux qui ont réussi. Nous examinerons plus tard cet élément dans l'optique du biais du survivant. Toutefois, dans cette première partie, nous le considèrerons dans celle de la résistance au hasard.

Prenons deux voisins : monsieur A, ancien gardien, a gagné le gros lot à la loterie du New Jersey, puis il s'est installé dans un quartier chic ; son voisin, monsieur B, de condition plus modeste, soigne les dents huit heures par jour depuis trente-cinq ans. Il est évident que si monsieur B devait revivre sa vie quelques milliers de fois depuis l'obtention de son diplôme de dentiste, la gamme des scénarios possibles serait assez étroite (en supposant qu'il soit bien assuré). Au mieux, il finirait sa carrière en soignant les dents riches de Park Avenue ; au pire, il s'occuperait de celles des habitants des mobil-homes d'une ville à moitié déserte des Catskills. De plus, à supposer qu'il sorte d'une école très prestigieuse, les possibilités seraient encore plus réduites. En revanche, si monsieur A devait revivre sa vie un million de fois, dans presque tous les cas il resterait gardien et ne cesserait de dépenser en vain des dollars en billets de loterie. Une fois seulement, il **gagnerait** le gros lot.

CHAPITRE 2

UNE CURIEUSE FAÇON DE COMPTER

Où il est question des histoires alternatives, d'une vision du monde fondée sur les probabilités, de la fraude intellectuelle, et de la sagesse face au hasard d'un Français qui s'habillait comme un paon. Comment les journalistes sont formatés pour ne pas comprendre les séries de probabilités des événements. Comment il faut se méfier de la sagesse des autres : toutes les grandes idées concernant le hasard vont à l'encontre du bon sens. De la différence entre le correct et l'intelligible.

Une histoire alternative

Pour commencer, j'affirmerai simplement qu'on ne peut juger un acte, quel que soit le domaine (guerre, politique, médecine, investissement), à ses résultats, mais en mesurant le coût de la solution alternative. Ce cours des événements de substitution s'appelle l'histoire alternative. Il est évident que la qualité d'une décision ne peut être seulement jugée sur ses conséquences ; toutefois, il semble que les personnes en situation d'échec soient les seules à le reconnaître (ceux qui réussissent attribuent leur succès à la justesse de leur décision). C'est ce que disent les politiciens en quittant leurs fonctions (« J'ai choisi la meilleure solution ») aux membres de la presse qui les écoutent encore, et leur répondent l'habituel « oui, on sait » apitoyé qui rend la pilule encore plus dure à avaler. Et comme beaucoup de lapalissades, celle-ci n'est pas facile à appliquer.

LA ROULETTE RUSSE

On peut illustrer le curieux concept d'histoire alternative de la manière suivante. Imaginez qu'un milliardaire excentrique qui s'ennuie vous offre dix millions de dollars pour jouer à la roulette russe, c'est-à-dire pour poser sur votre tempe le canon d'un revolver contenant une seule balle dans ses six chambres, puis de tirer. Chaque chambre donne lieu à une histoire, ce qui fait un total de six histoires possibles, également probables. Cinq d'entre elles mènent à la richesse ; une à une statistique, en l'occurrence une chronique nécrologique au motif embarrassant, bien qu'original. Le problème est que, dans la réalité, une seule de ces histoires se réalise, et le gagnant des dix millions risque d'inspirer de l'admiration et du respect à de fats journalistes (les mêmes qui témoignent d'une vénération inconditionnelle pour les cinq cents milliardaires du magazine *Forbes*). Comme presque tous les cadres que j'ai rencontrés au cours de mes dix-huit années de carrière à Wall Street (selon moi, leur rôle se limite à juger des résultats obtenus au hasard), le public observe les signes extérieurs de la richesse sans avoir la moindre idée de sa source (source que nous appelons le « générateur »). Imaginez que ce gagnant à la roulette russe devienne un modèle pour sa famille, ses amis, ses voisins.

Bien que les cinq autres histoires ne soient pas observables, un individu sage et circonspect peut aisément envisager leurs conséquences – cela nécessite réflexion et courage personnel. De plus, en temps voulu, si le crétin continue à jouer, les histoires négatives le rattraperont. Ainsi, s'il a vingt-cinq ans quand il commence et poursuit à raison, disons, d'une fois par an, il est très peu probable qu'il fête jamais son cinquantième anniversaire. Mais si les joueurs sont assez nombreux, par exemple quelques milliers, on peut espérer obtenir une poignée de survivants extrêmement riches et un cimetière très fourni. Je dois ici admettre que l'exemple de la roulette russe est pour moi davantage qu'un jeu intellectuel. J'ai perdu un camarade à ce « jeu » durant la guerre du Liban, à l'adolescence. Mais il y a davantage. J'ai découvert que la littérature était pour moi plus qu'un simple passe-temps grâce au récit qu'a fait Graham Greene de son expérience de la roulette russe dans *Une sorte de vie*: cela m'a fait plus d'effet que l'événement réel dont j'avais été témoin. Greene raconte qu'un jour, afin de remédier à l'ennui de son enfance, il prit un revolver et pressa la détente – je frissonne à l'idée qu'il y a eu au moins une chance sur six pour que je doive me passer de ses romans.

Le lecteur peut constater que j'ai une façon bien à moi d'envisager la comptabilité : dix millions remportés à la roulette russe n'ont pas la même valeur que dix millions gagnés grâce à la pratique habile et diligente du détartrage des dents. L'argent est le même, il permet d'acheter les mêmes biens, mais l'une de ces deux fortunes repose très largement sur le hasard. Aux yeux d'un comptable, cela ne fait aucune différence ; pour votre voisin non plus. Pourtant, au fond de moi, je ne peux m'empêcher de les considérer comme différentes en termes qualitatifs. Cette notion de comptabilité alternative a d'intéressants prolongements intellectuels et se prête à la formulation mathématique, comme nous le verrons au chapitre suivant en découvrant la simulation Monte Carlo. Notez qu'un tel usage des mathématiques est une simple illustration ayant pour but de faciliter la compréhension du problème et qu'il ne faut pas y voir de sujet technique. En d'autres termes, il est moins important de calculer les histoires alternatives que d'évaluer leurs conséquences. Les mathématiques ne constituent pas seulement un « jeu sur les nombres » : c'est une façon de penser. Nous verrons que les probabilités sont un sujet qualitatif.

LES MONDES POSSIBLES

L'idée d'histoires alternatives a été reprise par différentes disciplines au cours de l'histoire des idées. Il est intéressant de les présenter ici rapidement, car elles semblent toutes converger vers le même concept de risque et d'incertitude (la certitude envisage un événement susceptible de se produire au cours du plus grand nombre d'histoires alternatives possibles ; l'incertitude concerne des événements qui se produisent plus rarement).

Ainsi, en philosophie, de nombreux travaux ont été menés sur le sujet, à commencer par ceux de Leibniz sur les « mondes possibles ». Pour lui, l'esprit de Dieu contenait une infinité de mondes potentiels, parmi lesquels il en a sélectionné un seul. Ces mondes non sélectionnés sont des mondes possibles, celui dans lequel je respire et écris ces lignes n'est que l'un d'entre eux qui a été mis à exécution. Il existe en philosophie une branche de la logique spécialisée en la matière : une propriété est-elle vraie dans tous les mondes possibles, ou bien dans un seul ? Elle a des ramifications dans la philosophie du langage, la sémantique des mondes possibles, sur laquelle ont écrit des auteurs tels que le logicien et philosophe du langage Saul Kripke.

En physique, on trouve l'interprétation de la pluralité des univers dans la mécanique quantique (associée aux travaux de Hugh Everett en 1957) qui considère que l'univers se divise en branches, comme un arbre, à chaque changement de circonstances : ce que nous vivons à présent n'est que l'un de ces univers multiples. À un niveau plus extrême, dès que plusieurs possibilités viables se dessinent, l'univers se scinde en plusieurs univers, un pour chacune des possibilités, causant une prolifération d'univers parallèles. Je suis trader et essayiste dans l'un des ces univers, simple poussière dans un autre.

Enfin, dans le domaine économique : les économistes ont étudié (peut-être involontairement) certaines idées de Leibniz concernant les possibles « états de nature » défrichés par Kenneth Arrow et Gérard Debreu. Cette approche analytique dans l'étude de l'incertitude économique s'appelle la méthode « espace-état » – c'est la pierre angulaire de la théorie économique néo-classique et des mathématiques financières. Il en existe une version simplifiée, l'analyse de scénarios, série d'hypothèses utilisées par exemple pour prévoir les ventes d'un fertilisant sous différentes conjonctures mondiales et la demande de ce produit (nauséabond).

UNE ROULETTE ENCORE PLUS VICIEUSE

La réalité est bien plus vicieuse que la roulette russe. Primo, elle assène le coup fatal de manière peu fréquente, comme un revolver qui serait pourvu de centaines, voire de milliers de chambres au lieu de six. Après quelques douzaines d'essais, on oublie l'existence de la balle, bercé par un sentiment erroné de sécurité. Dans ce livre, ce point s'intitule le problème du cygne noir. Nous l'aborderons au chapitre 7, car il est lié au problème d'induction (qui a lui-même empêché de dormir plus d'un intellectuel), mais aussi à ce qu'on nomme le mépris de l'histoire : pour les joueurs, les investisseurs et les décideurs, ce qui arrive aux autres ne va pas forcément leur arriver à eux.

Secundo, à la différence d'un jeu aux règles précises et bien définies comme la roulette russe où les risques sont apparents pour toute personne capable de multiplier et de diviser par six, on ne voit pas le canon de la réalité. Le générateur est très rarement visible à l'œil nu. Il peut donc arriver que nous jouions à la roulette russe involontairement, en lui donnant son nom alternatif de « risque faible ». Nous voyons les richesses générées, jamais le processus : cela fait perdre la conscience du danger aux gens qui ne tiennent aucun compte des perdants. Le jeu semble extrêmement facile et nous le pratiquons à l'envi. Même les scientifiques, malgré la sophistication de leurs calculs probabilistes, ne peuvent donner de réponse satisfaisante au sujet des risques encourus, car cette réponse dépend du fait que nous puissions voir le canon de la réalité – dont en général nous ne savons rien.

Enfin, il y a un facteur d'ingratitude lorsqu'on met en garde les gens contre quelque chose d'abstrait (par définition, tout ce qui ne s'est pas produit est abstrait). Disons que vous montez une entreprise qui a pour but de protéger les investisseurs contre les événements rares en mettant au point des offres qui les en préserveront (ce qu'il m'est arrivé de faire). Or rien ne se produit pendant cette période. Nombre d'investisseurs vont se plaindre du fait que vous leur avez fait perdre de l'argent ; certains d'entre eux essaieront même de vous donner des remords : « Vous avez gaspillé mon argent en prenant des assurances, l'an dernier. L'usine n'a pas brûlé, c'était une dépense stupide. Vous ne devez prendre des assurances que contre les événements qui se produisent. » Un investisseur est venu me voir en s'attendant à ce que je lui fasse des excuses (ça n'a pas marché). Heureusement, le monde n'est pas aussi homogène que ça : il existe des personnes (elles sont très rares) qui vous appelleront pour vous exprimer leur gratitude et vous remercier de les avoir protégées d'événements qui n'ont pas eu lieu.

De bonnes relations avec ses pairs

Le degré de résistance au hasard, dans la vie, est une idée abstraite, dont la logique est en partie contre-intuitive, et, pour compliquer les choses, sa réalisation n'est pas observable. Toutefois je l'étudie de plus en plus, pour un ensemble de raisons personnelles que j'aborderai plus tard. Par nature ma manière de juger les choses est fondée sur les probabilités : elle repose sur la notion de ce qui aurait probablement dû se passer, ce qui exige une certaine attitude mentale par rapport aux observations effectuées. Je vous déconseille d'engager une conversation sur les probabilités avec un comptable. Pour un comptable, un

nombre est un nombre. S'il s'intéressait aux probabilités, il se serait
lancé dans une profession nécessitant davantage de réflexion – et
aurait tendance à faire de coûteuses erreurs sur votre déclaration
d'impôts.

Bien que le canon de la roulette-réalité soit invisible, certains
essaient tout de même de le voir – cela requiert une certaine tournure
d'esprit. J'ai vu des centaines de personnes se lancer dans ma profession puis l'abandonner (profession qui repose essentiellement sur le
hasard) : ceux qui avaient une certaine base scientifique ont mieux
tenu le coup. Pour beaucoup d'entre eux, penser en termes scientifiques est une seconde nature. Cela ne vient pas forcément de leur formation en soi (attention aux erreurs de causalité), mais peut-être du
fait que, lorsqu'on décide à un certain moment de sa vie de se consacrer à la recherche scientifique, c'est qu'on a tendance à posséder
par nature une curiosité intellectuelle et un penchant pour la
réflexion. Sont particulièrement réfléchis ceux qui ont dû abandonner leurs études scientifiques parce qu'ils ne parvenaient pas à rester
concentrés sur un petit problème (ou, dans le cas de Nero, sur de
minuscules détails insignifiants et des discussions mineures). Sans une
très grande curiosité intellectuelle, il est presque impossible de mener
à terme un doctorat, de nos jours; mais si l'on n'éprouve pas le désir
de se spécialiser de façon très précise, il est impossible de faire une
carrière scientifique. (Il existe cependant une différence entre l'esprit
d'un mathématicien, qui est dans l'abstraction, et celui d'un scientifique, brûlant de curiosité. Le mathématicien est entièrement absorbé
par ce qui se passe dans sa tête, alors que le scientifique étudie ce qui
se passe en dehors de lui-même.) Toutefois certaines personnes s'intéressent parfois au hasard de manière excessive. J'ai même rencontré des gens spécialisés, disons en physique quantique, qui poussaient
cette idée à l'extrême et ne s'intéressaient plus qu'aux histoires alternatives (la pluralité des mondes possibles), au mépris de ce qui se
produisait réellement.

Certains traders, cependant, se montrent étonnamment réfléchis
face au hasard. Récemment, j'ai dîné au bar d'un restaurant de
Tribeca en compagnie de Lauren Rose, trader à qui j'avais fait lire un
brouillon de ce livre. Nous avons joué le dîner à pile ou face. J'ai
perdu et j'ai payé. Il s'apprêtait à me remercier, quand brusquement
il s'est arrêté en déclarant qu'il avait déjà payé d'une manière probabiliste.

Je considère donc les gens comme séparés en deux catégories
opposées: à un extrême, ceux qui n'acceptent jamais la notion de

hasard ; à l'autre, ceux qu'elle torture. Quand j'ai démarré à Wall Street dans les années 1980, les salles de marchés étaient peuplées de titulaires de MBA, c'est-à-dire de personnes dépourvues de toute réflexion, aussi profondes que des casseroles, et qui n'ont pas manqué de se laisser duper par le hasard. Leur taux d'échec était extrêmement élevé, en particulier quand les instruments financiers sont devenus plus sophistiqués. C'est alors que des produits plus complexes, comme les options exotiques, ont fait irruption sur les marchés, rapportant des bénéfices contre-intuitifs, trop difficiles à envisager pour les gens issus de ce milieu. Ils sont tombés comme des mouches. Je ne pense pas que, parmi les centaines de titulaires d'un MBA de ma génération que j'ai rencontrés à Wall Street dans les années 1980, beaucoup aient encore une profession basée sur la prise de risque.

SAUVÉS PAR AEROFLOT

Dans les années 1990, une vague de nouveaux arrivants dotés d'un bagage plus riche et plus intéressant a rendu les salles de marchés beaucoup plus attrayantes. J'ai ainsi été sauvé des conversations avec les titulaires de MBA, car beaucoup de scientifiques ont débarqué pour gagner de l'argent (certains avaient extrêmement bien réussi dans leur domaine). À leur tour, ils ont recruté des gens qui leur ressemblaient. Bien que la plupart ne soient pas d'un niveau de doctorat (ceux-là sont encore en minorité), ils ont fait considérablement évoluer les valeurs et la culture de la profession, qui est devenue plus tolérante et plus profonde intellectuellement. La demande de scientifiques (déjà importante à Wall Street car les instruments financiers se développaient de plus en plus) a d'autant plus augmenté. La spécialité dominante était la physique, mais on trouvait toutes sortes de disciplines. Les Russes, les Français, les Chinois et les Indiens (dans l'ordre) ont bientôt tenu le haut du pavé à New York et à Londres. On disait que, dans chaque avion en provenance de Moscou, le dernier rang était rempli de physiciens spécialisés en mathématiques en chemin vers Wall Street (ils n'étaient pas assez débrouillards pour obtenir les bonnes places). On pouvait donc embaucher des gens pour un prix très modique en se rendant à l'aéroport de New York avec un interprète (absolument nécessaire) et en interrogeant au hasard ceux qui correspondaient au schéma. Ainsi, à la fin des années 1990, était-il possible d'engager quelqu'un qui avait fait ses classes auprès d'un scientifique de niveau international à la moitié du prix qu'aurait coûté un titulaire de MBA. Mais, comme on dit, tout est dans le marketing : ces gens-là ne savaient pas se vendre.

J'avais un préjugé très favorable envers ces scientifiques russes. Beaucoup d'entre eux pouvaient être professeurs d'échecs (j'ai aussi engagé un professeur de piano, par la même occasion). Ils étaient très utiles lors des entretiens. Quand les titulaires de MBA postulent pour un emploi, ils se vantent souvent d'être de bons joueurs d'échecs. Je me souviens que le conseiller d'orientation de Wharton nous recommandait de souligner notre niveau aux échecs sur nos CV : « parce que cela fait intelligent et stratégique ». Il est typique de leur part de transformer leur connaissance superficielle des règles du jeu en « expertise ». Aussi avions-nous l'habitude de vérifier si le candidat était à la hauteur de ses prétentions (tout en testant son caractère) en sortant un jeu d'échecs d'un tiroir et en lui disant : « Yuri va s'occuper de vous », ce qui en général le faisait blêmir.

Le taux d'échec des scientifiques à la bourse a été plus faible que celui des titulaires de MBA, mais finalement pas de beaucoup. Il était toutefois dû à d'autres raisons : ces derniers sont en effet souvent dépourvus du plus petit soupçon d'intelligence pratique. Certains scientifiques brillants possèdent le jugement (et les aptitudes sociales) d'une poignée de porte – encore une fois, ils ne sont pas tous comme ça. Beaucoup d'entre eux s'avéraient capables de résoudre les équations les plus complexes avec la plus grande rigueur, mais étaient totalement incapables de venir à bout du plus petit problème en rapport avec la réalité : c'était comme s'ils avaient compris la lettre mais pas l'esprit des mathématiques (nous aborderons plus longuement cette pensée double avec les deux systèmes de pensée au chapitre 11). Je suis convaincu que X, un sympathique Russe de ma connaissance, possède deux cerveaux. Un pour les mathématiques, et un autre, très inférieur, qui sert pour tout le reste (y compris les mathématiques financières). À l'occasion, toutefois, apparaît un scientifique à l'esprit vif et débrouillard. Quels que soient les bénéfices du changement de population dans les salles de marchés, cela nous a permis d'améliorer notre niveau aux échecs, ainsi que la qualité des conversations à la pause déjeuner – qui s'est mise à se prolonger considérablement. Imaginez que, dans les années 1980, j'étais contraint de parler avec des collègues titulaires de MBA ou d'anciens comptables, héroïquement capables de discuter des standards du FASB. Je dois avouer que ce genre de préoccupations n'est guère contagieux. L'intérêt des physiciens, en revanche, ne résidait pas dans leur capacité à discuter de la dynamique des fluides, mais dans le fait qu'ils étaient naturellement curieux de toutes sortes de sujets intellectuels et avaient une conversation agréable.

SOLON CHEZ RÉGINE

Comme le lecteur doit déjà s'en douter, mes idées sur le hasard n'ont pas facilité mes relations avec certains de mes collègues durant ma carrière à Wall Street (le portrait de beaucoup d'entre eux se dessine indirectement dans ces chapitres). C'est avec ceux qui eurent la malchance d'être mes patrons que mes relations ont été le plus chaotiques. J'en ai eu deux au cours de ma vie, absolument opposés en tout.

Le premier, que j'appellerai Kenny, était le stéréotype du bon père de famille, du genre à entraîner les gamins au foot le samedi matin et à inviter son beau-frère à un barbecue le dimanche midi. Il avait l'air de quelqu'un à qui l'on peut confier ses économies et s'était élevé rapidement dans la société financière où il travaillait, malgré son manque de compétence technique dans le domaine des produits financiers dérivés (qui avaient rendu sa firme célèbre). Il avait hélas l'esprit trop terre à terre pour comprendre ma logique. Il me reprocha un jour de ne pas être impressionné par les succès de certains de ses traders qui s'étaient bien débrouillés durant le marché obligataire haussier européen de 1993 – succès que je considérais ouvertement comme fruit du hasard. J'essayai de lui expliquer ce qu'était le biais du survivant (voir la seconde partie de ce livre), en vain. Ses traders ont tous quitté le métier depuis, afin de « poursuivre d'autres occupations » – lui aussi. En apparence, c'était un homme calme et mesuré, qui disait ce qu'il pensait et savait mettre à l'aise son interlocuteur. D'allure athlétique, il présentait bien, s'exprimait bien, tenait des propos mesurés, et possédait une qualité rare : il savait écouter. Son charme personnel lui avait permis de gagner la confiance de ses supérieurs – mais je ne pouvais dissimuler mon absence de respect, en particulier parce qu'il ne comprenait pas la nature de ma conversation. En dépit de son air conservateur, c'était une véritable bombe à retardement, prête à exploser.

Le second, que j'appellerai Jean-Patrice, à l'inverse, était un Français au tempérament explosif et hyper-agressif. Hormis ceux qu'il aimait vraiment (ils n'étaient pas nombreux), il avait le don de mettre ses subordonnés mal à l'aise en les plongeant dans un état d'anxiété permanente. Il a beaucoup contribué à ma formation en matière de prise de risque. C'est l'une des très rares personnes qui ont le cran de ne s'intéresser qu'au générateur, sans se soucier le moins du monde des résultats. Il faisait preuve de la sagesse de Solon, mais, alors que l'on s'attendrait à ce qu'un homme doté d'une telle sagacité et d'une telle conscience du hasard mène une vie monotone, la sienne était extrêmement pittoresque. Par contraste avec Kenny, qui portait des costumes sombres et des chemises blanches (sa seule fantaisie résidait dans ses cravates Hermès, équestres et colorées), Jean-Patrice s'habillait comme un paon : chemises bleues, manteaux sport écossais et pochette de soie voyante. N'ayant pas la fibre familiale, il venait rarement travailler le matin – je peux toutefois affirmer sans me tromper qu'il emportait son travail jusque dans les endroits les plus improbables. Il m'appelait fréquemment de chez *Régine*, boîte haut de gamme de New York, me réveillant à trois heures du matin pour discuter d'un petit détail (souvent sans intérêt) concernant mon exposition au risque. En dépit de son léger embonpoint, les femmes semblaient le trouver irrésistible : il disparaissait souvent à midi, pour demeurer injoignable pendant des heures. Son avantage tenait peut-être au fait qu'il était français à New York et s'habillait de façon originale. Un jour il m'invita à discuter d'un problème urgent. Je le retrouvai, détail caractéristique, en milieu d'après-midi, dans un étrange « club » parisien qu'aucune plaque extérieure ne signalait, face à ses documents épars sur une table. Sirotant du champagne, il se faisait caresser par deux jeunes femmes très légèrement vêtues. Chose étrange, il les mêlait à la conversation, comme si elles avaient elles aussi été conviées à la réunion. Il avait même chargé l'une d'elles de prendre les communications de son téléphone portable qui ne cessait de sonner, car il ne souhaitait pas être interrompu durant notre discussion.

Je suis toujours aussi stupéfait en songeant à l'obsession qu'éprouvait cet homme haut en couleur pour le risque qu'en permanence il évaluait dans sa tête – il songeait littéralement à tout ce qui pouvait arriver. Il m'a forcé un jour à élaborer un plan de sauvetage financier alternatif au cas où un avion s'écraserait sur nos bureaux (c'était bien avant les événements du 11 septembre 2001) et s'est emporté lorsque je lui ai répondu qu'en pareille circonstance je ne me soucierais guère des conditions financières de son département. Il avait une horrible réputation de coureur de jupons ; c'était un patron lunatique, capable de renvoyer quelqu'un sur un coup de tête, et pourtant il m'écoutait, comprenant chacun de mes mots, et m'encourageait à poursuivre encore davantage mes recherches sur le hasard. C'est lui qui m'a appris à dépister les risques invisibles susceptibles de faire éclater n'importe quel portefeuille. Ce n'était pas une coïncidence s'il éprouvait un respect immense pour les sciences et faisait preuve d'une déférence presque servile devant les scientifiques. Une dizaine d'années après que j'eus travaillé avec lui, il a réapparu de façon impromptue à ma soutenance de thèse, au fond de la salle, sourire aux lèvres. Mais, alors que Kenny savait grimper les échelons d'une société financière, atteignant un grade élevé avant qu'on le mette dehors, Jean-Patrice n'a pas eu cette chance, ce qui m'a appris à me méfier des sociétés financières matures.

Beaucoup de gens soi-disant concentrés sur les résultats financiers peuvent se sentir perturbés lorsqu'on les interroge sur les histoires qui n'ont pas eu lieu, et non sur celles qui sont avérées. Aux yeux d'une personne terre à terre du genre qui « réussit dans les affaires », mon langage (ainsi que, je dois le reconnaître, certains traits de ma personnalité) paraît manifestement étrange et incompréhensible. Il est même amusant de constater que la discussion semble en offenser plus d'une.

La différence entre Kenny et Jean-Patrice n'est pas une simple coïncidence qui se serait produite au cours de ma longue carrière. Attention aux gens qui ont « du sens pratique » : le cimetière de la bourse en est rempli. Par contraste avec leur allure coutumière de « maîtres de l'univers », ils se rendent un jour au bureau du personnel pour la discussion habituelle qui accompagne une rupture de contrat, et en ressortent soudain blêmes, humbles, comme dépourvus d'hormones.

George Will n'est pas Solon : des vérités contre-intuitives

Être réaliste peut vous causer des ennuis. Le scepticisme qu'engendre la conscience des probabilités est pire. Il est difficile en effet de vivre avec des lunettes « montreuses de probabilités », car l'on commence à voir partout autour de soi des gens qui se laissent duper par le hasard – et qui persistent à croire le contraire. Pour commencer, il devient impossible de lire une analyse historique sans en remettre en cause les conclusions : nous savons que Hannibal et Hitler ont écha-faudé des projets insensés, car aujourd'hui Rome ne parle pas phéni-cien, et que Times Square, à New York, n'est pas couvert de croix gammées. Mais qu'en est-il de ces généraux qui manifestèrent eux aussi des ambitions démentielles et triomphèrent, gagnant ainsi leur place dans les chroniques historiques ? Il est difficile d'envisager Alexandre le Grand ou Jules César comme des généraux vainqueurs de leurs ennemis dans l'histoire visible, qui en revanche auraient pu être battus dans d'autres histoires invisibles. Si nous avons entendu parler d'eux, c'est uniquement parce qu'ils ont pris de terribles risques, avec des milliers d'autres, et qu'ils ont remporté la victoire. Ils étaient intel-ligents, courageux, nobles parfois, avaient atteint le degré de culture le plus élevé possible à leur époque – tout comme des foules de gens qui croupissent dans les notes de bas de page de l'histoire. Une fois encore, je ne conteste pas le fait qu'ils aient gagné des guerres, mais les déclarations concernant la qualité de leurs stratégies. (Ma toute pre-mière impression en relisant l'*Iliade* à l'âge adulte est que le poète ne juge pas ses héros sur leurs résultats : leurs triomphes et leurs défaites sont totalement étrangers à leur propre valeur ; leur destin repose entièrement sur des forces extérieures, en général sur l'influence expli-cite de dieux intrigants (non dépourvus de népotisme). Les héros sont des héros parce qu'ils se comportent comme tels et non parce qu'ils gagnent ou perdent des batailles. À nos yeux, Patrocle n'est pas un héros en raison de ses accomplissements (il se fait rapidement tuer) mais parce qu'il préfère mourir plutôt que de voir Achille bouder et sombrer dans l'inaction. Il est évident que les poètes épiques compre-naient les histoires invisibles. Plus tard, les poètes et les penseurs ont mis au point des méthodes plus élaborées pour appréhender le hasard, comme nous le verrons plus tard avec le stoïcisme.

Quand je regarde la télévision, probablement parce que je n'en ai pas l'habitude, il m'arrive de bondir, d'être bouleversé (j'ai grandi sans, et n'ai appris à manipuler cet engin qu'à l'approche de mes trente ans). Voici une illustration du danger de ne pas prendre en compte les histoires alternatives : il s'agit d'une l'interview réalisée par George Will, « commentateur » du genre bavard, du professeur Robert Shiller (le grand public le connaît pour son livre *Exubérance irrationnelle*, mais les spécialistes l'estiment pour ses remarquables intuitions concernant la structure de la volatilité et l'influence du hasard à la bourse, qu'il a exprimées de façon précise grâce aux mathématiques).

Cette interview montre l'aspect destructeur des médias, qui flattent nos préjugés et notre bon sens, lourdement biaisés. On m'avait dit que George Will était très célèbre et extrêmement respecté (pour un journaliste). Peut-être était-il d'une grande intégrité intellectuelle, bien que sa profession se limitât à passer pour intelligent devant les masses. Robert Shiller, lui, comprenait les tenants et les aboutissants du hasard ; il était habitué à répondre à une argumentation rigoureuse, mais semblait moins brillant en public en raison de l'aspect hautement contre-intuitif de son sujet. Depuis longtemps, Robert Shiller affirmait que les valeurs de la bourse étaient surcotées. George Will lui rétorqua que, si les gens l'avaient écouté par le passé, ils auraient perdu de l'argent, car le marché avait plus que doublé depuis qu'il disait cela. Face à un argument journalistique sonnant si bien (mais sans fondement), Robert Shiller s'était montré incapable de répondre, si ce n'est en expliquant qu'il ne fallait pas donner un sens indu au fait qu'il ait tort dans le cadre d'une seule échéance. Robert Shiller, en tant que scientifique, ne prétendait pas être un prophète ni l'un des animateurs qui commentent la bourse au journal du soir. Yogi Berra aurait fait davantage d'effet par son commentaire plein d'assurance : « La grosse dame a pas encore chanté. »

Je ne comprenais pas ce que Robert Shiller était venu faire sur ce plateau de télévision, alors qu'il n'était nullement préparé à réduire ses idées à de petites phrases creuses. Bien sûr, il est stupide de croire qu'un marché irrationnel ne puisse le devenir davantage ; les idées de Robert Shiller quant à la rationalité du marché ne sont pas rendues caduques par le fait qu'il ait pu se tromper par le passé. Je ne peux m'empêcher de voir en George Will le représentant de tant de cauchemars rencontrés au cours de ma carrière : moi, essayant d'empêcher quelqu'un de jouer à la roulette russe pour dix millions de dollars, tandis que le journaliste George Will m'humilie en public en disant que, si cette personne m'avait écouté, cela lui aurait coûté une véritable fortune. De plus, George Will ne s'est pas limité à une simple remarque : il a écrit un article sur la « prophétie » erronée de Robert Shiller. Cette tendance à faire et défaire des prophètes, fondée sur le principe de la roulette, est symptomatique de notre incapacité indécrottable à appréhender la structure complexe de la chance qui prévaut dans le monde moderne. Mélanger prévisions et prophétie est typique de cette stupidité face au hasard (la prophétie appartient à la colonne de droite, la prévision est tout simplement son équivalent de la colonne de gauche).

LES DÉBATS HUMILIANTS

L'idée d'histoires alternatives ne semble pas avoir de sens sur le plan intuitif: c'est là que les choses commencent à être drôles. Pour commencer, nous ne sommes pas faits pour comprendre les probabilités, point sur lequel nous ne cesserons de revenir tout au long de ce livre. En effet, d'après les spécialistes du cerveau et des sciences cognitives, les vérités mathématiques n'ont guère de sens pour notre esprit, en particulier lorsqu'on touche aux résultats des probabilités. La plupart d'entre eux sont entièrement contre-intuitifs; nous le constaterons à de nombreuses reprises. Alors pourquoi débattre avec un simple journaliste payé pour s'appuyer sur la sagesse populaire? À chaque fois qu'il m'est arrivé, lors d'une discussion publique sur la bourse, d'être ainsi humilié par un émule de George Will aux arguments en apparence plus acceptables et faciles à comprendre, les événements m'ont par la suite donné raison. Je ne conteste pas qu'il faille simplifier ces arguments au maximum. Malheureusement les gens considèrent souvent que les idées complexes, irréductibles aux affirmations simples susceptibles de passer dans les médias, sont le reflet d'un esprit confus. Les étudiants des MBA apprennent les concepts de clarté et de simplicité – le résumé de la situation en cinq minutes par le manager. Cela s'applique peut-être au plan de gestion d'une usine d'engrais, mais pas à des arguments subtils concernant les probabilités – voilà pourquoi j'ai de nombreuses anecdotes montrant que les titulaires de MBA ont tendance à sauter à la bourse, car ils sont habitués à simplifier un peu trop les choses. (Je prie les titulaires de MBA de ne pas le prendre mal: j'ai moi-même la faiblesse d'avoir obtenu ce diplôme.)

UN AUTRE GENRE DE SÉISME

Faites l'expérience suivante. Rendez-vous dans un aéroport et prenez des voyageurs en partance pour une destination lointaine: demandez-leur combien ils accepteraient de payer pour une assurance leur rapportant, disons, un million de tugrits (la monnaie mongole) au cas où ils décèderaient pendant leur voyage (quelle qu'en soit la cause). Demandez ensuite à un autre échantillon de voyageurs combien ils paieraient pour une assurance leur rapportant la même chose, mais cette fois à condition qu'ils meurent dans un attentat terroriste (uniquement dans ce cas-là). Devinez dans quel cas les gens acceptent de payer le plus cher ? Il apparaît que à choisir les voyageurs préfèrent débourser de l'argent dans le second cas (bien qu'il soit inclus dans le premier). Les psychologues Daniel Kahneman et Amos Tversky ont mis au jour cela il y a plusieurs décennies. L'ironie est que l'un des échantillons de population testés ne comprenait pas des individus lambda, mais des professionnels de la prévision se rendant à la réunion annuelle d'une société de pronostics. Lors d'une expérience désormais célèbre, ils ont découvert que la majorité des personnes interrogées, qu'elles s'occupent ou non de pronostics, jugeait qu'une inondation (causant des milliers de morts) due à un tremblement de terre en Californie était plus probable qu'une inondation (causant des milliers de morts) se produisant en Amérique du Nord (ce qui bien sûr inclut la Californie). En tant que trader en produits dérivés, j'ai remarqué que les gens n'aimaient pas s'assurer contre quelque chose d'abstrait ; le risque qui retient leur attention est toujours très concret.

Cela nous conduit à un aspect plus dangereux du journalisme. Nous venons de voir comment George Will – répugnant du point de vue scientifique – et ses collègues parviennent à renverser les arguments pour leur donner l'air vrai alors qu'ils sont faux. Ceux qui transmettent l'information exercent hélas une influence plus générale en tronquant ainsi la représentation du monde. En effet, lorsqu'il est confronté au risque et aux probabilités, notre cerveau tend visiblement à se raccrocher à des éléments superficiels, largement déterminés par les émotions qu'ils déclenchent ou la facilité avec laquelle ils nous viennent à l'esprit. De plus, il est scientifiquement prouvé – et très étonnant – que détecter et éviter les risques ne sont pas des tâches allouées à la partie « pensante » du cerveau, mais beaucoup plus au siège des émotions (c'est la théorie du « risque comme sentiment »). Les conséquences ne sont pas des moindres : cela signifie que la pensée rationnelle sert très peu à éviter les risques. Elle semble essentiellement servir à rationaliser nos actes en leur injectant un peu de logique.

En ce sens, les déclarations des journalistes ne donnent pas seulement une représentation irréaliste du monde, mais plutôt celle qui peut le mieux vous berner en attirant votre attention via vos émotions – c'est la sensation la plus facile à transmettre. Prenons par exemple la maladie de la vache folle : sur une décennie, elle n'a tué que quelques centaines de personnes (selon les plus fortes estimations), en comparaison des accidents de voitures qui ont causé des centaines de milliers de morts ! Malheureusement la description médiatique de ce danger n'est pas assez intéressante d'un point de vue commercial. (Notez que vous avez plus de chances de mourir d'un empoisonnement alimentaire ou d'un accident de voiture en vous rendant au restaurant que de la maladie de la vache folle !) Ce sensationnalisme peut détourner l'attention vers les mauvaises causes : le cancer et la malnutrition sont celles qui souffrent le plus du manque d'attention. La malnutrition en Afrique et en Asie du Sud-Est n'a plus d'impact émotionnel : elle a littéralement disparu de la scène. En ce sens, notre carte mentale des probabilités est tellement tournée vers le sensationnel que nous gagnerions à nous dispenser des nouvelles. Un autre exemple : la volatilité de la bourse. Dans l'esprit des gens, les prix bas sont beaucoup plus « volatiles » que les prix très élevés. Par ailleurs, cette volatilité semble déterminée non par les mouvements réels, mais par le ton des médias. Les mouvements du marché dans les dix-huit mois qui ont suivi le 11 septembre 2001 ont été beaucoup plus réduits que dans les dix-huit mois qui l'ont précédé : malgré tout, dans l'esprit des investisseurs, ils furent très volatiles. Les discussions dans les médias à propos de « la menace terroriste » ont décuplé l'effet des mouvements des marchés dans la tête des gens. Voilà l'une des raisons pour lesquelles les journalistes sont l'un des plus grands fléaux d'aujourd'hui : le monde devient de plus en plus compliqué, et nos esprits sont entraînés vers une simplification accrue.

PROVERBES

Attention à ne pas faire de confusion entre correct et intelligible. Traditionnellement, le bon sens favorise les choses qui s'expliquent facilement, « en deux mots » : dans certains cercles, cela a même force de loi. Ayant été élève dans une école française, on m'a fait rabâcher la phrase de Boileau issue de l'*Art poétique*, devenue dicton populaire :

Ce qui se conçoit bien s'énonce clairement
Et les mots pour le dire viennent aisément.

Le lecteur imaginera ma déception en comprenant, au fur et à mesure de ma progression dans l'étude du hasard, que les adages les plus poétiques peuvent être complètement faux. La sagesse populaire peut être pernicieuse. Je dois parfois faire un effort considérable pour ne pas me laisser perturber par des remarques qui semblent parfaitement justes. Il me revient de temps à autre en tête une remarque d'Einstein : il disait que le bon sens n'est rien d'autre qu'une série d'idées fausses acquises avant dix-huit ans. En outre : *ce qui a l'air intelligent dans une conversation, une réunion, et en particulier dans les médias, est tout particulièrement à prendre avec des pincettes.*

N'importe quel livre sur l'histoire des sciences montre que presque toutes les idées brillantes qui ont été démontrées avaient l'air complètement absurdes au moment de leur conception. Imaginez donc qu'on essaie d'expliquer à un journaliste du *London Times* en 1905 que le temps ralentit quand on voyage (même le comité du prix Nobel n'octroya pas à Einstein son prix pour son intuition sur la relativité). Tentez de faire comprendre à quelqu'un qui n'a aucune notion de physique qu'il y a des lieux dans l'univers où le temps n'existe pas. Essayez de démontrer à Kenny que, malgré la « preuve » de son éclatante réussite, son meilleur trader est un dangereux imbécile.

GESTIONNAIRE DE RISQUE

Les sociétés financières ont récemment créé le curieux poste de gestionnaire de risque : la personne en question est censée surveiller la société pour laquelle elle travaille et vérifier qu'elle ne joue pas trop à la roulette russe. Manifestement, après avoir été plusieurs fois échaudé, on demande à quelqu'un de veiller sur le générateur (la roulette qui engendre les pertes et profits). Bien qu'il soit plus amusant d'être trader, beaucoup de gens extrêmement intelligents parmi mes amis (dont Jean-Patrice) ont été attirés par ce genre de poste. Il faut noter qu'en général un gestionnaire de risque gagne davantage qu'un trader (en particulier si l'on tient compte du nombre de traders qui se retrouvent sans travail : les chances de survie dans ce domaine au bout de dix ans sont inférieures à 10 % ; celles d'un gestionnaire de risque atteignent presque 100 %). « Les traders passent, les gestionnaires de risque restent. » Je songe régulièrement à accepter moi-même un emploi de ce genre pour des raisons économiques (car c'est plus avantageux d'un point de vue statistique), mais aussi parce qu'un tel poste offre un contenu intellectuel plus substantiel que simplement vendre et acheter, et permet de cumuler les recherches et la pratique. Enfin, un gestionnaire de risque a dans le sang moins d'hormones nocives dues au stress. Toutefois quelque chose me retient, en dehors du besoin irrationnel d'éprouver les émotions agréables et douloureuses liées à la spéculation. Le gestionnaire de risque a en effet une place ambiguë : comme nous l'avons dit, le générateur de la réalité n'est pas observable. Il lui est difficile d'empêcher les traders qui gagnent de prendre des risques : s'il le fait, il peut être accusé *a posteriori* par les George Will de service d'avoir coûté de précieux profits aux actionnaires. En revanche, si ses traders sautent, il en est responsable. Que faire dans de telles circonstances ? Le gestionnaire de risque se met alors à faire de la politique, à protéger ses arrières grâce à des mémos internes vagues mettant en garde contre les activités risquées, sans aller toutefois jusqu'à les condamner complètement, de crainte de perdre sa place. Comme un médecin écartelé entre deux types d'erreurs possibles, le faux positif (dire au patient qu'il a un cancer alors qu'en réalité il n'en a pas) et le faux négatif (dire au patient qu'il est en bonne santé alors qu'en réalité il a un cancer), le gestionnaire de risque doit trouver son équilibre en se disant qu'il a nécessairement besoin d'une marge d'erreur dans son travail.

ÉPIPHÉNOMÈNE

Pour une société financière, l'existence du gestionnaire de risque a moins à voir avec la réduction réelle du risque qu'avec l'impression de cette réduction. Les psychologues modernes et les philosophes depuis Hume étudient le concept d'épiphénoménalisme, c'est-à-dire l'illusion d'une relation de cause à effet. Est-ce le compas qui fait bouger le navire ? En « observant » les risques, les réduisez-vous réellement, ou vous donnez-vous simplement l'impression de faire votre devoir ? Êtes-vous directeur ou simple observateur ? L'illusion de la maîtrise est-elle dangereuse ?

Je conclus ce chapitre en présentant le paradoxe qui est au cœur de ma carrière financière dans le domaine du hasard. Par définition, je vais à contre-courant, aussi ne devrait-il pas être surprenant que mon style et mes méthodes ne soient ni populaires ni faciles à comprendre. Voici mon dilemme : d'une part, je travaille avec des gens dans le monde réel, et le monde réel n'est pas uniquement peuplé de journalistes bavards et inconséquents. Je souhaite donc que les individus, en général, continuent de se laisser duper par le hasard (afin que je puisse mener mes activités de trader contre eux), mais qu'il subsiste une minorité suffisamment intelligente pour apprécier mes méthodes et faire appel à mes services. En d'autres termes, j'ai besoin que le hasard continue de berner les autres, mais pas tous. J'ai eu la chance de rencontrer Donald S. qui correspond au schéma du partenaire idéal : il m'a aidé, dans la deuxième partie de ma carrière, à me libérer des problèmes liés à l'emploi. Le plus grand risque que je cours, c'est celui de réussir : cela signifierait la fin de ma profession. Étrange métier que le nôtre.

CHAPITRE 3

MÉDITATION MATHÉMATIQUE
SUR L'HISTOIRE

*De la simulation Monte Carlo comme métaphore permettant de comprendre
une séquence d'événements historiques aléatoires. Du hasard et des histoires
artificielles. L'âge fait presque toujours la beauté ; la nouveauté et la jeunesse
sont en général toxiques. Envoyez votre professeur d'histoire assister à un cours
d'initiation à la théorie des trajectoires stochastiques.*

PLAY-BOY ET MATHÉMATICIEN

L e stéréotype du pur mathématicien montre un être anémié, à
la barbe broussailleuse, aux ongles crasseux et trop longs,
œuvrant en silence sur un bureau spartiate mais désorganisé.
Ventripotent, les épaules frêles, il travaille dans une pièce mal tenue,
et, absorbé par sa tâche, se montre complètement indifférent à ces
conditions misérables. Il a grandi sous un régime communiste et parle
l'anglais avec un fort accent guttural d'Europe de l'Est. Lorsqu'il
mange, des miettes tombent et s'accumulent dans sa barbe. Avec le
temps, il se concentre de plus en plus sur son sujet qui relève du théorème pur, et dont le niveau d'abstraction ne cesse de s'accroître. Les
Américains ont récemment fait la connaissance d'un personnage de
ce type en la personne d'Unabomber, mathématicien reclus, hirsute,
vivant dans une cabane, déterminé à tuer ceux qui essayaient de déve-

lopper les technologies modernes. Aucun journaliste n'a été capable d'exposer même brièvement le sujet de sa thèse, *Complex Boundaries* (Bornes complexes) car cela n'a pas de pendant « littéraire » – un nombre complexe est un nombre totalement abstrait et imaginaire qui inclut la racine carrée de moins un, et n'a pas d'équivalent en dehors du monde des mathématiques.

Le nom de Monte Carlo évoque l'image d'un homme bronzé, raffiné, du genre play-boy, passant la porte du casino dans une bouffée de senteurs méditerranéennes. Il sait skier, jouer au tennis, mais fait aussi un partenaire de choix aux échecs et au bridge. Il conduit une voiture de sport grise, porte des costumes italiens faits sur mesure, et évoque avec aisance et précision des sujets prosaïques, bien ancrés dans la réalité – de ceux qu'un journaliste peut facilement présenter au public sous forme de phrases toutes faites. Au casino, notre play-boy compte astucieusement les cartes, maîtrisant le hasard, et parie selon une technique étudiée, car son esprit effectue le calcul précis du pari optimal. Il pourrait être le brillant frère perdu de James Bond.

Lorsque je songe à la simulation Monte Carlo, il me vient à l'esprit un heureux mélange de ces deux personnages : le réalisme du play-boy de Monte Carlo sans son aspect superficiel, combiné à l'intuition du mathématicien sans son excès d'abstraction. Car cette branche des mathématiques est d'une immense utilité : elle n'a pas la sécheresse habituellement associée à cette science. J'y suis devenu accro à la minute où j'ai embrassé la profession de trader. Cela a donné forme à ma pensée dans la plupart des domaines liés au hasard. L'essentiel des exemples utilisés dans ce livre ont été créés au moyen de la simulation Monte Carlo, que je vais présenter dans ce chapitre. Pourtant il s'agit bien davantage d'une façon de penser que d'une méthode de calcul. Les mathématiques sont en effet plus un outil de réflexion que de calcul.

LES OUTILS

La notion d'histoires alternatives telle que nous l'avons vue au chapitre précédent peut être très largement étendue et soumise à tous les raffinements techniques possibles. Cela nous amène naturellement aux outils qui, dans ma profession, permettent de jouer avec le hasard, et que nous allons passer en revue. En résumé, les simulations Monte Carlo servent à créer des histoires artificielles utilisant les concepts suivants.

D'abord, considérons une trajectoire historique stochastique. Les histoires invisibles possèdent un nom scientifique, trajectoires alternatives, emprunté aux mathématiques des probabilités qu'on appelle les processus stochastiques. La notion de trajectoire, par opposition à celle de résultat, indique qu'il ne s'agit pas d'un simple scénario d'analyse façon MBA, mais de l'examen d'une séquence de scénarios pratiquée sur la durée. Nous ne cherchons pas seulement à savoir où l'oiseau peut se poser demain soir, mais aussi quels sont les endroits où il peut se rendre dans l'intervalle. Nous ne nous soucions pas de la valeur de l'investisseur dans un an, par exemple, mais plutôt des incidents de parcours durant cette période. Le terme « trajectoire » montre que l'on voit une seule réalisation parmi une série de réalisations possibles. Une trajectoire stochastique peut être déterministe ou aléatoire, ce qui amène à la distinction suivante.

Trajectoire stochastique aléatoire : voilà le terme mathématique définissant une succession d'événements historiques virtuels, démarrant à une certaine date et se terminant à une autre, tout en étant soumis à différents degrés d'incertitude. Toutefois il ne faut pas confondre le mot « aléatoire » avec équiprobable (c'est-à-dire ayant la même probabilité). Certains résultats ont un degré de probabilité plus élevé que d'autres. On peut prendre comme exemple de trajectoire stochastique aléatoire la température corporelle de votre cousin explorateur durant son dernier accès de fièvre typhoïde en la mesurant toutes les heures, du début jusqu'à la fin de la crise. Il peut aussi s'agir d'une simulation du prix de votre action fétiche, observé chaque jour à la clôture du marché pendant par exemple un an. Démarrant à 100 dollars, selon un scénario, elle peut finir à 20 dollars après être grimpée à 220 dollars ; selon un autre, elle peut terminer à 145 dollars après avoir dégringolé à 10 dollars. Autre exemple : celui de la variation de votre fortune au cours d'une soirée au casino. Vous commencez avec 1 000 dollars en poche, et vous calculez combien il vous reste toutes les quinze minutes. Dans une trajectoire stochastique, vous possédez 2 200 dollars à minuit ; dans une autre, 20 dollars, à peine de quoi vous payer un taxi pour rentrer.

Le processus stochastique est une référence à la dynamique des événements qui se déroulent au fil du temps. Le terme « stochastique » est un emprunt au grec qui signifie « hasard ». Cette branche des probabilités étudie l'évolution d'événements aléatoires successifs, ce qu'on pourrait appeler les mathématiques historiques. La clef de ce processus est qu'il se réfère au temps.

Qu'est-ce que la simulation Monte Carlo ? Imaginez que vous puissiez reproduire dans votre grenier une roulette parfaite, sans avoir recours aux services d'un menuisier. Les ordinateurs peuvent être programmés pour imiter à peu près n'importe quoi. Ils sont plus efficaces (et moins chers) que la roulette confectionnée par un artisan, car la version matérielle a parfois tendance à favoriser un numéro plus que les autres en raison d'imperceptibles inclinaisons de l'objet ou du sol de votre grenier. C'est ce qu'on appelle les biais.

Jamais, au cours de ma vie d'adulte, je n'ai rencontré d'objet ressemblant plus à un jouet que la simulation Monte Carlo. Elle nous permet de créer des milliers, voire des millions de trajectoires stochastiques aléatoires, tout en observant les caractéristiques principales de certains traits. L'aide apportée par l'ordinateur est ici purement instrumentale. La référence aux paillettes de Monte Carlo montre qu'on simule des événements aléatoires comme dans un casino virtuel. On pose des conditions censées ressembler à celles qui prévalent dans la réalité, puis on lance un ensemble de simulations autour d'événements possibles. Sans aucune connaissance mathématique, on peut faire la simulation suivante : combien de temps faut-il en moyenne pour que se retrouve dans la rubrique nécrologique le nom d'un jeune chrétien libanais de dix-huit ans qui joue de manière répétée à la roulette russe pour une somme donnée ? On peut modifier le barillet afin qu'il contienne cinq cents chambres, ce qui ferait baisser le taux de probabilités de décès, et ensuite constater le résultat.

La méthode de simulation Monte Carlo a été mise au point par des physiciens dans les laboratoires de Los Alamos, à l'époque de la fabrication de la première bombe atomique. Son utilisation s'est étendue aux mathématiques financières dans les années 1980, en particulier dans la modélisation des actifs financiers par la méthode du pas aléatoire (domaine inventé par un mathématicien maudit, le Français Louis Bachelier, qui fut oublié pendant plus d'un demi-siècle). Bien sûr, l'exemple de la roulette russe n'a pas besoin d'un tel appareillage, mais beaucoup de situations, surtout lorsqu'elles se rapprochent de la réalité, nécessitent toute la puissance d'un simulateur Monte Carlo.

LES MÉTHODES MONTE CARLO

Bien sûr, les « vrais » mathématiciens n'aiment pas la méthode Monte Carlo qui, selon eux, nous prive de la finesse et de l'élégance des mathématiques. Ils la taxent de « force brute » car elle peut remplacer en grande partie les mathématiques (comme d'autres astuces informatiques). Ainsi une personne qui n'a pas de connaissances formelles en géométrie peut calculer le mystérieux et quasi mystique chiffre pi. Comment ? En dessinant un cercle à l'intérieur d'un carré et en « tirant » au hasard des balles dans le dessin (comme dans un jeu vidéo), puis en précisant l'égalité des probabilités de toucher n'importe quel point de la carte (ce qu'on appelle une distribution uniforme). La proportion de balles touchant l'intérieur du cercle, divisée par celles qui touchent l'intérieur et l'extérieur, donne un multiple de pi, avec la possibilité d'une précision à l'infini. Certes, utiliser un ordinateur pour calculer pi est sans intérêt, car cela peut être fait de façon analytique, c'est-à-dire sous forme mathématique. Toutefois cette méthode permet à certains utilisateurs de mieux comprendre les choses (j'en fais partie). L'ordinateur n'est pas un outil naturel faisant partie du cerveau humain ; les mathématiques non plus.

Je ne suis pas un mathématicien-né, c'est-à-dire que les mathématiques ne sont pas ma langue maternelle : je la parle avec un léger accent étranger. En réalité, les mathématiques ne m'intéressent pas en soi, mais seulement dans leur application – un mathématicien, lui, chercherait à les faire progresser par le biais de théorèmes et de preuves. Je suis en fait incapable de me concentrer pour résoudre une équation, à moins d'avoir un objectif concret (avec à la clef un intérêt personnel) ; ainsi la plupart de mon savoir vient de ma pratique de trader en produits dérivés – les options m'ont obligé à étudier les probabilités mathématiques. Beaucoup de joueurs d'intelligence moyenne, mus par leur passion, acquièrent une remarquable habileté pour compter les cartes.

On peut faire un parallèle avec la grammaire. Ainsi les mathématiques forment-elles souvent une grammaire fastidieuse et sans idée. Certains s'intéressent à la grammaire en soi, d'autres pour éviter les solécismes lorsqu'ils écrivent. Ceux de la seconde catégorie sont comme les physiciens, pour qui les mathématiques ne sont qu'un outil. On naît mathématicien, on ne le devient pas. De même pour les physiciens. Je ne me soucie guère de « l'élégance » et de « la qualité » des mathématiques que j'utilise, du moment que je peux mener à bien ma tâche. J'ai recours à la simulation Monte Carlo dès que la possibilité se présente. C'est une méthode efficace. De plus elle est beaucoup plus pédagogique que les mathématiques, aussi vais-je l'utiliser pour les exemples de ce livre.

En réalité, les probabilités constituent un domaine de recherche qui pousse à la réflexion car elles touchent à plus d'une science, en particulier la mère de toutes les sciences : la connaissance. Il est impossible d'évaluer la qualité de nos connaissances sans admettre qu'il y a une part de hasard dans la manière dont on les a acquises, ni se débarrasser de l'argument de la coïncidence qui aurait pu s'infiltrer dans sa construction. Dans le domaine scientifique, probabilité et information sont traitées exactement de la même manière. Presque tous les grands penseurs s'y sont essayés, la plupart, de façon obsessionnelle. C'est selon moi la source de la trajectoire intellectuelle des deux plus grands esprits scientifiques, Einstein et Keynes. En 1905, Einstein a écrit un essai majeur dans lequel il était pratiquement le premier à examiner une succession d'événements aléatoires en termes de probabilités : il s'agissait de l'évolution de particules en suspension dans un liquide stationnaire. Son article sur la théorie du mouvement brownien peut servir d'épine dorsale à l'approche de la marche aléatoire dans le domaine de la modélisation financière. Quant à Keynes, pour les personnes instruites, ce n'est pas l'économiste que les gens de gauche en costume de tweed adorent citer, mais l'auteur du *Traité des probabilités*, ouvrage magistral, puissant et réfléchi. Car, avant de s'aventurer dans le domaine trouble de l'économie politique, Keynes travaillait sur les probabilités. Il avait d'autres qualités également intéressantes (il sauta en jouant ses propres capitaux après avoir fait l'expérience de l'opulence excessive – le savoir en matière de probabilité ne se traduit pas dans le comportement des gens).

Le lecteur peut deviner que l'étape suivante, après cette réflexion sur les probabilités, consiste à s'immerger dans la philosophie, en particulier cette branche de la philosophie qui s'intéresse à la connaissance, appelée épistémologie ou philosophie des sciences. Mais nous n'allons pas entrer tout de suite dans le vif du sujet.

Récréation dans le grenier

FAIRE L'HISTOIRE

Au début des années 1990, comme beaucoup de mes amis qui travaillaient dans le domaine de la finance mathématique, je suis devenu accro aux diverses formes de simulation Monte Carlo. Excité à l'idée de créer l'histoire, d'être démiurge, j'ai même appris à les construire moi-même. Il peut être captivant de générer des histoires virtuelles et d'observer la dispersion entre les différents résultats. Une telle dispersion est une bonne indication du degré de résistance au hasard. Cela me renforce dans la conviction que j'ai eu beaucoup de chance en choisissant cette carrière. En effet, l'un des aspects attrayants de la profession de trader en options quantitatives est qu'elle me laisse près de 95 % de temps libre pour réfléchir, lire et faire des recherches (ou « penser » en étant à la salle de sport, en skiant, ou, avec plus d'efficacité, assis sur un banc dans un parc). J'ai aussi souvent eu le privilège de « travailler » dans mon grenier, qui est très bien équipé.

Pour nous, les bénéfices de la révolution informatique n'ont pas revêtu la forme de flots d'e-mails et de l'accès aux salons, mais de la soudaine mise à disposition de processeurs rapides, capables de créer un million de trajectoires stochastiques à la minute. Souvenez-vous que je me considère seulement capable de résoudre sans enthousiasme des équations, et que j'ai rarement accompli des prouesses en la matière – je suis plus doué pour poser les équations que pour les résoudre. Or la méthode Monte Carlo m'a permis de venir à bout des équations les plus épineuses avec un minimum d'efforts. Les solutions étaient soudain presque toutes à ma portée.

DES ZORGLUBS PLEIN LE GRENIER

Mes simulations Monte Carlo m'ont fait vivre quelques aventures intéressantes. Tandis que mes collègues se plongeaient dans les nouvelles, les annonces de la banque centrale, les rapports de bénéfices, les prévisions économiques, les résultats sportifs, sans oublier la politique, j'allais jouer dans des domaines à la lisière de ma base : les probabilités financières. La biologie évolutionniste est un champ d'expansion naturel pour un amateur comme moi – l'universalité de son message et ses applications aux marchés sont intéressantes. J'ai ainsi commencé à imaginer une population d'animaux aux mutations rapides, appelés zorglubs. Puis j'ai modifié les conditions climatiques, et j'ai assisté aux conclusions les plus étonnantes – certains des résultats ont été recyclés dans le chapitre 5. Mon but en tant que simple amateur fuyant l'ennui de la vie professionnelle était seulement de développer mes intuitions par rapport à ces événements – ce genre d'informations qu'on peut tirer des recherches sophistiquées et hyper-détaillées des professionnels. Je me suis aussi amusé avec la biologie moléculaire en créant des cellules cancéreuses aléatoires : j'ai assisté à de surprenantes évolutions. Naturellement, par analogie à la population des zorglubs, j'ai créé une population de traders, les « baissiers débiles », les « haussiers impétueux » et les « prudents », tous soumis à différents régimes boursiers, comme l'essor et la chute des cours, et j'ai observé leur taux de survie à court et à long terme. Dans pareille configuration, les « baissiers débiles » qui s'enrichissent à la reprise utilisaient le processus pour acheter davantage d'actifs, faisant ainsi monter les prix jusqu'à l'ultime plongeon. Les traders haussiers, quant à eux, réussissaient rarement à passer l'essor pour arriver à la chute des cours. Mes modèles ont montré qu'à la fin personne ne réussissait vraiment à survivre : les baissiers tombaient comme des mouches lors de la reprise et les haussiers finissaient par s'écraser, car les profits sur le papier s'évanouissent quand la musique s'arrête. Il y avait toutefois une exception : certains des traders qui s'occupaient d'options (je les appelais les « acheteurs d'options ») faisaient preuve d'une remarquable résistance, et c'est ce que je voulus devenir. Comment était-ce possible ? Parce qu'ils pouvaient s'offrir une assurance contre l'éclatement. La nuit, ils dormaient tranquille, car ils savaient que, si leur carrière se trouvait menacée, ce ne serait pas à cause des mauvais résultats d'une seule journée.

Si ce livre semble plonger ses racines dans la culture darwiniste et la pensée évolutionniste, cela n'est dû à aucune formation dans le domaine des sciences naturelles, mais à l'évolution de la pensée que nous enseignent les simulations Monte Carlo.

J'admets m'être lassé de créer des marches aléatoires à chaque fois que je souhaitais explorer une idée – mais comme j'ai utilisé la simulation Monte Carlo pendant des années, je ne parviens plus à concevoir un résultat réalisé sans faire référence aux résultats non réalisés. J'appelle cela le « calcul des sommes historiques », empruntant l'expression au physicien haut en couleurs Richard Feynman, qui s'est servi d'une méthode similaire pour étudier la dynamique des particules élémentaires.

L'utilisation de la simulation Monte Carlo pour faire et refaire une histoire me rappelle les romans expérimentaux (le Nouveau Roman) d'auteurs tels qu'Alain Robbe-Grillet, qui connurent le succès dans les années 1960 et 1970. Le même chapitre était rédigé puis révisé, l'écrivain modifiant à chaque fois le scénario comme s'il étudiait une nouvelle trajectoire stochastique. L'auteur était libéré des situations passées qu'il avait créées, et s'autorisait à changer l'histoire rétroactivement.

DÉNI DE L'HISTOIRE

Encore en mot sur l'histoire considérée sous l'angle de la simulation Monte Carlo. La sagesse des histoires classiques comme celle de Solon me pousse à passer encore davantage de temps en compagnie des historiens anciens, dont les écrits ont bénéficié de la patine du temps. Toutefois cela ne va pas de soi. Pour l'être humain, tirer des leçons de l'histoire n'est pas une chose naturelle : c'est manifeste quand on considère la suite ininterrompue d'essors et de baisses, suivant la même configuration, qui se sont succédés sur les marchés modernes. Quand je parle d'histoire, je me réfère à la petite histoire, pas celle avec un grand H qui cherche à interpréter les événements au moyen de théories dont le but est de mettre au jour des lois expliquant l'évolution de l'histoire – le genre d'historicisme hégélien pseudo-scientifique qui mène par exemple à déclarer la fin de l'histoire (c'est en effet pseudo-scientifique car on tire des théories à partir d'événements passés sans tenir compte du fait que ces combinaisons d'événements sont peut-être dues au hasard : il n'existe aucun moyen de vérifier ces allégations lors d'une expérience contrôlée). Pour moi, l'histoire est seulement intéressante au niveau de la sensibilité de mon désir, car elle affecte la manière dont je souhaiterais me référer aux événements passés, me permet de mieux voler les idées des autres pour les remodeler, et de corriger la déficience mentale qui semble m'empêcher d'apprendre des autres. J'aimerais développer le respect pour les anciens, renforcer cette révérence que j'éprouve instinctivement à l'égard des cheveux gris, car cela s'est érodé au cours de ma vie de trader, où l'âge et la réussite sont totalement séparés. En réalité, j'ai trouvé deux manières d'apprendre de l'histoire : en tirant des leçons, primo, du passé par la lecture des anciens ; secundo, de l'avenir, grâce à la simulation Monte Carlo.

LE FOUR EST CHAUD

Je le répète : il n'est pas dans notre nature d'apprendre de l'histoire. Nous détenons suffisamment de preuves pour penser que nous ne sommes pas faits pour le transfert d'expérience par la culture mais par la sélection de ceux qui portent en eux les caractéristiques favorables. Tout le monde sait que les enfants apprennent seulement de leurs propres erreurs : ils cessent de toucher le four chaud après s'être brûlés, aucune mise en garde des autres ne peut leur faire prendre la moindre précaution. Les adultes, eux aussi, souffrent de ce défaut. Cette question a été étudiée par les pionniers de l'analyse de l'économie comportementale, Daniel Kahneman et Amos Tversky, en se basant sur les choix des gens qui optent pour un traitement médical risqué – j'ai testé la chose moi-même, en me montrant extrêmement laxiste dans le domaine de la prévention et de la détection (c'est-à-dire en refusant de calculer mes propres risques d'après les probabilités établies pour les autres, car je me sentais différent), puis extrêmement combatif dans le traitement (je réagis beaucoup trop lorsque je me brûle), ce qui ne constitue pas un comportement rationnel face à l'incertitude. Ce déni congénital de l'expérience d'autrui ne touche pas seulement les enfants et les gens qui me ressemblent : il affecte à grande échelle les investisseurs et les décideurs dans le monde des affaires.

Si vous pensez que lire des livres d'histoire vous aidera à apprendre « de l'expérience des autres », écoutez le récit de l'expérience suivante, bien connue en psychologie, faite au XIXe siècle. Le médecin suisse Claparade soignait une patiente amnésique lourdement handicapée. Elle allait si mal qu'il devait se présenter de nouveau à elle toutes les quinze minutes afin qu'elle puisse se souvenir de son identité. Un jour, il cacha une épingle dans sa main, avant de serrer la sienne, et elle se piqua. Le lendemain, lorsqu'il lui tendit la main, elle retira vivement la sienne, et pourtant elle ne le reconnaissait toujours pas ! Depuis on a largement montré que les patients amnésiques manifestent une forme d'apprentissage qui se déroule à leur insu, en dehors de leur mémoire consciente. La distinction a pour nom scientifique mémoire déclarative et mémoire non déclarative. Notre capacité à éviter le danger, issue de l'expérience, appartient à cette seconde mémoire. J'éprouve seulement du respect pour l'histoire dans la mesure où je sais que nous ne sommes pas programmés pour apprendre par le biais des livres.

En réalité, les choses peuvent être encore pires : par certains côtés, notre propre histoire ne nous enseigne rien. Plusieurs domaines de recherche se sont penchés sur notre incapacité à apprendre de nos propres réactions aux événements passés. Par exemple, les gens oublient que leurs réactions émotionnelles aux expériences passées (positives ou négatives) ont été de courte durée – pourtant ils continuent de croire de façon erronée que l'achat d'un objet leur apportera un bonheur durable, peut-être définitif, ou qu'un revers les plongera dans une déprime sévère et prolongée (alors que, par le passé, de semblables difficultés ne les avaient pas affectés très longtemps, et que la satisfaction d'un achat s'était vite dissipée).

Tous ceux de mes collègues que j'ai entendus dénigrer l'histoire ont sauté de manière spectaculaire – je n'ai pas encore rencontré le cas inverse. L'aspect le plus intéressant réside dans la remarquable similitude de leurs approches. Sauter ou éclater, je le répète, ce n'est pas simplement perdre de l'argent : c'est perdre quand on croit que la chose n'est pas possible. Il n'y a rien d'extraordinaire à ce que quelqu'un qui prend des risques encaisse un coup, à partir du moment où il assume la situation et ne déclare pas que le risque est mineur, voire inexistant. Détail caractéristique, la plupart des traders qui ont éclaté pensaient en savoir assez sur le monde pour rejeter la possibilité d'un événement contraire : leur prise de risque était par conséquent une manifestation non de courage mais d'ignorance. J'ai noté de nombreuses analogies entre ceux qui ont sauté lors du krach boursier en 1987, en 1990 au Japon, lors de la débâcle du marché obligataire en 1994, de l'éclatement de la Russie en 1998, et de la chute des actions du Nasdaq en 2000. Ils ont tous prétendu que « cette fois, c'était différent », ou que « le marché était différent », offrant des arguments intellectuels (de nature économique) et des explications en apparence bien construites pour se justifier. Ils étaient incapables d'accepter le fait que l'expérience de leurs prédécesseurs était là, à portée de main, inscrite dans des livres disponibles dans toutes les librairies, expliquant en détail les krachs passés. En dehors de ces soubresauts du système, j'ai vu des centaines de traders sur options forcés d'abandonner leur activité après avoir sauté de manière idiote, alors qu'ils avaient été mis en garde par les vétérans : ils se comportaient exactement comme l'enfant qui touche au four brûlant. Quant à moi, je me conduis ainsi dans le domaine de la santé. Chaque personne se croit différente des autres, ce qui amplifie le choc du « pourquoi moi ? » lors du diagnostic.

LE DON DE PRÉDIRE LE PASSÉ

Cette question peut être discutée selon différents points de vue. Les experts nomment pareil déni de l'histoire le déterminisme historique. En deux mots, nous croyons savoir comment se construit l'histoire ; nous imaginons par exemple que les témoins du krach boursier de 1929 savaient qu'ils vivaient un événement historique majeur et que, si jamais cela se répétait, ils en reconnaîtraient le processus. La vie ressemble alors à un film d'aventures, car nous savons à l'avance qu'un événement extraordinaire se prépare. Il est difficile d'imaginer qu'au moment des faits les gens n'ont pas saisi l'importance de ce qui se produisait. Malheureusement, en effet, notre respect pour l'histoire ne se marie pas bien avec la façon dont nous traitons le présent.

Jean-Patrice, cité dans le chapitre précédent, fut remplacé de manière abrupte par un haut fonctionnaire qui n'avait jamais travaillé dans le domaine de la prise de risques. Il s'était contenté d'étudier dans une école d'administration où l'on apprend à rédiger des rapports, et avait occupé une place importante dans la société financière où nous travaillions ensemble. Comme cela se produit souvent aux postes où beaucoup de choses sont subjectives, le nouveau venu tenta de jeter le discrédit sur son prédécesseur : le travail de Jean-Patrice fut jugé bâclé et peu professionnel. Le premier mouvement du fonctionnaire fut de se lancer dans une analyse formelle de nos transactions : il constata que nos échanges étaient un peu trop fréquents, ce qui engageait des dépenses en back-office très élevées. Il analysa un large segment des transactions des traders dans le domaine du change. Puis il écrivit un rapport où il expliquait que seul environ 1 % de ces opérations générait des profits significatifs, le reste n'aboutissant qu'à des pertes ou de menus profits. Il était choqué que les traders ne s'occupent pas plus des transactions positives et moins de celles qui débouchaient sur des pertes. Il était à ses yeux évident qu'il nous fallait immédiatement mettre en application ses instructions. Si nous parvenions seulement à doubler les gains, les résultats seraient très bénéfiques pour notre société. Comment se fait-il que vous, traders grassement payés, n'y ayez pas pensé plus tôt ?

Les choses paraissent toujours évidentes après coup. Ce fonctionnaire est très intelligent, et son erreur est bien plus répandue qu'on ne le pense. Elle est due à la manière dont notre esprit conçoit les informations historiques. Quand on regarde le passé, celui-ci semble toujours déterministe, puisqu'une seule observation a été faite. Notre esprit interprète la plupart des événements non pas en pensant aux précédents, mais à ceux qui suivront. Imaginez que vous passiez un examen en connaissant déjà les réponses. Alors que nous savons que l'histoire coule vers l'avant, il nous est difficile de comprendre que nous la regardons dans le sens contraire. Pourquoi ? Nous en discuterons au chapitre 11, mais voici une explication possible : notre esprit n'est pas vraiment conçu pour comprendre comment fonctionne le monde, mais plutôt pour nous aider à trouver rapidement notre place afin de procréer. Si nous étions destinés à comprendre les choses, nous aurions une machine intérieure qui rediffuserait les événements passés comme un magnétoscope, avec la bonne chronologie – ce qui nous ralentirait tellement que nous aurions du mal à entreprendre quoi que ce soit. Les psychologues appellent ça la surestimation de ce que l'on savait au moment des événements grâce à des informations ultérieures, le « biais de rétrospection », c'est-à-dire le « je l'ai toujours su ».

Le fonctionnaire se mit ensuite à taxer les opérations qui engendraient des pertes de « lourdes erreurs », comme les journalistes à propos des décisions qui finissent par coûter la victoire à un candidat. Je le répèterai jusqu'à ce que je n'aie plus de voix : une erreur ne se détermine qu'après les faits, mais à la lumière des informations dont on disposait au moment des faits.

Le biais de rétrospection a un effet plus pervers encore : ceux qui sont très doués pour « prédire » le passé se croient aussi doués pour prédire l'avenir et ont confiance en leurs capacités. Voilà pourquoi, malgré des événements tels que ceux du 11 septembre 2001, nous ne parvenons toujours pas à comprendre que nous vivons dans un monde où les choses importantes ne sont pas prévisibles – aujourd'hui, même l'écroulement du World Trade Center semble avoir été prévisible à l'époque !

MON SOLON

J'ai d'autres raisons d'être obsédé par la mise en garde de Solon. Je reviens sans cesse au même bout de terre sur la rive orientale de la Méditerranée, où s'est déroulée cette histoire. En une seule génération, mes ancêtres sont passés de l'opulence extrême à la pénurie, abrupte régression que les gens de mon entourage qui ont en mémoire un progrès linéaire et constant ne jugent pas possible (en tous cas pas au moment où j'écris ces lignes). Leurs familles, jusqu'ici, ont connu peu de revers (à l'exception de la grande dépression) ou, de manière plus générale, ces gens n'ont pas un sens de l'histoire suffisant pour méditer sur le passé. Pour moi, Levantin, Grec orthodoxe, Méditerranéen oriental, citoyen de l'empire romain d'Orient déchu, c'est comme si mon esprit était toujours lié au souvenir de ce terrible jour de printemps, il y a environ cinq siècles, où Constantinople sortit de l'histoire, écrasée sous l'assaut turc, nous abandonnant, sujets perdus d'un empire défunt, minorité extrêmement prospère – et extrêmement fragile – dans un monde islamique – ou pire encore, minorité encore plus perdue parmi les nationalismes modernes[3]. Je garde un souvenir très vivace de mon grand-père, ancien député-premier ministre plein de dignité, lui-même fils de député-premier ministre, que je n'ai jamais vu habillé autrement qu'en costume. Après que ses biens eurent été engloutis dans la guerre civile libanaise, il dut vivre dans un appartement quelconque à Athènes. D'ailleurs, ayant fait l'expérience des ravages de la guerre, je trouve que la pauvreté et l'absence d'honneur sont beaucoup plus difficiles à supporter que le danger physique (mourir dans le respect me semble préférable à une vie servile : c'est l'une des raisons pour lesquelles je redoute beaucoup plus le risque financier que physique). Je suis certain que Crésus se souciait bien davantage de la perte de son royaume que des périls qui menaçaient son existence.

Il existe un aspect important de la pensée historique, peut-être plus facile à appliquer aux marchés qu'à n'importe quel autre domaine ; en effet, contrairement à beaucoup de sciences « fondamentales », l'histoire ne se prête pas aux expériences. Toutefois, d'un point de vue global, elle forme un champ assez vaste pour produire à moyen ou long terme la plupart des scénarios possibles, et finit par faire un sort aux méchants. Les mauvaises opérations vous rattrapent toujours, entend-on souvent à la bourse. Les spécialistes des probabilités donnent à ce phénomène un nom amusant : ergodicité. Cela signifie *grosso modo* que dans certaines conditions les trajectoires stochastiques très longues finissent par ressembler les unes aux autres. Les propriétés d'une trajectoire stochastique très très longue seraient les mêmes que celles d'une simulation Monte Carlo en moyenne plus courte. Le gardien gagnant de la loterie cité en exemple au chapitre 1 ne pourrait gagner de nouveau même s'il vivait encore mille ans. Ceux qui n'ont pas eu de chance dans la vie, malgré leur savoir, finiraient par se tirer d'affaire. Le nigaud chanceux a peut-être été protégé par sa bonne étoile au cours de sa vie ; sur le long terme, il reviendrait lentement au stade de nigaud moins chanceux. Chacun finirait ainsi par revenir à ses propriétés de fond.

3. Comme ceux qui craignent la notion répressive et éliminatrice d'État-nation, mais croient aux traditions culturelles, j'ai toujours trouvé l'appellation « Libanais » restrictive, voire étouffante, comparée à la notion beaucoup plus large, culturellement plus intéressante et historiquement plus riche, de Levantin d'origine chrétienne.

La pensée filtrée

DES NOUVELLES AHURISSANTES

Le journaliste, ma bête noire, a fait son apparition dans ce livre avec George Will, a propos des résultats aléatoires. À la prochaine étape, je montrerai comment la simulation Monte Carlo m'a appris à préférer la pensée filtrée, c'est-à-dire la pensée fondée sur une information débarrassée d'un bavardage divertissant mais inutile. Car il y a la même différence entre le bruit et l'information, l'un des thèmes de ce livre (le bruit est plus aléatoire), qu'entre le journaliste et l'historien. Pour être compétent, un journaliste devrait voir les choses à la manière d'un historien et moduler la valeur de l'information qu'il communique en disant par exemple : « Aujourd'hui le marché est en hausse, mais cette information n'a guère de poids car elle est essentiellement constituée de bruit. » Il perdrait certainement son travail en banalisant de la sorte la valeur des informations en sa possession. Non seulement il est difficile pour un journaliste de réfléchir à la manière d'un historien, mais, hélas, c'est l'historien qui se transforme de plus en plus en journaliste.

Plus une idée est ancienne, plus elle est belle (il est encore trop tôt pour discuter des mathématiques à ce stade). Par contraste avec le message exactement opposé dont nous abreuve la culture dominante, fruit des médias en grande part, le fait d'appliquer la mise en garde de Solon dans le cadre d'une vie exposée au hasard me conforte dans ma préférence pour la pensée filtrée au détriment des nouvelles idées, en dépit de leur apparente sophistication – raison de plus pour accumuler des volumes chenus sur ma table de chevet (je dois avouer que les seules nouvelles que je lise actuellement sont les captivants potins de la haute société que l'on trouve dans *Tatler, Paris Match* et *Vanity Fair* – en plus de *The Economist*). Hormis le décorum de la pensée ancienne, qui s'oppose à la grossièreté de l'encre fraîche, j'ai passé du temps à composer le phrasé mathématique des arguments évolutionnistes et de la probabilité conditionnelle. Car le fait qu'une idée survive si longtemps en traversant de si nombreux cycles indique sa relative bonne santé. Le bruit a été éliminé, du moins en partie. Mathématiquement, le progrès signifie qu'une nouvelle information supplante une information précédente, non que la moyenne des nouvelles informations supplante les précédentes ; ce qui signifie que l'attitude optimale, dans le doute, est de rejeter systématiquement la nouveauté. Toujours, de façon claire et nette. Pourquoi ?

Voici l'argument en faveur des « nouveautés », et plus encore des « nouvelles nouveautés » : regardez les changements extraordinaires initiés par de nouvelles technologies comme l'automobile, l'avion, le téléphone et l'ordinateur. La conclusion qu'en tire une personne lambda (conclusion sans référence à la pensée probabiliste) est que toutes les nouvelles inventions et technologies peuvent ainsi révolutionner nos vies. Toutefois la réponse n'est pas si simple : ici, nous ne voyons que les vainqueurs, à l'exclusion des perdants (cela revient à dire que tous les acteurs et scénaristes sont riches, ignorant le fait que beaucoup d'acteurs sont aussi serveurs dans des bars – et qu'ils ont de la chance, car les moins favorisés distribuent des cornets de frites chez MacDonald's). Quels perdants ? Les journaux recensent des douzaines de nouveaux brevets d'inventions susceptibles de bouleverser nos existences. Les gens ont tendance à croire que, parce que certaines inventions ont transformé nos vies, cela signifie que les inventions en soi sont bonnes, et que nous devons favoriser la nouveauté au mépris de l'ancien. Je pense le contraire. Les conséquences du risque de manquer une « nouvelle nouveauté » comme l'avion ou l'automobile sont infimes comparées à la toxicité de toutes les bêtises qu'il faut trier avant d'aboutir à de telles merveilles (en partant du principe que celles-ci aient vraiment amélioré notre existence, ce dont je doute fréquemment).

Le même argument s'applique à l'information. Le problème ne vient pas du fait que les informations nous distraient ou sont généralement sans valeur, mais qu'elles sont toxiques. Nous allons examiner un peu plus loin la valeur douteuse des nouvelles les plus fréquentes au cours d'une discussion plus technique concernant le filtrage du signal et l'examen de la fréquence de l'observation. Le respect de ce que le temps a mis à l'honneur offre en effet des arguments pour rejeter tout commerce avec les journalistes bavards d'aujourd'hui ; cela implique aussi ce principe de conduite : les personnes qui prennent des décisions dans un domaine où règne l'incertitude doivent s'exposer le moins possible aux médias. S'il existe quelque chose de valable parmi le vacarme des nouvelles « urgentes » qui nous assaillent, eh bien c'est une aiguille dans une botte de foin. Les gens ne comprennent pas que les médias sont payés pour capter leur attention. Pour un journaliste, le silence vaut rarement mieux que les mots.

Les rares fois où j'ai pris le train de 6 h 42 pour New York, j'ai observé avec stupéfaction les hordes de passagers déprimés (qui visiblement auraient préféré se trouver ailleurs), concentrés sur le *Wall Street Journal*, afin de s'informer en détail de la santé d'entreprises qui, au moment où j'écris ces lignes, sont probablement mortes et enterrées. En réalité, il est difficile de déterminer si ces gens sont déprimés parce qu'ils lisent le journal, si c'est parce qu'ils sont déprimés qu'ils lisent le journal, ou si les gens qui vivent en dehors de leur habitat naturel ont pour caractéristiques de lire le journal et d'avoir l'air déprimés et mal réveillés. Au début de ma carrière, me concentrer ainsi sur le bruit m'aurait vexé intellectuellement, car j'aurais considéré ces informations trop insignifiantes du point de vue statistique pour en tirer une conclusion intéressante. Aujourd'hui, au contraire, cela me ravit. Je suis heureux de voir que dans leur grande majorité, après avoir lu les nouvelles, les décideurs sont aussi stupides et prompts à l'hyper-réactivité quand ils donnent leurs ordres d'investissement – en d'autres termes, le fait que des gens lisent ce genre de publications constitue pour moi l'assurance que je vais pouvoir continuer à vendre et acheter des options en jouant contre les dupes du hasard. (Il faut un gros investissement intellectuel pour comprendre que passer au moins trente heures par mois à éplucher les journaux ne permet nullement de prédire ce qui va se passer le mois suivant, ni n'a d'impact sur votre connaissance réelle du monde. Ce problème recoupe celui de notre incapacité à apprendre de nos erreurs passées : de même qu'ils s'abonnent au club de gym poussés par leurs bonnes résolutions du nouvel an, les gens croient souvent que, c'est sûr, c'est la prochaine fournée d'informations qui fera la différence dans leur compréhension des choses.)

SHILLER VERSION LONGUE

C'est Robert Shiller qui est en grande partie à l'origine de la pensée critique niant la valeur de l'information sur les entreprises en général. Et pas seulement dans le domaine des marchés financiers. Globalement, son essai de 1981 est la première réflexion formulée en langage mathématique sur la manière dont la société en général traite l'information. Il a attiré l'attention sur la volatilité du marché en disant que, si une action représente la valeur estimée d'une « chose » (par exemple la valeur actualisée nette d'une société), alors les prix du marché sont beaucoup trop volatiles par rapport aux manifestations tangibles de cette

« chose » (il utilisait les dividendes comme procurations). Les prix
varient beaucoup plus que les éléments qu'ils sont censés refléter, ils
sont hyper-réactifs, c'est-à-dire parfois trop élevés (quand ils sont mus par
une bonne nouvelle, ou s'envolent sans raison précise), et trop bas à
d'autres moments. La volatilité différentielle entre les prix et l'information signifie que quelque chose ne fonctionne pas au sujet des « antici-
pations rationnelles ». (Les prix ne reflètent pas de manière rationnelle
la valeur à long terme des actions quand ils s'emballent à la hausse ou à
la baisse.) Les marchés se trompent. Shiller a donc conclu que les marchés n'étaient pas aussi efficients que le soutenaient les théories financières (les marchés efficients existent, en bref, quand les prix s'adaptent
à toutes les informations possibles de manière à devenir totalement
imprévisibles, empêchant ainsi les gens d'en tirer profit). Cette conclusion a déclenché chez les grands prêtres de la haute finance une vague
de courroux telle qu'ils ont appelé à la destruction de l'infidèle qui
s'était rendu coupable d'une telle apostasie. Il est intéressant de noter
que, par une étrange coïncidence, c'est ce même Shiller qui s'est fait
étriller par George Will dans le chapitre précédent.

La principale attaque contre la thèse de Shiller est venue de Robert
C. Merton. Ses critiques se fondent sur un terrain purement métho-
dologique (l'analyse de Shiller est extrêmement grossière ; par
exemple, utiliser des dividendes et non des revenus constitue un point
faible). En cela Merton a également défendu la position, officielle en
matière de théorie financière, selon laquelle les marchés doivent être
efficients et ne peuvent en aucun cas offrir des occasions sur un plateau d'argent. Cependant le même Robert C. Merton, plus tard, s'est
présenté comme cofondateur d'une société d'investissement dont
l'objectif était de profiter de l'inefficacité du marché. Inutile de dire
que la société de Merton a sauté de manière assez spectaculaire à
cause d'un cygne noir (le déni classique a suivi). Cependant le fait
qu'il ait fondé ce genre de société implique qu'il était d'accord avec
Shiller au sujet de l'inefficacité du marché. Le défenseur du dogme
de la finance moderne et de l'efficacité du marché a mis sur pied une
société qui profitait de l'inefficacité de ce même marché ! C'est
comme si le pape se convertissait à l'islam.

Les choses ne vont pas en s'améliorant. À l'instant où j'écris, de
nouveaux communicateurs offrent toutes sortes de « nouvelles fra-
cassantes » actualisées, qui vous parviennent électroniquement et sans
fil. La masse d'informations brutes est en train de noyer l'information
filtrée et sature les marchés. Les enseignements des anciens, eux,
n'ont pas besoin de vous être transmis à la minute.

Cela ne signifie pas que tous les journalistes sont des propagateurs de bruit abusés par le hasard. Il existe beaucoup de professionnels réfléchis (par exemple Anatole Kaletsky à Londres, Jim Grant et Alan Abelson, à New York, sont les représentants sous-estimés de cette catégorie parmi les journalistes financiers, et Gary Stix pour la presse scientifique). Dans les principaux médias, hélas, informer est un processus sans réflexion qui consiste à transmettre du bruit afin de capter l'attention des gens. Or il n'existe pas de séparation entre ces deux extrêmes, et les journalistes intelligents en font souvent les frais. Comme l'avocat du chapitre 11 qui se moque bien de la vérité mais sait quels sont les arguments susceptibles d'influencer un jury dont il connaît les limites intellectuelles, beaucoup de journalistes vont vers ce qui, savent-ils, attire notre attention. Une fois encore, mes amis lettrés vont se demander pourquoi je m'escrime à affirmer de telles évidences : le problème est que dans ma profession nous dépendons des journalistes, car ce sont eux qui nous fournissent les informations nécessaires.

GÉRONTOCRATIE

Avoir une préférence pour la pensée filtrée implique une préférence pour les investisseurs et les traders âgés, c'est-à-dire ceux qui ont passé le plus de temps sur les marchés – ce qui va à l'encontre des pratiques de Wall Street, où l'on a tendance à favoriser ceux qui réalisent le plus de profit, en choisissant systématiquement les plus jeunes. J'ai effectué des simulations Monte Carlo sur des populations hétérogènes de traders soumis à différents régimes (proches de la réalité historique), et j'ai découvert que les traders âgés étaient nettement plus intéressants. J'avais utilisé parmi les critères de sélection leurs années d'expérience cumulée et non leur succès (correspondant au fait qu'ils aient survécu sans sauter). « Les meilleurs survivent », voilà une expression régulièrement employée par les journalistes financiers, mais elle n'est pas toujours utilisée à bon escient : lorsque la situation change, comme nous le verrons au chapitre 5, désigner les meilleurs n'est plus aussi simple, et les survivants n'ont pas forcément l'air d'être les meilleurs. Curieusement il s'agira des plus vieux, tout simplement parce qu'ils sont depuis plus longtemps exposés aux événements rares et font preuve d'une plus grande résistance. Il est amusant de noter qu'il existe un phénomène similaire en biologie évolutionniste dans le choix du partenaire : il semble qu'à santé et qualités égales les femmes préfèrent les hommes plus âgés aux jeunes, car ceux-ci ont prouvé qu'ils avaient de meilleurs gènes. Les cheveux gris démontrent une bonne capacité à survivre – s'il a atteint ce stade, un homme est censé être plus résistant aux hasards de la vie. Chose curieuse, les assurances vie dans l'Italie de la Renaissance obéissaient à la même logique : le prix était le même pour un homme de vingt ou de cinquante ans, signe qu'ils avaient la même espérance de vie. En effet, lorsqu'une personne avait dépassé l'âge de quarante ans, il était prouvé que peu de maux pouvaient l'atteindre. Nous allons à présent reprendre ces arguments en langage mathématique.

Philostrate et Monte Carlo : de la différence entre bruit et information

Le sage entend le sens ; le sot, seulement le bruit. Le poète grec moderne C. P. Cavafy a écrit en 1915 un poème basé sur les vers de Philostrate : « Car les dieux perçoivent les choses de l'avenir, les gens ordinaires celles du présent, et les sages celles qui vont advenir. »

Cavafy a écrit :

Le bruit caché des choses qui s'approchent leur parvient au cœur de leur méditation et ils écoutent avec révérence, tandis qu'au dehors, dans la rue, les gens n'entendent rien.

J'ai longtemps réfléchi à la manière d'expliquer la différence entre le bruit et le sens en utilisant le moins possible les mathématiques, mais aussi comment on peut montrer pourquoi l'échelle du temps est importante lorsqu'on juge un événement historique. La simulation Monte Carlo peut nous y aider. Prenons un exemple issu du monde financier. L'explication est assez simple et le concept peut servir à n'importe quelle application.

Imaginons un dentiste heureux d'être à la retraite dans une ville agréable et ensoleillée. Nous savons a priori que c'est un excellent investisseur, qui peut s'attendre à un bénéfice de 15 % sur ses bons du Trésor, avec une marge d'erreur de 10 % par an (ce qu'on appelle la volatilité). Cela signifie que, sur cent trajectoires stochastiques, on peut s'attendre à ce que 68 % tombent dans une tranche de plus ou moins 10 % autour du bénéfice de 15 %, c'est-à-dire entre 5 % et 25 % (pour rentrer dans les détails techniques : la distribution normale en forme de cloche englobe 68 % de toutes les observations entre – 1 et 1 d'écart type). Cela signifie également que, sur 100 trajectoires stochastiques, 95 tomberaient entre – 5 % et 35 %.

Il est manifeste que nous sommes ici en présence d'une situation très optimiste. Le dentiste s'est construit un bureau de trading fort sympathique dans son grenier : il a l'intention d'y passer toutes ses journées à observer le marché en sirotant du café au lait décaféiné. De tempérament aventureux, il préfère en effet cela plutôt que de soigner les vieilles dames récalcitrantes de Park Avenue.

Il s'abonne à un service sur Internet qui lui fournit en direct les cotations pour une fraction du prix de son café. Il entre la gamme de ses titres dans son tableur et contrôle ainsi instantanément la valeur de son portefeuille boursier. Nous vivons à l'ère de la connectivité.

Un bénéfice de 15 % avec 10 % de volatilité (ou d'incertitude) par an se traduit par une probabilité de 93 % de succès sur n'importe quelle année. Toutefois, à une échelle restreinte, cela se traduit par une probabilité de succès de seulement 50,02 % pour n'importe quelle seconde, comme le montre le tableau 3.1.

Tableau 3.1
Probabilité de gagner de l'argent à différentes échelles

Échelle	Probabilité
1 an	93 %
1 trimestre	77 %
1 mois	67 %
1 jour	54 %
1 heure	51,3 %
1 minute	50,17 %
1 seconde	50,02 %

Sur un accroissement temporel très bref, l'observation ne révèle rien. Ce n'est pourtant pas ce que dit le cœur du dentiste. Émotif, il ressent de la déception à chaque perte, car cela apparaît en rouge sur son écran. En revanche, il éprouve du plaisir lorsque le résultat est positif, cependant ce sentiment n'est pas aussi intense que lorsqu'il essuie une perte.

À la fin de chaque journée, le dentiste est épuisé sur le plan émotionnel. L'examen à la minute de sa progression signifie que chaque jour (s'il y passe huit heures par jour), il éprouve 241 minutes de plaisir contre 239 de déception. Cela culmine à 60 688 et 60 271 par an respectivement. Si à présent on tient compte du fait que sa déception est plus intense que son plaisir, alors le dentiste est largement déficitaire quand il examine ses comptes à la minute.

Considérons à présent qu'il examine seulement ses relevés mensuels, lorsque la maison de courtage les lui envoie. Dans 67 % des cas, le résultat est positif, ce qui fait quatre déceptions par an et huit moments de plaisir. Nous sommes toujours en présence de la même personne appliquant la même stratégie. Imaginons maintenant que le dentiste ne se penche sur ses résultats qu'une fois par an. Sur les vingt qu'il lui reste à vivre, il aura 19 moments de plaisir contre une seule déception !

Les propriétés de l'échantillonnage sont en général mal comprises, même par les professionnels. J'ai vu des titulaires de doctorat se baser sur une observation faite sur un échantillon temporel très court (ce qui ne signifie absolument rien). Avant de dire à nouveau du mal des journalistes, quelques observations sont nécessaires.

Prenons les choses sous un autre angle, celui du rapport bruit/non-bruit (c'est-à-dire colonne de droite/colonne de gauche), que nous pouvons examiner ici de façon quantitative. Sur une année, on compte à peu près 0,7 part de bruit pour chaque résultat. Sur un mois : 2,32. Sur une heure : 30. Sur une seconde, enfin, on obtient 1 796 parts de bruit pour chaque résultat.

Conclusion : 1. Sur une courte période, on observe la variabilité du portefeuille, pas les résultats. En d'autres termes, on en mesure la variance, et pas grand-chose d'autre. Je ne cesse de me répéter qu'une observation est au mieux une combinaison de variances et de résultats, pas seulement des résultats (mais mes émotions se moquent bien de ce que je me dis).

2. Nos émotions ne sont pas faites pour comprendre cet enjeu. Le dentiste s'en tire mieux en examinant ses résultats mensuels qu'en les consultant plus fréquemment. Peut-être vaudrait-il encore mieux pour lui qu'il les consulte seulement une fois par an. (Vous croyez que vous pouvez maîtriser vos émotions ? Certains se croient même capables de contrôler le battement de leur cœur ou la vitesse de croissance de leurs cheveux.)

3. Quand je vois un investisseur suivre les changements de son portefeuille en direct sur son téléphone portable ou son PalmPilot, je souris…

En fin de compte, j'admets ne pas être immunisé contre ce genre de défauts émotionnels. Je m'en tire en limitant mon accès à l'information, sauf en de rares circonstances. Comme je l'ai déjà dit, je préfère lire de la poésie. S'il se produit un événement suffisamment important, je finirai par en entendre parler. Nous reviendrons sur ce point en temps voulu.

On peut expliquer suivant la même méthode pourquoi les médias (la grande échelle) sont pleins de bruit, alors que l'histoire (la petite échelle) en est en grande partie exempte (bien qu'elle pâtisse de problèmes d'interprétation). Voilà pourquoi je n'aime pas lire les journaux (en dehors de la rubrique nécrologique), pourquoi je ne discute jamais des marchés, et enfin pourquoi, quand je me trouve dans une salle de marchés, je fréquente les mathématiciens et les secrétaires, et non les traders. Cela explique également pourquoi il vaut mieux lire *The New Yorker* le lundi plutôt que le *Wall Street Journal* chaque matin (du point de vue de la fréquence, sans considération pour le gouffre intellectuel qui sépare ces deux publications).

Finalement, cela explique pourquoi les gens qui observent de trop près le hasard s'y consument : ils s'épuisent émotionnellement à force de déceptions. Et peu importe ce qu'ils prétendent, une déception n'est pas contrebalancée par un succès (certains psychologues estiment que l'effet négatif d'une perte est 2,5 fois plus fort que l'effet positif d'une réussite). Cela mène donc à un déficit émotionnel.

Vous savez à présent que le dentiste qui consulte en permanence l'état de son portefeuille s'expose davantage à la fois au stress et au succès, mais que cela ne s'équilibre nullement. Dans les laboratoires, les recherches ont révélé d'étonnantes conclusions sur ces émotions négatives et leurs répercussions sur le système nerveux (effet habituel : l'hypertension ; conséquence plus inattendue : le stress chronique engendre des pertes de mémoire et cause des dommages au cerveau tout en diminuant sa plasticité). À ma connaissance, il n'y a pas d'étude consacrée à l'épuisement nerveux des traders. Toutefois, être quotidiennement ainsi exposé à des événements aléatoires qu'on ne contrôle guère a nécessairement des répercussions psychologiques sur les êtres humains (personne n'a étudié les risques de cancer qu'engendre ce genre de situation). Pendant très longtemps, les économistes n'ont pas compris que les effets positifs et négatifs étaient différents en termes d'intensité et de nature. Ils sont en fait issus de parties différentes du cerveau – et le degré de rationalité de la décision qui suit un gain est extrêmement différent de celui qui suit une perte. Il est également important de noter que ce n'est pas tant la richesse en soi qui compte, mais la façon dont on y est parvenu.

Des gens soi-disant rationnels et sages me reprochent souvent de ne pas faire attention aux informations éventuellement importantes des quotidiens et de refuser de discuter des détails de ce bruit, que je juge comme des « événements à court terme ». Certains de mes employeurs m'ont même reproché de vivre sur une autre planète.

Le problème est que je ne suis pas rationnel, et que j'ai une fâcheuse tendance à me noyer dans le hasard, ce qui me torture sur le plan émotionnel. Je sais parfaitement que j'ai besoin de méditer sur les bancs, dans les parcs, et dans les cafés, loin des sources d'information, mais je ne peux m'y adonner que si je suis privé d'information. Mon seul avantage dans la vie, c'est que je connais mes faiblesses. Les plus importantes sont mon incapacité à maîtriser mes émotions face à l'information, et à considérer un résultat en gardant l'esprit clair. Le silence vaut beaucoup mieux. Nous y reviendrons dans la troisième partie.

CHAPITRE 4

HASARD, INEPTIES
ET INTELLECTUELS SCIENTIFIQUES

De l'extension de la simulation Monte Carlo à la production de pensée artificielle, comparée ensuite à des structures rigoureuses non aléatoires. La guerre scientifique entre dans le monde des affaires. Pourquoi l'esthète en moi adore se laisser duper par le hasard.

Le hasard et le verbe

La simulation Monte Carlo peut nous mener vers des territoires plus littéraires. On fait de plus en plus la distinction entre intellectuels scientifiques et littéraires, ce qui culmine dans un conflit appelé « guerre des sciences », opposant des factions de lettrés non scientifiques à des scientifiques non moins lettrés. Cette différence entre les deux approches s'est fait jour à Vienne, dans les années 1930, lorsqu'un groupe de physiciens a décrété que les vastes avancées des sciences leur conféraient suffisamment de poids pour que les scientifiques aient leur mot à dire dans un domaine longtemps réservé aux littéraires. Selon eux, la pensée littéraire dissimulait quantité d'inepties en apparence sérieuse : ils voulaient donc débarrasser la pensée de la rhétorique (hormis bien sûr en littérature et en poésie).

Ainsi ont-ils introduit la rigueur dans la vie intellectuelle en déclarant qu'une affirmation pouvait uniquement être classée dans l'une des deux catégories suivantes : elle était soit déductive, comme $2 + 2 = 4$, c'est-à-dire découlant de manière indiscutable d'un cadre axiomatique défini avec précision (ici, les règles de l'arithmétique) ; soit inductive, c'est-à-dire vérifiable d'une manière ou d'une autre (par l'expérience, les statistiques, etc.), comme « il pleut en Espagne », ou « les New-Yorkais sont souvent désagréables ». Tout le reste était balivernes (la musique pouvait remplacer la métaphysique haut la main). Inutile de préciser que les affirmations inductives peuvent s'avérer difficiles à prouver, voire impossibles, comme nous le verrons dans le cas du cygne noir – et l'empirisme primaire peut être pire que toute autre forme de sottise quand il met les gens en confiance (il me faudra quelques chapitres pour bien établir ce point). Toutefois, obliger les intellectuels à prouver leurs dires d'une façon quelconque était un bon début. Le Cercle de Vienne fut ainsi à l'origine du développement des idées de Popper, Wittgenstein (dans sa phase tardive), Carnap et bien d'autres. Quel que soit le mérite de leurs idées d'origine, leur impact sur la philosophie et la pratique des sciences a été significatif. Ces idées commencent également à influer sur la vie intellectuelle en dehors de la philosophie, mais beaucoup plus lentement.

La différence entre intellectuel scientifique et intellectuel littéraire peut se faire de la manière suivante : un intellectuel scientifique sait en général reconnaître les écrits d'un littéraire, tandis qu'un littéraire est incapable de faire la différence entre la production d'un scientifique et celle d'un non-scientifique verbeux. Cela devient encore plus manifeste quand l'intellectuel littéraire se met à user de termes scientifiques en vogue comme « principe d'incertitude », « théorème de Gödel », « univers parallèle » ou « relativité » soit en dehors de leur contexte, soit, comme c'est plus fréquent, dans un sens exactement opposé à leur signification scientifique. Dans ce domaine, je vous suggère la lecture de l'excellent ouvrage d'Alan Sokal et Jean Bricmont, *Impostures intellectuelles* (je l'ai lu en avion, et je riais si fort, si souvent, que les autres passagers ne cessaient de me regarder en murmurant des choses). Aux yeux d'un intellectuel littéraire, un essai farci de références scientifiques à la mode peut sembler tout à fait sérieux. Pour un scientifique, l'aspect proprement scientifique tient à la rigueur des déductions, non aux citations aléatoires de concepts brillants comme la relativité générale ou l'indéterminisme quantique. Cette rigueur se décline en termes simples. La science, c'est la méthode plus la rigueur. Elle peut s'écrire dans la prose la plus élémentaire. Ainsi, par exemple, je suis frappé en lisant l'ouvrage de Richard Dawkins, *Le gène égoïste,* par le fait que, malgré l'absence de toute équation, le livre semble directement traduit du langage mathématique. Pourtant il s'agit d'une prose artistique.

LE TEST DE TURING INVERSÉ

Ici le hasard peut s'avérer d'une utilité considérable. Il existe en effet une manière très amusante de faire la distinction entre un vrai et un faux intellectuel. On peut écrire grâce à la simulation Monte Carlo un pseudo-article littéraire qui trompe les lecteurs; en revanche, il est impossible d'écrire un article scientifique de manière aléatoire. La rhétorique peut être le fruit du hasard, pas la véritable connaissance scientifique. Nous touchons là à l'application du test de Turing, mais inversé. De quoi s'agit-il? Le brillant et excentrique mathématicien anglais Alan Turing, pionnier en matière d'informatique, a mis au point le test suivant: on peut dire qu'un ordinateur est intelligent s'il parvient à se faire passer pour un être humain auprès d'un autre être humain (au Q. I. moyen). L'inverse devrait également être vrai. On peut dire qu'un être humain n'est pas intelligent si l'on réussit à lui faire croire qu'un texte écrit par un ordinateur – qui, nous le savons, n'est pas intelligent – a en réalité été écrit par un autre être humain. Est-il possible d'écrire un texte totalement au hasard en le faisant passer pour du Derrida auprès d'un grand nombre de personnes?

Il semble que oui. En dehors des canulars d'Alan Sokal (voir l'ouvrage hilarant cité plus haut) qui a réussi à faire publier dans une éminente publication un article sans queue ni tête, il existe des simulateurs Monte Carlo destinés à écrire ce genre de textes. Nourris d'écrits « post-modernes », ils sélectionnent au hasard des morceaux de phrases selon une méthode appelée grammaire récursive, afin de produire des écrits ressemblant à ceux de Jacques Derrida, Camille Paglia, etc., qui sont parfaitement corrects d'un point de vue grammatical, mais n'ont aucun sens. Étant donné le manque de rigueur de sa pensée, l'intellectuel littéraire peut ainsi se laisser duper par le hasard.

Au cours du programme de l'université Monash, en Australie, où l'on pouvait découvrir le Dada Engine, réalisé par Andrew C. Bulha, je me suis amusé à écrire quelques articles contenant les phrases suivantes:

Toutefois, le thème principal des œuvres de Rushdie n'est pas la théorie, comme le suggère le paradigme dialectique de la réalité, mais la pré-théorie. L'hypothèse du paradigme néo-sémantique du discours implique que l'identité sexuelle, détail ironique, ait du sens.

Plusieurs commentaires au sujet du rôle de l'écrivain en tant qu'observateur peuvent émerger. On peut affirmer que si le commentaire culturel est établi, alors il nous faut choisir entre le paradigme dialectique de la narration et le marxisme néo-conceptuel. L'analyse de Sartre du commentaire culturel montre que la société, paradoxalement, a une valeur objective.

Ainsi l'hypothèse du paradigme néo-dialectique de l'expression implique que la conscience soit utilisée afin de renforcer la hiérarchie, mais seulement quand la réalité se distingue de la conscience; si ce n'est pas le cas, alors nous pouvons supposer que le langage possède un sens intrinsèque.

Certains discours d'entreprise appartiennent à cette catégorie, à cette différence près qu'ils sont moins élégants et utilisent un vocabulaire non littéraire. Il est possible de construire un discours imitant celui de votre PDG afin de vérifier si ce qu'il dit a de la valeur, ou s'il s'agit d'inepties en apparence présentables écrites par quelqu'un qui s'est retrouvé à ce poste grâce à la chance. Comment faire ? Sélectionnez au hasard cinq phrases parmi celles citées ci-dessous, puis reliez-les entre elles en ajoutant les mots nécessaires pour construire un discours grammaticalement correct.

Nous veillons sur les intérêts de nos clients / le chemin qui nous reste à parcourir / notre atout, ce sont nos ressources humaines / notre vision / nous sommes experts dans / nous apportons des solutions interactives / nous nous positionnons sur ce marché / comment mieux servir nos clients / un effort à court terme pour des bénéfices à long terme / nous serons gagnants à long terme / nous devons nous baser sur nos forces et travailler nos points faibles / le courage et la détermination triompheront / nous sommes engagés dans l'innovation et la technologie / un salarié heureux est un salarié productif / engagés sur la voie de l'excellence / plan stratégique / notre culture d'entreprise.

Si cela ressemble un peu trop au discours que vient de prononcer votre patron, alors cherchez une autre place.

LE PÈRE DES PSEUDO-INTELLECTUELS

Il est difficile de parler d'histoire artificielle sans faire de commentaires sur le père de tous les pseudo-intellectuels, Hegel. Hegel écrit dans une langue inintelligible en dehors des cafés de la Rive gauche et des départements de sciences humaines de certaines universités particulièrement bien isolées du monde réel. Je vous propose cet extrait d'un texte du « philosophe » allemand (il s'agit d'un passage repéré, traduit et critiqué par Karl Popper) :

> *Le changement est sain dans les conditions spécifiques de la ségrégation des parties matérielles, et dans la négation de cette condition ; c'est simplement l'idéalité idéale ou abstraite, pour ainsi dire, de cette spécificité. Mais ce changement, par conséquent, devient immédiatement la négation de la subsistance matérielle spécifique, qui se trouve donc être la véritable idéalité de la gravité et de la cohésion spécifiques, c'est-à-dire la chaleur. Chauffer les corps sonnants, comme les corps battus ou frottés, donne l'apparence de la chaleur, qui trouve son origine conceptuelle en même temps que le son.*

Même la simulation Monte Carlo ne réussirait pas à donner une impression de texte aléatoire aussi puissante que le grand penseur allemand (il faudrait de très nombreuses trajectoires stochastiques pour aboutir à la rencontre de « chaleur » et « son »). Les gens appellent cela de la philosophie, et elle est souvent financée par les contribuables ! Considérons à présent le fait que la pensée hégélienne est en général liée à une approche « scientifique » de l'histoire. Cela a produit des phénomènes tels que les régimes marxistes et même une branche appelée pensée « néo-hégélienne ». On devrait donner à ces « penseurs » un cours niveau licence sur la théorie des échantillons statistiques avant de les lâcher dans la nature.

La poésie Monte Carlo

Dans certains cas, j'aime être dupé par le hasard. Je cesse d'être allergique à l'absurde et au verbiage lorsqu'on touche à l'art et à la poésie. D'une part, je me définis et me comporte officiellement comme un hyper-réaliste qui cherche à débusquer le hasard; d'autre part, je n'ai aucun scrupule à m'abandonner à toutes sortes de superstitions personnelles. Où est la limite? Dans l'esthétique. Certaines formes esthétiques nous plaisent pour quelque raison biologique, qu'elles soient ou non le fruit d'associations aléatoires ou simples hallucinations. Quelque chose dans nos gènes est profondément ému par la confusion et l'ambiguïté du langage. Pourquoi s'en défendre?

Grand amateur de poésie, amoureux de la langue, j'ai d'abord été très déçu en apprenant l'histoire des *Cadavres exquis*, exercice poétique où les phrases poétiques sont construites au hasard. En mettant ensemble suffisamment de mots, des métaphores magiques et insolites finissent par apparaître, suivant les lois combinatoires. Pourtant nul ne peut contester que certains de ces poèmes soient d'une beauté renversante. Que nous importe leur origine s'ils plaisent à notre sens de l'esthétique?

Voici l'histoire des *Cadavres exquis*. Au sortir de la première guerre mondiale, un groupe de poètes surréalistes, dont André Breton et Paul Éluard, avaient pris l'habitude de se retrouver dans des cafés pour s'y livrer à l'exercice suivant (les critiques modernes pensent qu'ils l'appréciaient particulièrement car, dans l'atmosphère déprimante de l'après-guerre, cela correspondait à leur désir de fuir la réalité). Sur une feuille, à tour de rôle, chacun écrivait un mot, pliait le papier, puis le passait à son voisin qui faisait de même, sans savoir ce qui précédait. Le premier choisissait un adjectif, le deuxième un substantif, le troisième un verbe, etc. Le premier exemple de ces exercices aléatoires et collectifs débutait par la phrase suivante:

Les cadavres exquis boiront le vin nouveau.

De magnifiques textes ont été ainsi écrits, parfois avec l'aide de l'ordinateur. Mais la poésie n'a jamais été prise au sérieux en dehors de son esthétique, qu'elle soit le fruit de l'art déclamatoire aléatoire d'un ou de plusieurs cerveaux désorganisés, ou la construction plus élaborée d'un seul créateur conscient de son œuvre.

Peu importe que la poésie soit à l'origine un exercice de la simulation Monte Carlo ou le chant d'un poète aveugle d'Asie Mineure: la langue a le pouvoir d'apporter plaisir et réconfort. Mettre à l'épreuve sa validité intellectuelle en la traduisant en simples arguments logiques ôterait en grande partie sa puissance, parfois même de manière excessive. Ainsi la poésie traduite s'avère-t-elle parfois des plus insipides. La survivance de certaines langues sacrées atteste de l'importance de leur rôle : elles sont en effet hermétiques à la mise à l'épreuve du quotidien, qui cherche à débusquer l'absurde. Les religions sémites, c'est-à-dire le judaïsme, l'islam et le christianisme des origines avaient compris cela : laissez la langue sacrée en dehors du rationalisme de tous les jours et évitez l'abâtardissement de l'idiome vernaculaire. Il y a quarante ans, l'Église catholique a fait traduire la messe et la liturgie dans les langues modernes, abandonnant le latin. On peut se demander si cela n'a pas nui à la foi. Soudain, en effet, la religion, dépouillée de son esthétique, se soumettait aux standards intellectuels et scientifiques. L'Église grecque orthodoxe a commis la bienheureuse erreur de traduire certaines de ses prières du grec en arabe classique, qui est une langue morte, et non dans l'idiome à base sémite parlé par les gréco-syriens de la région d'Antioche (sud de la Turquie, nord de la Syrie). Les miens ont donc la chance de prier dans un mélange de *koiné* (grec d'Église, langue morte) et d'arabe coranique, tout aussi mort.

Quel rapport avec le hasard, sujet de ce livre ? La nature humaine est ainsi faite que nous avons tous nos *péchés mignons*[4]. Même les économistes, qui trouvent en général des moyens abscons d'échapper à la réalité, commencent à comprendre que ce n'est pas forcément la comptabilité et le calcul qui nous motivent dans la vie. Nous n'avons pas besoin d'avoir l'esprit rationnel et scientifique pour faire face aux détails du quotidien, c'est uniquement important devant les dangers qui menacent notre survie. Toutefois la vie moderne semble nous pousser à faire exactement le contraire, c'est-à-dire à nous montrer extrêmement réalistes et intellectuels dans des domaines tels que la religion et dans notre façon quotidienne de nous conduire, et complètement irrationnels dans les domaines les plus soumis au hasard (disons vis-à-vis de notre portefeuille ou de nos investissements immobiliers). Certains de mes collègues à l'esprit rationnels, ennemis de l'absurde, ne comprennent pas pourquoi j'aime la poésie de Baudelaire, Saint-John Perse, ou d'écrivains moins connus et souvent impénétrables tels qu'Elias Canetti, Borges ou Walter Benjamin. En revanche, cela ne les gêne pas du tout de perdre leur temps à écouter les « analyses » de quelque gourou de la télévision, ou d'acheter les actions d'une compagnie dont ils ne savent absolument rien en se fondant sur les conseils de voisins roulant dans des voitures de luxe. Le Cercle de Vienne a dénoncé le bavardage philosophique à la façon

4. En français dans le texte.

de Hegel, en montrant que, du point de vue scientifique, c'était sans valeur, et du point de vue esthétique, inférieur à la musique. J'éprouve, je dois l'avouer, beaucoup plus de plaisir à fréquenter Baudelaire que les journalistes de CNN ou George Will.

Il existe un proverbe yiddish : *Si je suis forcé de manger du porc, autant que ce soit du meilleur.* Si je dois me laisser duper par le hasard, mieux vaut que ce soit dans sa forme la plus belle et la plus inoffensive. Nous reviendrons sur ce point dans la troisième partie.

CHAPITRE 5

LES MOINS ADAPTÉS SURVIVENT. L'ÉVOLUTION PEUT-ELLE SE LAISSER DUPER PAR LE HASARD ?

Étude de cas portant sur deux événements rares. Des événements rares et de l'évolution. Comment les concepts de darwinisme et d'évolution sont déformés lorsqu'on sort de la sphère biologique. La vie n'est pas continuité. Comment l'évolution peut se laisser duper par le hasard. Introduction au problème de l'induction.

Carlos, magicien des marchés émergents

Je croisais souvent Carlos dans toutes sortes de soirées new-yorkaises. Il était toujours d'une impeccable élégance, mais se montrait timide avec les dames. J'avais l'habitude de lui sauter dessus pour lui poser des questions relatives à sa profession, qui consistait à acheter et vendre sur les marchés obligataires émergents. Affable, il me répondait, mais je voyais bien qu'il était tendu. Parler en anglais, langue qu'il maîtrisait mal, semblait exiger de lui une sorte d'effort physique qui l'obligeait à contracter les muscles de la tête et du cou (certaines personnes ne sont pas faites pour les langues étrangères).

Que sont les marchés obligataires émergents ? « Marchés émergents » est un euphémisme politiquement correct désignant les pays
au niveau de développement faible (en tant que sceptique, je ne peux
considérer leur « émergence » avec une telle certitude linguistique).
Les obligations sont des instruments financiers émis par les gouvernements de ces pays, c'est-à-dire essentiellement la Russie, le Mexique,
le Brésil, l'Argentine et la Turquie. Quand ces gouvernements étaient
dans une mauvaise passe, ils échangeaient ces obligations contre des
pennies. Soudain, au début des années 1990, les investisseurs se sont
rués sur ces marchés et ont fait grossir et grossir encore l'enveloppe
en achetant de plus en plus de ces titres exotiques. Ces pays se sont
alors mis à construire des hôtels où l'on recevait des chaînes américaines du câble, où l'on trouvait des salles de gym équipées de tapis
roulants, ainsi que des écrans de télévision géants – cela leur a permis
d'intégrer le village mondial. Ils avaient tous accès aux mêmes gourous et animateurs financiers. Des banquiers venaient pour investir
dans les obligations, et ces pays utilisaient cet argent pour construire
d'autres hôtels encore plus luxueux afin d'attirer de nouveaux investisseurs. Un jour, ces obligations sont devenues à la mode, et ont commencé à s'échanger contre des dollars et non plus des pennies. Ceux
qui s'y connaissaient un tant soit peu ont accumulé d'immenses fortunes.

Carlos, semble-t-il, est issu d'une famille patricienne d'Amérique
latine, dont la fortune a été engloutie dans les soubresauts économiques des années 1980 (je dois préciser que j'ai rarement rencontré quiconque, venant d'un pays pauvre, dont la famille à un
moment donné n'avait possédé une province entière, ou approvi-
sionné le tsar en dominos). Après de brillantes études, Carlos est
allé à Harvard afin d'y poursuivre un doctorat en économie
(comme c'était l'habitude à l'époque pour les gens de son milieu),
dans l'espoir d'arracher l'économie de son pays aux mains dévasta-
trices de dirigeants incompétents. Étudiant de bon niveau, il n'a
pas réussi à trouver un sujet de thèse suffisamment intéressant, ni
à gagner l'estime de son directeur de thèse, qui le jugeait dépourvu
d'imagination. Il a donc opté pour un master et une carrière à Wall
Street.

En 1992, Carlos a été embauché par le nouveau bureau des marchés émergents d'une banque de New York. Il avait tout ce qu'il fallait pour réussir : il savait où situer sur la carte les pays qui émettaient
des « obligations Brady », titres de créance en dollars émis par les
pays en voie de développement. Il savait ce qu'était le PNB (produit

national brut), avait l'air sérieux, intelligent, et s'exprimait très bien en dépit de son fort accent espagnol. C'était le genre de personne que les banques aiment à exhiber devant leurs clients. Quel contraste avec tous ces traders bruts de décoffrage !

Carlo arriva juste au bon moment pour participer au développement de ces marchés. Quand il débuta à la banque, le département des titres de créances des marchés émergents était encore réduit, et les traders qui s'en occupaient, cantonnés dans les bureaux dont personne ne voulait. Toutefois ce secteur d'activité grossit rapidement, faisant parallèlement s'accroître les revenus de la banque.

Carlos était le parfait représentant de la communauté des traders spécialisés dans les marchés émergents, ensemble de praticiens cosmopolites issus des pays concernés, dont la compagnie internationale me rappelle celle qui se formait lors du cocktail des étudiants étrangers à la Wharton School. Chose étrange, il est rare que ces gens choisissent de se spécialiser sur leur pays d'origine. Les Mexicains basés à Londres achètent des titres russes, les Iraniens et les Grecs, des obligations brésiliennes, les Argentins, des actions turques. Étant donné la jeunesse de leur marché, ils ont en général entre trente et quarante ans. À l'inverse des « vrais » traders, ils sont en général raffinés, bien habillés, collectionnent les œuvres d'art, sont fréquemment abonnés au Metropolitan Opera, mais ce ne sont pas des intellectuels. Ils sont par ailleurs trop conformistes pour être de vrais traders. Les vrais traders, selon moi, sont négligés, souvent laids, et s'intéressent davantage aux renseignements que peut leur procurer le contenu d'une poubelle qu'à un tableau de Cézanne. Ce sont des réalistes.

En tant qu'économiste et trader, Carlos faisait merveille. Il possédait un vaste réseau d'amis présents dans les différents pays latino-américains, et savait exactement ce qui s'y passait. Il achetait les titres qui lui paraissaient intéressants soit parce qu'ils rapportaient un taux d'intérêt élevé, soit parce qu'il croyait que la demande allait s'accroître à l'avenir, et que par conséquent leur valeur augmenterait. Peut-être le terme de « trader » ne lui correspond-il pas tout à fait. Un trader achète et vend (il vend parfois ce qui ne lui appartient pas pour le racheter plus tard dans l'espoir de réaliser un profit: cela s'appelle « la vente à découvert »). Carlos, lui, se contentait d'acheter – et il achetait en masse. Il pensait recevoir une bonne prime de risque en contrepartie de ces obligations, car prêter à ces pays était un acte ayant une valeur économique. Pour lui, « la vente à découvert » en revanche n'avait aucun sens économique.

Au sein de sa banque, Carlos devint la référence en matière de marchés émergents. Il était capable de citer les derniers chiffres en vigueur à la moindre sollicitation. Il déjeunait souvent avec le président de la banque. Il poursuivait une activité liée à l'économie, rien de plus. Tout marchait bien pour lui. Il obtenait promotion sur promotion, jusqu'à ce qu'il devienne trader en chef du département des marchés émergents en 1995. Dans ses nouvelles fonctions, il connut une réussite exponentielle, et la banque mit à sa disposition de plus en plus d'argent, à tel point que ses prises de risques n'atteignaient même plus les nouveaux plafonds.

LES ANNÉES FASTES

Les bons résultats de Carlos n'étaient pas seulement dus au fait qu'il avait acheté sur les marchés émergents des titres qui grimpaient durant cette période, mais essentiellement à ce qu'il avait acheté en période de baisse. Il accumulait dans les moments de panique boursière. 1997 aurait été pour lui une mauvaise année s'il n'avait pas réajusté sa position après la baisse d'octobre qui avait accompagné le faux krach boursier. Avoir surmonté ces petits revers de fortune lui donnait le sentiment d'être invincible. Il ne pouvait pas se tromper. Il s'imaginait doué d'une intuition économique qui lui permettait de prendre les bonnes décisions en matière de trading. Après une baisse, il auscultait ses fondations, et, s'il les trouvait saines, achetait davantage d'actions qu'il revendait quand le marché retrouvait son niveau.

Si l'on examine la courbe des marchés obligataires émergents entre le moment où Carlos commença à s'y intéresser et celui où il reçut sa dernière prime, en décembre 1997, on voit qu'elle grimpe régulièrement, ponctuée d'occasionnels contretemps, comme la dévaluation mexicaine de 1995, suivis de reprises prolongées. On constate aussi certaines baisses qui s'avérèrent d'« excellentes opportunités d'achat ».

Ce fut l'été 1998 qui eut raison de Carlos : la dernière baisse ne se transforma pas en reprise. Jusque-là sa carrière comptait seulement un mauvais trimestre – vraiment très mauvais. Il avait fait gagner à sa banque, au cours des années précédentes, 80 millions de dollars. Il en perdit 300 en un seul été. Que se passa-t-il ? Quand le marché commença à baisser en juin, ses sources l'informèrent que c'était seulement en réaction à la « liquidation » d'un portefeuille par une société d'investissement dirigée par un ancien professeur de Wharton.

Spécialisée dans les garanties hypothécaires, cette société avait reçu l'ordre de vendre tout son stock. Celui-ci contenait des obligations russes, essentiellement parce que les « yield hogs », comme on les appelle, constituent un portefeuille diversifié de titres à haut rendement.

PLUS DURE SERA LA CHUTE

Les cours ne cessaient de chuter, et Carlos accumulait de plus en plus d'obligations russes, achetées pour environ 52 dollars. C'était son principe : acheter à la baisse. Le problème, déclarait-il, n'avait rien à voir avec la Russie, et ce n'était pas une société d'investissement quelconque du New Jersey, fondée par un savant fou, qui allait décider du destin de la Russie. « Lisez sur mes lèvres : c'est une li-qui-da-tion ! » hurlait-il à ceux qui remettaient en cause sa politique d'achat.

À la fin du mois de juin, ses bénéfices pour l'année 1998 étaient passés de 60 millions de dollars à 20 millions. Cela le mettait en colère. Mais il avait calculé que, si le marché remontait au niveau précédant la liquidation du New Jersey, alors son chiffre atteindrait les 100 millions de dollars. C'était garanti, affirmait-il. Ces obligations ne se vendraient jamais en dessous de 48 dollars. Le risque était faible, et le profit potentiel élevé.

Arriva juillet. La chute des cours se poursuivait. Le prix de référence des obligations russes était à présent de 43 dollars. Ses positions étaient passées en dessous du seuil acceptable, pourtant il augmentait la mise. Son chiffre pour l'année était déficitaire de 30 millions de dollars. Ses chefs commençaient à devenir nerveux, mais il ne cessait de leur répéter qu'après tout la Russie ne coulerait pas, réitérant le cliché que l'affaire était trop grosse pour sombrer. Selon lui, acheter ne coûterait rien et ferait tant de bien à l'économie mondiale que cela n'avait aucun sens de tout liquider tout de suite. « C'est le moment d'acheter, pas de vendre, répétait-il à l'envi. Ces obligations se vendent à un prix qui frôle leur valeur par défaut. » En d'autres termes, si la Russie faillait à ses engagements et ne pouvait plus payer les intérêts de ses dettes, ces obligations n'en seraient guère affectées.

Où avait-il déniché cette idée ? Au cours de discussions avec d'autres traders et économistes spécialistes des marchés émergents (ou hybrides traders-économistes). En outre, Carlos avait engagé dans

les Russia Principal Bond cinq millions de dollars, c'est-à-dire environ
la moitié de sa fortune personnelle. « Les profits dégagés vont payer
ma retraite », dit-il à l'agent de change qui fit la transaction.

AU FOND DU GOUFFRE

Mais le marché continuait de sombrer. Début août, les cours plon-
gèrent à 30 dollars. Mi-août, à 20 dollars. Carlos ne bougeait pas. Il
jugeait que le prix affiché sur les écrans était sans rapport avec son
optique qui consistait à acheter de la « valeur ».

Des signes de fatigue commençaient à poindre dans son attitude.
Il était irritable et perdait parfois son calme. Un jour, lors d'une
réunion, il hurla à quelqu'un : « Limiter les pertes, c'est bon pour les
imbéciles ! Il est hors de question que j'achète à prix élevé pour
revendre à bas prix ! » Fort de ses bons résultats, il avait pris l'habitude de traiter avec condescendance les traders qui ne s'occupaient
pas des marchés émergents. « Si nous avions abandonné en octobre
1997 après les grosses pertes que nous avions essuyées, nous n'aurions
pas eu ces excellents résultats pour l'année 1997 », avait-il aussi coutume de dire. À ses supérieurs, il déclarait : « Ces obligations s'échan-
gent à un niveau très bas. Ceux qui peuvent à présent investir sur ces
marchés pourraient réaliser des profits extraordinaires. » Tous les
matins, Carlos passait une heure à discuter de la situation avec des spécialistes du monde entier. Ils présentaient tous la même version des
faits : cette vente dépasse l'entendement.

Le département de Carlos était également déficitaire sur d'autres
marchés émergents : il avait aussi perdu de l'argent sur le marché intérieur du Russian Ruble Bond. Ses déficits s'accumulaient, et il rappor-
tait à sa direction des rumeurs selon lesquelles d'autres banques
essuyaient d'énormes pertes – plus importantes que les leurs. Il se
sentait obligé de montrer qu'il « se débrouillait bien par rapport aux
autres », ce qui est un symptôme de problème systémique : il montrait ainsi que toute une communauté de traders suivait exactement
la même tactique. L'affirmation que d'autres traders étaient eux aussi
engagés dans une mauvaise passe est une accusation qui se retourne
contre soi. Étant donné sa structure mentale, un trader devrait faire
exactement ce que les autres ne font pas !

À la fin août, les Russia Principal Bonds se vendaient en dessous
de 10 dollars. La fortune de Carlos avait presque diminué de moitié. Il fut mis à la porte. Tout comme son supérieur, directeur du tra-

ding. Le président de la banque fut rétrogradé à un « poste nouvellement créé ». Les membres du conseil d'administration ne parvenaient pas à comprendre pourquoi la banque avait contracté un tel engagement auprès d'un gouvernement qui ne payait même pas son propre personnel – ce qui incluait, chose grave, les soldats de l'armée. Voilà l'un des détails qu'à travers le monde les économistes spécialistes des marchés émergents avaient oublié de prendre en compte malgré tout leur bavardage. Le vétéran du trading, Marty O'Connell, appelle cela l'effet caserne. Il a en effet observé que les pompiers qui passent beaucoup de temps cantonnés dans leur caserne à discuter entre eux finissent par être d'accord sur beaucoup de choses qu'une personne extérieure impartiale jugerait ridicule (ils développent en particulier des concepts politiques très proches). Les psychologues donnent à cela un nom plus compliqué, mais mon ami Marty n'a aucune connaissance en matière de sciences du comportement.

Ces naïfs représentants du FMI s'étaient laissé mener en bateau par le gouvernement russe. N'oublions pas que les économistes sont recrutés parce qu'ils ont l'air intelligents, mais qu'on ne mesure pas scientifiquement leur degré de connaissance de la réalité. Quoi qu'il en soit, le prix des obligations, lui, ne s'en laissa pas conter. Il n'était pas dupe à l'instar des économistes et des Carlos des départements des marchés émergents.

Louie, autre vétéran de la profession occupant le bureau voisin de Carlos, et qui avait souffert maintes humiliations de la part de ses collègues des marchés émergents, s'en trouva conforté. Né et élevé à Brooklyn, à cinquante-deux ans il avait survécu pendant trente ans à tous les cycles possibles du marché. Il regarda tranquillement Carlos s'en aller, escorté par un agent de la sécurité, comme un prisonnier qu'on mène à la potence. Puis il murmura avec son accent de Brooklyn : « L'économie, mon œil. Tout ça, c'est la dynamique du marché. »

Carlos a quitté les marchés boursiers. L'histoire lui donnera peut-être raison un jour, néanmoins c'est un mauvais trader. C'est en apparence un homme réfléchi, un gendre idéal. Mais il cumule tous les défauts du mauvais trader. Et souvent les traders qui, à un moment donné, ont été les plus riches sont les pires. C'est ce que j'appelle le problème inter-sectionnel. À un instant T, les traders qui réussissent le mieux sont les mieux adaptés au tout dernier cycle. C'est rarement le cas des dentistes ou des pianistes, car leurs professions résistent mieux au hasard.

John, le trader sur titres à haut rendement

Nous avons fait la connaissance de John, voisin de Nero, au chapitre 1. À trente-cinq ans, sept ans après avoir obtenu son diplôme à
la Pace Graduate Business School, il travaillait à Wall Street, et s'occupait de « titres à haut rendement », c'est-à-dire d'obligations non
convertibles au rendement élevé, émises par des entreprises. Il avait
été nommé à la tête d'une équipe de dix traders en un temps record
– grâce à son transfert d'une firme de Wall Street à une autre, qui lui
avait proposé un généreux contrat avec intéressement de 20 % aux
bénéfices à la fin de l'année officielle. Par ailleurs, on lui avait octroyé
le grand privilège d'investir ses propres capitaux dans ses transactions.

John n'était pas quelqu'un qu'on qualifierait d'emblée d'intelligent, mais on le croyait doté d'un sérieux sens des affaires. On le
disait « pragmatique », « professionnel ». C'était en apparence un
homme d'affaires-né, qui ne disait jamais rien d'insolite ni de déplacé.
Il gardait son calme en toutes circonstances, trahissant rarement la
moindre émotion. Même son juron occasionnel (après tout, il est
nécessaire de jurer à Wall Street comme ailleurs !) était si parfaitement conforme à son environnement qu'il semblait tout simplement
professionnel.

John s'habillait toujours de manière impeccable, essentiellement
grâce à ses voyages mensuels à Londres où son département possédait
une antenne supervisant les activités européennes à haut rendement.
Il portait un costume sombre, taillé sur mesure par un couturier de
Savile Row, et une cravate Ferragamo – cela faisait de lui une icône de
la réussite à Wall Street. À chaque fois que Nero tombait sur John, il
avait le sentiment d'être mal fagoté.

L'activité principale du département de John, appelée le trading
sur titres à haut rendement, consistait à acheter des obligations « bon
marché » qui rapportaient par exemple 10 % alors que le taux d'intérêt de sa société financière était de 5,5 %. Cela dégageait un bénéfice de 4,5 %, également appelé « taux d'intérêt différentiel » (cela ne
paie pas de mine, mais il pouvait s'endetter et multiplier ses bénéfices grâce à l'effet de levier). Il exerçait cette activité dans différents
pays : il empruntait au taux d'intérêt local pour investir dans des actifs
« risqués ». Il lui fut facile d'amasser trois milliards de dollars en valeur
nominale grâce à de telles transactions effectuées sur tous les conti-

nents. Il se protégea contre l'exposition aux taux d'intérêts en vendant des bons du Trésor à terme américains, britanniques et français, limitant ainsi sa mise sur le différentiel entre les deux instruments. Il se sentait protégé par cette couverture stratégique, bien à l'abri (du moins le croyait-il) des fluctuations vicieuses des taux d'intérêt internationaux.

LE PHYSICIEN QUI CONNAISSAIT LES ÉQUATIONS ET LES ORDINATEURS

John avait un assistant, Henry, physicien étranger parlant un anglais incompréhensible, théoriquement aussi compétent que John en matière de prise de risques. John, lui, n'entendait rien aux mathématiques et se reposait entièrement sur Henry. « Sa cervelle et mon sens des affaires », aimait-il à dire. Henry mesurait les risques pour l'ensemble du portefeuille, et John, quand il était inquiet, lui demandait d'établir un nouveau rapport. Henry terminait ses études en recherche opérationnelle quand John l'avait engagé. Il était spécialisé dans un domaine appelé informatique financière, qui, comme son nom l'indique, semble avoir pour seul objectif d'exécuter des programmes informatiques très rapidement. Les revenus de Henry passèrent de 50 000 dollars à 600 000 en trois ans.

L'essentiel des profits générés pour la société financière où travaillait John n'était pas dus au taux d'intérêt différentiel entre les différents instruments décrits plus haut. Ils venaient en réalité de l'évolution de la valeur des titres que détenait John, en grande partie parce que beaucoup d'autres traders en avaient aussi acheté pour imiter sa stratégie, ce qui avait fait monter les prix. Le taux d'intérêt différentiel se rapprochait de ce que John estimait être la « juste valeur ». Il croyait également que sa méthode de calcul de cette « juste valeur » était saine. Il avait derrière lui tout un département qui l'aidait à analyser et à choisir les obligations les plus intéressantes, celles qui offraient un potentiel d'appréciation du capital. Pour lui, il était tout à fait normal de dégager d'aussi larges profits au fil du temps.

John faisait empocher à ses employeurs des bénéfices réguliers, avec parfois des bonus inattendus. Chaque année, les profits doublaient. La dernière année, ses revenus firent un bond car la somme mise à sa disposition dépassa tout ce qu'il avait imaginé. Il reçut une prime de 10 millions de dollars (hors taxes, ce qui fait un total d'environ 5 millions nets). À l'âge de trente-deux ans, John était à la tête d'un capital d'environ un million de dollars. À trente-cinq ans, il détenait seize millions. L'essentiel venait de ses primes, mais une part non négligeable était due à son portefeuille boursier personnel. Sur 16 millions de dollars, il avait investi 14 millions. Cette somme lui permit d'emprunter 36 millions à la banque pour aboutir à un portefeuille de 50 millions de dollars. Hélas, l'effet de levier est tel que les conséquences d'une petite perte sont aggravées et peuvent sonner le glas d'un portefeuille.

Il ne fallut que quelques jours aux 14 millions de dollars pour partir en fumée – ce qui coûta également à John son poste. Comme pour Carlos, tout se passa au cours de l'été 1998, quand fondit la valeur des obligations à haut rendement. Les marchés entrèrent dans une phase de volatilité, et tout ce que John avait investi se retourna contre lui en même temps ! Ses protections furent sans effet. Il était furieux contre Henry car il n'avait pas prévu qu'une telle chose puisse arriver. Peut-être y avait-il un virus dans le programme.

Sa première réaction face aux pertes fut, naturellement, le déni. « On devient fou à suivre les changements d'humeur du marché », disait-il. En cela, il voulait dire que le « bruit » n'était qu'un retour de bâton, qui serait certainement contrebalancé par d'autres « bruits » dans la direction opposée. C'était la traduction en termes simples de ce que lui avait expliqué Henry. Toutefois le « bruit » ne cessait d'amplifier et venait toujours de la même direction.

Comme dans les cycles de la Bible, il fallut sept ans à John pour devenir un héros, et sept jours pour tout perdre. John est à présent un paria. Il a perdu son emploi et personne ne le rappelle plus. Beaucoup de ses amis sont dans la même situation. Comment est-ce possible ? Malgré toutes ces informations, son parcours sans faute (et par conséquent, à ses yeux, une intelligence et des capacités au-dessus de la moyenne) et l'aide de méthodes mathématiques sophistiquées, comment a-t-il pu échouer ? Peut-être a-t-il oublié que planait sur lui l'ombre du hasard.

John a mis beaucoup de temps à comprendre ce qui s'était passé, étant donné son état de choc et la vitesse à laquelle les événements s'étaient enchaînés. Le marché n'avait pas beaucoup baissé. Mais son endettement était considérable. Le plus stupéfiant pour lui était que, selon tous leurs calculs, l'événement avait une probabilité de se produire une fois en 1 000 000 000 000 000 000 000 ans. Henry appelait cela un événement « dix écarts types ». Et cela n'avait pas d'importance qu'il ait doublé la cote, augmentant la probabilité à 2 fois en 1 000 000 000 000 000 000 000 ans.

Quand John se remettra-t-il de ce cataclysme ? Probablement jamais. Et ce n'est pas seulement parce qu'il a perdu de l'argent. Les bons traders y sont habitués. John, lui, a sauté : il a perdu plus qu'il n'escomptait. Cela a balayé son assurance. Toutefois il y a une autre raison qui explique pourquoi il ne s'en remettra jamais. Tout simplement parce que ce n'était pas un bon trader. Il fait partie de ces gens qui se sont trouvés au bon endroit au bon moment. Il semblait être l'homme de la situation, comme beaucoup d'autres.

Après cet incident, John s'est considéré « ruiné ». Cependant il était encore à la tête d'un capital d'environ un million de dollars, ce qui ferait rêver plus de 99,9 % des habitants de notre planète. Malheureusement il y a une différence entre le niveau de richesse qu'on atteint en partant d'en haut ou en partant d'en bas. Passer de 16 millions de dollars à un million est loin d'être aussi agréable que d'arriver à un million en démarrant de zéro. De plus, John a honte. Il a toujours peur de tomber sur un ancien ami dans la rue.

Ses employeurs sont peut-être plus à plaindre encore. John a retiré de l'argent de cet épisode : il a gardé un million de dollars. Il devrait s'estimer heureux de ne pas avoir tout perdu. Son capital n'a pas plongé dans le négatif. Ce qui n'est pas le cas de son dernier employeur. John avait gagné environ 250 millions de dollars en sept ans pour toutes les banques d'investissement new-yorkaises où il avait travaillé. Il a perdu plus de 600 millions en quelques jours pour son dernier employeur.

POINTS COMMUNS

Je me dois de préciser pour les lecteurs et lectrices que tous les traders sur titres à haut rendement et spécialistes des marchés émergents ne se comportent pas comme Carlos et John. Il s'agit seulement, hélas, de ceux qui gagnent le plus, ou disons qui ont le mieux réussi durant le cycle haussier de 1992 à 1998.

À leur âge, John et Carlos ont encore le temps de refaire carrière. Il serait bon qu'ils changent de profession. De toute façon, ils ne survivraient pas. Pourquoi ? Parce qu'en discutant avec chacun d'eux de la situation on s'aperçoit rapidement qu'ils sont très prompts à se laisser duper par le hasard et par la réussite qu'il procure, alors qu'ils travaillent dans l'environnement le plus aléatoire. Fait plus inquiétant : leurs patrons et leurs supérieurs partagent le même trait de caractère. Eux aussi sont pour de bon sortis du marché. Nous allons voir

tout au long de ce livre quels sont ces traits communs. Il n'en existe
peut-être pas de définition claire, mais on reconnaît tout de suite ce
type de personnes quand on les rencontre. Quoi que fassent John et
Carlos, ils continueront de se laisser berner par le hasard.

Constantes chez les traders dupés par le hasard

La plupart de ces caractéristiques illustre la confusion entre les
deux colonnes du tableau P. 1. Voici donc ci-dessous de brèves explications sur les mécanismes qui les conduisent à se laisser duper par le
hasard :

– *Surestimation de la portée de leurs connaissances, soit économiques
(Carlos), soit statistiques (John).* Ils n'ont jamais considéré que la spéculation sur les valeurs économiques qui a bien fonctionné par le
passé pouvait être une simple coïncidence, ou peut-être, ce qui est
pire, que les analyses économiques des événements passés mas-
quaient le hasard. Parmi toutes les théories économiques, en effet,
on parvient toujours à en trouver une qui explique le passé, au
moins en partie. Carlos est arrivé sur le marché à un moment où
il avait le vent en poupe, sans avoir jamais vécu de périodes où le
marché allait a contrario des analyses économiques. À certaines
périodes, l'économie trahit les traders ; à d'autres, elle les aide.

– *Le dollar américain était surévalué (c'est-à-dire les monnaies étrangères étaient sous-évaluées) au début des années 1980.* Les traders qui ont
alors suivi leur intuition économique en achetant des monnaies
étrangères ont été décimés. Plus tard, en revanche, ceux qui l'ont
fait sont devenus riches (la première génération a sauté). C'est le
hasard ! De même, ceux qui ont pratiqué la vente à découvert sur
les actions japonaises à la fin des années 1980 ont subi un sort
identique – peu ont survécu pour rentrer dans leurs fonds lors du
krach des années 1990. À la fin du siècle dernier est apparu un
groupe d'opérateurs appelés les « macro- » traders. Ils sont tombés
comme des mouches, comme par exemple l'investisseur légendaire (ou plutôt très chanceux) Julian Robertson, qui a fermé bou-
tique en 2000, après avoir été une star. Une discussion au sujet du
biais du survivant nous en apprendra davantage. Il demeure un
point très clair : rien n'est moins rigoureux que l'usage en appa-

rence rigoureux des analyses économique sur lesquelles les traders basent leurs transactions.

– *Une tendance à être marié à ses positions.* On dit que les mauvais traders divorcent plus vite de leur conjoint qu'ils n'abandonnent leurs positions. Il n'est pas bon d'être loyal à ses idées pour un trader, ni pour un scientifique – ou qui que ce soit d'autre.

– *Une tendance à changer de méthode.* Ils se transforment en investisseurs sur le long terme quand ils perdent de l'argent, hésitant à se comporter en trader ou en investisseur pour adoucir leurs derniers revers de fortune. La différence entre trader et investisseur réside dans la durée d'achat et son ampleur. Il n'y a absolument rien de mal à investir à long terme, à partir du moment où l'on ne mélange pas cette activité avec du trading à court terme (beaucoup de gens deviennent investisseurs à long terme après avoir perdu de l'argent : ils repoussent leur décision de vendre, en partie pour nier qu'ils se sont trompés).

– *Absence de stratégie prévisionnelle en cas de pertes.* Ils n'avaient tout simplement pas conscience que cela puisse se produire. Carlos et John se sont mis à acheter davantage d'obligations quand le marché a commencé à baisser rapidement, mais ce n'était pas en raison d'une stratégie préétablie.

– *Absence de réflexion critique conjuguée à l'absence de révision de leurs positions pour « stopper les pertes ».* Les traders de base n'aiment pas vendre quand les titres atteignent une « valeur encore plus forte ». Carlos et John n'ont pas compris que peut-être c'était leur méthode d'appréciation de cette valeur qui était fausse, et non le marché qui ne s'était pas plié à leur mesure de cette valeur. Peut-être avaient-ils raison. Quoi qu'il en soit, pas un instant ils n'ont songé à remettre en cause leur méthode. Malgré toutes ses erreurs, nous verrons que George Soros examine rarement un résultat défavorable sans mettre à l'épreuve sa propre grille d'analyse.

– *Le déni.* Au moment des pertes, ni l'un ni l'autre n'a vraiment accepté ce qui se passait. Le prix inscrit sur l'écran a perdu toute réalité en faveur d'une « valeur » abstraite. C'est le déni classique, suivi de l'argument habituel : « C'est seulement le résultat d'une liquidation, les soldes avant fermeture. » Et ils ont continué d'ignorer les messages que leur envoyait la réalité.

Comment des traders qui ont commis toutes les fautes possibles ont-ils pu aussi bien réussir ? En raison d'un principe très simple : l'une des manifestations du biais du survivant. Nous avons tendance à croire que ces traders ont réussi parce qu'ils étaient doués. Peut-être avons-nous pris le principe de causalité à l'envers : nous considérons ces traders doués simplement parce qu'ils gagnent de l'argent. Dans le domaine des marchés financiers, il est possible de gagner de l'argent totalement par hasard.

Carlos et John appartiennent à une catégorie de personnes qui ont tiré profit d'un cycle du marché. Et ce n'est pas seulement parce qu'ils se trouvaient sur les bons marchés. C'est également parce qu'ils avaient la méthode de travail la mieux adaptée aux cycles de reprise de cette époque. Ils étaient acheteurs à la baisse. Rétrospectivement, il apparaît que cette caractéristique fut décisive dans la période comprise entre 1992 et l'été 1998 sur les marchés spécifiques dans lesquels ces deux hommes s'étaient spécialisés. Ceux qui avaient la même méthode durant ce segment de l'histoire ont dominé le marché. Ils obtenaient les meilleurs résultats, et ils ont pris la place de traders qui leur étaient peut-être supérieurs en réalité.

De naïves théories évolutionnistes

L'histoire de Carlos et de John montre que les mauvais traders possèdent à court et moyen terme un avantage sur les bons traders dans le domaine de la survie. Il faut être aveugle ou stupide pour rejeter les théories de Darwin au sujet de la sélection naturelle. Toutefois le concept est si simple que certains amateurs (et même quelques professionnels) voudraient l'appliquer aveuglément à tous les domaines, y compris l'économie.

Il y a quelques décennies, le biologiste Jacques Monod se plaignait du fait que chacun se prenait pour un expert en matière d'évolution (on peut dire la même chose des marchés financiers). La situation s'est aggravée depuis, et le nombre d'« experts » continue de se multiplier. Beaucoup de biologistes du dimanche croient que la reproduction des plantes et des animaux suit un chemin linéaire, menant à la perfection. Si l'on traduit cette idée en termes sociaux, on aboutit à l'idée que les entreprises et les organismes, en raison de la compétition (et de la discipline du rapport trimestriel) progressent de manière irréversible vers l'amélioration. Les plus forts survivront ; les plus faibles disparaîtront. Quant aux investisseurs et aux traders, certains croient que la compétition permettra aux meilleurs de prospérer et aux plus mauvais d'être éjectés vers d'autres carrières (comme pompiste, ou peut-être dentiste).

Les choses ne sont pas aussi simples. Laissons de côté l'erreur de base qui consiste à croire que les entreprises se reproduisent comme des êtres vivants – les idées de Darwin portent sur la capacité à se reproduire, pas à survivre. Comme toute chose dans ce livre, le problème est lié au hasard. Les zoologistes ont découvert que, lorsque le hasard pénètre dans un système, les résultats peuvent devenir tout à fait surprenants : ce qui ressemble à une évolution peut s'avérer un simple détour, voire une régression. Stephen Jay Gould (que l'on a accusé d'être plus un vulgarisateur qu'un vrai scientifique) a largement démontré l'existence de ce qu'il nomme le « bruit génétique », ou les « mutations négatives », attirant ainsi sur lui le courroux de certains de ses collègues (il a poussé un peu trop loin son idée). Un débat académique a suivi, dressant Gould contre d'autres scientifiques comme Dawkins, que ses pairs considèrent comme supérieur dans le domaine des mathématiques des probabilités. Les mutations négatives sont des traits qui demeurent (bien qu'étant des défauts du point de vue de la capacité à se reproduire) à la place de traits jugés meilleurs. Toutefois ils ne persistent pas plus de quelques générations (sous ce qu'on appelle l'agrégation temporelle).

Par ailleurs les choses peuvent s'avérer encore plus surprenantes quand le hasard se transforme, comme par exemple avec les changements de régime. Un changement de régime est une situation donnée où tous les attributs d'un système changent, au point de le rendre méconnaissable pour les observateurs. L'adaptation darwinienne s'applique aux espèces observées sur une très longue période, et non à court terme ; l'agrégation temporelle permet de supprimer en grande partie les effets du hasard : comme on dit, les choses finissent par s'équilibrer avec le temps (c'est-à-dire que le bruit finit par être éliminé).

À cause des événements rares, nous ne vivons pas dans un monde où les choses progressent de façon continue vers l'amélioration. D'ailleurs, rien dans la vie n'est continu. L'idée de continuité est restée ancrée dans la culture scientifique jusqu'à l'aube du XXe siècle. On disait ceci : la nature ne fait pas de bonds. Ce qui en bon latin donne : *Natura non facit saltus.* On attribue généralement cette pensée au botaniste du XVIIIe siècle, Linné, qui bien évidemment s'était lourdement trompé. Cette idée a été reprise par Leibniz, pour justifier ses calculs. Il croyait en effet que les choses étaient continues, quelle que soit la résolution selon laquelle on les observait. Comme tant d'autres affirmations qui sonnent bien à l'oreille et semblent « pleines de sens » (de telles dynamiques ont l'air tout à fait sensées du point de vue intellectuel), celle-ci a fini par apparaître complètement erronée, comme l'a montré la mécanique quantique. On a en effet découvert que les particules sautent (discrètement) d'un état à l'autre, au lieu de glisser.

L'ÉVOLUTION PEUT-ELLE SE LAISSER DUPER PAR LE HASARD ?

Nous allons clore ce chapitre sur la réflexion suivante. Comme vous le savez, une personne peu informée sur les problèmes liés au hasard croit qu'un animal est le mieux possible adapté aux conditions de vie de son époque. Ce n'est pas le sens du terme « évolution ». En moyenne (et en moyenne seulement!), les animaux sont adaptés, mais collectivement, et non individuellement, et pas à toutes les époques. Un animal peut devoir sa survie au fait que sa trajectoire stochastique a bénéficié d'une bonne fortune : les « meilleurs » opérateurs dans telle activité peuvent être issus d'un sous-ensemble d'opérateurs qui ont survécu parce qu'ils étaient parfaitement adaptés à telle trajectoire stochastique – trajectoire où ne s'est pas produit l'événement rare de l'évolution. Le côté vicieux des choses est que plus longtemps l'animal demeure protégé de l'événement rare, plus il est vulnérable quand celui-ci se produit. Nous avons déjà vu que, si l'on étire le temps à l'infini, alors, suivant le principe d'ergodicité, il est certain que cet événement se produira : l'espèce s'éteindra ! Car être adapté à son environnement signifie l'être pour une trajectoire temporelle, pas pour la moyenne des environnements possibles.

La structure du hasard est vicieuse : un riche individu tel que John (qui à long terme est un raté, et par conséquent n'est pas fait pour survivre) montre à court terme toutes les qualités, et a tendance à multiplier ses gènes. Souvenez-vous de l'effet des hormones sur la posture et du signal qu'elle envoie aux partenaires potentiels. Son succès (ou pseudo-succès, étant donné sa fragilité) brille en lui comme un phare dans la nuit. L'innocente partenaire potentielle s'y laissera prendre, croyant en effet sans hésiter qu'il possède une carte génétique supérieure... jusqu'à ce que l'événement rare se produise. Solon avait tout compris. Mais allez expliquer le problème à un darwiniste primaire du monde des affaires – ou bien à votre riche voisin !

CHAPITRE 6

DISTORSION ET ASYMÉTRIE

*Où l'on introduit le concept d'asymétrie : pourquoi les termes « haussier »
et « baissier » ont une portée limitée. Un gamin malicieux démantèle la structure du hasard. Introduction au problème de l'opacité épistémique. Avant-dernière étape avant d'aborder le problème de l'induction.*

« *La médiane n'est pas le message[5]* »

L e scientifique et essayiste Stephen Jay Gould (qui à une
époque fut mon modèle) était âgé d'une quarantaine d'années lorsqu'on détecta chez lui un mésothéliome abdominal, cancer
mortel de la paroi de l'estomac. Très vite il apprit que son espérance
de vie médiane était d'environ huit mois – information qui lui rappela
l'injonction d'Isaïe au roi Ézéchias de mettre sa maison en ordre et de
se préparer à mourir.

Un diagnostic médical aussi sévère pousse parfois les gens à entreprendre des recherches approfondies pour comprendre ce qui leur
arrive, en particulier lorsqu'il s'agit d'un auteur prolifique comme
Gould qui avait besoin d'encore un peu de temps sur terre pour achever ses projets de livres. Il découvrit ainsi quelque chose de très diffé-

5. Titre d'un article de Stephen Jay Gould paru dans la revue *Natural History*.

rent de ce qu'on lui avait annoncé au départ: en particulier que son espérance moyenne de survie était largement supérieure à huit mois. Il comprit alors que « moyenne » et « médiane » ne signifiaient pas la même chose. La médiane veut dire en gros que 50 % des gens sont morts avant huit mois, et que 50 % ont vécu davantage. Or ceux qui passent ce cap vivent beaucoup plus longtemps, et mènent en général une existence semblable à celle des gens bien portants, avec une espérance de vie d'un peu plus de 73 ans, comme c'est inscrit sur les tables de mortalité des assureurs.

C'est ce qu'on appelle l'asymétrie. Ceux qui meurent très vite sont foudroyés, ceux qui survivent gagnent de longues années. Lorsque les résultats sont asymétriques, la moyenne de survie n'a rien à voir avec la ligne médiane. Voilà ce qui a poussé Gould, après avoir compris de manière brutale le concept d'asymétrie, à écrire cet article personnel: « The Median is not the Message. » L'idée maîtresse en est que le concept de ligne médiane utilisé dans la recherche médicale ne caractérise pas une distribution de variables aléatoires.

Je me permets de simplifier la pensée de Gould en introduisant le concept de moyenne à travers une illustration moins morbide, celle du jeu. Voici un exemple comportant à la fois des données et des résultats asymétriques. Données asymétriques signifie que les probabilités ne sont pas de 50 % pour chaque événement, mais qu'elles sont plus élevées d'un côté que de l'autre. Résultats asymétriques signifie que les gains ne sont pas égaux.

Supposons que je me lance dans une stratégie au jeu qui me donne 999 chances sur 1000 de gagner un dollar (événement A), et une chance sur 1000 de perdre 10 000 dollars (événement B), comme dans le tableau 6.1.

Tableau 6.1

Événement	Taux de probabilité	Résultat	Espérance
A	999/1000	1 $	999 $
B	1/1000	– 10 000 $	– 10 000 $
		Total	– 9,001 $

Mon potentiel est une perte d'environ 9 dollars (qu'on obtient en multipliant le taux de probabilité par le résultat correspondant). La « fréquence » ou « probabilité » de perdre n'a aucun sens en soi ici: il faut la juger par rapport à l'ampleur du résultat. Ici l'événe-

ment A est beaucoup plus probable que l'événement B. Nous gagnerions certainement de l'argent en pariant sur A, pourtant ce n'est pas
une très bonne idée.

Le problème est assez répandu et facile à comprendre pour tous
ceux qui savent faire un simple pari. Pourtant toute ma vie j'ai dû
batailler avec les personnes qui travaillent sur les marchés boursiers,
car elles ne semblaient pas comprendre. Et je ne parle pas de néo-
phytes, mais de diplômés (enfin, de titulaires de MBA) incapables de
faire la différence.

Comment se fait-il que certains ne puissent saisir une telle différence ? Comment peuvent-ils confondre taux de probabilité et espérance mathématique, c'est-à-dire taux de probabilité et probabilités
multipliant le résultat ? Peut-être cela vient-il de l'éducation, basée
sur des exemples aux conditions symétriques, comme jouer à pile ou
face, où cette différence n'a pas d'importance. Ainsi la loi Normale,
qui semble être devenue universelle dans notre société, est-elle parfaitement symétrique. Mais nous y reviendrons.

Êtes-vous haussier ou baissier ?

Les médias nous abreuvent de concepts comme « haussier » ou
« baissier », par référence aux prix qui montent (marché haussier) ou
baissent (marché baissier) sur les marchés boursiers. Ainsi entend-on
les gens dire : « Je suis haussier sur Johnny », ou « Je suis baissier sur
ce Nassim, je ne comprends pas un traître mot de ce qu'il dit », pour
illustrer leur jugement sur l'espérance de réussite des autres. En réalité, ces expressions sont souvent creuses, et n'ont aucune application
dans un univers soumis au hasard – en particulier si cet univers,
comme le mien, présente des résultats asymétriques.

À l'époque où je travaillais au bureau new-yorkais d'une importante
société d'investissement, je me trouvais parfois dans l'obligation d'assister au sempiternel « débat » hebdomadaire rassemblant la plupart des
professionnels de la salle des traders de New York. Je ne cacherai pas
que je n'aimais guère ce genre de réunions – et pas seulement parce
que cela tombait à l'heure où j'aurais dû me trouver à la salle de gym.
Assistaient à ces « débats » des traders, c'est-à-dire des gens que l'on juge
sur leurs chiffres. Mais c'était surtout un forum pour les commerciaux

(personnes aptes à charmer le client), ainsi que cette catégorie d'amuseurs publics qu'on appelle « économistes » ou « stratèges » de Wall Street, qui se prononcent sur le devenir des marchés, sans jamais prendre de risques réels (leur réussite repose donc sur la rhétorique et non sur des faits attestés). Au cours de ces discussions, les participants sont censés donner leur avis sur l'état du monde. Pour moi, il s'agit de pollution intellectuelle à l'état pur. Chacun veut partager avec les autres sa petite histoire, sa théorie, ses intuitions. J'ai horreur des gens qui prétendent avoir une idée originale ou une intuition dans un domaine quelconque, sans avoir fait de longues recherches préalables en bibliothèque (en revanche, je respecte ceux qui, montrant un esprit scientifique, comme mon ami Stan Jonas, se croient obligés de passer des nuits entières à lire afin de savoir tout ce qui a déjà été écrit sur tel sujet avant d'émettre un avis – le lecteur écouterait-il un médecin qui ne lit pas les publications médicales ?).

Je dois avouer que ma meilleure stratégie pour remédier à l'ennui et à l'allergie que j'éprouve face à ces platitudes pleines d'assurance consistait à parler le plus possible. Parallèlement, j'évitais au maximum d'écouter les réponses des autres en essayant de me concentrer pour résoudre mentalement des équations. Discourir ainsi me permettait d'éclaircir mes idées, et, si j'avais de la chance, de ne pas être « réinvité » la semaine suivante (c'est-à-dire obligé de revenir).

Lors d'une de ces réunions, on me demanda mon avis sur la bourse. J'affirmais, non sans grandiloquence, que le marché grimperait légèrement dans la semaine à venir, et ceci avec un fort degré de probabilité. Quel degré ? « Environ 70 %. » C'était une opinion très marquée. Quelqu'un me rétorqua alors : « Mais, Nassim, vous venez de vous vanter d'avoir vendu une grosse quantité de SP500 à terme, en pariant que le marché allait baisser. Qu'est-ce qui vous a fait changer d'avis ? » « Je n'ai pas changé d'avis ! J'ai toute confiance en mon pari ! (Rires.) En réalité, j'ai même l'intention d'en vendre davantage maintenant ! » Les personnes présentes semblaient ne rien y comprendre. « Êtes-vous haussier ou baissier ? » me demanda un stratège. Je lui répondis que je ne comprenais pas le sens des mots « haussier » et « baissier ». Tout comme dans l'exemple précédent des événements A et B, je pensais que le marché avait de bonnes chances de grimper (« Je suis plutôt haussier. »), mais qu'il était préférable de vendre (« Je suis plutôt baissier. ») car, s'il baissait, il pouvait subir une forte décote. Soudain les quelques traders présents dans la pièce comprirent et se mirent à leur tour à émettre des opinions semblables. Et l'on ne m'obligea pas à revenir la semaine suivante.

Supposons que le lecteur partage mon opinion que le marché a 70 % de chances de grimper et 30 % de chances de baisser. Disons par ailleurs qu'il gagnerait en moyenne 1 %, alors qu'il pourrait perdre en moyenne 10 %. Que ferait le lecteur ? Êtes-vous haussier ou baissier ?

Tableau 6.2

Événement	Taux de probabilité	Résultat	Espérance
Le marché grimpe	70 %	+ 1 %	0,7
Le marché baisse	30 %	– 10 %	– 3,00
		Total	– 2,3

Les termes « haussier » et « baissier » sont utilisés par des personnes qui ne pratiquent pas le hasard, comme les analystes à la télévision, ou qui n'ont aucune expérience du risque. Malheureusement les investisseurs et gens des affaires ne sont pas payés en probabilités mais en dollars. Ainsi la question ne doit pas être : « Quelle est la probabilité pour qu'un événement se produise ? », mais : « Combien peut-on gagner lorsqu'il se produira ? » La fréquence du profit est sans intérêt : c'est l'ampleur du résultat qui compte. C'est un fait purement comptable que, en dehors des analystes, très peu de gens sont payés en fonction de la fréquence des fois où ils ont raison. Ils réalisent des profits ou des pertes. Quant aux analystes, leur réussite dépend du nombre de fois où ils ont raison. Cette catégorie comprend les « stratèges en chef » des plus grosses banques d'affaires que le public voit à la télévision, et qui ne sont ni plus ni moins que des amuseurs publics. Ils sont célèbres, tiennent un discours en apparence raisonnable, vous noient sous les chiffres, mais, d'un point de vue pratique, ils ne sont là que pour vous distraire – en effet, pour que leurs prédictions aient de la valeur, il faudrait les mettre à l'épreuve des statistiques. Leur gloire ne repose pas sur des expériences élaborées, mais plutôt sur leur capacité à présenter les choses.

UN JEUNE FILS ARROGANT

À part pour créer un peu d'animation lors de ces réunions ennuyeuses, je me refuse à donner des conseils en tant que trader, ce qui pose parfois des problèmes avec certains proches. Un jour, un ami de mon père (du genre riche et sûr de lui) m'appela lors de son passage à New York (afin de remettre les choses dans leur cadre social, il s'empressa de me dire qu'il était à bord du Concorde, en faisant quelques commentaires désobligeants sur l'inconfort de ce moyen de transport). Il voulait connaître mon opinion sur l'état de certains marchés boursiers. Je n'avais absolument aucun avis sur ces questions, n'avais pas envie de me forcer pour en formuler un, et n'étais d'ailleurs pas le moins du monde intéressé. Ce monsieur ne cessait de me sonder sur l'économie et les banques centrales européennes. Il me posait certainement toutes ces questions dans le but de comparer mes réponses à celles d'autres « experts » appartenant aux importantes sociétés d'investissement new-yorkaises qui géraient sa fortune. Je ne dissimulai pas mon ignorance, ni ne le priai de m'en excuser. Les marchés ne m'intéressaient pas (« mais si, je suis trader ! ») et je me refusais à émettre des prédictions, point barre. Je tentai ensuite de lui expliquer certaines de mes idées au sujet de la structure aléatoire et la vérifiabilité des prévisions de marché, mais il voulait un avis plus précis sur la position du marché obligataire européen à Noël.

Il eut l'impression que je me moquais de lui, ce qui faillit retentir sur ses rapports avec mon père. Plus tard, il appela ce dernier pour lui exposer ses doléances : « Quand je demande à un avocat un conseil en matière juridique, il me répond avec courtoisie et précision. Quand je pose une question médicale à un docteur, il me donne son opinion. Aucun spécialiste ne m'a jamais manqué de respect. Mais votre fils, à 29 ans, joue les prima donna, il se montre insolent, suffisant, et refuse de me renseigner sur le devenir du marché ! »

LES ÉVÉNEMENTS RARES

L'expression décrivant le mieux ma méthode d'action sur le marché est celle de « paris asymétriques », c'est-à-dire que je profite des événements rares : ils ne se produisent pas souvent, mais, par là même, paient bien lorsqu'ils arrivent. J'essaie de gagner de l'argent de façon aussi peu fréquente que possible, tout simplement parce que je crois que les événements rares sont sous-estimés. Or plus l'événement est rare, plus on le sous-estime. Outre mes connaissances empiriques, je pense que l'aspect contre-intuitif de mon activité me confère une sorte d'avantage (comme le fait que notre profil émotionnel s'en accommode mal).

Pourquoi l'importance de tels événements est-elle autant sous-estimée ? À cause des biais psychologiques. Les gens que j'ai rencontrés au cours de ma carrière s'attachent trop à mémoriser la section 2 du *Wall Street Journal* dans les transports pour bien réfléchir aux conséquences des événements aléatoires. Ou peut-être suivent-ils trop les gourous de la télévision. Ou passent-ils trop de temps à mettre à jour leur PalmPilot. Même certains traders vétérans, malgré leur longue expérience, ne semblent pas comprendre que la fréquence importe peu. Jim Rogers, investisseur « légendaire », a fait la déclaration suivante :

« Je n'achète pas d'options. Acheter des options, c'est prendre un aller simple pour l'asile des pauvres. On a fait une étude pour la commission de bourse, qui a montré que 90 % de toutes les options se soldent par des pertes. Alors j'ai pensé que si 90 % des options à long terme perdaient de l'argent, ça voulait dire que 90 % des options vendues à découvert en rapportaient. Si je voulais utiliser des options pour être baissier, je vendrais des options d'achat. »

Naturellement, la statistique selon laquelle 90 % de toutes les options perdent de l'argent n'a pas de sens (voir la fréquence) si l'on ne prend pas en compte la somme gagnée en moyenne sur les 10 % restants. Si l'on gagne cinquante fois sa mise en moyenne quand l'option rapporte, alors je peux affirmer avec certitude qu'acheter des options mène au palace et non à l'asile des pauvres. Pour quelqu'un qui ne fait pas la différence entre probabilité et espérance de résultats, Jim Rogers a parcouru un long chemin (chose étrange, il fut le partenaire de George Soros, homme complexe qui misait sur les événements rares, dont nous parlerons plus tard).

Exemple d'événement, le krach boursier de 1987 qui m'a lancé en tant que trader, et m'a donné la chance de pouvoir me livrer à toutes sortes d'analyses. Nero, qui au chapitre 1 possédait la maison la plus petite, cherche à se protéger des événements rares en les évitant – c'est une approche tout à fait défensive. Beaucoup plus offensif, je vais plus loin : ma carrière et ma façon de travailler sont organisées de manière à profiter des événements rares, grâce à mes paris asymétriques.

SCIENCE ET SYMÉTRIE

Dans la plupart des domaines, l'asymétrie ne compte guère. À l'université où l'on est soit reçu, soit recalé, la note cumulative n'a pas d'importance pour les statistiques universitaires, et seule la fréquence compte. En dehors, c'est l'ampleur du résultat qui importe. Hélas, les techniques utilisées en économie sont souvent empruntées à d'autre disciplines – l'économie financière est une matière créée de fraîche date, qui ne peut assurément pas encore prétendre au statut de « science ». Dans la plupart des domaines, il n'est guère gênant d'éliminer les valeurs extrêmes d'un échantillon si la différence entre les divers résultats n'est pas significative – ce qui est généralement le cas dans le système éducatif et la médecine. Un professeur qui calcule la note moyenne de ses étudiants peut sans problème omettre les plus hautes et les plus basses. Un présentateur météo fait la même chose avec les températures extrêmes : un écart inhabituel pourrait fausser le résultat (cependant, nous verrons que cette pratique est une erreur quand il s'agit des prévisions concernant la calotte glaciaire). Ainsi le domaine financier a-t-il emprunté cette technique qui consiste à éliminer les événements non fréquents, sans s'apercevoir qu'ils pouvaient sonner le glas d'une société.

Beaucoup de savants dans le monde réel commettent également cette erreur en interprétant mal les statistiques. L'exemple le plus flagrant vient du débat sur le réchauffement de la planète. Beaucoup de scientifiques sont dans un premier temps passés à côté, car ils éliminaient de leurs échantillons les pics de température, croyant qu'ils avaient peu de chances de se reproduire. C'est peut-être une bonne idée quand on calcule les températures moyennes en prévision des vacances, seulement cela ne marche pas quand on étudie les propriétés physiques du climat (en particulier quand on se soucie de l'effet cumulatif). Ainsi ces scientifiques ont-ils ignoré le fait que ces pics, bien que rares, avaient pour effet de décupler la fonte cumulative des calottes glaciaires. Comme dans le domaine financier, un événement, même rare, qui a de lourdes conséquences, ne peut être passé sous silence.

Presque tout le monde est au-dessus de la moyenne

Jim Rogers n'est pas le seul à commettre l'erreur grossière de confondre moyenne et médiane. Pour être juste, certaines personnes qui sont payées pour penser, comme la star de la philosophie Robert Nozick, sont eux-mêmes tombés dans le piège (Nozick est par ailleurs

un penseur incisif et admirable ; de son vivant, ce fut peut-être le philosophe américain le plus respecté de sa génération). Dans son livre
The Nature of Rationality, comme beaucoup de philosophes, il se lance
dans une série d'arguments évolutionnistes amateurs, et écrit la
phrase suivante : « Puisque pas plus de 50 % des individus ne peuvent
être plus riches que la moyenne. » Bien sûr que si, plus de 50 % des
individus peuvent être d'une richesse supérieure à la moyenne.
Considérons que nous avons affaire à un très petit nombre de personnes très pauvres, le reste de la population se situant dans la classe
moyenne. La moyenne est alors inférieure à la médiane. Prenons une
population de 10 personnes, dont 9 ont une valeur nette de 30 000
dollars, et une de 1 000 dollars. La valeur nette moyenne est de 27
100 dollars, et 9 personnes sur 10 se situent au-dessus de cette
moyenne.

Le schéma 6.1 montre une série de points commençant au niveau
W_0 et se terminant avec la période concernée, W_t. On peut imaginer
qu'il s'agit de la performance, hypothétique ou réalisée, de votre stratégie de trading préférée, de l'évolution du résultat d'un gestionnaire
de portefeuille, du prix du mètre carré dans un palais florentin de la
Renaissance, de l'évolution du cours de la bourse d'Oulan-Bator, ou
de la différence entre les marchés financiers américains et mongols.
Il se compose d'un nombre donné d'observations séquentielles, W_1,
W_2, etc. ordonnées de manière à ce que celle de droite vienne après
celle de gauche.

Si nous étions dans un univers déterministe (c'est-à-dire un univers
sans hasard, voir la colonne de droite du tableau P. 1, page 28), et que
nous en ayons la certitude, les choses seraient faciles.

Figure 6.1 Introduction aux séquences temporelles

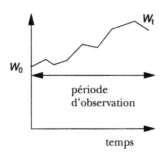

Le schéma de cette séquence nous donnerait des informations très importantes pour tracer des projections. On pourrait alors dire avec précision ce qui se passerait le jour suivant, l'année suivante, et peut-être même dix ans après. Et il ne serait pas nécessaire de s'adresser à un statisticien : un ingénieur de second ordre suffirait. Il n'aurait même pas besoin d'avoir un diplôme d'aujourd'hui : avoir suivi l'enseignement de Laplace, au XIXᵉ siècle, lui permettrait de résoudre les équations, appelées équations différentielles, ou encore équations de mouvement – nous étudions en effet la dynamique d'une entité dont la position dépend du temps.

Si nous nous trouvions dans un univers où l'on connaît bien les mécanismes du hasard, là encore les choses seraient faciles, car il existe une discipline entière créée pour cela, l'économétrie, ou analyse des séquences temporelles. Il n'y aurait qu'à faire appel à un économétricien sympathique (selon mon expérience, ces gens-là sont en général aimables et polis). Il introduirait les données dans son ordinateur et ferait son diagnostic, vous conseillant ou pas de remettre votre argent entre les mains du trader qui a eu jusque-là tels résultats, ou vous disant si cela vaut la peine de poursuivre telle stratégie de trading. Vous pouvez même acheter la version de base de son logiciel pour moins de 999 dollars, et l'installer vous-même au cours du prochain week-end pluvieux.

Cependant nous ne sommes pas certains de bien maîtriser le hasard dans le monde où nous vivons. Nous verrons que les conclusions tirées de l'analyse des données passées sont parfois pertinentes, mais qu'elles peuvent aussi être trompeuses : elles vous induisent alors en erreur et vous mènent tout droit dans la direction opposée. Ainsi les données du marché peuvent-elles se transformer en piège : elles vous montrent l'opposé de leur nature, ce qui vous incite à investir dans telle valeur, ou vous fait mal évaluer vos prises de risque. Ainsi, par exemple, les monnaies qui semblent les plus stables sont les plus promptes à s'effondrer. C'est ce qu'ont découvert durant l'été 1997, pour leur plus grand malheur, les investisseurs qui avaient opté pour la sécurité offerte par les monnaies indexées de Malaisie, d'Indonésie et de Thaïlande (elles étaient indexées sur le dollar américain afin de supprimer toute volatilité, jusqu'à ce qu'elles subissent soudain une importante dévaluation).

On peut se montrer trop laxiste ou au contraire trop rigide dans l'utilisation des événements passés pour prédire l'avenir. En tant que sceptique, je ne peux accepter l'idée qu'une seule séquence temporelle puisse me renseigner sur le futur : il me faut beaucoup plus que des données. Mon argument majeur est l'événement rare, mais il en existe beaucoup d'autres.

En apparence, cette affirmation semble contredire ce que j'ai déclaré précédemment, lorsque je blâme les gens qui ne savent pas tirer de leçons de l'histoire. Le problème, en réalité, vient du fait que nous nous basons trop sur l'histoire récente (en particulier lorsque nous nous exclamons : « On n'a jamais vu ça ! ») et pas assez sur l'histoire dans sa globalité. En d'autres termes, l'histoire nous enseigne que ce qui ne s'est jamais produit finit par arriver. Elle nous apprend beaucoup de choses en dehors des séquences temporelles étroites : plus notre vision est élargie, plus ces leçons s'avèrent enrichissantes. Bref, l'histoire nous prévient contre l'empirisme naïf qui consiste à apprendre des faits superficiels.

L'événement rare trompeur

LA MÈRE DE TOUTES LES ERREURS

De nature cachée, l'événement rare peut se présenter sous diverses formes. C'est au Mexique qu'il a été repéré pour la première fois, et baptisé « problème du peso » par les théoriciens. Au cours des années 1980, les économétriciens étaient perplexes devant les variables économiques mexicaines. La masse monétaire, les taux d'intérêt, et d'autres indicateurs ayant peu de rapport avec l'événement, manifestaient un comportement erratique, rendant impossible toute tentative de modélisation. Ces indicateurs passaient sans cesse et de manière imprévisible de périodes de stabilité à de brefs moments de turbulence.

De façon générale, je me suis mis alors à appeler « événement rare » tout ce qui correspond au proverbe : « Il faut se méfier de l'eau qui dort. » La sagesse populaire vous conseille de vous méfier de ce vieux voisin si courtois et réservé, citoyen modèle, et dont un jour vous découvrez avec stupeur le portrait, dans le journal, sous les traits d'un tueur fou responsable d'un massacre. Auparavant il n'avait jamais enfreint la loi. Il était impossible de prévoir qu'une personne aussi agréable puisse manifester pareille pathologie. Selon moi, les événements rares sont liés à une mauvaise compréhension des risques calculés à partir de séquences temporelles passées, et interprétés de manière trop étroite.

Les événements rares sont toujours inattendus, autrement ils ne se produiraient pas. Voici un cas d'école. Vous investissez dans une société d'investissement qui fait des profits réguliers sans volatilité, jusqu'au jour où vous recevez une lettre commençant ainsi : « Un événement imprévu et *inattendu*, appelé événement rare… » (les italiques sont de moi). Les événements rares existent précisément parce qu'ils sont inattendus. Ils résultent en général des mouvements de panique, eux-mêmes générés pas des liquidations (les investisseurs se ruent tous en même temps vers la porte, se délestant au plus vite de tout ce dont ils peuvent se débarrasser). Si le trader ou le gestionnaire de fonds s'y attendait, ni lui ni ses pairs n'auraient investi dans ce marché, et l'événement rare n'aurait pas eu lieu.

L'événement rare ne touche pas seulement une valeur. Il peut avoir des répercussions immédiates sur tout un portefeuille. Par exemple, beaucoup de traders achètent des garanties hypothécaires et se protègent d'une manière quelconque en contrebalançant les risques et en éliminant la volatilité, dans l'espoir de tirer des profits supérieurs à ceux que rapportent les bons du Trésor (la base du minimum acceptable pour un investissement). Ils utilisent des programmes informatiques et se font sérieusement aider par des ingénieurs électriciens, des docteurs en mathématiques appliquées, en astrophysique, en physique des particules, en dynamique des fluides, voire (mais c'est rare) tout simplement en finances. Ce genre de portefeuille montre des profits stables pendant de longues périodes. Or soudain, comme par accident (pour moi, il ne s'agit pas d'accident !), sa valeur perd 40 %, alors qu'on s'attendait à ce qu'il perde 4 % au pire. Vous appelez votre gestionnaire pour lui faire part de votre colère, et il vous répond alors que ce n'est pas de sa faute, mais que la situation a connu un revers dramatique. Il souligne également que d'autres sociétés similaires ont eu les mêmes problèmes.

Souvenez-vous que certains économistes appellent l'événement rare « le problème du peso ». Cette expression est assez juste. Depuis le début des années 1980, la situation de cette monnaie ne s'est en effet guère améliorée. De longues périodes de stabilité ont attiré vers les eaux dormantes du peso mexicain des hordes de traders en devises et d'opérateurs de sociétés d'investissement. Ils aiment acquérir cette monnaie en raison de son taux d'intérêt élevé. Puis, de manière « inattendue », ils sautent, perdent l'argent de leurs investisseurs, ainsi que leur travail, et changent de carrière. Une nouvelle période de stabilité s'installe. De nouveaux traders en devises arrivent, qui n'ont aucun souvenir de ce terrible événement. Ils sont attirés par le peso mexicain, et l'histoire recommence...

Curieusement, la plupart des instruments financiers à revenu fixe sont sujets aux événements rares. Au printemps 1998, j'ai passé deux heures à expliquer à un opérateur alors important d'une société d'investissement la notion de « problème du peso ». Je lui ai expliqué en long, en large et en travers que le concept s'appliquait à toute forme d'investissement basée sur une interprétation naïve de la volatilité des séquences temporelles passées. Voici sa réponse : « Vous avez tout à fait raison. Nous ne touchons pas au peso mexicain. Nous n'investissons que dans le rouble russe. » Il a sauté quelques mois plus tard. Jusque-là, le rouble présentait des taux d'intérêt alléchants, qui attiraient les « yield hogs » de toutes sortes. Celui-là et tous ceux qui avaient fait des investissements en roubles ont perdu près de 97 % de leur mise au cours de l'été 1998.

Nous avons vu au chapitre 3 que notre dentiste à la retraite n'aime pas la volatilité, car elle lui cause de nombreuses déceptions. Plus il observe de près ses résultats, plus cela le stresse, car la variabilité augmente. Ainsi, pour de simples motifs émotionnels, les investisseurs sont-ils attirés par des stratégies où prédominent des variations rares mais importantes ! Cela s'appelle balayer le hasard sous le tapis. D'après les recherches récentes en psychologie, les gens seraient davantage sensibles à la présence ou à l'absence d'un stimulus qu'à son amplitude. Cela signifie qu'une perte est avant tout une perte, les autres conséquences étant secondaires. De même pour les profits. On préfère subir peu de pertes et de nombreux gains, plutôt que d'optimiser le résultat final.

Prenons le problème sous un autre angle. Imaginez un chercheur scientifique. Jour après jour, il dissèque des souris dans son laboratoire, isolé du reste du monde. Peut-être va-t-il travailler ainsi, jour après jour, pendant des années, sans aucun résultat à montrer. Sa compagne va peut-être se lasser de voir rentrer tous les soirs à la maison ce *loser* aux relents d'urine de rongeur. Jusqu'à ce que, *Bingo !*, un jour, il obtienne un résultat. Si l'on observe la séquence temporelle de son travail, on ne distingue absolument aucun effet positif, alors que chaque jour, pourtant, il se rapproche, en probabilité, du résultat final.

De même pour les éditeurs. Ils peuvent publier à perte sans que leur stratégie soit remise en question si, une fois tous les dix ans, ils tombent sur une série de super-best-sellers façon *Harry Potter* – à condition, bien sûr, qu'ils publient des ouvrages de qualité ayant des chances de connaître le succès. Un économiste intéressant, Art De Vany, a réussi à appliquer ces idées dans deux domaines : d'une part l'industrie du cinéma, d'autre part, sa santé et son mode de vie. Il a calculé les propriétés asymétriques des revenus du cinéma, et les a portées à un autre niveau : l'incertitude non mesurable dont nous allons discuter au chapitre 10. Il a par ailleurs fait une découverte intéressante : nous sommes naturellement programmés pour avoir une activité physique déséquilibrée. Nos ancêtres chasseurs-cueilleurs connaissaient des moments d'oisiveté suivis de périodes d'intense dépense d'énergie. À 65 ans, Art De Vany a, paraît-il, le physique d'un homme ayant la moitié de son âge.

POURQUOI LES STATISTICIENS NE PARVIENNENT-ILS PAS À DÉTECTER LES ÉVÉNEMENTS RARES ?

Aux yeux des non-initiés, les statistiques semblent complexes. Pourtant le concept utilisé aujourd'hui est si simple que mes amis mathématiciens français ont baptisé cela, avec mépris, de la « cuisine ». Tout est en effet basé sur la notion suivante : plus l'on possède d'informations, plus l'on est sûr du résultat. La question est dans quelles proportions ? La méthode statistique de base repose sur l'augmentation régulière du niveau de confiance en proportions non linéaires du nombre d'observations. C'est-à-dire que, pour une augmentation n du nombre d'observations, notre connaissance augmente de la racine carrée de n. Supposons que je pioche dans une urne contenant des boules rouges et des boules noires. Après avoir pioché 20 fois, mon degré d'assurance quant aux proportions relatives de noires et de rouges n'est pas le double de celle que j'avais après 10 essais : il est simplement multiplié par la racine carrée de 2 (c'est-à-dire 1,41).

Là où les statistiques se compliquent et nous dupent, c'est quand la distribution n'est pas simple et symétrique, comme dans l'exemple précédent. Si la probabilité de trouver une boule rouge dans une urne où dominent les noires est très faible, notre conscience de l'absence de boules rouges grandit très lentement – bien plus lentement qu'à la vitesse escomptée de racine carrée de n. Toutefois notre conscience de la présence de boules rouges progresse de manière spectaculaire lorsqu'on en trouve une. Ce problème de l'asymétrie de la connaissance n'a rien d'un détail : il est au cœur de ce livre, et c'est un problème philosophique central pour des personnes telles que Hume et Karl Popper (nous y reviendrons plus tard).

Pour déterminer la valeur des résultats d'un investisseur, nous devons soit utiliser des techniques plus astucieuses et moins intuitives, soit limiter notre évaluation de la situation lorsque notre jugement est indépendant de la fréquence de ces événements.

UN GAMIN MALICIEUX REMPLACE LES BOULES NOIRES

Malheureusement, il y a d'encore plus mauvaises nouvelles. Dans certains cas, si la présence des boules rouges suit une distribution aléatoire, nous ne connaîtrons jamais la composition de l'urne. C'est ce qu'on appelle le problème de « stationarité ». Imaginez une urne avec un trou au fond. Tandis que je pioche dedans, un gamin malicieux rajoute des boules d'une couleur ou d'une autre. Dans ce cas, mes conclusions n'ont plus de sens. Je peux déduire que les boules rouges représentent 50 %. L'enfant facétieux, en m'entendant ainsi, remplace alors toutes les boules rouges par des noires, ce qui rend toute connaissance statistique fort douteuse.

Les choses se passent exactement de la même façon sur les marchés boursiers. Nous considérons le passé comme un seul échantillon homogène et croyons qu'en l'observant nous améliorons considérablement notre connaissance de l'avenir. Et si un petit polisson vicieux modifiait la composition de l'urne ? En d'autres termes, que se passe-t-il quand les données changent ?

J'étudie et je pratique l'économétrie depuis l'âge de dix-neuf ans, d'abord en cours, puis dans ma profession de trader en produits dérivés quantitatifs. Il s'agit de statistiques appliquées à des échantillons pris à différentes périodes, que l'on appelle séries temporelles. Cette « science » se fonde sur l'étude de séquences temporelles de variables économiques, de données et autres. Au début, quand je ne savais presque rien (c'est-à-dire encore moins qu'aujourd'hui), je me demandais si des séquences temporelles reflétant l'activité de personnes à présent mortes ou en retraite jouaient un rôle dans la prévision de l'avenir. Les économétriciens qui en savaient beaucoup plus long que moi ne se posaient pas ce genre de question : cela signifiait probablement que cela n'avait aucun intérêt. L'un d'eux, l'éminent Hashem Pesaran, répondit à une question du même ordre en conseillant de « travailler davantage et mieux l'économétrie ». Je suis à présent convaincu que l'essentiel de l'économétrie est peut-être inutile – une grande partie de ce que savent les statisticiens financiers ne servirait donc à rien. Car une somme de zéros, même répétée un milliard de fois, vaut toujours zéro. En effet, recherches et avancées dans un domaine complexe ne mènent à rien si elles ne sont pas étayées par des bases solides. Étudier les marchés européens des années 1990 est certainement très instructif pour un historien. Mais quel genre de conclusions pouvons-nous en tirer à présent que les structures des sociétés et des marchés ont tellement changé?

Notez que l'économiste Robert Lucas a porté un coup à l'économétrie en soutenant que, si les gens agissaient de manière rationnelle, alors cette rationalité leur permettrait de repérer les schémas identifiables dans le passé et de s'adapter. Ainsi les informations tirées du passé deviendraient complètement inutiles pour prédire l'avenir (cette thèse, formulée en langage mathématique, lui a permis d'obtenir le prix Banque de Suède en sciences économiques en la mémoire d'Alfred Nobel). Nous sommes humains et agissons en fonction de ce que nous savons, ce qui comprend les données du passé. Je peux reformuler ce point de la manière suivante: si des traders rationnels s'aperçoivent que le cours des actions monte tous les lundis, alors ce schéma devient immédiatement identifiable et de fait non avenu, car tout le monde se met à acheter le vendredi par anticipation. Il est inutile que tous ceux qui possèdent un portefeuille boursier recherchent les schémas identifiables: une fois détectés, ils s'annulent d'eux-mêmes.

Il se trouve que les « scientifiques » n'ont pas repris l'idée baptisée « critique de Lucas ». On croyait fermement que les succès scientifiques de la révolution industrielle pouvaient être appliqués aux sciences sociales, en particulier les idéologies telles que le marxisme. Une pseudo-science a émergé, avec un ensemble d'imbéciles idéalistes qui ont essayé de créer une société sur mesure, dont le meilleur exemple est la planification centrale. L'économie était le domaine où ces théories étaient les plus faciles à appliquer: il est facile de masquer le charlatanisme sous les équations, et personne ne peut vous y prendre car il est impossible de mener une expérience sous contrôle en la matière. L'esprit de ces méthodes (appelées « scientisme » par ses détracteurs, dont je fais partie) a perduré au-delà du marxisme à travers le domaine de la finance: une poignée de techniciens ont cru en effet que leurs connaissances en mathématiques pouvaient leur permettre de comprendre les marchés boursiers. La pratique de « l'ingénierie financière » est apparue à coup de doses massives de pseudo-science. Ceux qui pratiquent ces méthodes mesurent le risque en utilisant le passé comme indicateur de l'avenir. À ce stade, je me contenterai de dire que la simple possibilité de distribution non stationnaire fait du concept tout entier une erreur coûteuse (voire très coûteuse!). Cela nous amène à une question plus fondamentale: le problème de l'induction, que nous allons aborder au chapitre suivant.

CHAPITRE 7

LE PROBLÈME DE L'INDUCTION

De la chromodynamique des cygnes. Application de la mise en garde de Solon au domaine philosophique. Comment Victor Niederhoffer m'a appris l'empirisme, auquel j'ai ajouté la déduction. Pourquoi il n'est pas scientifique de prendre la science au sérieux. George Soros fait la promotion de Karl Popper. La librairie au coin de la 18ᵉ rue et de la Cinquième Avenue. Le pari de Pascal.

De Bacon à Hume

Nous allons à présent considérer les choses sous un angle plus vaste : celui de la philosophie de la connaissance scientifique. Si le problème de l'induction hante en effet les sciences depuis fort longtemps, ce n'est pas tant aux sciences fondamentales qu'aux sciences sociales qu'il a nui, surtout à l'économie, et plus particulièrement encore en économie financière. Pourquoi ? Parce que le hasard en aggrave les effets. Or c'est dans le monde du trading que le problème de l'induction est le plus crucial ; et c'est là aussi qu'on en tient le moins compte !

CYGNUS ATRATUS

Dans son *Traité de la nature humaine*, le philosophe écossais David Hume pose le problème de la façon suivante (reformulé par John Stuart Mill comme le célèbre « problème du cygne noir ») : « En aucun cas la multiplication des observations ne peut nous permettre de conclure que tous les cygnes sont blancs, mais il suffit d'observer un seul cygne noir pour réfuter cette conclusion. »

Hume était agacé par le fait qu'à son époque (le XVIIIᵉ siècle) la science fût passée, grâce à Francis Bacon, d'une scolastique entièrement fondée sur le raisonnement déductif (sans se préoccuper de l'observation du réel) à un empirisme naïf, non structuré. Bacon s'opposait à ce qu'on « file les toiles d'araignée du savoir » – sans grands résultats sur le plan pratique (la science ressemblait à la théologie). Cependant, grâce à lui, on commença à se préoccuper de l'observation empirique. Le problème est que, sans méthode, on s'égare facilement. Hume nous mit en garde en nous expliquant combien il était nécessaire de se montrer rigoureux dans le rassemblement et l'interprétation des connaissances (c'est ce qu'on appelle l'épistémologie, du grec *episteme* qui signifie « le savoir »). Hume est le premier épistémologue moderne (on appelle souvent méthodologistes ou philosophes des sciences les personnes qui travaillent dans le domaine des sciences appliquées). Ce que j'écris ici n'est pas vrai au sens strict, car Hume est plus radical. C'était un sceptique obsessionnel qui ne croyait pas qu'on puisse réellement établir un lien de causalité entre deux choses. Mais nous allons adoucir sa pensée pour le bien de ce livre.

NIEDERHOFFER

L'histoire de Victor Niederhoffer est à la fois intéressante et lamentable car elle montre comme il est difficile de marier logique et empirisme extrême – l'empirisme pur implique nécessairement qu'on se laisse duper par le hasard. Si j'ai choisi cet exemple, c'est parce qu'il est d'une certaine manière comparable à celui de Francis Bacon, Victor Niederhoffer ayant affronté les « toiles d'araignée du savoir » de l'université de Chicago et la religion des marchés efficients dans les années 1960, c'est-à-dire au pire moment. Par contraste avec la scolastique des théoriciens de la finance, il observa des données, en quête d'anomalies, et finit par en débusquer. Il mesura également l'inutilité des informations en démontrant que la lecture des journaux ne conférait aux lecteurs aucune capacité à prédire ce qui allait arriver. Il tirait sa connaissance du monde de données passées, dépourvues de schémas, commentaires ou histoires. Depuis lors a fleuri une industrie entière d'opérateurs du même genre, appelés « arbitrageurs statistiques ». Parmi ceux qui ont le mieux réussi se trouvent d'anciens élèves de Niederhoffer (mais, ironie du sort, pas lui). Cet exemple montre que l'empirisme ne peut se passer d'une certaine méthodologie.

Au cœur de son *modus operandi* se trouve le dogme suivant: toute idée « testable » doit être testée, car notre esprit commet de nombreuses erreurs empiriques quand il se repose sur des impressions vagues. C'est un conseil évident, qui est rarement mis en pratique. Combien de choses tenues pour acquises ne le sont pas? Une idée testable peut-être scindée en plusieurs composantes quantitatives, soumises ensuite à un examen statistique. Par exemple cette affirmation du bon sens empirique:

Les accidents de voiture ont lieu le plus souvent près du domicile.

On peut la tester en calculant la distance moyenne entre le lieu des accidents et le domicile du conducteur (si, par exemple, environ 20 % des accidents ont lieu dans un rayon de moins de 20 kilomètres). Toutefois ces résultats sont sujets à caution: en les voyant, d'aucuns vous diront que vous avez davantage de chances d'avoir un accident dans votre quartier que dans des lieux éloignés, raisonnement typique de l'empirisme naïf. Pourquoi? Les accidents arrivent peut-être tout simplement près du domicile parce que les gens effectuent la plupart de leurs trajets près de chez eux (s'ils conduisent 20 % du temps dans un rayon de moins de 20 kilomètres).

Toutefois l'empirisme naïf présente une facette plus catégorique. Je peux me fonder sur des données pour réfuter une affirmation, jamais pour la démontrer. De même je peux me servir de l'histoire pour infirmer une hypothèse, jamais pour la confirmer. Prenons l'exemple suivant:

Le marché ne baisse jamais de 20 % sur une période de trois mois.

Cette affirmation peut être testée, mais le fait qu'elle se vérifie n'a aucun intérêt. Je peux la rejeter en m'appuyant sur des contre-exemples, mais je ne peux l'accepter simplement parce que, dans le passé, le marché n'a jamais baissé de 20 % sur une période de trois mois (on ne peut passer logiquement de « n'a jamais baissé » à « ne baisse jamais »). Les échantillons peuvent être trop insuffisants ; le marché peut changer ; l'histoire ne nous apprend peut-être pas grand-chose du marché.

Les données servent beaucoup plus à invalider qu'à confirmer les hypothèses. Pourquoi ?

Prenons les affirmations suivantes :

A. *Les cygnes noirs n'existent pas, car j'ai observé 4 000 cygnes sans en trouver un seul noir.*

B. *Tous les cygnes ne sont pas blancs.*

En toute logique, je ne peux émettre l'affirmation A, quel que soit le nombre de cygnes blancs que j'ai observés ou observerai au cours de ma vie (à moins, bien sûr, d'avoir eu le privilège d'observer tous les cygnes existants, sans le moindre doute). En revanche, l'affirmation B est possible : il suffit de trouver un seul contre-exemple. Ainsi l'affirmation A a-t-elle été infirmée par la découverte en Australie du *cygnus atratus*, espèce de cygne d'un noir de jais ! Le lecteur verra ici une référence à la pensée de Karl Popper, car il existe une forte asymétrie entre les deux affirmations précédentes, asymétrie qui par ailleurs fait partie des bases de la connaissance et se trouve au cœur de mon activité de preneur de décisions dans un domaine où règne l'incertitude.

Comme je l'ai déjà dit, les gens mettent rarement à l'épreuve les affirmations « testables ». C'est peut-être mieux pour ceux qui ne peuvent assumer les conséquences de cette inférence. L'affirmation inductive suivante illustre le problème de l'interprétation littérale des données passées sans méthodologie ni logique :

Je viens d'achever un examen statistique minutieux de la vie du président Bush. Depuis 58 ans, sur environ 21 000 observations, il n'est pas mort une seule fois. Je peux donc conclure qu'il est immortel avec un haut degré de probabilité statistique.

La célèbre erreur de Niederhoffer est venue du fait qu'il vendait des options à découvert en se basant sur sa méthode de mise à l'épreuve, tout en supposant que ce qu'il voyait dans le passé était la règle générale déterminant ce qui allait suivre. En s'appuyant sur l'affirmation « le marché n'a jamais réagi ainsi auparavant », il vendit des options de vente rapportant peu si l'affirmation en question était exacte, mais qui pouvaient lui faire perdre gros si elle était fausse. Il sauta. Près de deux décennies de pratique furent anéanties en quelques minutes.

Voici une autre erreur de logique fréquente dans ce type d'affirmation historique : quand se produit un événement d'importance, on entend souvent dire : « Ça n'est jamais arrivé auparavant » – or, pour qu'il s'agisse d'une surprise, l'événement est nécessairement absent du passé. Alors pourquoi considérons-nous la pire chose qui nous soit arrivée comme la pire qui puisse jamais se produire ? Si le passé, en créant des surprises, ne ressemblait pas à ce qui l'avait précédé (que j'appelle le passé antérieur), alors pourquoi l'avenir devrait-il ressembler au passé ?

Cette histoire nous enseigne autre chose de peut-être encore plus important : Niederhoffer semble considérer les marchés boursiers comme un domaine d'activité où l'on acquiert de la fierté, un statut et où l'on « gagne » contre des adversaires (comme moi), tel un jeu qui aurait des règles bien définies. Je précise que c'était un champion de squash au tempérament fort compétitif, prêt à tout pour gagner. Mais la réalité n'est pas un jeu et elle ne suit ni règles ni lois symétriques et définies. Comme nous l'avons vu dans le chapitre précédent, les marchés boursiers (comme la vie en général) ne présentent pas de situations binaires simples où soit l'on perd, soit l'on gagne, car l'ampleur des pertes peut s'avérer complètement disproportionnée par rapport aux gains. Maximiser la probabilité de gagner ne conduit pas à maximiser l'espérance qu'on peut retirer du jeu quand notre stratégie s'avère asymétrique, c'est-à-dire qu'elle repose sur un risque faible de perte importante et sur une probabilité importante de gain faible. Si vous vous lancez dans une stratégie de type roulette russe avec une faible probabilité de perte importante, et une possibilité de banqueroute toutes les X années, vous avez toutes les chances de gagner dans presque tous les cas – sauf l'année où vous mourez.

Je me force à garder en mémoire l'intuition des empiristes des années 1960. J'ai en effet beaucoup appris de Niederhoffer, qui m'a essentiellement servi de contre-exemple, en particulier pour ce qui est de la compétitivité : il ne faut jamais rien envisager comme un jeu qu'on pourrait gagner, à part bien sûr s'il s'agit d'un jeu – et encore, je n'aime ni la structure étouffante de l'esprit de compétition, ni l'aspect réducteur de l'orgueil qu'on tire d'une performance numérique.

J'ai aussi appris à garder mes distances vis-à-vis des personnes qui ont l'esprit de compétition, car elles ont tendance à réduire le monde à des catégories numériques, comme par exemple le nombre d'articles qu'elles ont publié en telle année, ou combien leur a rapporté leur dernière spéculation comparée à la vôtre. Il y a quelque chose d'antiphilosophique à s'enorgueillir et à flatter son ego par des pensées telles que : « J'ai une maison / une bibliothèque / une voiture plus grosse que celle de mes pairs » – par ailleurs il est complètement stupide de prétendre qu'on est le meilleur de sa catégorie quand on est assis sur une bombe à retardement.

Je conclurai donc en disant que quand l'empirisme est poussé à l'extrême, associé à la compétitivité et à l'absence de structure logique dans ses conclusions, cela crée un mélange des plus explosifs.

La promotion de Sir Karl

J'ai découvert Karl Popper grâce à un autre trader, peut-être le seul que j'aie jamais vraiment respecté. Je ne sais s'il en va de même pour vous, mais, bien qu'étant un lecteur vorace, ma vie a rarement été influencée de manière durable par mes lectures. Un livre peut me faire une forte impression, mais malgré tout celle-ci a tendance à se dissiper lorsqu'une nouvelle impression lui succède dans ma tête (c'est-à-dire quand je passe à un autre ouvrage). J'ai besoin de découvrir les choses par moi-même (souvenez-vous du passage sur le fourneau brûlant au chapitre 3). Ce qu'on trouve tout seul reste en effet durablement ancré dans la mémoire.

Une exception cependant : les idées de Karl Popper, que j'ai découvertes (ou peut-être redécouvertes) dans les textes de George Soros (trader et soi-disant philosophe qui semble avoir organisé sa vie de manière à promouvoir les idées de Popper). Le message que j'ai compris ne correspondait peut-être pas à ce que Soros entendait transmettre : je ne suis pas d'accord avec lui dans les domaines économique et philosophique. Premièrement, en dépit de mon admiration pour lui, je suis de l'avis des intellectuels qui mettent en doute ses spéculations philosophiques – il se considère pourtant comme philosophe, ce qui le rend sympathique à plus d'un titre. Prenez son premier livre, *L'alchimie de la finance*. D'une part il tente de débattre d'idées ayant des explications scientifiques en utilisant de grands mots comme « déductive-nomologique », ce qui est toujours sujet à caution car cela rappelle ces écrivains post-modernes qui jouent aux philosophes et aux scientifiques à grand renfort de références compliquées. D'autre part il ne semble pas vraiment maîtriser ces concepts. Par exemple, il met en place ce qu'il appelle une « expérience de trading » et conclut que sa théorie est valide en se basant sur le succès de la transaction. C'est ridicule : je pourrais aussi bien lancer un dé pour justifier ma foi religieuse en utilisant à ces fins le bon résultat obtenu. Les profits réalisés par le portefeuille de George Soros ne démontrent pas grand-chose. On ne peut tirer de conclusions d'une seule expérience menée dans un environnement aléatoire : celle-ci doit être répétée afin de pouvoir dégager des composantes causales. Deuxièmement, Soros met en accusation les sciences économiques dans leur ensemble – cela peut se justifier, mais il les met toutes dans le même sac. Ainsi, selon lui, les « économistes », comme il les appelle, croient que les choses convergent vers l'équilibre, alors que cela n'est vrai que de certains cas de la pensée néo-classique. Pourtant de nombreuses théories économiques supposent que, lorsque le niveau des prix change, cela peut causer d'autres bouleversements ainsi que des réactions en zigzag en cascade. De nombreuses recherches ont été entreprises en ce sens, par exemple dans la théorie du jeu (voir les travaux de Harsanyi et de Nash) ou dans le domaine de l'information économique (voir les travaux de Stiglitz, Akerloff et Spence). Mettre toutes les théories économiques dans le même sac démontre un manque de justesse et de rigueur.

Malgré ou peut-être à cause de certaines inepties qu'il a écrites (probablement pour se convaincre lui-même qu'il était plus qu'un simple trader), j'ai succombé au charme de ce Hongrois qui, comme moi, a honte de sa profession et préfère la considérer comme une extension mineure de son activité intellectuelle – même si ses essais sont singulièrement dépourvus de savoir. Je n'ai jamais été impressionné par les gens riches (et pourtant j'en ai rencontré beaucoup dans ma vie), par conséquent, je n'ai jamais considéré aucun d'entre eux susceptible de me servir de modèle, même de loin. Peut-être l'inverse est-il aussi vrai : les gens riches en général me déplaisent parce qu'ils manifestent souvent une sorte d'héroïsme épique souvent lié à un enrichissement rapide. Soros est le seul qui semble partager mes valeurs. Il voulait être pris au sérieux en tant que professeur d'Europe centrale, devenu riche grâce à la validité de ses théories (c'est seulement parce qu'il n'a pas réussi à se faire accepter par les autres intellectuels qu'il a tenté d'accéder à un statut supérieur grâce à l'argent, un peu comme un séducteur tenu en échec finit par recourir à un accessoire comme la Ferrari rouge pour réussir). Par ailleurs, bien qu'il n'ait rien écrit de très intéressant, il sait composer avec le hasard, en gardant un esprit critique et ouvert, et en changeant d'opinion sans honte (cela a un effet secondaire : il traite les gens comme des kleenex). Il répète à l'envi qu'il est faillible, et c'est de là qu'il tire sa puissance, face aux autres qui ont une opinion trop élevée d'eux-mêmes. Il comprend Karl Popper. Il ne faut pas juger George Soros à l'aune de ses écrits : il a mené une existence popperrienne.

J'ouvre une parenthèse pour préciser que j'avais déjà entendu parler de Popper au cours de mes études en Europe et aux États-Unis. De la façon dont on me les avait présentées alors, je n'avais pas compris ses idées, ni n'avais jugé qu'elles puissent être de quelque utilité dans la vie (comme la métaphysique). J'étais à cet âge où l'on se sent obligé de tout lire, ce qui m'empêchait de prendre le temps de m'arrêter pour réfléchir. Aveuglé par la hâte, je ne sus pas détecter qu'il y avait chez Popper quelque chose d'essentiel. Je fus donc victime à la fois de mon condition-nement par la culture intellectuelle chic de l'époque (trop de Platon, de marxistes, de Hegel, d'intellectuels pseudo-scientifiques), du système éducatif (trop de conjectures déguisées en vérités), de ma jeunesse et de mon immersion dans les livres qui m'avait coupé de la réalité.

Popper disparut donc de mon horizon sans laisser de traces – il n'y avait rien dans le bagage d'un garçon sans expérience auquel il pût s'agripper. De plus, je m'étais lancé dans une carrière de trader et j'étais dans une phase non intellectuelle : j'avais absolument besoin de gagner de l'argent pour rebâtir l'avenir que je venais de perdre avec ma fortune, engloutie par la guerre du Liban (jusque-là, j'avais grandi dans l'idée de vivre confortablement sans rien faire d'autre que médi-ter, comme certains membres de ma famille depuis deux siècles). Soudain je fus plongé dans un état de précarité financière et redou-tai d'avoir à devenir employé d'une société quelconque, qui ferait de moi un esclave en col blanc dépendant de la « culture d'entreprise » (quand j'entends l'expression « culture d'entreprise », je comprends « médiocrité inefficace »). J'avais besoin d'un compte en banque confortable afin de gagner du temps pour pouvoir réfléchir et profi-ter de la vie. La dernière chose dont j'avais besoin, c'était de pour-suivre des études en philosophie tout en travaillant au fast-food du coin. Aussi, pour moi, la philosophie passa-t-elle au rang de rhéto-rique à laquelle les gens s'adonnaient quand ils n'avaient vraiment rien d'autre à faire : c'était par conséquent une activité réservée à ceux qui n'étaient pas versés dans les méthodes quantitatives et les activités productives, un passe-temps réservé aux heures tardives, quand on va boire quelques verres dans les bars, autour du campus, et qu'on jouit d'un emploi du temps allégé – à condition d'oublier cet épisode bavard aux premières heures du jour. En effet, trop de philosophie pouvait vous causer des ennuis, voire vous transformer en idéologue marxiste. Popper n'allait donc pas reparaître avant que ma carrière de trader ne fût fermement établie.

LE LIEU

Il paraît que souvent les gens se souviennent du lieu et du moment où ils ont découvert une idée maîtresse. Le poète chrétien et diplomate Paul Claudel se rappelait avec exactitude l'emplacement où il s'était converti (ou reconverti) au catholicisme, près d'une certaine colonne de Notre-Dame, à Paris. De même j'ai encore parfaitement en mémoire l'endroit où, inspiré par George Soros, j'ai lu d'une traite cinquante pages de *La société ouverte et ses ennemis*, et acheté tous les livres de Popper que je pouvais trouver, de crainte qu'ils soient plus tard indisponibles. C'était en 1987, chez Barnes and Noble, à l'angle de la 18ᵉ rue et de la Cinquième Avenue, dans une pièce annexe, mal éclairée, qui sentait le moisi. Les pensées qui ont alors afflué dans ma tête, comme une révélation, me reviennent avec précision.

Popper s'avéra le contraire exact de ce que je pensais des philosophes : c'était tout sauf du bavardage sans queue ni tête. Il y avait alors quelques années que j'étais trader sur options, et j'étais en colère contre les chercheurs universitaires qui ne me prenaient pas du tout au sérieux, en particulier parce que je tirais mes revenus de l'échec de leurs modèles. J'avais déjà commencé à parler aux chercheurs en finance, car cela faisait partie de mon travail sur les produits dérivés, et j'avais des difficultés à leur faire comprendre certaines notions de base concernant les marchés financiers (ils croyaient un peu trop à leurs modèles). Je sentais confusément qu'ils étaient passés à côté de quelque chose, mais je ne savais pas de quoi. Ce n'était pas leur savoir que je remettais en cause, mais leur méthode.

LA RÉPONSE DE POPPER

Popper a apporté une réponse essentielle au problème de l'induction (pour moi, c'est *la* réponse). Personne n'a influencé la pratique scientifique davantage que lui – même si beaucoup de ses collègues philosophes le jugent tout à fait naïf (ce qui est pour moi une qualité). Popper pense qu'il ne faut pas prendre la science trop au sérieux (lorsqu'il rencontra Einstein, il ne le traita pas comme le demi-dieu qu'il croyait être). Il existe seulement deux types de théories :

1. Les théories dont on sait qu'elles sont fausses car elles ont été tes-tées et rejetées en conséquence (ce qu'il appelle les « théories réfu-tées ») ;
2. Les théories dont on ne sait pas encore qu'elles sont fausses, donc qui n'ont pas encore été réfutées, mais le seront un jour.

Pourquoi une théorie n'est-elle jamais juste ? Parce que nous ne saurons jamais par méthodes confirmatoires si tous les cygnes sont blancs (Popper a emprunté à Kant l'idée que nos mécanismes externes de perception étaient incomplets). Le processus de mise à l'épreuve est peut-être imparfait. Toutefois il est possible de dire qu'il existe un cygne noir. En revanche, une théorie ne peut-être « véri-fiée ». Pour paraphraser une fois encore l'entraîneur de base-ball Yogi Berra : « Les données passées contiennent de bonnes choses, c'est le mauvais côté qui est mauvais. » Une théorie ne peut être acceptée que de manière provisoire. Ce qui tombe en dehors de ces deux caté-gories n'en fait pas partie. Une théorie qui n'offre pas une série de conditions dans lesquelles elle puisse être réfutée peut être considé-rée comme fantaisiste – autrement il serait impossible de faire le tri. Pourquoi ? Parce qu'un astrologue réussit toujours à trouver un argu-ment qui convienne au passé, par exemple : Mars était probablement aligné, mais pas assez (de même, selon moi, un trader qu'on ne peut faire changer d'avis n'est pas un trader). Ainsi la différence entre la physique de Newton (réfutée par la théorie de la relativité d'Einstein) et l'astrologie réside dans l'ironie suivante : la physique newtonienne est scientifique parce qu'elle nous a permis de la réfuter, alors que l'as-trologie ne l'est pas car elle n'offre pas de conditions dans lesquelles on puisse la réfuter. On ne peut réfuter l'astrologie, étant donné les hypothèses auxiliaires qui entrent en jeu. Voilà l'argument qui sert de base à la démarcation entre science et inepties (ce qu'on appelle « le problème de la démarcation »).

D'un point de vue pratique, Popper a rencontré des problèmes avec les statistiques et les statisticiens. Il a refusé d'accepter sans réserve l'idée que la connaissance augmente avec l'accroissement de l'information – ce qui est la base de l'inférence statistique. C'est en effet parfois vrai, mais nous ne savons pas dans quels cas. D'autres personnes aux intuitions heureuses, comme John Maynard Keynes, sont arrivées indépendamment à la même conclusion. Les détracteurs de Popper pensent que répéter encore et encore la même expérience mène à la certitude accrue que « ça marche ». J'ai mieux compris la position de Popper après avoir assisté pour la première fois aux ravages d'un événement rare dans une salle de marchés. Ce dernier craignait qu'un certain type de connaissance ne puisse s'accroître avec les informations – mais lequel, nous ne pouvions en être certains. J'estime que sa pensée est importante pour nous, traders, car selon lui le problème de la connaissance et de la découverte ne résident pas tant dans notre rapport avec ce que nous savons qu'avec ce que nous ignorons. Voici une citation célèbre :

> *Ce sont des personnes aux idées audacieuses, mais très critiques face à ces idées ; elles essaient de déterminer si ces idées sont justes en tentant d'abord de découvrir si elles ne sont pas fausses. Elles travaillent sur d'audacieuses conjectures qu'elles tentent de réfuter avec le plus grand sérieux.*

Ces personnes sont les scientifiques. Mais cela pourrait être n'importe qui.

Remettons les choses dans leur contexte : Popper était en rébellion contre le développement de la science. Intellectuellement, il est né au moment d'un bouleversement de la pensée philosophique : lorsque celle-ci a tenté de basculer du verbe et de la rhétorique vers la science et la rigueur, comme nous l'avons vu lors de la présentation du Cercle de Vienne au chapitre 4. Ces gens ont parfois été appelés « positivistes logiques », d'après le mouvement positiviste initié en France au XIXe siècle par Auguste Comte (« positivisme » signifiait alors faire entrer dans le domaine scientifique tout ce qui existait). C'était l'équivalent de la révolution industrielle appliquée aux sciences humaines. Sans vouloir m'étendre sur la question, je dois préciser que Popper est l'antidote du positivisme. Pour lui, la vérification n'est pas possible, c'est même plus dangereux que n'importe quoi d'autre. Poussées à l'extrême, les idées de Popper peuvent sembler naïves et primitives – pourtant elles fonctionnent. Notez que ses détracteurs l'ont appelé le « réfutateur naïf ».

Je suis moi-même un réfutateur excessivement naïf. Pourquoi ? Parce que je réussis à survivre ainsi. Mon popperrisme extrême et obsessionnel se manifeste de la manière suivante : je spécule dans toutes mes activités sur des théories qui représentent une certaine vision du monde, mais avec la réserve suivante : aucun événement rare ne doit me nuire. En réalité, je voudrais même que tous les événements rares me servent. Ma conception de la science diverge de celle des gens qui habituellement s'octroient le titre de scientifiques. La science est pure spéculation, pure formulation d'hypothèses.

LA SOCIÉTÉ OUVERTE

La réfutation de Popper est intimement liée à la notion de société ouverte. Dans une société ouverte, il n'est pas de vérité permanente. Cela laisse ainsi exister les contre-idées. Karl Popper partageait cette notion avec son discret ami, l'économiste Von Hayek, qui approuvait le capitalisme en tant qu'état où les prix peuvent transmettre des informations que le socialisme bureaucratique étoufferait. Les idées de réfutation et de société ouverte sont de manière contre-intuitive liées à celle qu'il existe une méthode rigoureuse permettant de gérer le hasard dans mon activité quotidienne de trader. Bien entendu, il faut avoir l'esprit ouvert quand on travaille dans un univers plein d'aléas. Popper pensait que toute utopie est nécessairement fermée car elle étouffe ses propres réfutations. La simple idée qu'un bon modèle de société ne puisse être ouvert à la réfutation est totalitaire. Grâce à lui, j'ai non seulement appris la différence entre une société ouverte et une société fermée, mais aussi entre un esprit ouvert et un esprit fermé.

PERSONNE N'EST PARFAIT

Je me dois de mettre un bémol au portrait de Popper en tant qu'individu. Les témoins de sa vie le jugent en effet peu popperrien. Le philosophe et professeur d'Oxford Brian Magee, qui fut son ami pendant près de trente ans, le décrit comme détaché du monde (à part lorsqu'il était jeune) et concentré sur son œuvre. Il passa en effet les cinquante dernières années de sa vie (il vécut jusqu'à quatre-vingt-douze ans) coupé du monde, isolé de toute distraction et stimulation extérieures. Il avait également l'habitude de donner aux autres « des conseils extrêmement fermes au sujet de leur carrière et de leur vie privée, bien qu'il ne comprît guère l'une ou l'autre. Tout cela, naturellement, était en contradiction directe avec les idées (auxquelles il croyait sincèrement), les pratiques et la philosophie qu'il professait. »

Jeune, il ne valait guère mieux. Les membres du Cercle de Vienne cherchaient à l'éviter, non parce que leurs idées divergeaient, mais parce qu'il était difficile de s'entendre avec lui. « Il était brillant mais centré sur lui-même, suffisant, arrogant, irascible, et il éprouvait un sentiment d'insécurité. Il ne savait pas écouter les autres et cherchait toujours à avoir raison à tout prix. Il n'entendait rien à la dynamique de groupe et était incapable d'en discuter. »

Je m'abstiendrai de verser dans le discours habituel sur la différence entre ceux qui conçoivent les idées et ceux qui les mettent en pratique, à part pour pointer un problème de comportement intéressant : nous aimons émettre des idées logiques et rationnelles, mais n'apprécions pas forcément de les mettre à exécution. Aussi bizarre que cela puisse paraître, cela n'a été que récemment découvert (nous verrons que nous ne sommes pas génétiquement conçus pour être rationnels ni pour agir comme tels ; nous sommes seulement conçus pour transmettre nos gènes avec le taux de probabilité le plus fort possible dans un environnement primitif). Et, chose étrange, George Soros, critique obsessionnel vis-à-vis de lui-même, semble avoir été plus popperrien que Popper lui-même sur le plan professionnel.

MÉMOIRE ET INDUCTION

Notre mémoire est une grosse machine qui sert à faire des inférences inductives. Prenez les souvenirs : qu'y a-t-il de plus facile à se rappeler, une série de faits aléatoires juxtaposés les uns auprès des autres, ou une histoire offrant un ensemble de liens logiques ? La causalité est plus aisée à mémoriser. Cela demande moins d'efforts à notre cerveau. Et cela prend moins de place. Qu'est-ce exactement que l'induction ? C'est aller d'un ensemble de faits particuliers vers le général. C'est très commode, puisque le général occupe moins de place dans notre mémoire qu'un ensemble de faits particuliers. Cette compression a pour effet de réduire le degré de hasard apparent.

LE PARI DE PASCAL

Je conclurai en exposant ici ma propre façon de résoudre le problème de l'induction. Le philosophe Pascal affirme que la stratégie optimale pour les humains est de croire à l'existence de Dieu. Car, si Dieu existe, le croyant sera récompensé. En revanche, s'il n'existe pas, il n'a rien à perdre. De la même façon, nous devons accepter l'asymétrie dans la connaissance. Dans certaines situations, les statistiques et l'économétrie peuvent être utiles. Mais je ne veux pas que ma vie en dépende.

Comme Pascal, j'établirai donc l'argument suivant. Si les statistiques peuvent m'être utiles, je m'en servirai. Si elles présentent un risque, je les laisserai de côté. Je veux profiter de ce que le passé a de meilleur à m'offrir, sans m'exposer au danger qu'il comporte. Ainsi userai-je des statistiques et des méthodes inductives pour faire des paris agressifs, mais pas pour gérer mon exposition au risque. Chose surprenante, tous les traders survivants que je connais semblent procéder ainsi. Ils font des transactions basées sur l'observation (ce qui inclut les histoires passées), mais, comme les scientifiques popperriens, ils font en sorte que, s'ils se trompent, les risques soient limités (et ils ne calculent pas ces probabilités d'après les données passées). À la différence de Carlos et de John, avant de se lancer dans une stratégie de trading, ils savent quels événements contrediront leur hypothèse et ils en tiendront compte (souvenez-vous que Carlos et John utilisaient les données du passé à la fois pour établir leurs paris et en mesurer les risques) en abandonnant cette stratégie. C'est ce qu'on appelle « limiter les pertes », c'est un seuil prédéterminé, une protection contre les cygnes noirs. Il est rarement mis en pratique.

Merci, Solon !

En fin de compte, à l'heure où j'achève la première partie de ce livre, je dois avouer que l'analyse de la géniale intuition de Solon a eu sur ma pensée et ma vie privée un effet extraordinaire. Écrire cette première partie m'a conforté dans l'idée de me préserver des médias et de prendre mes distances vis-à-vis du monde des affaires, c'est-à-dire essentiellement des traders et des investisseurs pour lesquels j'éprouve de plus en plus de mépris. Je pense que mon pouvoir sur moi-même est limité, car j'éprouve le désir inné de m'intégrer parmi les personnes et les cultures, et que je risque de finir par leur ressembler. En me retirant complètement, je contrôle mieux mon destin. J'éprouve actuellement pour les classiques un enthousiasme que je n'avais plus ressenti depuis l'enfance. Je songe à présent à l'étape suivante : faire revivre une époque révolue, plus déterministe, où l'information était plus rare, comme le XIXe siècle, par exemple, tout en continuant de bénéficier des avancées technologiques (comme la simulation Monte Carlo), médicales et sociales de notre époque. Ainsi aurais-je le meilleur dans tous les domaines. Voilà ce qu'on appelle l'évolution.

DEUXIÈME PARTIE

DES SINGES ET DES MACHINES À ÉCRIRE.
DU BIAIS DU SURVIVANT

S i l'on donne à une infinité de singes des machines à écrire (très solides) et qu'on les laisse taper, on peut être certain que l'un d'eux finira bien par pondre une version exacte de l'Iliade. Toutefois, après analyse, ce concept est peut-être moins intéressant qu'il n'y paraît à première vue : la probabilité est en effet extrêmement faible. Menons cependant la réflexion plus loin. À présent que nous avons identifié notre héros, qui parmi vous irait parier toutes ses économies sur le fait qu'ensuite le singe en question écrive l'Odyssée ?

Dans cette expérience théorique, c'est la seconde étape qui est intéressante. En quoi les résultats passés (ici, taper l'*Iliade*) peuvent-ils servir à prédire les résultats futurs ? Cela s'applique à toutes les décisions basées uniquement sur les performances passées. Imaginez le singe sonnant à votre porte, avec ses résultats en main. Mince alors, il a écrit l'*Iliade* !

Malheureusement, ceux qui tombent le plus vite et le plus facilement dans le piège sont justement ceux dont la profession consiste à tirer des conclusions d'après des données. Plus nous détenons d'informations, plus nous avons de chances de nous y noyer. Car, question de bon sens, les gens qui possèdent un embryon de connaissances en matière de probabilités se basent sur le principe suivant pour prendre une décision : il est très peu probable que quelqu'un qui se débrouille bien de façon récurrente essuie ensuite un échec. Les données passées deviennent alors capitales. Ils font appel à la règle de probabilité d'un événement réussi et se disent que, si quelqu'un s'est mieux débrouillé que les autres par le passé, alors il y a de fortes chances pour que cela continue ainsi – de très très fortes chances, même. Mais comme toujours, gare aux demi-vérités : une faible connaissance dans le domaine des probabilités peut être pire que l'ignorance complète.

TOUT DÉPEND DU NOMBRE DE SINGES

Je ne nie pas que, si quelqu'un a fait mieux que les autres par le passé, il y ait des chances que cela continue. Toutefois cette probabilité peut être faible, très faible, au point de n'avoir aucune utilité pour nous aider à prendre une décision. Pourquoi? Parce que les choses reposent sur deux facteurs: la part de hasard de la profession, et le nombre de singes en action.

La taille de l'échantillon initial compte énormément. S'il y a seulement cinq singes, je serais très impressionné que l'un d'entre eux écrive l'*Iliade*, au point de me demander si je ne suis pas en présence de la réincarnation du poète antique. S'ils sont un milliard à la puissance un milliard, je serais moins impressionné – en réalité, je serais même surpris que, par pur hasard, l'un d'eux ne ponde pas un ouvrage quelconque bien connu (comme les *Mémoires* de Casanova). Il pourrait même nous donner une version de *Earth in the Balance* de l'ex-vice-président Al Gore, mais sans les platitudes.

Ce problème affecte le monde des affaires bien plus que n'importe quel autre domaine, car il est très fortement soumis au hasard (nous avons déjà montré combien cet univers professionnel dépendait de la chance, par rapport à la pratique du dentiste, par exemple). Plus le nombre de personnes travaillant dans les affaires est important, plus augmente la probabilité que l'une d'elles réussisse de manière éclatante par le simple fait de la chance. J'ai rarement vu quiconque compter les singes. De même on ne cherche guère à dénombrer les investisseurs présents sur le marché pour calculer non pas leur probabilité de réussite, mais la probabilité conditionnelle de réussite (étant donné le nombre d'investisseurs opérant sur une période donnée).

UNE RÉALITÉ VICIEUSE

L'exemple des singes présente d'autres difficultés: dans la vie réelle, les autres singes ne sont pas dénombrables, ni même visibles. Ils sont cachés, et l'on ne voit que les vainqueurs – ceux qui échouent disparaissent naturellement. Aussi distingue-t-on les survivants et uniquement les survivants, ce qui implique certaines erreurs de perception quant aux données de base. Nous n'agissons pas en fonction des probabilités, mais de ce que la société nous en montre. Comme nous l'avons vu avec Nero Tulip, même ceux qui possèdent des connaissances en matière de probabilités agissent de manière stupide en raison de la pression sociale.

CETTE PARTIE

Dans la première partie, j'ai décrit des situations où les protagonistes ne comprennent pas les événements rares. Ils ne semblent accepter ni la possibilité qu'ils se produisent, ni leurs graves conséquences lorsqu'ils adviennent. J'ai également exposé mes propres idées, qui sont rarement présentées dans les livres. Cependant un ouvrage sur le hasard ne serait pas complet si je ne passais pas en revue les biais possibles qui peuvent frapper chacun en dehors des déformations dues à l'événement rare. L'objectif de cette deuxième partie est par conséquent plus terre à terre : j'essaierai de rapidement faire la synthèse des différents biais liés au hasard, qui sont traités dans beaucoup d'autres livres.

1. Le biais du survivant (voir les singes et les machines à écrire) : il vient du fait que nous distinguons seulement les vainqueurs, ce qui déforme notre vision des données de base (chapitres 8 : Trop de voisins millionnaires, et 9 : Il est plus facile de vendre et d'acheter que de faire cuire un œuf).

2 La plupart du temps le succès fulgurant est dû à la chance (chapitre 10 : Le raté rafle tout. De la non-linéarité de l'existence).

3. Nous souffrons d'un handicap biologique : nous sommes incapables de comprendre les probabilités (chapitre 11 : Le hasard et notre cerveau : nous sommes aveugles devant les probabilités).

CHAPITRE 8

TROP DE VOISINS MILLIONNAIRES

Trois exemples du biais du survivant. Pourquoi très peu de gens peuvent vivre à Park Avenue. Votre voisin millionnaire porte des vêtements fragiles. Une foule d'experts.

Comment surmonter la douleur de l'échec ?

À PEU PRÈS HEUREUX

Marc vit à Park Avenue, à New York, avec sa femme Janet et leurs trois enfants. Il gagne 500 000 dollars par an, suivant les périodes fastes et les récessions – il ne croit pas que la croissance nouvelle va perdurer et, dans sa tête, il ne s'est pas encore habitué à ses nouveaux revenus, bien plus élevés. Corpulent, à l'approche de la cinquantaine, ses traits flasques lui donnent dix ans de plus. Il mène la vie apparemment confortable (mais effrénée) d'un avocat new-yorkais. Il vit toutefois dans la partie calme de Manhattan et n'est assurément pas de ceux qui traînent de bar en bar, ni n'assistent aux soirées prolongées de Tribeca ou de Soho. Avec son épouse, il possède une maison de campagne et une roseraie. Comme beaucoup de gens de leur âge partageant la même conception du monde et vivant dans des conditions analogues, tous deux se préoccupent, dans l'ordre, de leur confort matériel, de leur santé et de leur statut. En semaine, il ne rentre pas chez lui avant au moins 21 h 30; parfois il reste au bureau jusqu'à près de minuit. Le week-end, Marc est si fatigué qu'il s'endort dans la voiture au cours des trois heures de trajet qui mènent à « la maison ». Il passe ensuite presque tout son samedi au lit, à récupérer de sa semaine.

Marc a grandi dans une petite ville du Mid-West. Son père était employé aux impôts et utilisait des crayons à papier très affûtés. Il était tellement obsédé par la finesse de la mine de ses crayons qu'il avait toujours sur lui un taille-crayon. L'intelligence de Marc s'est manifestée très tôt. Au lycée, ses résultats étaient excellents. Il a poursuivi ses études à Harvard, puis à la faculté de droit de Yale. Pas mal, n'est-ce pas ! Par la suite, il s'est spécialisé dans le droit des entreprises et a commencé à travailler sur de grosses affaires pour un prestigieux cabinet de New York, ce qui lui laissait à peine le temps de se brosser les dents. Et j'exagère à peine : il s'est alors mis à prendre tous ses dîners au bureau, accumulant les bourrelets et les points qui feraient de lui à terme un associé. Il lui a fallu sept ans pour arriver à ses fins, non sans avoir chèrement payé sa promotion. Et puis sa première femme (rencontrée à l'université) l'a quitté, lasse de vivre avec un absent perpétuel, dont la conversation ne cessait de se détériorer (ironie du sort, elle a fini par se remettre avec un avocat de New York, à la conversation certainement tout aussi inintéressante, mais qui doit la rendre plus heureuse).

TROP DE TRAVAIL

Le corps de Marc se fait de plus en plus flasque et, malgré quelques régimes intensifs, ses costumes sur mesure doivent être régulièrement rapportés chez le tailleur. Une fois remis de la dépression causée par le départ de sa femme, il a commencé à fréquenter Janet, son assistante, qu'il a très vite épousée. Ils ont eu trois enfants à la suite, ont acheté un appartement à Park Avenue, puis une maison de campagne.

Janet s'est fait des relations dans l'immeuble, ainsi que parmi les parents d'élèves de l'école privée de Manhattan où vont ses enfants. D'un point de vue matériel, Janet et Marc sont au bas de l'échelle de la société où ils vivent, peut-être même occupent-ils le dernier rang. Ils sont les plus pauvres dans cet environnement peuplé de cadres ayant extrêmement bien réussi, de traders de Wall Street et d'hommes d'affaires de haut vol. L'école de leurs enfants est fréquentée par la progéniture en secondes noces de raiders – voire en troisièmes noces, étant donné l'écart d'âge et l'allure de top-model des autres mères. Par comparaison, Janet et Marc ont l'air tout droit sortis de leur campagne.

TU ES UN RATÉ

Pour Marc, venir vivre à Manhattan est une démarche rationnelle, car son emploi du temps ultra-chargé ne lui laisse pas le temps de faire la navette avec la banlieue. Mais les conséquences sont terribles pour sa femme. Pourquoi ? À cause de l'image de semi-échec que leur renvoie l'environnement de Park Avenue. Presque tous les mois, Janet pique une crise, à bout de nerfs à force d'être snobée et humiliée par les parents d'élèves qu'elle voit à la sortie de l'école, ou les voisines, croulant sous les diamants, qu'elle croise dans l'ascenseur en sortant de son minuscule appartement. Pourquoi son mari n'a-t-il pas mieux réussi ? N'est-il pas intelligent et travailleur ? N'a-t-il pas frôlé les 1 600 points à l'examen d'entrée à l'université ? Pourquoi ce Ronald Trucmuche – dont l'épouse ne lui adresse même pas un signe de tête – gagne-t-il des centaines de millions de dollars alors que son mari à elle, qui est allé à Harvard, à Yale, et possède un QI extrêmement élevé, n'a pas un sou de côté ?

Nous n'allons pas entrer davantage dans les dilemmes tchékhoviens qui agitent la vie privée de Janet et de Marc, mais leur exemple illustre de façon classique les conséquences émotionnelles du biais du survivant. Janet considère son mari comme un raté en établissant des comparaisons, mais elle commet en cela une erreur grossière : elle utilise la mauvaise distribution pour calculer son rang. Par rapport à la population des États-Unis en général, Marc jouit d'une incroyable réussite : il a fait mieux que 99,5 % de ses compatriotes. Comparé à ses camarades de lycée, il s'est extrêmement bien débrouillé – ce qu'il pourrait vérifier s'il avait le temps d'assister aux réunions périodiques des anciens élèves, car il se retrouverait au sommet de la pyramide. Par rapport aux anciens de Harvard, il est devant 90 % d'entre eux (d'un point de vue financier, naturellement). Enfin, par comparaison avec les futurs avocats de Yale, il dépasse les 60 %. Pourtant, vis-à-vis de ses voisins, il se retrouve tout en bas de l'échelle ! Pourquoi ? Parce qu'il a choisi de vivre parmi ceux qui ont réussi, dans un environnement d'où les perdants sont exclus. En d'autres termes, ceux qui ont échoué n'apparaissent pas dans l'échantillon, ce qui donne l'impression que Marc n'a pas vraiment réussi. À Park Avenue, les ratés ne sont pas représentés, seuls les grands vainqueurs sont là. Comme nous vivons au sein de très petites communautés, il est difficile d'évaluer notre position en dehors des limites géographiques très étroites de notre habitat. Dans le cas de Marc et de Janet, cela engendre un énorme stress. Voici une femme qui a épousé un homme extrêmement brillant, mais qu'elle considère comme un raté car elle ne peut le comparer à l'échantillon de population qui lui rendrait justice.

En dehors de la perception tronquée que l'on a de sa propre position, il y a l'effet de l'engrenage social : vous devenez riche, emménagez dans un quartier chic, où vous vous retrouvez soudain considéré comme pauvre. Ajoutez à cela l'effet de la routine psychologique : on s'habitue à l'argent, et notre degré de satisfaction redescend à un niveau inférieur. Le fait que certaines personnes ne parviennent jamais à être satisfaites (au-delà d'un certain seuil) fait l'objet de discussions sur le bonheur.

Quelqu'un d'extérieur aurait envie de dire à Janet : « Lis *Le Hasard sauvage*, le bouquin de ce trader mathématique sur les déformations que crée le hasard dans la vie : cela te donnera un sens de la perspective statistique et tu te sentiras mieux après. » En tant qu'auteur, j'aimerais offrir à Janet la panacée pour 21 euros, mais je me contenterai de dire qu'au mieux j'espère lui apporter une heure de réconfort. Janet a besoin d'un remède plus radical. Je ne cesse de répéter qu'il n'est pas dans notre nature d'être plus rationnel ou de se blinder face aux affronts sociaux. Raisonner ne nous est d'aucun secours – en tant que trader, j'en sais quelque chose, car j'ai vainement essayé de lutter contre ce système. Je conseillerais seulement à Janet de déménager pour aller vivre dans un quartier plus modeste, où elle et son mari se sentiraient moins humiliés par leurs voisins et gagneraient quelques places dans la hiérarchie sociale, au-delà de leurs probabilités de réussite. Ainsi utiliseraient-ils l'effet déformant dans le sens inverse. Si Janet est sensible à la question du statut, je lui recommanderais même d'essayer les HLM.

Le double biais du survivant

D'AUTRES EXPERTS

J'ai lu récemment un best-seller intitulé *The Millionaire Next Door.* C'est un ouvrage extrêmement trompeur (mais presque agréable à lire) écrit par deux « experts » qui cherchent à détecter les points communs entre les gens riches. En examinant une série de personnes actuellement fortunées, ils ont découvert qu'elles étaient toutes peu enclines à mener grand train. Les auteurs les ont baptisées les « accumulatrices » : elles repoussent à plus tard le fait de dépenser, afin d'amasser des capitaux. L'intérêt principal du livre tient dans ce fait simple et contre-intuitif que ces gens ont peu de chances d'avoir l'air riche (il est évident que cela coûte cher de se comporter et d'avoir l'air d'une ou d'un millionnaire, sans parler du temps passé à dépenser son argent). Mener une vie de luxe nécessite une certaine disponibilité : il faut choisir les vêtements dernier cri, apprendre à connaître les grands bordeaux, les restaurants les plus chics. Toutes ces activités exigent qu'on leur consacre des heures au détriment de l'activité principale : l'accumulation d'argent. La morale de ce livre est que les plus riches ne sont pas ceux qu'on imagine. De plus, ceux qui se comportent comme tels dépensent tellement qu'ils causent des dommages considérables et irréversibles à leur portefeuille.

Je ne m'étendrai pas sur le fait que je ne vois pas ce qu'il y a « d'héroïque » à accumuler de l'argent, en particulier si la personne est assez stupide pour ne pas en profiter (en dehors du plaisir simple de pouvoir compter régulièrement ses avoirs pour tuer le temps). Je n'ai aucune envie de sacrifier mes habitudes personnelles, mes plaisirs intellectuels ou mes valeurs pour devenir un milliardaire du genre Warren Buffett : je n'en vois pas l'intérêt si c'est pour adopter un mode de vie spartiate et retourner habiter un studio. Je ne comprends pas pourquoi les gens admirent autant la façon de vivre austère de cet homme, alors qu'il est si riche. Si la frugalité lui tient tant à cœur, il aurait mieux fait de devenir moine ou travailleur social : n'oublions pas que s'enrichir est un acte purement égoïste n'ayant aucune perspective sociale. Certes le capitalisme repose sur l'avidité des gens plutôt que sur leur bonté, mais il n'est pas nécessaire de faire de cet amour de l'argent un accomplissement moral (ou intellectuel). Ce n'est toutefois pas là que le bât blesse dans ce livre.

Comme je l'ai déjà dit, les « héros » de *The Millionaire Next Door* sont des accumulateurs qui préfèrent dépenser dans le but d'investir. Il est indéniable que ce genre de stratégie peut fonctionner : l'argent dépensé ne rapporte rien (hormis du plaisir). Néanmoins les profits évalués dans ce livre sont largement surestimés. En effet, en lisant de façon plus fine, on s'aperçoit que l'échantillon des personnes choisies repose sur un double biais du survivant. En d'autres termes, les auteurs ont cumulé deux erreurs.

DES GAGNANTS VISIBLES

Le premier biais vient du fait que les millionnaires sélectionnés comptent parmi les singes les plus chanceux. Les auteurs n'ont nullement essayé de rectifier leurs statistiques en précisant que seuls les vainqueurs étaient représentés. Ils ne mentionnent pas ceux qui ont accumulé les mauvaises choses (ma famille est experte en la matière : ceux qui ont accumulé ont choisi des monnaies qui allaient être dévaluées ou des titres dont les entreprises allaient déposer le bilan). Il n'est nulle part mentionné que les personnes citées ont eu la chance de miser sur les gagnants, or c'est de cette manière qu'elles ont été sélectionnées pour entrer dans ce livre. Il existe pourtant un moyen de supprimer ce biais : abaisser le degré de la fortune moyenne de 50 % par exemple, car ce biais a pour effet d'augmenter de ce chiffre la richesse moyenne nette par millionnaire (cela consiste à rajouter l'influence des perdants à l'ensemble). Cela apporterait certainement un bémol aux conclusions.

UN MARCHÉ HAUSSIER

Quant à la seconde erreur, plus sérieuse cette fois, j'en ai déjà parlé avec le problème de l'induction. Le livre se concentre sur un moment inhabituel de l'histoire : accepter sa thèse signifie affirmer que les bénéfices actuels des actifs sont permanents (le genre de croyance qui prévalait avant l'effondrement de la bourse en 1929). Souvenez-vous que les cours du marché connaissent la plus grande période haussière de l'histoire (et c'est toujours vrai au moment où j'écris ces lignes), et que les valeurs ont augmenté de manière astronomique depuis vingt ans. Un dollar investi sur un titre moyen en 1982 aurait vu sa valeur multipliée par presque vingt (et ce n'est qu'un titre moyen). L'échantillon du livre comporte peut-être des gens qui ont investi dans des titres supérieurs à la moyenne. Presque toutes les personnes citées sont devenues riches grâce à l'augmentation du prix des titres, c'est-à-dire la vague d'inflation qui frappe les valeurs boursières et les monnaies depuis 1982. Un investisseur qui se serait lancé dans la même stratégie en des temps moins favorables aurait certainement une autre histoire à raconter. Imaginez que ce livre ait été écrit en 1982, après l'érosion prolongée de la valeur des titres, ajustée suivant l'inflation, ou en 1935, alors que tout le monde se désintéressait de la bourse.

Considérons à présent que les marchés boursiers américains ne soient pas les seuls centres d'investissement. Prenons l'exemple de ceux qui, au lieu de dépenser leur argent en jouets coûteux et en sports d'hiver, ont acheté des livres libanaises en bons du Trésor (comme mon grand-père), ou les junk bonds de Michael Milken (comme beaucoup de mes collègues dans les années 1980). Retournons en arrière et imaginons que notre accumulateur acquière des emprunts russes portant la signature du tsar Nicolas II (sur lesquels il tenta de se faire rembourser par le gouvernement soviétique), ou de l'immobilier argentin dans les années 1930 (comme mon arrière-grand-père).

Ignorer le biais du survivant est une erreur chronique, même (ou peut-être surtout) chez les professionnels. Pourquoi ? Parce que nous sommes habitués à utiliser l'information immédiatement disponible, en méconnaissant les données invisibles. Au moment où j'écris, les fonds de pension et les compagnies d'assurance américaines et européennes ont fini par gober l'argument selon lequel « à long terme les capitaux propres rapportent *toujours* 9 % », statistiques à l'appui. Les statistiques sont exactes, mais elles appartiennent au passé. Je suis certain de pouvoir vous dénicher une action, sur les 40 000 disponibles, qui a rapporté le double chaque année sans faute. Devons-nous miser l'argent de la sécurité sociale dessus ?

Résumons les choses : j'ai expliqué comment une histoire, parmi toutes les versions aléatoires possibles, passe pour la plus représentative, en oubliant toutes les autres. En deux mots, le biais du survivant implique que la réalisation la plus performante sera la plus visible ! Pourquoi ? Parce qu'on ne voit pas les perdants.

Selon l'avis d'un gourou

L'industrie de la gestion des capitaux est peuplée de gourous. Naturellement, le hasard a truffé de pièges cette sphère d'activité, et le gourou est prompt à y tomber, surtout s'il n'a pas de connaissances en matière d'inférences. L'un d'eux a pris la mauvaise habitude de publier des livres sur la question. Avec un de ses collègues, il a mis au point la stratégie gagnante du « Robin des bois », qui consiste à investir sur les gestionnaires de portefeuilles les moins bons parmi une population donnée. Il s'agit donc de reprendre des fonds aux gagnants pour les donner aux perdants. Cela va à l'encontre des principes en vigueur en matière d'investissement, qui conseillent de miser sur le gestionnaire de portefeuilles le plus performant et de reprendre les capitaux aux perdants. Lorsqu'ils ont mis en place leur stratégie, en théorie elle leur a rapporté des profits bien plus considérables que s'ils avaient investi sur le gagnant. Leur hypothèse semble donc prouver qu'il ne faut pas accompagner le gestionnaire de portefeuilles gagnant, comme on aurait tendance à le faire, mais au contraire aller vers le plus mauvais – enfin, voilà ce qu'ils voudraient nous faire admettre.

Cette analyse présente un gros défaut que n'importe quel étudiant de licence peut identifier à la première lecture : leur échantillon se compose uniquement de survivants ! Ils ont tout simplement oublié de tenir compte des gestionnaires de portefeuilles qui ont fait faillite. Cet échantillon comporte des directeurs financiers en activité lors de la simulation, et qui le sont toujours ! Bien sûr, certains ne se débrouillent pas très bien, mais ils ont fini par redresser la barre sans déposer leur bilan. Ainsi est-il évident qu'investir sur ceux qui ont eu de médiocres résultats à un moment donné mais ont retrouvé la santé (rétrospectivement) rapporte des bénéfices ! S'ils avaient continué à péricliter, ils auraient disparu et ne se seraient pas retrouvés dans l'échantillon.

Comment bien mener pareille simulation ? En prenant une population de gestionnaires de portefeuilles, disons il y a cinq ans, et en les observant jusqu'à aujourd'hui. Naturellement, ceux qui quittent la population de l'échantillon sont voués à l'échec : rares sont ceux qui abandonnent une activité aussi lucrative parce qu'ils ont très bien réussi. Avant de passer à une présentation plus technique de ces pro-

blèmes, un mot sur le mot « optimisme », terme à la mode, très idéa-
lisé. L'optimisme, dit-on, annonce le succès. Vraiment ? Il peut aussi
annoncer l'échec. Les optimistes prennent certainement plus de
risques parce qu'ils ont davantage confiance dans les choses. Ceux
qui réussissent gagnent leur place parmi les gens riches et célèbres ;
ceux qui échouent disparaissent des statistiques. Malheureusement.

CHAPITRE 9

IL EST PLUS FACILE DE VENDRE
ET D'ACHETER QUE DE FAIRE
CUIRE UN ŒUF

Développements techniques au sujet du biais du survivant. De la distribution des « coïncidences » dans la vie. Mieux vaut avoir de la chance qu'être compétent (mais attention, on peut se faire prendre). Le paradoxe de l'anniversaire. De nouveaux charlatans (et de nouveaux journalistes). Comment un chercheur façonné par la culture d'entreprise est capable de trouver à peu près n'importe quoi dans des données. Des chiens qui n'aboient pas.

Cet après-midi, j'ai rendez-vous chez le dentiste (ce qui va se résumer pour l'essentiel à un interrogatoire portant sur des titres brésiliens). Je peux affirmer avec un certain degré de satisfaction qu'il s'y connaît en matière de dents, en particulier quand je ressors de chez lui soulagé. Il serait en effet difficile pour quelqu'un qui n'y connaît absolument rien de soigner ainsi ma rage de dents, à moins d'être particulièrement chanceux ce jour-là – ou de l'avoir été tout au long de sa vie pour réussir à devenir dentiste sans rien savoir de son métier. En regardant ses diplômes accrochés au mur, je songe qu'il y a très peu de chances pour que seul le hasard lui ait permis de répondre correctement à toutes les questions posées aux examens et de soigner comme il faut quelques milliers de caries avant d'obtenir son diplôme.

Plus tard, le soir, je vais à Carnegie Hall. Je ne connais pas la pianiste : j'ai même oublié son nom à consonance étrangère. Je sais seulement qu'elle a étudié dans un conservatoire de Moscou. Mais je m'attends à ce que de la musique sorte du piano. Il serait extrêmement improbable que quelqu'un se soit montré jusque-là suffisamment brillant pour donner un concert au Carnegie Hall uniquement grâce à la chance. La possibilité d'une imposture (c'est-à-dire de me retrouver face à une personne qui ne fasse sortir du piano qu'une vulgaire cacophonie) me semble suffisamment faible pour être complètement éliminée.

J'étais à Londres samedi dernier, jour magique de la semaine. La ville bourdonne d'activité, mais sans la mécanique industrielle des jours ouvrés, ni la triste résignation du dimanche. Sans montre ni plan, je me suis retrouvé devant mes sculptures préférées de Canova, au Victoria and Albert Museum. Par déformation professionnelle, je me suis immédiatement demandé si le hasard avait joué un rôle important dans la création de ces statues de marbre. Ce sont des reproductions réalistes de corps humains, mais leur équilibre et leur harmonie surpassent toutes les œuvres de mère Nature (il me revient en mémoire cette phrase d'Ovide : *Materiam superabat opus*). Une telle subtilité peut-elle être le fruit du hasard ?

Je pourrais pratiquement poser la même question au sujet de tous ceux qui opèrent dans le monde matériel ou dans un domaine peu soumis au hasard. Toutefois le problème se pose avec plus d'acuité pour tout ce qui est lié au monde des affaires. Justement, je suis ennuyé car demain j'ai malheureusement rendez-vous avec un gestionnaire de fonds qui a besoin de notre aide, à moi et mes amis, pour trouver des investisseurs. Il prétend avoir « de bons résultats passés ». J'en conclus qu'il a appris à acheter et à vendre. Or il est plus difficile de faire cuire un œuf que d'acheter et de vendre. Soit… Le fait qu'il ait gagné de l'argent par le passé peut être pertinent dans certaines limites. Mais pas toujours : pour certains, les données passées sont représentatives, hélas ils sont peu nombreux. Comme le lecteur le sait à présent, je vais harceler ce gestionnaire de fonds, surtout s'il ne manifeste pas l'humilité extrême et le sens de l'incertitude que j'attends d'une personne travaillant dans un domaine aussi aléatoire. Je vais certainement le bombarder de questions auxquelles, aveuglé par ses résultats passés, il ne s'attend peut-être pas. Je lui ferai probablement la leçon en lui racontant que Machiavel attribuait à la chance 50 % de ce qui arrive dans la vie (le reste étant dû à la ruse et à la bravoure) – et c'était avant la naissance des marchés modernes.

Dans ce chapitre, je vais parler des propriétés contre-intuitives bien connues des rapports de résultats et des séquences temporelles historiques. Le concept présenté ici est mieux connu à travers ses variantes qui portent le nom de biais du survivant, data mining, data snooping, overfitting, retour à la moyenne, etc. : il s'agit de situations où l'observateur exagère le résultat parce qu'il mesure mal l'importance du rôle du hasard. Naturellement ce concept a des conséquences plutôt troublantes. On peut l'étendre à des domaines plus généraux où le hasard peut jouer, comme le choix d'un traitement médical ou l'interprétation de coïncidences.

Quand je me demande en quoi la recherche financière pourrait à l'avenir apporter une éventuelle contribution à la science en général, je songe à l'analyse de data mining et à l'étude des biais du survivant. Ceux-ci ont en effet déjà été affinés par la finance, et peuvent être étendus à tous les champs de la recherche scientifique. En quoi la finance est-elle une discipline si riche ? Parce que c'est l'un des rares domaines de recherche où nous détenons une grande quantité d'informations (sous forme d'abondantes séries de prix) sans la possibilité de mener à bien des expériences, comme par exemple en physique. Cette nécessité de se reposer sur les données passées est à l'origine de défauts importants.

Dupé par les chiffres

DES INVESTISSEURS PLACEBOS

J'ai souvent été confronté à ce genre de questions : « Qui croyez-vous être pour me dire que j'ai seulement eu de la chance au cours de ma vie ? » Personne ne pense vraiment qu'il ou elle a simplement bénéficié de la bonne fortune. Mon approche est la suivante : grâce à la simulation Monte Carlo, on peut fabriquer des situations qui reposent entièrement sur le hasard. On peut avoir recours à l'opposé exact des méthodes conventionnelles : au lieu d'analyser le cas de personnes réelles pour dénicher telles caractéristiques, nous pouvons créer des êtres artificiels ayant ces caractéristiques précises. Ainsi parvenons-nous à créer des situations basées sur le hasard à l'état pur, sans possibilité de confusion avec telle caractéristique ni tout ce que j'appelle la « non-chance » dans le tableau P. 1. En d'autres termes, nous pouvons inventer des individus fictifs pour nous en moquer : ils sont par nature dépourvus de toute capacité ou influence (comme un placebo en médecine).

Nous avons vu au chapitre 5 que les gens survivent car ils possèdent des caractéristiques qui à un moment donné sont parfaitement adaptées à la structure du hasard en place. Ici les choses sont beaucoup plus simples puisque nous connaissons la structure du hasard ! Le premier exercice consiste à affiner le vieux dicton populaire : « Même un réveil cassé donne la bonne heure deux fois par jour. » Nous allons pousser les choses un peu plus loin en montrant que les statistiques sont une arme à double tranchant. Imaginons, au moyen de la simulation Monte Carlo, une population virtuelle de 10 000 gestionnaires de portefeuilles (en réalité nous pourrions aussi utiliser une pièce, ou tout simplement l'algèbre, mais la méthode Monte Carlo illustre bien mieux les choses, et c'est surtout beaucoup plus amusant). Supposons qu'ils aient tous des chances égales : chacun a 50 % de chances de gagner 10 000 dollars à la fin de l'année, et 50 % de chances de perdre 10 000 dollars. Ajoutons une restriction supplémentaire : lorsqu'ils ont connu une mauvaise année, ils sont éliminés des affaires, adieu et bonne chance. Ainsi imiterons-nous George Soros qui, paraît-il, disait à ses gestionnaires de portefeuilles avec son accent d'Europe de l'Est : « L'année prochaine, les gars, la moitié d'entre vous ne seront plus là. » Comme lui, nous avons de fortes exigences : nous voulons seulement des financiers qui disposent d'un pedigree impeccable. Nous n'avons pas de temps à perdre avec les gagne-petit.

C'est la simulation Monte Carlo qui lance la pièce en l'air : face, et le gestionnaire de portefeuilles gagne 10 000 dollars ; pile, il les perd. Ainsi, à la fin de l'année, on peut s'attendre à ce que 5 000 d'entre eux aient gagné 10 000 dollars, et que 5 000 aient perdu 10 000 dollars. À présent recommençons pour la deuxième année. À nouveau on peut s'attendre à ce que 2 500 gagnent deux fois d'affilée. La troisième année, ils sont encore 1 250. La quatrième, 625. La cinquième, 313. Nous disposons à présent de 313 gestionnaires de portefeuilles qui ont gagné de l'argent cinq années d'affilée. Uniquement grâce à la chance.

À présent, si nous faisions entrer l'un de ces gagnants dans le monde réel, nous obtiendrions des commentaires utiles et fort intéressants sur son style remarquable, son esprit incisif, et les influences qui ont concouru à son succès. Certains analystes l'attribueraient à des éléments précis dus à son enfance. Ses biographes souligneraient l'importance du modèle parental, et nous trouverions au milieu du livre le portrait en noir et blanc du génie en herbe. Et si jamais l'année suivante ses résultats cessaient d'être positifs (n'oubliez pas que ses chances de gagner demeurent de 50 %), alors on commencerait à le blâmer, en l'accusant de relâchement, ou de mener une vie dissipée. On réussirait bien à attribuer son échec à quelque chose qu'il faisait avant, lorsqu'il réussissait, et a cessé de faire. La vérité serait tout simplement qu'il a cessé d'avoir de la chance.

NUL BESOIN D'ÊTRE COMPÉTENT

Poussons l'argument un peu plus loin afin de le rendre plus intéressant. Créons une population exclusivement composée de traders incompétents (c'est-à-dire dont les espérances des résultats sont déficitaires, ce qui équivaut à dire que la situation leur est défavorable). Demandons à présent à la simulation Monte Carlo de piocher dans une urne contenant 100 boules : 45 noires et 55 rouges. À chaque tirage, on remet une boule identique, ce qui fait que le rapport boules noires/boules rouges reste le même. Si nous piochons une boule noire, le trader gagne 10 000 dollars. Si nous en tirons une rouge, il perd 10 000 dollars. Il a donc 45 % de chances de gagner 10 000 dollars, et 55 % de perdre 10 000 dollars. En moyenne, il perdra donc 1 000 dollars à chaque tirage – mais ce n'est qu'une moyenne !

À la fin de la première année, on peut s'attendre à ce que 4 500 traders fassent un profit (45 % des effectifs). La deuxième année, ils seront 2 025. La troisième, 911. La quatrième, 410. La cinquième, 184. Donnons aux survivants un nom et un costume. Ils représentent seulement 2 % des effectifs originaux. Toutefois ils attirent l'attention. Et personne ne parle des 98 % restants. Que pouvons-nous en conclure ?

Première idée contre-intuitive : une population entièrement composée de mauvais traders produit un petit nombre de très bons résultats. En réalité, si un trader sonne à l'improviste à votre porte, il vous est pratiquement impossible de dire s'il est bon ou pas. Les résultats en effet ne changeraient guère même si la population d'origine était entièrement composée de traders qui à long terme perdront de l'argent. Pourquoi ? Parce que, en raison de la dispersion des résultats, certains gagneront de l'argent. Nous voyons ici que la volatilité vient en aide aux mauvaises décisions en matière d'investissement. Plus la volatilité est élevée, plus on trouvera d'incompétents dans la classe des vainqueurs.

Seconde idée contre-intuitive : la borne supérieure (le maximum), qui nous intéresse, dépend davantage de la taille de l'échantillon initial que de la situation individuelle de chaque membre de l'échantillon. En d'autres termes, le nombre de traders réussissant bien sur un marché donné est davantage lié au nombre de personnes qui se sont lancées dans le domaine de l'investissement (au lieu de faire dentaire) qu'à leurs capacités à dégager des profits. Cela dépend également de la volatilité. Pourquoi utilisé-je la notion de résultat maximal ? Parce que je ne m'intéresse pas du tout au résultat moyen. Je ne verrai que les meilleurs traders, pas tous les traders. Cela signifie que nous verrons davantage « d'excellents traders » en 2006 qu'en 1998 si le nombre de débutants était plus important en 2001 qu'en 1993 (et je peux affirmer qu'il l'était).

RETOUR À LA MOYENNE

Voici un autre exemple d'erreur de perception des séquences aléatoires : il est fort probable que, sur une large population de joueurs, l'un d'eux jouisse d'une période faste extraordinairement prolongée. En réalité, c'est même l'inverse qui serait improbable. C'est la manifestation d'un phénomène appelé le retour à la moyenne. Cela s'explique de la manière suivante.

Jouons de manière prolongée à pile ou face, en notant les résultats, chaque côté ayant 50 % de chances de se produire. Si la série est assez longue, vous pouvez obtenir une série de huit piles ou huit faces d'affilée, voire peut-être de dix. Vous savez cependant que, malgré ces résultats, la probabilité conditionnelle d'obtenir pile ou face reste de 50 %. Imaginez que vous pariiez de l'argent. La déviation par rapport à la norme qui se traduit par un excès de piles ou un excès de faces est ici entièrement attribuable à la chance, c'est-à-dire à la variance, et non à l'habileté du joueur hypothétique (puisque la probabilité d'obtenir l'un ou l'autre est la même).

Cela signifie que, dans la réalité, plus on s'écarte de la norme, plus cet écart est attribuable à la chance et non à l'habileté. Considérons en effet que l'on ait 55 % de chances d'obtenir pile : la possibilité d'avoir pile dix fois de suite reste très faible. Cela se vérifie très facilement en examinant l'histoire de traders importants qui sont très vite retombés dans l'obscurité, comme les héros que j'ai rencontrés dans les salles de marchés. Cela s'applique aussi bien à la taille des êtres humains qu'à celle des chiens. Dans le cas suivant, considérons que deux chiens de taille moyenne aient une large portée. Les plus gros, s'ils se distinguent trop de leurs géniteurs, auront tendance à avoir une progéniture plus petite qu'eux, et vice versa. Cette « réversion » des individus les plus grands a été observée au cours de l'histoire et expliquée comme étant un retour à la moyenne. Notez que plus l'écart est important, plus ses effets sont vastes.

Encore une mise en garde : tous les écarts ne sont pas liés à cet effet, mais cela s'applique tout de même à une large majorité.

ERGODICITÉ

Pour être plus technique, il faut dire que les gens croient pouvoir calculer les propriétés d'une distribution à partir de l'échantillon qu'ils observent. Quand il s'agit du maximum, c'est alors une distribution entièrement différente qui est déduite, celle des meilleurs. On appelle la différence entre la moyenne de cette distribution et la distribution inconditionnelle des gagnants et des perdants le biais du survivant – il s'agit ici du fait que 3 % de la population initiale gagnera de l'argent cinq années d'affilée. De plus, cet exemple illustre les propriétés de l'ergodicité, c'est-à-dire que le temps élimine les écarts dus au hasard. Bien que ces traders aient dégagé des profits durant les cinq années passées, nous nous attendons à ce qu'à l'avenir leur chance retombe. Finalement, ils ne feront pas mieux que les individus qui ont échoué plus tôt qu'eux. Ah, le long terme !

Il y a quelques années, j'ai dit à A. – alors un des maîtres de l'univers – que les résultats passés étaient moins pertinents qu'il le croyait. Il l'a si mal pris qu'il a violemment lancé son briquet dans ma direction. Cet épisode m'a beaucoup appris. Souvenez-vous que personne ne reconnaît la part du hasard dans son succès, uniquement dans son échec. Son ego était hypertrophié : il dirigeait un département de « super-traders » qui à l'époque amassaient des fortunes sur les marchés, avec la certitude que leur succès était le fruit de leur travail, de leur intuition ou de leur intelligence. Ils ont tous sauté au cours du dur hiver new-yorkais de 1994, lors du krach du marché obligataire qui a suivi l'augmentation surprise des taux d'intérêt par Alan Greenspan. Il est intéressant de noter que, des années plus tard, je n'en rencontre plus guère dans la profession (ergodicité !).

Souvenez-vous que le biais du survivant dépend de la taille de la population initiale. L'information selon laquelle une personne a réalisé des profits par le passé n'apporte rien en soi et n'a aucune pertinence. Il faut connaître la taille de la population dont elle est issue. En d'autres termes, si l'on ne sait pas combien de traders ont essayé et échoué, on ne peut mesurer l'importance des résultats d'un individu. Si cette population initiale compte dix personnes, alors je veux bien confier à ce trader la moitié de mes économies sans ciller. Si la population initiale se compose de 10 000 individus, alors ces résultats n'ont à mes yeux aucune valeur. C'est en général ce cas de figure qui prévaut : tant de personnes sont en effet attirées aujourd'hui par les marchés financiers. Beaucoup d'étudiants commencent par se lancer dans le trading, échouent, puis retournent faire dentaire.

Si comme par enchantement ces traders virtuels devenaient de véritables êtres humains, c'est peut-être l'un d'eux que je rencontrerai demain matin à 11 h 45. Pourquoi à cette heure précise ? Parce que je vais lui poser des questions sur sa méthode. J'ai besoin de savoir comment il effectue ses transactions. S'il se réfère trop souvent à ses résultats passés, je pourrai toujours l'arrêter en disant que j'ai un déjeuner important !

La vie est un tissu de coïncidences

À présent, nous allons observer les effets dans le monde réel des biais à l'œuvre dans notre compréhension de la distribution des coïncidences.

LA LETTRE MYSTÉRIEUSE

Le 2 janvier, vous recevez une lettre anonyme vous informant que le marché va grimper durant le mois. L'information s'avère juste, mais vous n'y prêtez pas attention étant donné l'effet bien connu du mois de janvier (historiquement, les actions montent en janvier). Le 1er février, vous recevez une autre lettre vous annonçant que cette fois le marché va baisser. À nouveau l'information est juste. Le 1er mars, vous recevez une troisième lettre – même chose que précédemment. Arrivé au mois de juillet, vous êtes intrigué par l'intuition de ce correspondant anonyme qui vous propose alors d'investir dans des fonds spéciaux off-shore. Vous placez toutes vos économies. Deux mois plus tard, tout s'est envolé. Vous allez pleurer sur l'épaule de votre voisin qui se souvient alors d'avoir reçu lui aussi deux de ces lettres mystérieuses. Mais les envois ont ensuite cessé. Il se souvient que la première lettre était juste, mais pas la seconde.

Que s'est-il passé ? Voici l'astuce. L'imposteur tire au hasard 10 000 noms dans l'annuaire. Il envoie une lettre haussière à la moitié de cette population, une baissière à l'autre moitié. Le mois suivant, il sélectionne les noms des gens à qui il a envoyé la prédiction qui s'est vérifiée : ils sont 5 000. Le mois suivant, il recommence avec les 2 500 noms restants, et ainsi de suite, jusqu'à ce qu'il ne lui en reste plus que 500. Là-dessus, il y aura 200 victimes. Voilà comment quelques milliers de dollars investis dans des timbres peuvent rapporter des millions.

ENTRE DEUX SETS

Il arrive parfois, lorsqu'on regarde un match de tennis à la télévision, qu'on soit bombardé de publicités pour des investissements qui, jusqu'à cette minute, ont rapporté beaucoup plus que les autres sur une période donnée. Si cet investissement se présente à vous de lui-même, il y a de fortes chances pour que sa réussite soit entièrement tributaire du hasard. Les économistes et les assureurs appellent ce phénomène la « sélection contraire ». Face à un investissement qui se présente de lui-même, les critères de sélection sont plus stricts que face à un investissement qu'on va soi-même choisir, car dans le premier cas on se heurte à davantage de biais. Par exemple, quand je m'adresse à un ensemble de 10 000 gestionnaires, j'ai 2 % de chances de tomber sur un survivant illusoire. En restant à la maison, les chances d'être démarché par ce type de personnes grimpent jusqu'à près de 100 %.

LE BIAIS INVERSE

Jusqu'ici nous avons parlé des survivants illusoires : la même logique s'applique aux personnes sérieuses qui ont tout pour réussir, mais finissent quand même par échouer. Il s'agit de l'effet exactement opposé du biais du survivant. Il suffit de deux mauvaises années d'investissements financiers pour sonner le glas d'une carrière, et cela même si l'on avait au départ tout pour réussir. L'échec est en effet toujours possible. Que font alors les gens pour survivre ? Ils tentent d'optimiser leurs chances de survie en s'exposant aux cygnes noirs (comme Carlos et John) : ce sont en général ces stratégies qui réussissent le mieux, bien qu'elles comportent le risque de sauter.

LE PARADOXE DE L'ANNIVERSAIRE

Pour expliquer le problème du data mining à une personne qui n'est pas versée dans les statistiques, le plus simple est de prendre l'exemple du paradoxe de l'anniversaire, même s'il ne s'agit pas vraiment d'un paradoxe, mais simplement d'une déformation curieuse de la perception. Lorsque vous rencontrez quelqu'un au hasard, vous avez une chance sur 365,25 qu'elle soit née le même jour que vous, et encore moins que ce soit la même année. Dans ce cas, avoir son anniversaire le même jour est une chose dont vous discuteriez en dînant. À présent, imaginons qu'il y ait 23 personnes rassemblées dans la même pièce. Quelle est la probabilité pour que l'anniversaire de deux d'entre elles tombe à la même date ? Environ 50 %. On ne précise pas qui sont ceux dont l'anniversaire doit être le même jour : n'importe quelle paire fait l'affaire.

LE MONDE EST PETIT !

Il en va de même lorsqu'on rencontre un parent ou un ami par hasard dans un lieu tout à fait inattendu. « Le monde est petit ! » s'exclame-t-on souvent alors. Pourtant le fait est loin d'être aussi improbable – le monde est beaucoup plus vaste qu'on ne l'imagine. En réalité, nous ne faisons pas l'expérience de savoir si nous pouvons rencontrer une personne précise, dans un endroit précis, à un moment précis, mais simplement de rencontrer quelqu'un que nous avons déjà vu, dans n'importe quel lieu où nous nous rendrons dans une période donnée. La probabilité de cet événement-là est beaucoup plus vaste, elle est peut-être supérieure de milliers de fois à la précédente.

Quand un statisticien observe des données pour tester une relation précise (par exemple pour mettre en lumière la corrélation entre une annonce politique et la volatilité du marché), il y a des chances pour que le résultat soit pris au sérieux. Mais si l'on gave de données un ordinateur à la recherche de *n'importe quelle* relation, on peut être certain qu'un lien sans fondement émergera, liant par exemple le sort des actions à la longueur des jupes des femmes. Et comme pour la coïncidence des anniversaires, les gens seront stupéfaits.

DATA MINING, STATISTIQUES ET CHARLATANS

Combien de chances avez-vous de gagner deux fois la cagnotte du Loto ? Une sur 17 billions ! Pourtant c'est arrivé à Evelyn Adams qui, comme vous devez le penser, a dû s'estimer particulièrement favorisée par la destinée. En utilisant la méthode expliquée ci-dessus, les chercheurs Percy Diaconis et Frederick Mosteller ont calculé qu'il y avait une chance sur trente pour qu'une personne, quelque part, de manière non définie, ait cette chance.

Certains ont étendu à la théologie le principe du data mining – après tout, les habitants des rivages de la Méditerranée lisaient autrefois d'importantes informations dans les entrailles des oiseaux ! Dans *La Bible : le code secret*, Michael Drosnin s'est livré à une intéressante expérience d'exégèse biblique. Ancien journaliste, Drosnin (qui semble n'avoir jamais pratiqué les statistiques auparavant), avec l'aide d'un « mathématicien », a réussi à « prédire » l'assassinat de l'ancien premier ministre israélien Yitzhak Rabin en déchiffrant un code de la Bible. Il en a informé Rabin, qui naturellement n'y a guère prêté attention. Dans ce livre, Drosnin est parti à la recherche d'irrégularités statistiques, qui aident à prédire certains événements de ce genre. Inutile de préciser que son livre s'est bien vendu et qu'une suite est prévue, qui nous annoncera rétrospectivement d'autres événements de ce genre.

C'est le même mécanisme qui est à l'œuvre dans l'élaboration des théories de la conspiration. Comme dans *La Bible : le code secret*, elles peuvent sembler parfaitement logiques et tromper des gens par ailleurs intelligents. Ainsi puis-je inventer de toutes pièces une théorie : télécharger des centaines de tableaux d'un ou plusieurs artistes, et découvrir parmi toutes ces toiles une constante (parmi les centaines de milliers de coups de pinceau). Je n'ai plus ensuite qu'à mijoter une théorie de la conspiration tournant autour d'un message secret que toutes ces œuvres auraient en commun. C'est apparemment ce qu'a fait l'auteur du *Da Vinci Code*.

C'EST LE MEILLEUR LIVRE QUE J'AIE JAMAIS LU !

Mon passe-temps préféré consiste à traîner dans les librairies, où je vais de livre en livre, en essayant de déterminer lesquels valent la peine qu'on leur consacre son temps. J'achète souvent sur un coup de tête, en me basant sur des informations succinctes mais suggestives. En général je ne peux me référer qu'à la couverture de l'ouvrage, où se trouvent fréquemment des éloges de personnes célèbres ou pas, ou des extraits de critiques. Quand l'éloge vient d'une personne connue et respectée ou d'un magazine de référence, cela m'incite à acheter.

Quel est ici le problème ? J'ai tendance à confondre les critiques, censées donner leur avis sur la qualité de l'œuvre, avec les *meilleures* critiques, me laissant ainsi rattraper par les mêmes biais du survivant. Je confonds alors la distribution du maximum de la variable avec la variable elle-même. L'éditeur n'inscrit en effet sur la couverture que les meilleures critiques. Certains vont même plus loin en sélectionnant quelques mots en apparence élogieux dans une critique peu flatteuse, voire carrément mauvaise. C'est ce qui m'est arrivé avec un certain Paul Wilmott (mathématicien anglais au talent et à l'irrévérence rares) : il annonçait que j'étais le premier à écrire à son propos une critique négative, tout en publiant sur la couverture des extraits qui semblaient en dire du bien (plus tard, nous sommes devenus amis, ce qui m'a permis d'obtenir son appui pour le présent livre).

La première fois où j'ai été victime de ce biais, c'est en achetant à l'âge de seize ans *Manhattan transfer* de John Dos Passos. Je m'étais fié pour cela à la couverture sur laquelle apparaissait une critique de Jean-Paul Sartre : il y qualifiait Dos Passos de plus grand écrivain de notre temps ou quelque chose d'équivalent. Dans les cercles intellectuels européens, cette simple remarque (peut-être lancée après avoir bu quelques verres ou dans le feu de l'enthousiasme), propulsa Dos Passos au rang des auteurs qu'il fallait avoir lu. L'éloge de Sartre fut en effet pris pour une estimation consensuelle de la qualité du travail de Dos Passos et non pour ce qu'il était: sa meilleure critique. (En dépit de tout cela, cet écrivain est plus ou moins retombé dans l'oubli.)

LE BACKTESTEUR

Un programmeur m'a aidé à mettre au point un backtesteur. Il s'agit d'un logiciel connecté à une base de données recensant l'historique des prix. Cela me permet de vérifier les performances hypothétiques passées de n'importe quelle stratégie de trading de complexité moyenne. Il me suffit pour cela d'appliquer une règle mécanique, comme acheter les actions du NASDAQ lorsqu'à la clôture leur prix est supérieur de 1,83 % à la moyenne de la semaine précédente, et j'obtiens immédiatement une idée de ses résultats passés. Sur l'écran s'affichent mes résultats hypothétiques, associés à la règle d'achat. Si ces résultats ne me satisfont pas, je peux changer le pourcentage, par exemple en le baissant à 1,2 %. Je peux aussi rendre la règle plus complexe. Je continuerai ainsi jusqu'à ce que je trouve quelque chose qui fonctionne bien.

Que suis-je en train de faire ? Exactement la même chose que rechercher le survivant parmi un ensemble de règles possibles. J'adapte la règle aux données. Cela s'appelle le data snooping. Plus j'essaie, plus j'ai de chances de trouver une règle qui s'applique aux données passées par le simple fait du hasard. Une séquence aléatoire présente toujours des schémas décelables. Je suis certain qu'il existe une valeur dans le monde occidental dont la courbe soit à 100 % corrélée à celle des changements de température à Oulan Bator, en Mongolie.

D'un point de vue technique, je dois ajouter qu'il existe des développements plus inquiétants. Un article excellent récemment publié par Sullivan, Timmerman et White va plus loin en considérant que les règles appliquées aujourd'hui pourraient elles-mêmes résulter du biais du survivant.

Considérons qu'avec le temps les investisseurs ont expérimenté des règles de trading issues d'un univers très vaste – en principe, des milliers de paramétrisations d'une variété de différents types de règles. Le temps passe, et les règles qui fonctionnent bien historiquement retiennent davantage l'attention, elles sont considérées comme « candidates sérieuses » par la communauté des investisseurs, alors que celles qui fonctionnent mal tombent plus facilement dans l'oubli. Si au fil du temps un nombre suffisant de règles retient ainsi l'attention, même dans un échantillon très large, certaines, par pur hasard, donneront des résultats meilleurs, même si elles n'ont pas réel-

lement de pouvoir de prédiction sur les bénéfices réalisés par les titres. Bien
sûr, des conclusions uniquement basées sur le sous-ensemble des règles de tra-
ding survivantes peuvent s'avérer trompeuses dans ce contexte, car elles ne
rendent pas compte de l'ensemble complet des règles initiales, dont la plu-
part ont peu de chances d'avoir fait des contre-performances.

Je dois mentionner ici les excès dont j'ai été témoin en matière de backtest. Il existe actuellement sur le marché un excellent appareil conçu exactement pour cela, l'Omega Trade Station™ qu'utilisent des dizaines de milliers de traders. Il possède même son propre langage informatique. Aux prises avec l'insomnie, les traders qui passent leurs journées sur ordinateur se transforment en testeurs nocturnes, fouillant les données passées pour y dénicher des propriétés. À force d'atteler leurs singes à des machines à écrire sans spécifier quel ouvrage ils doivent écrire, ils sont certains de tomber sur de l'or hypothétique. Beaucoup d'entre eux y croient dur comme fer.

Un de mes collègues, titulaire de prestigieux diplômes, s'est mis à croire à ce monde virtuel, au point de perdre la notion du réel. Son bon sens s'est-il évaporé à force de simulations ou bien n'en avait-il aucun, je ne saurais dire. En le regardant attentivement, j'ai appris que son éventuel scepticisme naturel s'était effondré sous le poids des données – car sceptique, il l'était profondément, mais dans le mauvais sens. Ah, Hume !

DES CONSÉQUENCES PLUS INQUIÉTANTES

Au cours de l'histoire, la médecine a progressé à force d'erreurs – c'est-à-dire de manière statistique. Nous savons aujourd'hui qu'il y a parfois des relations tout à fait fortuites entre les symptômes et le traitement, et qu'au cours des tests certains médicaments présentent un effet bénéfique tout à fait inattendu, donc dû au hasard. Je ne suis pas expert en médecine, mais je lis régulièrement une partie des publications médicales depuis environ cinq ans, ce qui suffit pour se préoccuper des standards en place, comme nous allons le voir au chapitre suivant. Les chercheurs en médecine sont rarement statisticiens, et vice versa. Beaucoup d'entre eux n'ont aucune idée de l'existence du biais du data mining. Certes cela a peut-être une influence limitée, mais le fait est là, incontestable. Récemment une étude médicale a fait le lien entre le fait de fumer et la *réduction* du cancer du sein, allant ainsi à l'encontre de toutes les études précédentes. La logique voudrait qu'on traite ce résultat avec méfiance, car il peut être le fruit d'une simple coïncidence.

LA SAISON DES BÉNÉFICES: DUPÉ PAR LES RÉSULTATS

Les analystes de Wall Street, en général, sont formés pour déjouer les astuces qu'utilisent les entreprises pour cacher leurs revenus. Ils réussissent parfois même à les battre à leur propre jeu. En revanche, ils ne savent pas comment s'y prendre face au hasard (ils sont incapables de reconnaître les limites de leurs méthodes même en y réfléchissant – même les météorologues ont des résultats meilleurs et une opinion sur ces résultats moins élevée que les analystes boursiers). Lorsqu'une entreprise réalise des bénéfices, la première année cela n'attire pas l'attention. La deuxième année, son nom commence à apparaître sur les écrans d'ordinateur. La troisième, on vous conseille d'en acheter.

Comme dans le cas des données passées, imaginons un ensemble de 10 000 entreprises qui en moyenne dégagent les bénéfices minimaux sans risques (c'est-à-dire équivalents à ceux des bons du Trésor). Soudain elles se lancent dans diverses activités volatiles. À la fin de la première année, nous obtenons 5 000 « bonnes » entreprises dont les bénéfices ont augmenté (en supposant que l'inflation soit nulle) et 5 000 « mauvaises ». Au bout de trois ans, il reste 1 250 « très bonnes » entreprises. Le comité d'évaluation des actions de votre fonds d'investissement conseille alors vivement à votre courtier d'en acheter. Celui-ci vous laisse ensuite un message disant qu'il a une information urgente nécessitant une décision immédiate. Vous recevez ensuite par e-mail une longue liste de noms. Vous en achetez un ou deux. Pendant ce temps, le gestionnaire en charge de votre retraite achète toute la liste.

Nous pouvons appliquer ce raisonnement à la sélection des catégories d'investissement – comme s'il s'agissait des gestionnaires cités plus haut. Imaginez que nous revenions en 1900. Des centaines d'investissements possibles s'offrent à vous. Il y a les marchés boursiers de l'Argentine, de la Russie impériale, du Royaume-Uni, de l'Allemagne unifiée, et beaucoup d'autres encore. Une personne rationnelle aurait alors non seulement acheté le pays émergent qu'étaient à l'époque les États-Unis, mais aussi la Russie et l'Argentine. On connaît la suite. Alors que certains marchés comme ceux des États-Unis et de la Grande-Bretagne ont très bien évolué, celui qui avait investi dans la

Russie impériale n'avait plus entre les mains que du papier de qualité médiocre. Les pays qui ont bien marché ne forment pas un gros contingent par rapport à l'ensemble de départ. Le hasard favorise très largement certains investissements. Je me demande si les « experts » qui émettent des déclarations ineptes (et intéressées) comme : « Les marchés montent toujours sur une période de vingt ans » se rendent compte du problème.

Chance comparative

Le problème devient beaucoup plus épineux lorsqu'il s'agit de sur-performance, ou comparaison entre deux personnes, deux entités, ou davantage. S'il est certain que nous nous laissons duper par le hasard quand il y a une seule séquence temporelle, l'effet est cumulé lorsqu'il s'agit de comparer deux personnes, par exemple, ou une personne et une référence. Pourquoi ? Parce que les deux sont aléatoires ! Tentons l'expérience suivante. Prenons deux individus, un homme et son beau-frère, qui sont déjà lancés dans la vie. Supposons qu'ils aient les mêmes chances au départ. Voilà les résultats possibles : chance-chance (aucune différence entre eux) ; malchance-malchance (à nouveau, aucune différence) ; chance-malchance (grosse différence entre eux) ; malchance-chance (à nouveau, grosse différence).

Récemment j'ai assisté pour la première fois à un symposium de gestionnaires de portefeuilles où un conférencier extrêmement ennuyeux comparait ses traders. Sa profession consistait à sélectionner des gestionnaires de fonds et à les présenter à ses investisseurs – cette activité s'appelle « fonds de fonds ». Je l'écoutais tandis qu'il nous inondait de chiffres. Première révélation : soudain j'ai reconnu en cet intervenant un ancien collègue, biologiquement transformé par le passage du temps. Autrefois vif, énergique, sympathique, il était devenu soporifique, corpulent, et visiblement très satisfait de sa réussite. (À l'époque où je l'avais connu, il n'était pas riche : les gens peu-vent-il réagir de manière différente face à l'argent ? Certains se prennent-ils au sérieux et d'autres pas ?) Seconde révélation : je me doutais qu'il s'était laissé duper par le hasard, mais à une échelle bien plus importante qu'on ne pouvait l'imaginer, en particulier à cause du biais du survivant. D'après un calcul rapide, au moins 97 % de son discours n'était que bruit. Le fait de comparer des résultats ne faisait qu'empirer les choses.

GUÉRIR LE CANCER

Quand je reviens d'Asie ou d'Europe, je me lève très tôt le matin, le temps d'absorber le décalage horaire. Parfois il m'arrive d'allumer la télévision pour glaner quelques informations sur les marchés. Ce qui me frappe le plus alors, c'est l'abondance des publicités pour les médecines alternatives. Cela vient sans aucun doute du fait que le prix de la seconde est beaucoup moins cher à cette heure-là. Afin de prouver l'efficacité de leur produit, les vendeurs diffusent en général le témoignage d'une personne guérie par leur remède miracle. Ainsi ai-je vu un jour un ancien patient atteint d'un cancer de la gorge expliquer comment il avait été sauvé par un cocktail de vitamines, vendu au prix exceptionnel de 14,95 dollars – je pense qu'il était sincère (bien que certainement remercié de son aide par un traitement gratuit à vie !). Malgré les progrès de la médecine, il y a toujours des gens pour croire à l'existence d'un lien causal entre la maladie et la guérison grâce à ce genre de remèdes, et un témoignage bouleversant est toujours plus convaincant qu'une preuve scientifique. De plus, ce genre d'affirmations ne sort pas toujours de la bouche d'inconnus : les prix Nobel (mais pas en médecine) s'en mêlent parfois. Ainsi Linus Pauling, prix Nobel de chimie, croyait, paraît-il, si fort aux vertus curatives de la vitamine C qu'il en ingérait chaque jour des doses massives. Profitant de sa position pour imposer ses vues, il contribua à propager l'idée déjà répandue que la vitamine C avait une valeur thérapeutique. Les conclusions des études médicales, qui n'étayaient pas ses affirmations, tombèrent dans des oreilles de sourds, et eurent toutes les peines du monde à venir à bout du témoignage de ce prix Nobel, bien qu'il ne fût pas qualifié pour discuter de problèmes médicaux.

La plupart de ces publicités n'ont pas de conséquences fâcheuses, en dehors des profits rapportés aux charlatans qui les fabriquent. Toutefois certains malades du cancer ont peut-être abandonné les thérapies scientifiques pour ces méthodes, et par conséquent ont été tués par leur rejet des traitements plus orthodoxes (une fois encore, les thérapies non scientifiques sont rassemblées sous l'expression « médecines alternatives », c'est-à-dire non prouvées, et la communauté médicale a toutes les peines du monde à convaincre la presse qu'il n'y a qu'une médecine, et que par conséquent les « thérapies » alternatives ne sont pas de la médecine). Lecteurs et lectrices s'étonnent peut-être de m'entendre dire que le « témoin » guéri puisse être sincère, sans que cela signifie qu'il a été guéri par ce traitement sans effet. La raison en est la « rémission spontanée » : dans un nombre de cas extrêmement restreint, pour des raisons inconnues, les patients réussissent à se débarrasser de leur cancer et guérissent « par miracle ». Un phénomène pousse en effet le système immunitaire du malade à éliminer toutes les cellules cancéreuses. Dans ce cas, la personne aurait aussi bien pu être guérie par un verre d'eau gazeuse ou une rondelle de saucisson que par ces jolies pilules. Peut-être les rémissions spontanées en réalité ne sont-elles d'ailleurs pas spontanées, mais liées à un facteur que nous n'avons pas encore détecté.

L'astronome défunt Carl Sagan, ardent défenseur de la pensée scientifique et ennemi juré de la non-science, a étudié les cas des patients dont le cancer guérissait après un pèlerinage à Lourdes et un simple contact avec les eaux sacrées. Il a découvert une chose intéressante : le taux de guérison pour le total des patients était inférieur au taux statistique des rémissions spontanées ! Plus bas que ceux qui ne faisaient pas le voyage à Lourdes ! Un statisticien osera-t-il prétendre que les chances de survie des patients diminuent après le pèlerinage ?

LE PROFESSEUR PEARSON À MONTE CARLO (LITTÉRALEMENT) : LE HASARD N'A PAS L'AIR ALÉATOIRE !

Au début du XXe siècle, alors que commençaient à se développer des techniques permettant d'étudier la notion de résultats aléatoires, apparurent plusieurs méthodes pour détecter les anomalies. Le professeur Karl Pearson (père d'Egon Pearson, compagnon de Neyman, que connaissent tous ceux et celles qui ont assisté à un cours de statistiques 101) mit au point le premier test non aléatoire (en réalité, il s'agissait d'un test de déviation par rapport à la normale, ce qui revient au même). En juillet 1902, il examina des millions de trajectoires variables d'une roulette Monte Carlo (nom complet de cet engin). Il découvrit alors avec un fort degré de signification statistique (avec un taux d'erreur inférieur à une chance sur un milliard) que les trajectoires variables n'étaient pas purement aléatoires. Comment ! La roulette n'est pas l'instrument de la chance ? Le professeur Pearson en fut fort surpris. Toutefois ce résultat en soi ne nous apprend rien : nous savons qu'il n'existe pas de pur hasard, car le résultat dépend de la qualité de l'équipement. Une recherche minutieuse permettrait de découvrir où se cache la part de non-hasard (par exemple, la roulette peut être légèrement déséquilibrée, ou la boule pas parfaitement sphérique). Les philosophes en statistiques appellent cela le « problème du cas de référence », afin d'expliquer qu'en pratique il n'y a pas de hasard réellement accessible : ce n'est vrai qu'en théorie. Par ailleurs, un gestionnaire se préoccuperait certainement de savoir si ce non-hasard peut donner naissance à des règles profitables. Si je dois parier un dollar 10 000 fois pour gagner un dollar, alors autant m'inscrire à temps partiel dans une agence de gardiennage.

Toutefois ce résultat comporte un autre aspect délicat. Il s'agit d'un autre problème pratique beaucoup plus important concernant le non-hasard. Même les inventeurs des statistiques ont oublié qu'une série de variables aléatoires n'a pas besoin de présenter un modèle pour sembler aléatoire. En réalité, des données qui ne présenteraient aucun modèle seraient extrêmement douteuses et auraient l'air fabriquées. Une seule variable aléatoire affiche nécessairement un modèle – si l'on regarde avec suffisamment d'attention. Notez que le professeur Pearson fut parmi les premiers savants qui cherchèrent à créer des générateurs de données aléatoires artificielles, tableaux que l'on pouvait utiliser comme données pour différentes simulations scientifiques et d'ingénierie (précurseurs de la simulation Monte Carlo). Le problème est qu'ils ne voulaient pas que ces tableaux affichent la moindre régularité. Or le hasard véritable n'a pas l'air aléatoire !

J'utiliserai un autre exemple pour illustrer ce phénomène : celui de la grappe de cancers. Imaginons un carré où l'on lance seize fléchettes, avec la probabilité de toucher n'importe quelle partie du carré. Si nous le divisons en seize parties, on peut s'attendre à ce que chaque division contienne une fléchette en moyenne – mais seulement en moyenne. La probabilité que chaque fléchette se retrouve dans une des divisions est très faible. Dans la grille moyenne, plusieurs carreaux contiendront plusieurs fléchettes, alors que beaucoup d'autres seront vides. Il serait exceptionnel qu'aucune grappe n'apparaisse sur le quadrillage. Transposons à présent notre grille de fléchettes sur la carte d'une région quelconque. Au vu des résultats, certains journaux déclareront que dans l'une de ces zones (celle où il y a le plus de fléchettes) des radiations sont source de cancer, ce qui poussera les avocats à démarcher les malades.

LE CHIEN QUI N'ABOYAIT PAS:
DES BIAIS DANS LA CONNAISSANCE SCIENTIFIQUE

Le même argument vaut pour la science, elle aussi victime du biais du survivant dans la manière dont les articles des chercheurs sont publiés. D'une certaine façon le processus est le même que pour les journalistes : les recherches qui ne donnent pas de résultats ne sont pas publiées. Cela peut paraître sensé : on imagine mal la une d'un journal titrant en gros : rien de nouveau n'est arrivé (bien que la Bible ait eu l'intelligence de dire : *ein chadash tachat hashemesh* – « rien de nouveau sous le soleil », ce qui nous apprend tout simplement que les choses sont récurrentes). Le problème vient de ce que l'on confond absence de découverte et découverte de l'absence de résultats. Il peut être très important de savoir que *rien ne n'est passé.* Comme le note Sherlock Holmes dans *Flamme d'argent* : « Le plus curieux est que le chien n'a pas aboyé. » Plus grave encore : beaucoup de résultats scientifiques ne sont pas publiés parce qu'ils ne sont pas significatifs du point de vue des statistiques, alors qu'ils nous apportent quand même des informations.

Je ne tire pas de conclusions

On me pose souvent la question suivante : Quand s'agit-il vraiment de non-hasard ? Il existe des professions dans le domaine du hasard qui sont peu soumises à la chance, comme les casinos qui ont réussi à l'apprivoiser. Y en a-t-il dans la finance ? Peut-être. Tous les traders ne spéculent pas. Ainsi les teneurs de marchés tirent leurs revenus d'une transaction, comme les bookmakers ou même les commerçants. S'ils spéculent, les risques demeurent réduits par rapport au volume global. Ils achètent et revendent au public à un prix plus favorable, effectuant ainsi un grand nombre de transactions. Cela les préserve du hasard. On trouve dans cette catégorie les commis négociateurs pour les traites, les traders cambistes qui « font du trading contre le flot d'ordres », et les bureaux de change des souks du Proche-Orient. Les qualités nécessaires pour ce genre de travail sont peu répandues : avoir l'esprit rapide, se montrer alerte, posséder beaucoup d'énergie, distinguer d'après la voix du vendeur son degré de nervosité. Ceux qui les possèdent font une longue carrière – ils tiennent peut-être dix ans. Mais ils ne deviennent jamais riches, car leurs revenus dépendent du nombre de leurs clients. Cependant, d'un point de vue probabiliste, ils se débrouillent bien. Ils sont en quelque sorte les dentistes de la profession.

En dehors de cette activité très spéciale, proche de celle des bookmakers, pour être honnête, je ne saurais dire qui a de la chance et qui n'en a pas. Je peux affirmer qu'une personne A semble avoir moins de chance qu'une personne B, mais c'est une information douteuse qui n'a pas grand sens. Je préfère la position de sceptique. Souvent les gens interprètent mal mon opinion. Je ne dis jamais que tous les gens riches sont des sots, ni que tous ceux qui échouent n'ont pas eu de chance : je dis seulement qu'en l'absence d'information supplémentaire il est préférable de réserver son jugement. C'est beaucoup plus prudent.

CHAPITRE 10

LE RATÉ RAFLE TOUT.
DE LA NON-LINÉARITÉ DE L'EXISTENCE

De la non-linéarité vicieuse de l'existence. Emménager à Bel Air vous fait acquérir les vices des personnes riches et célèbres. Pourquoi Bill Gates, le patron de Microsoft, n'est peut-être pas le meilleur dans son domaine (mais, s'il vous plaît, ne lui dites pas!). Priver l'âne de nourriture.

À présent, en le prenant sous un autre angle, je vais tester un poncif: la vie est injuste. Voici ma version: la vie est injuste de façon non linéaire. Ce chapitre montre comment un petit avantage dans la vie peut rapporter des bénéfices disproportionnés, ou encore, et de façon plus vicieuse, comme l'absence d'avantage mais un tout petit coup de pouce du hasard peut vous faire décrocher le gros lot.

L'effet « château de sable »

Définissons d'abord ce qu'est la non-linéarité. Il y a de multiples façons de la présenter, mais la manière la plus habituelle chez les scientifiques est l'effet « château de sable ». Je vais vous expliquer. Je suis en ce moment même assis sur une plage de Copacabana, à Rio de Janeiro. J'essaye de ne faire aucun effort (sans succès, bien sûr, puisque je suis mentalement en train d'écrire ces lignes). Je m'amuse à construire un château de sable avec des jouets en plastique empruntés à un enfant – j'essaie en toute modestie mais avec obstination de reproduire la tour de Babel. J'ajoute sans cesse du sable au sommet, faisant ainsi s'élever peu à peu toute la structure. Mes cousins babyloniens pensaient qu'ils atteindraient ainsi les cieux. Mes objectifs sont plus humbles : je cherche à savoir jusqu'où je peux aller avant que tout ne s'écroule. J'ajoute du sable pour savoir à quel stade l'ensemble va s'effondrer. Peu habitué à voir des adultes faire des châteaux de sable, un enfant m'observe, éberlué.

Au bout d'un moment – pour le plus grand plaisir de mon jeune spectateur – mon édifice s'affaisse et reprend son aspect naturel. On pourrait dire que le dernier grain de sable est responsable de la destruction de la structure tout entière. Nous assistons ici à un effet non linéaire résultant de la force non linéaire qui s'exerce sur un objet. Un minuscule ajout (ici, un grain de sable) a des conséquences disproportionnées, en l'occurrence l'anéantissement de mon embryon de tour de Babel. La sagesse populaire connaît bien ce genre de phénomènes : certaines expressions la reflètent, comme : « C'est la goutte d'eau qui fait déborder le vase. »

Ces dynamiques non linéaires ont un nom savant en vogue : « théorie du chaos » – ce qui est trompeur car cela n'a rien à voir avec le chaos. La théorie du chaos concerne avant tout des fonctions où un léger ajout peut avoir des conséquences disproportionnées. Les modèles de population, par exemple, peuvent aboutir à une croissance explosive ou à l'extinction d'une espèce : tout dépend d'une très légère différence dans cette population à un moment donné. Autre analogie scientifique populaire : le climat. Il a été démontré que le simple battement d'aile d'un papillon en Inde peut déclencher un typhon à New York. Par ailleurs, les classiques nous apportent une fois encore leur contribution : Pascal (voir le pari, chapitre 7) écrit dans ses *Pensées* : « Le nez de Cléopâtre eût-il été plus court, la face du monde en aurait été changée. » La reine d'Égypte avait des traits charmants, dont un nez long et fin qui rendit Jules César et Marc-Antoine fous d'elle – par pur snobisme intellectuel, je ne peux m'empêcher de battre en brèche ce cliché : Plutarque a affirmé que c'était la conversation subtile de Cléopâtre et non son physique qui avait si profondément séduit les grands hommes de son époque – et je le crois volontiers.

QUAND LE HASARD S'EN MÊLE

Les choses deviennent plus intéressantes quand le hasard s'en mêle. Imaginez une salle d'attente remplie de comédiens attendant pour passer une audition. Le nombre de ceux qui sont susceptibles d'être retenus est assez restreint, et ce sont eux, en général, que le public considère comme les représentants de la profession, comme nous l'avons vu avec le biais du survivant. Les gagnants vont emménager dans le quartier de Bel Air, à Los Angeles, sous la pression ambiante se mettre à acheter des objets de luxe, et peut-être, en raison de leur rythme de vie décalé, à consommer certaines substances plus ou moins licites. Quant aux autres (la grande majorité), on peut aisément imaginer leur destin : une vie entière passée à servir des expressos au café d'à côté, tout en essayant de retarder les ravages du temps entre deux auditions.

On peut toujours dire que le comédien qui a remporté le rôle titre, grâce auquel il est devenu riche et célèbre, possède un talent que les autres n'ont pas, un charme ou une caractéristique physique qui font de lui la personne idéale pour ce genre de trajectoire. Je pense différemment. Le gagnant a probablement un don d'acteur comme les autres, sinon ils ne se seraient pas trouvés dans cette salle d'attente.

La gloire est un phénomène intéressant en ce qu'elle possède sa propre dynamique. Un comédien devient célèbre auprès du public parce qu'il est connu d'une autre partie du public. La dynamique de la célébrité suit alors le mouvement de rotation d'une hélice, qui peut très bien avoir démarré lors de l'audition, le choix ayant été tributaire d'un détail insignifiant suivant l'humeur du jour du sélectionneur. Si ce sélectionneur n'était pas tombé amoureux la veille d'une personne portant un nom similaire, alors le comédien issu de cette séquence historique particulière serait encore en train de servir des cafés dans cette alternative historique.

APPRENDRE À TAPER

Les chercheurs se réfèrent souvent à l'exemple du clavier **AZERTY** pour décrire la dynamique vicieuse du gagner/perdre dans l'économie, et montrer comment une mauvaise méthode peut triompher. En effet, la disposition du clavier est loin d'être optimale, au point même de ralentir la frappe au lieu de la faciliter. En réalité, elle fut conçue pour que les barres ne s'entrechoquent pas, à l'époque où il n'était pas encore question d'électronique. Lorsqu'on commença à améliorer la qualité de ces machines et à fabriquer des ordinateurs, il y eut des tentatives pour rationaliser le clavier : en vain. Les gens avaient appris avec l'AZERTY, et cette habitude était trop ancrée pour qu'ils en changent. Comme un comédien est propulsé au rang de star suivant un mouvement hélicoïdal, certaines personnes poussent dans le sens qui convient à d'autres. Forcer le processus à retrouver une dynamique rationnelle est superflu, voire impossible. C'est ce qu'on appelle un résultat à trajectoire conditionnelle, qui a biaisé bien des tentatives mathématiques pour modéliser les comportements.

Il est évident que l'ère de l'information où nous vivons aujourd'hui, en rendant nos goûts plus homogènes, a accru les inégalités : ceux qui gagnent remportent presque toute la clientèle. L'exemple qui pour beaucoup représente le coup de chance le plus spectaculaire est celui de Bill Gates, fondateur lunatique de Microsoft. Il est bien sûr difficile de nier que Bill Gates soit un homme aux standards personnels élevés, ayant une éthique de travail et une intelligence supérieure à la moyenne, mais est-il pour autant le meilleur ? Mérite-t-il tout cela ? Bien sûr que non. La plupart des gens sont comme moi équipés de ses produits parce que les autres le sont, c'est un effet purement circulaire que les économistes appellent les « externalités de réseau ». Personne n'a jamais prétendu qu'il s'agissait des meilleurs produits en informatique. La plupart des rivaux de Bill Gates éprouvent une jalousie obsessionnelle à l'égard de sa réussite. Ils sont verts de rage à l'idée qu'il a gagné si gros alors que la plupart d'entre eux se battent pour faire survivre leur entreprise.

De telles idées vont à l'encontre des modèles économiques classiques, où soit les résultats sont dus à une raison précise (il n'y a pas de place pour le hasard), soit les meilleurs gagnent (les meilleurs sont les plus habiles et jouissent d'une supériorité technique). Les économistes ont découvert l'existence des effets des trajectoires conditionnelles plus tard. Ils ont alors publié en masse sur ce sujet. Ainsi, par exemple, Brian Arthur, économiste du Santa Fe Institute, spécialisé dans la non-linéarité, a écrit que c'est la chance associée à un feedback positif et non la supériorité technologique qui détermine la supériorité économique – et pas une dynamique à la définition abstruse dans un certain domaine d'expertise. Alors que les modèles économiques anciens excluaient le hasard, Arthur explique comment « des ordres inattendus, des rencontres avec des avocats dues à la chance, des caprices de directeurs… permettent de déterminer quelles sociétés ont réussi à vendre vite et, avec le temps, à s'imposer ».

LES MATHÉMATIQUES : THÉORIE ET APPLICATION DANS LA RÉALITÉ

Une approche mathématique du problème s'impose. Alors que, selon les modèles mathématiques conventionnels (comme la trajectoire variable brownienne, très utilisée dans le domaine financier), la probabilité de réussite ne change pas à chaque nouvelle étape cumulée, contrairement à la richesse, Arthur, lui, propose des modèles comme le processus de Polya, avec lequel il est mathématiquement très difficile de travailler, mais qui demeure cependant facile à comprendre avec l'aide de la simulation Monte Carlo. Le processus de Polya peut être présenté ainsi : imaginons une urne qui contienne au départ des boules noires et des boules rouges en quantité égale. À chaque fois vous devez deviner la couleur de la boule avant de piocher. Ici, le jeu est truqué. À la différence d'une urne traditionnelle, la probabilité de trouver la bonne réponse dépend des succès passés, car on répond plus ou moins bien en fonction de ses résultats précédents. Ainsi la probabilité de gagner augmente si l'on a déjà gagné, et celle de perdre si l'on a déjà perdu. Lorsqu'on fait une simulation de ce processus, on voit se dégager une forte variance dans les résultats, avec d'étonnants succès et un grand nombre d'échecs (ce que nous avons appelé le déséquilibre).

Comparons ce processus avec d'autres, plus souvent modélisés, c'est-à-dire celui de l'urne où l'on pioche mais où les boules sont remplacées. Disons que vous avez gagné à la roulette. Cela augmenterait-il vos chances de gagner ? Non. Dans le cas du processus de Polya, la réponse est oui. Alors pourquoi est-il si difficile de travailler avec ce processus sur le plan mathématique ? Parce qu'il viole la notion d'indépendance (c'est-à-dire que le prochain tirage ne dépend pas des précédents). L'indépendance est une condition nécessaire pour travailler avec les mathématiques (connues) des probabilités.

Quelle fut l'erreur commise dans le développement de l'économie en tant que science ? Réponse : il était une fois un groupe de personnes intelligentes qui se sentaient obligées d'utiliser les mathématiques pour se prouver que leur pensée était rigoureuse et leur démarche scientifique. Certains, qui étaient pressés, décidèrent d'y

introduire les techniques de modélisation mathématique (voici les
coupables : Léon Walras, Gérard Debreu, Paul Samuelson). Malheureusement ils oublièrent de prendre en compte le fait que peut-être
les mathématiques qu'ils utilisaient étaient trop restrictives pour leur
permettre de traiter leurs problèmes. De même ils auraient dû penser que la précision du langage mathématique conduirait les gens à
croire qu'ils avaient des solutions alors qu'en réalité ils n'en avaient
aucune (souvenez-vous de Popper et de ce que nous coûta le fait
d'avoir pris la science trop au sérieux). En réalité, les mathématiques
avec lesquelles ils travaillaient ne fonctionnaient pas dans le monde
réel, peut-être parce qu'il leur fallait des classes de processus plus
riches – en tous cas, ils refusèrent d'accepter l'idée qu'il eût mieux
valu se passer des mathématiques.

Les soi-disant théoriciens de la complexité leur vinrent en aide.
Les travaux de scientifiques spécialisés dans les méthodes quantitatives
non linéaires déclenchèrent une vague d'enthousiasme – la Mecque
de ces chercheurs étant le Santa Fe Institute près de Santa Fe, au
Nouveau-Mexique. Naturellement ces scientifiques sont acharnés au
travail. Ils ont abouti à d'excellentes solutions en sciences physiques
et ont amélioré les modèles en sciences sociales (bien que cela ne soit
pas encore entièrement concluant). Si au bout du compte ils
échouent, ce sera tout simplement parce que les mathématiques ne
représentent peut-être qu'une aide secondaire dans le monde réel.
Autre avantage de la simulation Monte Carlo : on peut obtenir des
résultats là où les mathématiques échouent et ne sont d'aucune aide.
En nous épargnant les équations, elle nous évite de tomber dans les
pièges des mathématiques inférieures. Comme je l'ai dit au chapitre
3, dans un monde soumis au hasard les mathématiques ne sont qu'un
mode de réflexion et de méditation, guère plus.

LA SCIENCE DES RÉSEAUX

L'étude de la dynamique des réseaux se développe depuis peu de
manière considérable. C'est devenu une discipline de choix grâce au
livre de Malcolm Gladwell, *Le point de bascule* (qui exprime les idées du
sociologue mathématicien Thomas Fleming). Il y montre comment
certaines variables telles que les épidémies se propagent de manière
extrêmement rapide au-delà d'un seuil critique non défini. (Comme
par exemple la mode des baskets chez les populations jeunes et
urbaines, ou la diffusion des idées religieuses. Les ventes de livres

connaissent une croissance similaire : au-delà d'un certain seuil de bouche à oreille, elles explosent.) Pourquoi certaines idéologies ou religions se répandent-elles comme une traînée de poudre, alors que d'autres disparaissent très vite. Comment une mode prend-elle ? Comment les virus de la pensée prolifèrent-ils ? Lorsqu'on sort des modèles conventionnels de hasard (la courbe en cloche familière des graphiques aléatoires), un phénomène subtil se produit. Pourquoi le moteur de recherche Google attire-t-il tant de visiteurs comparé à celui de la National Association of Retired Veteran Chemical Engineers ? Plus un réseau est dense, plus on a de probabilités de tomber dessus et plus il devient dense, surtout lorsqu'il n'y a pas de limites à ses capacités d'absorption. Notez qu'il est parfois stupide de rechercher un « seuil critique », car ils sont souvent instables et impossibles à définir – si ce n'est rétrospectivement, comme beaucoup d'autres choses. Peut-être ces seuils critiques sont-ils en réalité des progressions (la prétendue loi de puissance de Pareto). Il est clair que des grappes apparaissent spontanément, mais il est malheureusement trop difficile de prédire dans quelles conditions (en dehors de la physique) pour que nous puissions prendre ces modèles au sérieux. Une fois encore, l'important est de reconnaître l'existence de ces schémas non linéaires, pas d'essayer de les modéliser. L'intérêt principal des travaux du grand Benoît Mandelbrot est de nous montrer qu'il existe un type de hasards « incontrôlables » aux propriétés instables.

NOTRE CERVEAU

Notre cerveau n'est pas fait pour la non-linéarité. Les gens pensent que si deux variables sont liées par une relation de causalité, alors un apport régulier à l'une d'elles a *toujours* des conséquences sur l'autre. Notre appareil émotionnel est conçu pour la causalité linéaire. Par exemple, vous étudiez tous les jours et vous apprenez en proportion. Si vous avez le sentiment de n'aller nulle part, vos émotions feront que vous vous sentirez démoralisé. Cependant la réalité nous offre rarement le privilège d'une progression linéaire positive et par conséquent satisfaisante : vous pouvez faire des recherches pendant un an sans rien apprendre, et soudain (à moins que, dépité par l'absence de résultats, vous n'ayez tout abandonné), vous découvrez quelque chose. Mon associé, Mark Spitznagel, résume cela de la manière suivante : imaginez que vous vous exerciez tous les jours au piano pendant une longue période en étant à peine capable de jouer *Chopsticks*, et que soudain vous parveniez à interpréter Rachmaninov. En raison de sa non-linéarité, les gens ne parviennent pas à comprendre la nature de l'événement rare. Cela explique pourquoi il existe des routes menant au succès qui ne sont pas soumises au hasard, que très peu de gens ont la force mentale nécessaire d'emprunter. Ceux qui continuent quand même sont récompensés. Dans ma profession, on peut posséder des actifs à rendement faible comparés au reste du marché, qui ne réagissent pas avant d'atteindre un seuil critique. Passé ce seuil, ils s'enflamment. La plupart des gens abandonnent avant de toucher leur récompense.

L'ÂNE DE BURIDAN OU LES BONS CÔTÉS DU HASARD

On utilise parfois la non-linéarité dans les résultats aléatoires pour sortir de situations inextricables. Prenons le problème du petit coup de pouce non linéaire. Imaginez un âne ayant tout aussi faim que soif, placé à distance égale de l'eau et de la nourriture. En pareilles circonstances, il mourrait de faim et de soif, incapable de décider par où commencer. Rajoutons à présent un peu de hasard dans le tableau en poussant légèrement l'âne : ainsi se trouve-t-il plus près d'un des deux éléments, peu importe lequel, et par conséquent plus loin de l'autre. Le dilemme est instantanément résolu, et notre âne fortuné va pouvoir tour à tour se nourrir et s'abreuver, ou l'inverse.

Les lecteurs et lectrices ont certainement un jour résolu une situation du type âne de Buridan en jouant à pile ou face, préférant s'en remettre au hasard pour résoudre un problème mineur. Laissons dame Fortune prendre la décision et soumettons-nous à sa volonté de bonne grâce. J'utilise souvent la méthode de l'âne de Buridan (sous son appellation mathématique) quand mon ordinateur bloque devant deux possibilités (pour entrer dans les détails techniques, cette « randomisation » se produit fréquemment au cours des problèmes d'optimisation, quand il est nécessaire de perturber une fonction).

Il est à noter que l'histoire de l'âne de Buridan nous vient du philosophe du XIVe siècle Jean Buridan (il connut une fin intéressante : on le jeta dans la Seine, enfermé dans un sac, et il se noya). Ses contemporains jugèrent qu'il s'agissait là d'une fable sophiste : ils ne virent pas l'importance qu'elle revêtait pour l'étude du hasard. Manifestement Buridan était en avance sur son temps.

Quand il pleut, il tombe des cordes

Tout en écrivant ces lignes, je viens de réaliser combien je faisais moi aussi les frais de la binarité du monde. Soit l'on connaît un succès fulgurant et l'on attire tous les capitaux, soit on ne reçoit pas le moindre centime. Il en va de même avec les livres. Soit tout le monde veut vous publier, soit personne ne vous rappelle (dans ce cas, j'ai pour règle de rayer les noms de mon carnet d'adresse). Je m'aperçois également de l'existence de l'effet non linéaire qui sous-tend toute forme de succès : mieux vaut une poignée de fidèles enthousiastes plutôt que des hordes de gens qui apprécient votre travail – mieux vaut être adoré par une douzaine de personnes qu'estimé par des centaines. Cela s'applique à la vente des livres, à la façon dont se répandent les idées, au succès en général et à tout ce qui va à l'encontre de la logique conventionnelle. L'ère de l'information accentue encore ce phénomène, et avec mon sens méditerranéen profond et ancien du *metron* (la mesure), cela me met extrêmement mal à l'aise. Avoir trop de succès est une calamité (souvenez-vous des châtiments qu'encourent les riches) ; essuyer trop d'échecs est démoralisant. J'aimerais pouvoir choisir une vie où ne se produise ni l'un ni l'autre.

LE HASARD ET NOTRE CERVEAU : POURQUOI NOUS SOMMES AVEUGLES DEVANT LES PROBABILITÉS

De la difficulté de concevoir ses vacances comme une combinaison linéaire de Paris et des Bahamas. Nero Tulip n'ira peut-être plus jamais skier dans les Alpes. Ne posez pas trop de questions aux fonctionnaires. Un cerveau made in Brooklyn. En quoi Napoléon pourrait encore nous être utile. Des scientifiques s'inclinent devant le roi de Suède. Encore quelques mots de la pollution que génèrent les journalistes. Pourquoi vous êtes peut-être mort à présent.

Paris ou les Bahamas ?

Pour les prochaines vacances, en mars, deux possibilités s'offrent à vous : Paris ou les Caraïbes. Les deux vous laissent indifférent : votre conjoint fera pencher la balance dans un sens ou dans l'autre. Quand vous songez à ces destinations, deux images naissent dans votre esprit. Dans la première, vous vous voyez au musée d'Orsay, contemplant un tableau de Pissaro qui représente un ciel nébuleux : l'horizon gris de l'hiver à Paris. Vous tenez un parapluie à la main. Dans la seconde image, vous vous prélassez sur un transat, auprès de vous se trouve une pile de livres de vos auteurs préférés (Tom Clancy et Amianus Marcellinus). Un serveur obséquieux vous apporte un daïquiri à la banane. Vous savez que ces deux états s'excluent mutuellement (vous pouvez seulement être à un endroit à la fois), mais sont exhaustifs (il y a 100 % de chances pour que vous vous retrouviez dans l'un ou l'autre). Le choix est équiprobable, chacun ayant à votre avis 50 % de chances de se réaliser.

Vous prenez beaucoup de plaisir à rêver à ces vacances. Cela vous motive et rend vos trajets entre le bureau et la maison plus supportables. Pourtant la manière adéquate de vous projeter, comportement rationnel en cas d'incertitude, serait de 50 % dans un lieu, et de 50 % dans l'autre – ce qu'on appelle une « combinaison linéaire » des deux états. Votre cerveau en est-il capable ? Jusqu'à quel point est-il désirable d'avoir les pieds dans la mer des Caraïbes et la tête exposée au crachin parisien ? Notre esprit n'est capable d'appréhender qu'une seule situation à la fois – à moins que vous souffriez de profonds troubles de la personnalité. À présent, essayez donc d'imaginer la combinaison 85 %/15 %. Vous y arrivez ?

Supposons que vous fassiez un pari avec un collègue à hauteur de 1 000 euros, ce qui vous paraît tout à fait juste. Demain soir vous aurez dans la poche soit 2 000 euros, soit rien du tout, et cela avec 50 % de chances dans chaque cas. En termes purement mathématiques, la juste valeur d'un pari est la combinaison linéaire des états, appelée ici « l'espérance mathématique », c'est-à-dire la probabilité de chaque gain multipliée par la valeur en jeu en euros (50 % multiplié par 0 plus 50 % multiplié par 2 000 euros = 1 000 euros). Êtes-vous capable d'imaginer (c'est-à-dire de visualiser, pas de faire un calcul mathématique) que la valeur soit de 1 000 euros ? Nous ne sommes capables de nous représenter qu'une seule situation donnée à un moment, c'est-à-dire 0 ou 2 000 euros. Si on nous laisse faire comme bon nous semble, nous parierons certainement de façon irrationnelle, car l'un des deux états dominera notre imagination – soit la peur de se retrouver sans rien, soit l'excitation à l'idée de gagner 2 000 euros.

Quelques considérations architecturales

Il est temps de révéler le secret de Nero. C'est un cygne noir. Il avait alors trente-cinq ans. Si les immeubles new-yorkais d'avant-guerre possèdent de jolies façades, le contraste avec la cour est saisissant. La salle d'examen de ce médecin installé dans l'Upper East Side donnait sur la cour. Jamais Nero n'oublierait combien l'arrière de ce bâtiment était laid, dût-il vivre un autre demi-siècle. Toute sa vie il se souviendrait de cette affreuse cour rose qu'il contempla par la fenêtre décrépite, et des diplômes de médecine accrochés au mur qu'il dut bien lire une douzaine de fois en attendant le retour du docteur (absence qui lui parut durer une éternité, car Nero soupçonnait déjà que quelque chose n'allait pas). Puis la nouvelle tomba (voix rauque) : « J'ai une... j'ai reçu les résultats... C'est... Ce n'est pas aussi mauvais que ça en a l'air... Vous... Vous avez un cancer. » Une décharge électrique parcourut Nero de la tête aux pieds. Il voulut crier : « Quoi ? », mais aucun son ne sortit. Ce n'était pas tant la nouvelle que la tête du médecin qui l'effrayait. L'annonce avait frappé son corps avant son esprit. Dans les yeux du praticien se lisait la crainte, et Nero imagina tout de suite que la situation était bien pire que ce qu'on lui disait (c'était le cas).

Le soir, Nero se rendit à la bibliothèque de médecine, dégoulinant, après avoir marché des heures sous une pluie battante sans même s'en apercevoir. Une petite flaque se forma autour de lui. L'une des employées lui cria quelque chose, mais son esprit ne put se concentrer suffisamment pour comprendre ce qu'elle disait, alors elle haussa les épaules et tourna les talons. Plus tard, il lut cette phrase : « Taux de survie de 72 % sur cinq ans selon les tables de mortalité ». Cela signifiait que 72 personnes sur 100 survivaient. Il fallait attendre trois à cinq ans pour que, en l'absence de nouvelles manifestations cliniques de la maladie, on puisse dire que le patient était guéri (à l'âge de Nero, on était plus près des trois ans). Il sentit alors aux tréfonds de lui-même qu'il allait s'en sortir.

Les lecteurs et lectrices peuvent s'interroger sur la différence mathématique qu'il y a entre un taux de probabilité de décès de 28 % et un taux de probabilité de survie de 72 % sur cinq ans. Il n'y en a aucune, bien sûr, mais nous ne sommes pas faits pour les mathématiques. Dans l'esprit de Nero, 28 % de chances de succomber évoquaient pour lui sa propre mort et les détails de son enterrement. 72 % de chances de survivre le mettaient de meilleure humeur : il s'imaginait après sa guérison, skiant dans les Alpes. À aucun moment, durant ces heures difficiles, Nero ne s'imagina vivant à 72 % et mort à 28 %.

Tout comme Nero ne peut « s'imaginer » avec des nuances complexes, les consommateurs considèrent qu'un hamburger à 75 % non gras et un hamburger à 25 % de matière grasse sont deux choses dif-

férentes. Il en va de même de la signification statistique. Même les spécialistes tirent des conclusions trop hâtives des données lorsqu'ils
acceptent ou rejettent quelque chose. Souvenez-vous du dentiste dont
l'équilibre émotionnel était suspendu aux derniers résultats de son
portefeuille. Pourquoi ? Parce que, comme nous le verrons, les comportements prédéterminés ne connaissent pas les nuances. Soit vous
tuez votre voisin, soit vous l'épargnez. Dans l'action, les sentiments
intermédiaires (qui conduiraient par exemple à le tuer à moitié) sont
soit inutiles, soit dangereux. L'appareil émotionnel qui nous pousse
à l'action ne fait pas dans la nuance – il n'est pas conçu pour comprendre les choses. Ce chapitre a donc pour objectif d'illustrer la
manière dont se manifeste un tel aveuglement, mais aussi de présenter rapidement les recherches menées dans ce domaine – enfin dans
la mesure où elles se rapportent à notre sujet.

Méfiez-vous des fonctionnaires qui réfléchissent

Pendant très longtemps, nous nous sommes basés sur un mauvais
descriptif du produit pour réfléchir sur nous-mêmes. Nous, êtres
humains, avions en effet l'illusion de posséder une superbe machine,
faite pour penser et comprendre les choses. Hélas, il est dans notre
nature de nous méprendre sur nous-mêmes (pourquoi faire simple
quand on peut faire compliqué ?). Le problème avec la pensée, c'est
qu'elle engendre des illusions. Et puis c'est un tel gaspillage d'énergie ! Qui a besoin de ça ?

Imaginez que vous vous retrouviez devant un fonctionnaire dans
un pays à l'économie socialiste, où être fonctionnaire représente une
carrière enviable. Vous êtes venu faire tamponner des papiers afin de
pouvoir importer ces merveilleuses bouchées au chocolat locales car,
à votre avis, les gens de New Jersey vont se les arracher. À quoi sert ce
fonctionnaire, selon vous ? Pensez-vous qu'il se soucie de la théorie
d'économie générale qui sous-tend cette transaction commerciale ?
Son boulot consiste à vérifier que vous avez bien la douzaine de signa-
tures des différents bureaux, oui/non ; ensuite il tamponne vos
papiers et vous laisse repartir. Les considérations générales sur la croissance économique et la balance commerciale sont bien le cadet de ses
soucis. En fait, vous avez de la chance qu'il ne passe pas son temps à

réfléchir à ce genre de choses: imaginez combien la procédure s'allongerait s'il devait résoudre les problèmes de la balance commerciale! Il y a le règlement, et au cours de sa carrière (disons quarante/quarante-cinq ans), il va se contenter de tamponner des documents en se montrant plus ou moins désagréable, puis rentrer chez lui boire de la bière non pasteurisée en regardant le foot à la télé. Si vous lui donniez le livre de Paul Krugman sur l'économie internationale, il le revendrait au marché noir, ou l'offrirait à son neveu.

Eh oui, les règles ont une certaine valeur. Nous les suivons non parce qu'elles sont bonnes, mais parce qu'elles sont utiles, et nous permettent d'économiser du temps et de l'énergie. Ceux qui, en rencontrant un tigre, se sont arrêtés pour étudier la nature de cet animal et sa taxonomie ont fini dans son ventre! Ceux qui ont décampé à la première alerte, sans que la moindre pensée ne vienne les ralentir, ont réussi soit à prendre de vitesse le tigre, soit à prendre de vitesse leur cousin qui, lui, a fini dans le ventre du fauve!

SATISFISANCE

Il est certain que notre cerveau ne pourrait fonctionner sans raccourcis. Herbert Simon fut le premier à le comprendre. Figure intéressante de l'histoire de la pensée, il débuta sa carrière en sciences politiques (mais c'était un penseur formel, n'appartenant pas à la catégorie « littéraire » de ceux qui écrivent sur l'Afghanistan dans *Foreign Affairs*). Ce fut par ailleurs un pionnier en matière d'intelligence artificielle, qui enseigna l'informatique, la psychologie, fit des recherches en sciences cognitives, en philosophie et en mathématiques appliquées. Il reçut le prix de la Banque de Suède en sciences économiques en la mémoire d'Alfred Nobel (le « Nobel d'économie »). Selon lui, si nous devions réfléchir au moindre de nos actes, cela nous demanderait une énergie et un temps infinis. Il est donc nécessaire de posséder un processus d'approximation qui nous fasse dire stop. Bien entendu, cette intuition lui venait des sciences de l'informatique – il passa toute sa carrière à la Carnegie-Mellon University de Pittsburgh, qui a la réputation d'être un grand centre en matière de sciences de l'informatique. « Satisfisance », voilà l'idée (il s'agit du mélange de « satisfaction » et de « suffisance ») : on s'arrête quand on a à peu près trouvé une solution. Autrement, aboutir à la moindre décision, faire la moindre chose prendraient un temps infini. Nous sommes par conséquent rationnels, mais dans certaines limites.

Herbert Simon pensait que notre cerveau était une grosse machine à optimiser pourvue de règles qui la faisaient s'arrêter à un moment donné.

Enfin, peut-être pas tout à fait. Tout ceci pourrait n'être qu'une approximation grossière. Selon deux chercheurs de Jérusalem, en effet, notre comportement suivrait un processus complètement différent de la machine à optimiser imaginée par Herbert Simon. Ces deux chercheurs se sont en effet mis à réfléchir en observant certains aspects de leur propre pensée, puis en les comparant aux modèles rationnels, et ils ont noté des différences qualitatives. Lorsque tous deux semblaient commettre la même erreur de raisonnement, ils procédaient à des tests empiriques sur des sujets, essentiellement des étudiants : ils ont ainsi découvert des choses très surprenantes sur la relation entre la pensée et la rationalité. C'est de cette découverte que nous allons à présent parler.

Pas seulement imparfaits : inadaptés

KAHNEMAN ET TVERSKY

Qui a exercé le plus d'influence sur la pensée économique durant les deux derniers siècles ? Non, ce n'est pas Keynes, ni Alfred Marshall, ni Paul Samuelson, et certainement pas Milton Friedman. Ils ne se prétendent pas économistes : Daniel Kahneman et Amos Tversky sont en effet deux chercheurs israéliens en psychologie, dont la spécialité consiste à faire émerger les espaces où l'être humain confronté à l'incertitude ne fait pas preuve d'une pensée probabiliste rationnelle, ni d'un comportement optimal. Chose curieuse, les économistes ont longtemps étudié le problème de l'incertitude sans grands résultats – en tous cas, ils étaient persuadés de savoir quelque chose, et c'est bien ce qui les a trompés. En dehors d'une poignée d'esprits pénétrants tels Keynes, Knight et Shackle, les économistes n'ont même pas compris qu'en réalité ils ne savaient rien du hasard – les conférences sur le thème du risque faites par leurs grands pontes montrent qu'ils ne mesuraient même pas l'ampleur de leur ignorance ! Les psychologues, en revanche, se sont penchés sur le problème et ont abouti à de sérieux résultats. Notez que, à la différence des économistes, ils ont mené des expériences, de véritables expériences sous contrôle, susceptibles d'être reproduites, et que l'on peut tenter dès demain à Oulan Bator si c'est nécessaire. Les économistes conventionnels ne peuvent se payer ce luxe, car ils observent le passé en produisant de longues gloses mathématiques qui deviennent ensuite sujets de querelle.

Kahneman et Tversky ont pris une direction complètement différente de celle de Herbert Simon : ils ont essayé de déterminer quelles étaient les règles qui rendaient les êtres humains non rationnels – mais ils sont allés au-delà des raccourcis de Simon. Pour eux, ces règles – qu'on appelle heuristiques – ne sont pas simplement des modèles rationnels simplifiés : elles appartiennent à d'autres catégories et méthodologies. Ils les ont appelées heuristiques « rapides et réductrices ». Réductrices, en effet, parce que ces raccourcis ont des effets pervers, les biais, que j'ai déjà évoqués pour la plupart (par exemple, l'incapacité à considérer ce qui est abstrait comme un risque). Cela a été le point de départ d'une tradition de recherche empirique appelée tradition des « heuristiques et des biais », qui a pour but de les cataloguer – c'est impressionnant en raison de l'aspect empirique et expérimental des méthodes utilisées.

Depuis les recherches de Kahneman et Tversky, une nouvelle discipline a vu le jour : la finance et l'économie comportementales. C'est en contradiction directe avec l'économie néo-classique orthodoxe enseignée dans les écoles de commerce et les facultés d'économie sous les noms normatifs de marchés efficients, d'attentes rationnelles et autres concepts du même ordre. À ce stade, il est bon de s'arrêter pour discuter de la distinction entre les sciences normatives et les sciences positives. Une science normative (concept contradictoire en soi) offre des enseignements dirigistes : elle étudie les choses telles qu'elles devraient être. Certains économistes (comme ceux qui croient au dogme des marchés efficients) pensent que nos études doivent se fonder sur l'hypothèse que les êtres humains sont rationnels et agissent en ce sens car c'est dans leur intérêt (c'est mathématiquement « optimal »). À l'opposé se trouvent les sciences positives, basées sur l'observation réelle des gens. Malgré l'envie qu'éprouvent les économistes face aux physiciens, la physique est une science positive par nature, tandis que l'économie, en particulier la micro-économie et l'économie financière, est essentiellement normative. Or l'économie normative, c'est comme la religion mais sans l'esthétique.

Notez que, en raison de l'aspect expérimental de leurs recherches, Daniel Kahneman et le chercheur en économie Vernon Smith furent les deux premiers vrais scientifiques à s'incliner devant le roi de Suède pour leur prix en économie – ce qui devrait donner à l'académie Nobel une crédibilité supplémentaire, en particulier lorsqu'on prend Daniel Kahneman plus au sérieux qu'un groupe de bureaucrates suédois (et très humains, donc faillibles). Autre élément montrant à quel point ces recherches sont étayées : les textes sont extrêmement faciles à lire pour un non-spécialiste, à la différence des articles en économie et en finance, en général, que même les professionnels ont des difficultés à comprendre (ces textes sont souvent truffés de jargon et noyés sous les mathématiques pour créer l'illusion qu'ils sont scientifiques). Un lecteur motivé peut même acquérir en quatre volumes la majorité des textes publiés sur les biais et les heuristiques.

À l'époque, les économistes ne se sont guère intéressés à ces histoires concernant l'irrationalité : l'*Homo economicus*, comme nous l'avons dit, est un concept normatif. Ils pouvaient accepter facilement l'argument de Simon selon lequel nous ne sommes pas parfaitement rationnels, et que l'existence nécessite des approximations, en particulier quand les enjeux sont faibles. En revanche, ils ne pouvaient entendre que l'être humain était non pas imparfait mais carrément inadapté. C'est pourtant la réalité. Les économistes ont montré que ces biais correspondent à des situations où cela ne vaut pas la peine d'être optimal, que le jeu n'en vaut pas la chandelle. Quant à Kahneman et Tversky, ils ont prouvé que ces biais sont présents même quand il s'agit de grosses mises. Ils constituent une forme de raisonnement différente, où le raisonnement est peu fondé sur les probabilités.

Où est donc Napoléon quand on a besoin de lui ?

Si votre esprit opère en suivant des séries de règles différentes et indépendantes, celles-ci ne seront peut-être pas toutes en phase les unes avec les autres, et si elles réussissent à mener à bien une tâche locale, elles échoueront peut-être sur le plan global. Imaginons qu'elles soient stockées dans une sorte de registre. Votre réaction dépend alors de la page du registre que vous ouvrez à un moment donné. Je vais illustrer mon propos par un nouvel exemple emprunté à l'économie dirigée.

Après l'effondrement de l'Union soviétique, les Occidentaux qui voulaient faire des affaires dans la nouvelle Russie ont été confrontés à un problème législatif ennuyeux (ou amusant) : certaines lois étaient en complète contradiction avec d'autres. Tout dépendait de la page qu'on ouvrait. Je ne sais s'il s'agissait d'une farce de la part des Russes (après tout, ils sortaient de longues années d'oppression dénuées de tout humour), mais la confusion était telle qu'il fallait violer une loi pour en respecter une autre. Il faut avouer que les avocats sont des gens fort ennuyeux. Or parler à un avocat ennuyeux qui s'exprime dans un anglais approximatif avec un fort accent et une haleine parfumée à la vodka peut être extrêmement éprouvant – alors on préfère abandonner. La gabegie du système légal venait en réalité de ce que chaque règle avait été conçue indépendamment des autres : on ajoutait une loi par-ci par-là, et la situation devenait de plus en plus compliquée car il n'y avait pas de système central qu'on puisse consulter à chaque fois pour s'assurer de la compatibilité du système. Napoléon avait été confronté à une situation analogue en France, et y avait remédié en mettant au point le Code civil, destiné à créer une cohérence parfaitement logique. Le problème de notre cerveau n'est pas qu'un Napoléon ne soit pas venu dynamiter l'ancienne structure pour remettre tout à plat afin de créer une sorte de système central : c'est que notre esprit est beaucoup plus complexe qu'un système législatif, et que ses exigences d'efficacité sont beaucoup plus grandes.

Considérons que votre cerveau réagit de façon différente à la même situation suivant la page à laquelle vous ouvrez le registre. L'absence de centralisation fait que nous prenons des décisions qui peuvent être en conflit avec d'autres règles. Vous préférez peut-être les pommes aux oranges, les oranges aux poires et les pommes aux poires : tout dépend de la manière dont le choix est présenté. Pareils biais viennent du fait que votre esprit ne peut retenir et utiliser en même temps tout ce que vous savez. L'un des aspects cruciaux de l'heuristique est qu'elle est hermétique au raisonnement.

« JE VAUX AUTANT QUE MA DERNIÈRE TRANSACTION » ET AUTRES HEURISTIQUES

Il existe une multitude de catalogues recensant les heuristiques (beaucoup empiètent les unes sur les autres). L'objet de cette partie n'est pas d'en dresser la liste, mais de définir ce qui a conduit à leur émergence. Pendant très longtemps nous, traders, sommes restés indifférents aux recherches en matière de comportement. Nous étions seulement témoins, avec une étrange régularité, de situations où la perception que les gens avaient des choses allait à l'encontre du simple raisonnement probabiliste. Nous leur avons donné des noms comme l'effet « je vaux autant que ma dernière transaction », « c'était évident a posteriori », « l'effet de la petite phrase », ou l'heuristique de « la stratégie du lundi matin ». Découvrir que toutes ces notions étaient déjà répertoriées sous les noms de « biais d'ancrage », « heuristique de l'affect » et de « biais de rétrospection », a été à la fois décevant et stimulant pour notre orgueil de trader, car cela nous a donné le sentiment que le trading pouvait revendiquer le statut de véritable domaine de recherche scientifique. Pour la correspondance entre les deux langages, voir le tableau 11.1 ci-contre.

Commençons par le « Je vaux autant que ma dernière transaction » (ou biais du « manque de perspective ») : il s'agit de remettre à zéro le compteur et d'entamer une nouvelle journée ou un nouveau mois en partant de rien, que ce soit votre comptable ou votre tête qui vous y pousse. C'est la distorsion la plus significative, et peut-être la plus lourde de conséquences. Afin d'être capable de remettre les choses dans le contexte général, vous n'avez pas toujours en permanence à l'esprit toutes vos connaissances, aussi récupérez-vous celles dont vous avez besoin à tel moment de manière fragmentaire, et remettez ces morceaux dans leur contexte initial. Cela signifie que vos références sont arbitraires et que vous réagissez face à ce qui s'en démarque, en oubliant que vous ne voyez ces différences que parce que vous êtes dans ce contexte particulier, pas dans l'absolu.

Les traders ont une maxime bien connue : « La vie, c'est une somme de petits accroissements. » Imaginez qu'en tant qu'investisseur vous vérifiez l'état de votre portefeuille à intervalles précis, comme le dentiste du chapitre 3. Que regardez-vous : vos résultats mensuels, quotidiens ou horaires ? Vous pouvez faire un bon mois et une mauvaise journée. Quelle est la période la plus importante ?

Quand vous jouez, dites-vous : « Après, mon avoir net sera de 99 000 dollars ou de 101 500 dollars », ou bien « je perds 1 000 dollars ou j'en gagne 1 500 » ? Votre attitude par rapport au risque et au gain varie selon que vous prenez en compte votre avoir net ou son évolution. Dans la vie réelle, vous vous trouvez dans des situations où vous voyez seulement cette évolution. Le fait que les pertes aient des conséquences émotionnelles plus importantes et par nature différentes de celles des gains donne à votre performance cumulée, c'est-à-dire à votre richesse totale, moins de poids que les dernières évolutions en date.

Tableau 11.1 Langage de traders et approche scientifique

Langage des traders	Nom scientifique	Description
« Je vaux autant que ma dernière tran-saction. »	Théorie prospective	En observant des différences non absolues, on se recentre sur une référence spécifique
« L'effet de la petite phrase » « Affaiblissement des craintes »	Affect heuristique, le risque en tant que théorie du sen-timent	Les gens réagissent face aux risques visibles et concrets, pas abstraits
« C'était évident après coup » ou « la stratégie du lundi matin »	Biais de rétrospec-tion	Les choses semblent plus faciles à prédire après qu'elles se sont produites
« Vous aviez tort. »	Croire à la loi des petits nombres	Erreur d'induction : tirer des conclusions générales trop vite
La jugeotte de Brooklyn/ L'intelligence du MIT	Deux systèmes de raisonnement	Le cerveau pratique n'est pas celui qui raisonne
« Ça n'ira *jamais* jusque-là. »	Surestimation de soi	Prise de risque avec sous-esti-mation des dangers.

Cette soumission à la situation locale et non globale (ajoutée au fait que les pertes ont un impact émotionnel plus lourd que les gains) a des conséquences sur notre perception du bien-être. Supposons que vous réalisiez des bénéfices exceptionnels à hauteur d'un million de dollars. Le mois suivant, vous perdez 300 000 dollars. Vous vous êtes habitué à un certain niveau de richesse (à moins que vous soyez très pauvre), aussi cette perte vous bouleverse sur le plan émotionnel, ce qui ne se serait pas produit si vous aviez touché 700 000 dollars d'un seul coup ou, mieux encore, deux fois 350 000 dollars. De plus, il est plus facile pour votre cerveau de repérer les différences plutôt que les absolus, par conséquent la notion de richesse ou de pauvreté (à partir du moment où vous êtes au-dessus du minimum nécessaire) dépend d'autres facteurs (rappelez-vous Marc et Janet). Lorsqu'une première chose est en relation avec une seconde, la seconde peut être manipulée. Les psychologues appellent cet effet de comparaison à une référence donnée le biais d'ancrage. Si nous menions la réflexion jusqu'à ses limites logiques, nous comprendrions qu'en raison de ce recentrage la richesse en soi n'apporte pas vraiment le bonheur (au-delà bien sûr du minimum nécessaire); en revanche, une évolution positive le peut, surtout s'il s'agit d'augmentations régulières. Nous y reviendrons plus tard au sujet de l'aveuglement face aux options.

Revenons au biais d'ancrage. Si, dans une situation donnée, vous avez deux ancrages, votre façon d'agir dépend de très peu de chose. Quand on demande aux gens d'établir une estimation, ils se positionnent par rapport à un nombre qu'ils ont en tête, ou qu'ils viennent d'entendre, « gros » ou « petit » deviennent alors comparatifs. Kahneman et Tversky ont demandé à des personnes d'estimer la proportion de pays africains présents à l'ONU après leur avoir fait consciemment tirer au sort un nombre situé entre 0 et 100 (ils savaient que ce nombre était le fruit du hasard). Les gens ont alors chiffré leur estimation par rapport à ce nombre, qu'ils ont utilisé comme ancrage: ceux qui avaient tiré un nombre élevé ont fait des estimations supérieures à celles de ceux qui avaient tiré un nombre faible. Ce matin, j'ai mené ma propre expérience empirique en demandant au concierge de l'hôtel de Palo Alto (à côté du campus de Stanford University, en Californie) combien de temps il fallait pour se rendre à l'aéroport. « Quarante minutes? » ai-je demandé. « Environ trente-cinq », a-t-il répondu. Ensuite, j'ai demandé à l'hôtesse d'accueil si le temps de transport était bien de vingt minutes. « Non, environ vingt-cinq », a-t-elle dit. J'ai chronométré: j'ai mis trente et une minutes.

Cet ancrage par rapport à un nombre est la raison pour laquelle les gens ne réagissent pas en fonction de leur richesse totale cumulée, mais des évolutions par rapport à un chiffre d'ancrage. Voici l'un des sujets de conflit majeurs avec les économistes, qui pensent qu'une personne est plus satisfaite si elle a un million à la banque qu'un demi-million. Nous avons vu John redescendre à un million après avoir possédé dix millions. Il était plus heureux à l'origine en n'ayant sur son compte qu'un demi-million (il était parti de rien) qu'à la fin du chapitre 1 où il lui restait un million. Souvenez-vous également du dentiste dont l'état émotionnel dépendait de la fréquence à laquelle il vérifiait son portefeuille.

UN DIPLÔME DANS UNE POCHETTE-SURPRISE

À une époque, je me rendais le midi dans un club de gym où je discutais avec un Européen de l'Est fort intéressant qui détenait deux doctorats, l'un en physique (en statistiques, s'il vous plaît), et l'autre en finance. Il travaillait pour une société de bourse et était obsédé par certains aspects anecdotiques du marché. Un jour il voulut absolument connaître mon opinion sur l'orientation que prendrait le marché ce jour-là. Je lui répondis par politesse: « Je ne sais pas, ça va peut-être baisser. » Peut-être lui aurais-je répondu exactement l'inverse s'il m'avait posé la question une heure plus tôt. Le lendemain, il se montra fort embarrassé quand il me vit. Il se mit à débattre de ma crédibilité, se demandant comment j'avais pu autant me tromper dans ma « prédiction », car le marché avait connu une hausse conséquente. À partir d'une seule observation, il était capable de tirer des conclusions sur mes capacités et ma « crédibilité ». Si un peu plus tard je l'avais appelé en truquant ma voix pour lui dire: « Bonjour, je suis le professeurrr Talevski de l'académie de Lodz, et j'ai un prrroblème intérrressant à vous soumettrrre », enchaînant avec cette petite histoire formulée de manière statistique, il m'aurait ri au nez: « Professeurrr Talevski, avez-vous eu votre diplôme dans une pochette-surprise? »

Pourquoi les choses sont-elles ainsi? Deux problèmes se juxtaposent ici. Primo, ce physicien n'a pas utilisé son savoir statistique pour tirer ses conclusions à mon endroit, il a eu recours à une autre partie de son cerveau. Secundo, il a commis l'erreur de surestimer l'importance d'un petit exemple (dans le cas précis une seule information, la pire erreur inférentielle possible). Les mathématiciens ont tendance à commettre d'énormes fautes mathématiques lorsqu'ils se retrouvent en dehors de leur sphère théorique. Tversky et Kahneman ont pris pour sujets des psychologues mathématiciens, dont certains avaient écrit des livres sur les statistiques: ils ont été stupéfaits par leurs erreurs. « Les répondants font trop confiance aux résultats de petits échantillons, et leur jugement statistique est peu sensible à la taille de l'échantillon. » Le plus étonnant est que non seulement ils auraient dû se débrouiller mieux que ça, mais « qu'ils étaient capables de faire mieux ». Et pourtant...

Voici une petite liste de quelques heuristiques supplémentaires:

1. L'« heuristique de disponibilité », que nous avons vue au chapitre 3: un tremblement de terre en Californie semble plus probable

qu'une catastrophe n'importe où dans le pays ; de même mourir tué par des terroristes est plus probable que mourir de n'importe quelle façon (ce qui comprend le terrorisme). Cette heuristique correspond à l'estimation de la fréquence d'un événement par rapport à la facilité avec laquelle il nous vient à l'esprit. Plus il nous est facile d'imaginer l'événement en question, plus il nous semble probable.

2. « L'heuristique de représentativité » : mesurer la probabilité pour qu'une personne appartienne à tel groupe social en comparant les traits caractéristiques de cette personne à ceux du membre « typique » de ce groupe. Ainsi considère-t-on qu'une étudiante en philosophie au « style féministe » a plus de chances de devenir une employée de banque féministe qu'une employée de banque tout court. Il s'agit du « problème de Linda » (la jeune femme en question s'appelait Linda), qui a fait couler beaucoup d'encre (certaines personnes lancées dans le « débat sur la rationalité » pensent que Kahneman et Tversky ont des exigences extrêmement normatives par rapport aux êtres humains).

3. « La simulation heuristique » : la facilité avec laquelle on défait un événement – c'est-à-dire en imaginant un scénario inverse. Cela correspond à la pensée contre-factuelle : imaginez ce qui serait arrivé si vous n'aviez pas raté votre train (ou bien comme vous seriez riche aujourd'hui si vous aviez liquidé votre portefeuille au moment du pic de la bulle du NASDAQ).

4. Nous avons vu au chapitre 3 l'« affect heuristique » : l'émotion que déclenche un événement détermine sa probabilité dans notre esprit.

DEUX FAÇONS DE RAISONNER

Des recherches plus approfondies ont ainsi affiné la formulation du problème : il existe deux façons de raisonner, et les heuristiques font partie de l'une d'elles – la rationalité étant incluse dans l'autre. Souvenez-vous de ce collègue au chapitre 2 qui utilisait un cerveau pour faire ses cours, et un autre dans la vraie vie. Vous êtes-vous demandé pourquoi cette personne qui est si douée pour la physique est incapable d'en appliquer les lois en conduisant correctement sa voiture ? Les chercheurs divisent les activités de notre esprit en deux pôles appelés système 1 et système 2.

Le système 1 agit sans effort et de manière simultanée, il est automatique, associatif, rapide, opaque (c'est-à-dire que nous n'avons pas conscience que nous l'utilisons), émotionnel, concret, spécifique, social et personnalisé.

Le système 2 est coûteux en termes d'effort intellectuel, il est sériel, rationnel, transparent (nous savons comment nous aboutissons à une conclusion), contrôlé, déductif, lent, neutre, abstrait, asocial et dépersonnalisé.

J'ai toujours pensé que les traders sur options professionnels et les teneurs de marché, à force de pratiquer le jeu des probabilités, se fabriquaient une machine probabiliste bien plus développée que le reste de la population – y compris les spécialistes en probabilités. Mon intuition s'est ensuite confirmée. En effet, les chercheurs en matière de biais et d'heuristiques considèrent que le système 1 peut se développer grâce à l'expérience et intégrer des éléments du système 2. Ainsi, par exemple, quand on apprend à jouer aux échecs, on utilise le système 2. Au bout d'un moment, on commence à fonctionner de manière intuitive, et un simple coup d'œil à l'échiquier permet d'évaluer la force relative d'un adversaire.

Nous allons maintenant aborder le point de vue de la psychologie évolutionniste.

Pourquoi on n'épouse pas son premier flirt

Une autre branche de la recherche scientifique, la psychologie évolutionniste, propose une approche complètement différente de ce même problème. Cela crée des parallèles, ce qui engendre des débats académiques âpres mais peu inquiétants. Les psychologues évolutionnistes sont d'accord avec Kahneman et Tversky sur le fait que les gens ont du mal à suivre un raisonnement probabiliste standard. Cependant ils croient que cela vient de la façon dont les choses nous sont présentées aujourd'hui. Selon eux, nous sommes faits pour tenir certains raisonnements probabilistes, mais dans un environnement différent, plus ancien que le nôtre. La phrase : « Nos cerveaux sont faits pour une adaptation maximale, pas pour la recherche de la vérité » de l'intellectuel scientifique Steven Pinker, porte-parole de cette école de pensée, résume bien les choses. Les psychologues évolutionnistes s'accordent à dire que notre cerveau n'est pas fait pour comprendre les choses, mais ils pensent aussi qu'il n'est pas biaisé, ou alors seulement parce que nous l'utilisons en dehors de notre habitat naturel.

Fait étrange, les chercheurs de l'école Kahneman-Tversky n'ont pas rencontré de résistance réelle chez les économistes de l'époque (le taux de crédibilité des économistes en général a toujours été si faible que presque personne dans le monde scientifique ni dans le monde réel ne leur prête attention). L'opposition est venue du camp des socio-biologistes : pour eux, l'essentiel du problème vient du fait qu'ils se basent sur la théorie de l'évolution pour comprendre la nature humaine. Certes cela a été la source d'une sérieuse querelle, mais je dois préciser qu'ils sont d'accord sur l'essentiel de ce qui nous concerne dans ce livre : 1. quand nous effectuons des choix, en général nous *ne pensons pas*, nous utilisons des heuristiques ; 2. nous commettons de sérieuses erreurs probabilistes dans le monde d'aujourd'hui – quelle qu'en soit la véritable raison ! Notez que ces dissensions s'étendent jusqu'à la sphère économique : une branche scientifique de l'économie est née de l'école Kahneman-Tversky (l'économie comportementale) ; une autre de la psychologie évolutionniste, avec l'approche économique de l'homme des cavernes suivie par certains chercheurs comme le biologiste-économiste Terry Burnham, co-auteur de l'ouvrage accessible *Mean Genes*.

NOTRE HABITAT NATUREL

Je n'irai pas jusqu'à formuler des théories évolutionnistes pour expliquer les raisons de tout cela (bien que j'aie passé beaucoup de temps en bibliothèque à lire sur ce sujet, je demeure un amateur). Il est évident que l'environnement pour lequel nous sommes conçus n'est pas celui où nous vivons aujourd'hui. J'évite de dire à mes collègues que leur aptitude à prendre des décisions est marquée par les vestiges des habitudes des hommes préhistoriques (cependant, quand les marchés connaissent un brusque changement de situation, je sens une montée d'adrénaline, comme si un léopard venait rôder près de mon bureau). Certains, qui cassent leur téléphone de rage lorsqu'ils perdent de l'argent, sont peut-être encore plus proches psychologiquement de nos ancêtres.

C'est peut-être une évidence pour les lecteurs familiers des auteurs classiques latins et grecs, mais nous ne manquons jamais d'être surpris en découvrant que des personnes distantes de plusieurs dizaines de siècles éprouvent les mêmes sentiments et montrent la même sensibilité que nous. Enfant, en visitant les musées, j'étais frappé de voir combien les traits des statues grecques antiques étaient identiques aux nôtres (en plus harmonieux et aristocratiques). Je me trompais lourdement en songeant que 2 200 ans était une longue période. Proust a beaucoup écrit sur la surprise qu'éprouvent les gens en s'apercevant que les émotions des héros d'Homère sont semblables aux nôtres. Selon les standards génétiques, la nature de ces héros vieux de trente siècles est exactement la même que celle du monsieur corpulent qui traverse le parking, là-bas, encombré par ses sacs de courses. Allons plus loin. En réalité, nous sommes absolument identiques à l'être qui, sur cette bande de terre allant du sud-est de la Syrie au sud-ouest de la Mésopotamie, a eu droit, il y a environ huit millénaires, au qualificatif de « civilisé ».

Mais quel est notre habitat naturel ? Par cette expression, je désigne l'environnement dans lequel nous avons passé le plus de temps, où le plus grand nombre de générations se sont succédées. Selon les anthropologues, nous existons en tant qu'espèce depuis à peu près 130 000 ans. Nous avons passé la majeure partie de cette période dans la savane africaine. Toutefois il est inutile de remonter si loin pour comprendre. Imaginez la vie des premières populations sédentaires dans le Croissant fertile, il y a trois mille ans – c'est-à-dire à l'époque moderne, du point de vue génétique. La quantité d'informations est limitée par l'absence de moyens de transmission : on ne voyage pas vite, par conséquent les nouvelles des lieux éloignés arrivent par paquets concis. Voyager est une corvée dangereuse. Vous vous installez donc près de l'endroit où vous êtes né, à moins que la famine ou une invasion barbare ne vous déloge du petit coin champêtre où vous couliez des jours tranquilles. Le nombre de gens que vous rencontrez au cours de votre vie est restreint. Si un crime est commis, il est facile de trouver des preuves parmi le petit groupe de suspects possibles. Si vous êtes accusé à tort, vous vous défendez en utilisant des termes simples et des arguments faciles comme : « Je n'étais pas là-bas car je priais dans le temple de Baal, et j'ai été vu au crépuscule par le grand prêtre », en ajoutant qu'il y a plus de chances pour qu'Obedshemesh, fils de Sahar, soit le coupable car le crime lui profite davantage. Votre vie est simple, et par conséquent votre champ de probabilités limité.

Le cœur du problème, comme je l'ai déjà mentionné, est qu'un tel environnement comporte peu d'informations. Calculer les risques de manière efficace fut pendant très longtemps inutile. Cela explique également pourquoi il a fallu attendre l'émergence des théories ludiques pour que les mathématiques des probabilités se développent. Selon les croyances populaires, au premier et au deuxième millénaire de notre ère, la religion aurait freiné l'évolution des outils permettant de travailler sur la notion d'absence de déterminisme, ce qui a repoussé à plus tard les recherches dans le domaine des probabilités. Cette idée me paraît extrêmement douteuse : ainsi nous n'aurions pas calculé les probabilités parce que nous n'osions pas ? Il semblerait plutôt que nous n'en avions pas besoin ! L'essentiel du problème vient de ce que notre habitat a évolué si rapidement que nos gènes n'ont pas eu le temps de s'adapter. Pire encore : nos gènes n'ont pas du tout changé.

VIF ET FRUSTE

Les théoriciens de l'évolution s'accordent à dire que la façon dont fonctionne le cerveau dépend de la manière dont les choses sont présentées – en revanche, leurs conclusions s'opposent parfois. Nous n'utilisons pas la même partie de notre encéphale pour repérer un fraudeur ou pour résoudre un problème de logique. Les gens font parfois des choix incohérents car leur cerveau fonctionne de façon segmentée. Ce que nous avons précédemment appelé biais heuristiques « rapides et réducteurs » sont qualifiés de « vifs et frustes » par les psychologues évolutionnistes. De plus, certains penseurs, tels que le spécialiste en sciences cognitives Gerd Gigerenzer, semblent prendre de façon obsessionnelle le contre-pied de Kahneman et Tversky : lui et ses acolytes du groupe ABC (Adaptive Behavior and Cognition) cherchent à montrer que nous sommes des êtres rationnels et que l'évolution crée une forme de rationalité qu'ils appellent « rationalité écologique ». Ils pensent que nous sommes conçus pour adopter une attitude probabiliste optimale dans certaines situations, comme le choix d'un partenaire (combien de gens du sexe opposé faut-il rencontrer avant de faire son choix ?) ou d'un repas, mais aussi pour sélectionner des actions de façon appropriée, à condition qu'elles soient présentées de manière adéquate.

En réalité, Gigerenzer admet que nous ne comprenons pas les probabilités (trop abstraites), mais qu'en revanche nous réagissons assez bien à la fréquence (moins abstraite) : selon lui, si nous nous trompons dans la résolution de certains problèmes en temps normal, nous devenons capables de les résoudre lorsqu'ils sont présentés sous forme de pourcentage.

D'après ces chercheurs, bien que nous aimions imaginer notre cerveau tel un processeur central hiérarchisé, il serait en réalité plus proche du couteau suisse, avec ses petits outils spécifiques. Comment fonctionne-t-il alors ? La pensée de ces psychologues repose sur la distinction entre les adaptations du domaine spécifique et du domaine général. Une adaptation du domaine spécifique a pour but de résoudre un problème précis (par opposition à celles du domaine général, censées résoudre des problèmes globaux). Si cette théorie est facile à comprendre et à accepter dans le domaine des adaptations physiologiques (par exemple le long cou de la girafe lui sert à atteindre la nourriture en hauteur ; les couleurs d'un animal lui permettent de se fondre dans le décor), les gens ont en revanche du mal à accepter son application à leur esprit.

Notre cerveau fonctionne par modules. Voici un aspect intéressant de cette théorie : nous pouvons utiliser différents modules pour résoudre le même problème en fonction du cadre dans lequel il se présente – voir les notes concernant cette section. L'une des caractéristiques du module est qu'il est « encapsulé », c'est-à-dire que nous ne pouvons modifier son contenu – nous n'avons pas conscience de l'utiliser. Le module le plus intéressant est celui dont nous servons pour débusquer un fraudeur. Seuls 15 % des gens réussissent à résoudre un test écrit sous forme purement logique (mais parfaitement claire). Si l'on rédige à nouveau le même test mais en donnant comme but de trouver le tricheur, presque tout le monde réussit.

DU CÔTÉ DES NEUROBIOLOGISTES

Les neurobiologistes ont eux aussi leur mot à dire. En gros, ils estiment que nous possédons trois cerveaux. Le premier, très ancien, s'appelle le cerveau reptilien : c'est lui qui dit à notre cœur de battre, et il est commun à tous les autres animaux. Le cerveau limbique est le siège des émotions ; nous le partageons avec les autres mammifères. Enfin le néo-cortex, ou cerveau cognitif, existe uniquement chez les primates et les humains (notez bien que même les investisseurs des grandes sociétés semblent posséder un néo-cortex). Bien que cette théorie soit un peu trop simpliste (en particulier quand elle est reprise par les journalistes), elle offre un cadre permettant l'analyse des fonctions du cerveau.

Bien qu'il soit très difficile de déterminer quelle partie du cerveau fait quoi, les neuro-scientifiques ont réussi à dresser une sorte de

carte du cerveau en prenant par exemple un patient dont l'encéphale était endommagé à un endroit précis (à cause d'une tumeur ou
d'une blessure locale) et, en procédant par élimination, à déterminer
quelle était sa fonction. Parmi les autres méthodes, on recense l'ima-
gerie médicale et les simulations électriques portant sur différentes
zones. Beaucoup de chercheurs en dehors de la neurobiologie,
comme le philosophe et spécialiste en sciences cognitives Jerry Fodor
(l'un des premiers à avoir soutenu la théorie des modules), sont sceptiques quant aux connaissances que l'on peut acquérir en examinant
les propriétés physiques du cerveau, ne serait-ce qu'en raison des
interactions complexes de chaque partie (et des non-linéarités corres-
pondantes). David Marr, mathématicien, spécialiste en sciences cognitives et pionnier en matière de reconnaissance des objets, a fait
observer avec subtilité qu'on n'apprenait pas comment volaient les
oiseaux en étudiant les plumes, mais plutôt l'aérodynamique. Voici
les thèses soutenues par deux ouvrages d'importance cruciale mais
accessibles : *L'erreur de Descartes*, d'Antonio R. Damasio, et *Le cerveau
des émotions*, de Joseph Ledoux.

   L'erreur de Descartes présente une thèse très simple : on pratique
sur une personne l'ablation chirurgicale d'une partie du cerveau
(par exemple pour lui enlever une tumeur et les tissus environ-
nants). À la suite de l'opération, la personne devient incapable d'enregistrer ses émotions (il n'y a pas d'autres dommages : le quotient
intellectuel et toutes les autres facultés demeurent identiques). On
a ici réalisé l'expérience qui consiste à séparer l'intelligence des
émotions. Nous avons à présent devant nous un être humain purement rationnel dont l'intelligence n'est plus encombrée d'émotions.
Observons : Damasio rapporte que la personne devient alors incapable de prendre la moindre décision. Elle ne parvient plus à se
lever le matin et perd son temps inutilement à peser ses choix. Quel
choc ! Cela va a contrario de tout ce que l'on pensait auparavant : on
ne peut prendre de décision sans émotions. Pourtant les mathématiques nous apportent une réponse identique : si l'on devait mener
l'optimisation d'une opération en tenant compte d'un grand
nombre de variables, même avec un cerveau aussi gros que le nôtre,
il faudrait un temps infini pour décider des choses les plus simples.
Nous avons donc besoin d'un raccourci : les émotions sont là pour
nous empêcher de traîner. Cela ne vous rappelle-t-il pas l'idée
d'Herbert Simon ? Il semble que ce soient bel et bien les émotions
qui fassent le travail. Les psychologues les appellent les « lubrifiants
de la raison ».

La théorie de Joseph Ledoux sur le rôle des émotions dans le comportement va encore plus loin : les émotions affectent notre pensée. Il a compris que les raccordements allant du système émotionnel vers le système cognitif sont beaucoup plus forts dans ce sens-là que dans l'autre. Cela implique que nous ressentions d'abord des émotions (cerveau limbique), et qu'ensuite nous trouvions une explication (néo-cortex). Comme nous l'avons vu à propos de la découverte de Claparade, l'essentiel de nos opinions et affirmations dans le domaine du risque résulterait alors tout simplement de nos émotions.

KAFKA : LE PROCÈS BIS

Le procès d'O.J. Simpson montre à quel point la société moderne est gouvernée par les probabilités (en raison de l'explosion de l'information) et combien les décisions importantes sont prises au mépris de leurs règles élémentaires. Nous sommes capables d'envoyer un engin spatial sur Mars, mais pas de juger des criminels en nous référant aux lois basiques des probabilités – alors que la notion de preuve est clairement probabiliste. Je me souviens d'avoir acheté un livre sur les probabilités dans une librairie située non loin du palais de justice de Los Angeles où se déroulait « le procès du siècle » – encore un ouvrage recensant les connaissances hypersophistiquées que nous possédons en la matière. Comment des notions aussi fondamentales pouvaient-elles ainsi échapper aux avocats et aux jurés qui se trouvaient seulement à quelques kilomètres ?

Des gens que les lois des probabilités désigneraient presque avec certitude comme criminels (c'est-à-dire à un taux supérieur à « l'ombre d'un doute ») ressortent libres parce que nous maîtrisons mal les concepts de base des potentialités. De même vous pouvez être condamné pour un crime que vous n'avez pas commis, encore une fois à cause d'une faible compréhension des probabilités – car les tribunaux ne sont pas capables de calculer la probabilité conjointe des événements (c'est-à-dire la probabilité que deux événements aient lieu en même temps). J'étais dans une salle de marchés où une télévision était allumée quand j'ai entendu l'un des avocats d'O.J. Simpson soutenir qu'il y avait à Los Angeles au moins quatre personnes susceptibles d'avoir le même ADN que son client (il ignorait ainsi la probabilité conjointe des événements – nous allons y revenir dans le paragraphe suivant). De dégoût, j'ai alors éteint la télévision, créant un tollé parmi mes collègues. J'avais jusqu'alors l'impression que le sophisme avait été éliminé des tribunaux grâce aux exigences élevées de la Rome républicaine. Pire encore : un avocat sorti de Harvard avait eu recours à l'argument spécieux selon lequel seulement 10 % des hommes qui battaient leur épouse allaient jusqu'à les tuer, ce qui fait du meurtre une probabilité non conditionnelle (avait-il émis cette idée par ignorance, dans l'intention d'influencer les jurés ou par perversion, difficile à dire). La loi n'est-elle pas au service de la vérité ? La manière correcte de présenter les choses eût été de déterminer le pourcentage de meurtres où les femmes sont assassinées par un mari qui auparavant les battait (c'est-à-dire 50 %) : nous sommes à présent face à ce qu'on appelle une probabilité conditionnelle. Il s'agit de la probabilité qu'O.J. Simpson ait tué sa femme, conditionnelle au fait qu'elle ait été tuée, et non la probabilité non conditionnelle qu'O.J. Simpson ait tué sa femme. Comment des personnes qui n'ont pas étudié les mécanismes du hasard pourraient-elles les comprendre, quand un professeur de Harvard qui enseigne et travaille sur le concept de preuve probabiliste est capable de formuler une affirmation aussi erronée.

C'est sur la notion de probabilité conjointe que se trompent le plus les jurés (et les avocats) – tout comme nous. Ils ne comprennent pas que les preuves se combinent. La probabilité qu'on découvre chez moi un cancer de l'appareil respiratoire et que je me fasse écraser par une Cadillac rose la même année (si chacune de ces probabilités est de $1/100\ 000$) devient alors de $1/10\ 000\ 000\ 000$ – on multiplie les deux événements (bien sûr indépendants). Si l'on soutient qu'O.J. Simpson avait une chance sur $500\ 000$ de ne pas être le meurtrier du point de vue génétique (souvenez-vous comme les avocats ont joué avec les sophismes en déclarant que quatre personnes à Los Angeles possédaient les mêmes caractéristiques), en ajoutant qu'il avait été marié à la victime et qu'il y avait des preuves supplémentaires, alors, en raison de l'effet combinatoire, les chances qu'il ne soit pas coupable se réduisent à une sur plusieurs billions de billions.

Les personnes « sophistiquées » commettent de graves erreurs. Elles sont surprises de m'entendre affirmer que la probabilité d'événements conjoints est plus faible que celle de chacun de ces événements. Souvenez-vous de l'heuristique de disponibilité avec le problème de Linda, et de ces personnes rationnelles et diplômées qui pensaient qu'un événement était plus probable qu'un autre, alors qu'il l'englobait. Je suis heureux d'être trader et de tirer profit des biais des autres, mais, en même temps, vivre dans une telle société me fait peur.

UN MONDE ABSURDE

Le procès, livre prophétique de Kafka à propos de l'infortune d'un homme, Joseph K., arrêté pour une raison mystérieuse, jamais expliquée, est emblématique, car il fut écrit avant l'avènement des méthodes des régimes totalitaires « scientifiques ». Il dépeint un avenir effrayant, où règne une bureaucratie absurde et autoréférentielle, et où émergent spontanément des règles conformes à la logique interne de cette bureaucratie. Cette œuvre a donné naissance à toute une littérature de l'absurde. Peut-être le monde est-il trop incongru pour nous. Je suis effrayé quand je vois certains avocats. Après avoir écouté les déclarations faites au cours du procès d'O.J. Simpson (et constaté leur effet), j'ai eu peur des conséquences possibles, c'est-à-dire d'être arrêté à mon tour pour un motif qui n'avait aucun sens probabiliste, et d'avoir à me battre contre un avocat beau parleur, devant un jury ignorant tout des lois du hasard.

Certes le bon sens suffisait certainement pour régler les problèmes à l'époque primitive. Une société peut fonctionner facilement sans mathématiques – de même que les traders peuvent se passer des méthodes quantitatives – quand l'espace des résultats possibles n'a qu'une seule dimension. Une dimension signifie qu'on observe une seule variable, pas un ensemble d'événements séparés. Le prix d'une action n'a qu'une dimension ; l'ensemble des prix de plusieurs actions est multidimensionnel et nécessite une modélisation mathématique – il est difficile de voir à l'œil nu l'ensemble des résultats possibles du portefeuille, et nous ne sommes même pas capables de le représenter sur un graphique car notre univers physique limite la représentation visuelle à trois dimensions. Pourquoi prenons-nous le risque d'adopter de mauvais modèles (et certains le sont), pourquoi commettons-nous l'erreur d'excuser l'ignorance ? Ainsi sommes-nous pris entre le Charybde de l'avocat qui n'entend rien aux mathématiques et le Scylla du mathématicien qui utilise mal les mathématiques car il n'est pas capable d'opter pour la bonne modélisation. Il nous faut donc choisir entre les beaux discours de l'avocat qui refuse la science et l'application des théories erronées d'économistes qui prennent cette science trop au sérieux. La beauté de la science est qu'elle permet ces deux types d'erreurs. Fort heureusement il existe une voie intermédiaire – rarement empruntée, hélas !

EXEMPLES DE BIAIS DANS LA COMPRÉHENSION DES PROBABILITÉS

J'ai trouvé dans les études comportementales au moins quarante exemples flagrants de ces biais : les gens adoptent systématiquement un comportement loin d'être rationnel, et cela dans toutes sortes de professions et de disciplines. Voici le résultat d'un test bien connu donné à des médecins, et très embarrassant pour leur crédibilité (je l'ai emprunté à l'excellent ouvrage de Deborah Bennett, *Randomness*).

« Le test permettant de détecter une maladie donne 5 % de faux positifs. La maladie frappe 1/1000 de la population. Les gens sont testés au hasard, sans savoir s'ils sont ou non susceptibles d'avoir cette maladie. Le test d'un patient est positif. Quelle est la probabilité pour que ce patient soit affecté par la maladie ? »

La plupart des médecins répondent 95 %, en tenant seulement compte du fait que le test est fiable à 95 %. La bonne réponse est la probabilité conditionnelle que le patient soit malade et que le test le montre, soit environ 2 %. Moins d'un médecin sur cinq a bien répondu.

Je vais simplifier la réponse en utilisant la notion de fréquence. Supposons qu'il n'y ait pas de faux négatifs. Considérons que, sur 1 000 patients à qui l'on fait le test, l'un est censé avoir cette maladie. Sur la population restante, 999 patients en bonne santé, le test désignera 50 malades (il est fiable à 95 %). La réponse correcte devrait être que la probabilité d'être affecté par la maladie pour une personne choisie au hasard qui présente un test positif est la suivante : Nombre de personnes affectées / Nombre de vrais et de faux positifs. Le résultat est de 1/51.

Imaginez le nombre de fois où l'on va vous prescrire un médicament, aux effets secondaires nuisibles, pour soigner une maladie que vous êtes censé avoir, alors que vous avez seulement 2 % de chances d'être réellement atteint !

AVEUGLES FACE AUX OPTIONS

En tant que trader sur options, j'ai remarqué que les gens avaient tendance à sous-évaluer les options : ils sont en effet la plupart du temps incapables de faire une évaluation mentale correcte des instruments qui produisent un bénéfice incertain, même s'ils maîtrisent parfaitement les mathématiques. Les commissions de bourse accentuent cette méconnaissance lorsqu'elles expliquent aux gens que les options sont des actifs « périssables » ou qui se déprécient. On dit que les options hors-de-la-monnaie sont périssables parce qu'elles perdent leur prime entre deux dates.

Je vais essayer d'éclaircir les choses en vous donnant une explication simplifiée (mais suffisante) de ce qu'est une option. Disons qu'une action s'échange au prix de 100 dollars et que quelqu'un m'octroie la possibilité (mais pas l'obligation) de l'acheter à 110 dans un mois jour pour jour. C'est ce qu'on appelle une « option d'achat ». Exercer ce droit n'a pour moi de sens – si je demande au vendeur de l'option de me vendre l'action à 110 – que si l'action se vend à un prix plus élevé que 110 dollars dans un mois. Si le prix monte jusqu'à 120 dollars, mon option vaudra 10 dollars, car je pourrai la revendre pour 120 dollars sur le marché et que j'empocherai la différence. Mais cette probabilité n'est guère élevée. C'est ce qu'on appelle l'argent hors-du-marché, car je ne gagne rien à exercer ce droit dans l'immédiat.

Imaginons que j'achète l'option pour 1 dollar. Quelle sera sa valeur dans un mois? Proche de zéro, dirons la plupart des gens. Ce n'est pas vrai. Cette option a un taux de probabilité de 90 % de valoir 0 dollar à échéance, mais peut-être 10 % de chances d'atteindre en moyenne 10 dollars. Ainsi me vendre l'option pour 1 dollar ne rapporte pas au vendeur de rentrées sans risque. De même l'option achetée n'est pas un actif qui se déprécie. Même les professionnels peuvent se laisser duper. Comment? Ils confondent la valeur d'espérance moyenne et le scénario le plus probable (ici, l'espérance est de 1 dollar, et le scénario le plus probable pour cette option est de 0). Mentalement, ils accordent trop d'importance à l'état le plus probable, c'est-à-dire au fait que le marché ne bouge pas du tout. L'option est tout simplement la moyenne pondérée des états possibles de l'action.

Vendre des options procure aussi un autre type de satisfaction: des profits réguliers et un sentiment constant de récompense – ce que les psychologues appelle le « flow ». Il est en effet très agréable d'aller travailler le matin lorsqu'on est à peu près sûr de gagner un peu d'argent. En revanche, il faut une certaine force de caractère pour accepter l'idée qu'on va souffrir un peu, voire perdre de l'argent de façon régulière si une stratégie n'est profitable qu'à long terme.

J'ai remarqué que très peu de traders étaient capables de tenir ce que j'appelle une position « longue en volatilité », c'est-à-dire qui causera de petites pertes à échéance, mais rapportera sur le long terme en raison des flambées occasionnelles. Rares sont ceux qui acceptent de perdre 1 dollar à la plupart des échéances pour en gagner 10 de temps en temps, même si le calcul est juste (c'est-à-dire s'ils gagnent 10 dollars dans au moins 9,1 % des cas).

Pour moi, la communauté des traders sur options se divise en deux catégories : les vendeurs de primes et les acheteurs de primes. Les vendeurs de primes (aussi appelés vendeurs d'options) vendent des options à découvert en faisant en général des bénéfices réguliers, comme John aux chapitres 1 et 5. Les acheteurs de primes font l'inverse. Les vendeurs d'options, dit-on, mangent comme des poulets et défèquent comme des éléphants. Hélas, la plupart des traders d'options que j'ai rencontrés au cours de ma carrière étaient des vendeurs de primes – quand ils sautaient, c'était en général avec l'argent des autres.

Comment des professionnels connaissant en théorie les mathématiques (de base) peuvent-ils se retrouver dans de telles situations ? Comme nous l'avons vu précédemment, nos actions ne sont pas guidées par la partie rationnelle de notre cerveau. Nous pensons avec nos émotions, et il n'y a pas moyen de faire autrement. Pour cette même raison, des gens par ailleurs rationnels se mettent à fumer, ou se lancent dans des luttes qui ne leur rapportent rien dans l'immédiat ; de même, certains vendent des options en sachant que cela n'a pas d'intérêt. Mais la situation peut être pire encore. Il existe une catégorie de personnes, en général des universitaires enseignant la finance, qui, au lieu d'adapter leurs actes à leur intelligence, adaptent leur intelligence à leurs actes. Elles peuvent même inconsciemment tronquer les statistiques pour justifier ces actes. De mon point de vue, elles se dupent elles-mêmes à coup d'arguments statistiques pour justifier leurs ventes d'options.

Quel est le plus déplaisant : perdre 100 fois un dollar, ou perdre 100 dollars d'un seul coup ? C'est évidemment la seconde possibilité : notre sensibilité par rapport à cette perte décroît peu à peu. Ainsi une stratégie de trading qui rapporte un dollar par jour pendant une longue période, puis vous fait tout perdre, s'avère agréable d'un point de vue émotionnel, bien qu'elle n'ait aucun sens sur le plan économique. On comprend donc pourquoi il est nécessaire de s'inventer des histoires au sujet de la probabilité d'un événement quand on poursuit pareille stratégie.

Par ailleurs existe aussi le problème de l'ignorance du risque. Les scientifiques ont fait passer des tests à des gens (j'en parle dans le prologue comme d'une prise de risque avec sous-estimation de ces risques, et non de courage). Les personnes testées devaient prédire une gamme de prix futurs pour des titres, en fixant des limites supérieure et inférieure entre lesquelles la personne était à 98 % sûre que finirait le titre en question. Naturellement, ces limites étaient très souvent dépassées, dans certains cas jusqu'à 30 %.

Ce genre d'erreurs est dû à un problème beaucoup plus sérieux: les gens surestiment leurs connaissances et sous-estiment leur probabilité de se tromper.

Voici un autre exemple de notre aveuglement face aux options. Qu'est-ce qui a le plus de valeur? 1. Un contrat qui vous rapporte un million de dollars si le marché baisse de 10 % n'importe quel jour dans l'année qui vient; 2. Un contrat qui vous rapporte un million de dollars si le marché baisse de 10 % n'importe quel jour de l'année qui vient, à la suite d'un acte de terrorisme. Je m'attends à ce que la plupart des gens choisissent la seconde réponse.

Des probabilités et des médias (retour des journalistes)

Un journaliste est davantage formé pour s'exprimer que pour aller au fond des choses – le processus de sélection favorise ceux qui communiquent le mieux, pas nécessairement les plus profonds. Mes amis médecins prétendent que beaucoup de journalistes spécialisés dans le domaine médical ne comprennent rien à la médecine ni à la biologie, et commettent donc souvent des erreurs élémentaires. Je ne peux confirmer ces dires, n'étant moi-même qu'un amateur en matière de recherche médicale (bien qu'à mes heures lecteur vorace), toutefois j'ai noté que dans presque tous les cas ils ne comprennent pas les probabilités telles qu'on les rencontre dans les communiqués de résultats. L'erreur la plus répandue concerne l'interprétation des résultats. Très souvent ils confondent l'absence de découverte et la découverte de l'absence de résultats, comme nous l'avons déjà évoqué au chapitre 9. Comment est-ce possible? Disons que je teste en chimiothérapie le Fluorouracil pour guérir le cancer des voies respiratoires supérieures. Je découvre qu'il a de meilleurs résultats que le placebo, mais à peu de chose près, et qu'ajouté aux autres modalités il fait augmenter les chances de survie de 21 % à 24 %. Étant donné la taille de l'échantillon, je ne suis pas certain que cette différence de 3 % soit due au médicament : elle n'est peut-être que le fruit du hasard. Je publie alors mes résultats en disant qu'il n'y a pas de preuve ferme d'amélioration de l'espérance de vie (pour l'instant), et que de nouvelles recherches sont nécessaires. Un journaliste médical s'empresse de reprendre mes conclusions en affirmant que, selon les résultats du professeur N.N. Taleb, le Fluorouracil *n'améliore pas l'espérance de vie* – ce qui est à l'opposé de ce que j'ai dit. Quelque médecin naïf de Triffouillis-les-Oies, encore plus béotien en matière de probabilités que le plus ignorant des journalistes, lit cet article et se forge un a priori négatif à l'encontre de ce médicament. Il le conserve même quand plus tard un chercheur réussit à prouver qu'il améliore clairement le sort des malades.

DÉJEUNER AVEC CNBC

La création de la chaîne financière CNBC a été une véritable aubaine pour la communauté financière. Hélas, elle laisse aussi s'exprimer tout un groupe d'experts extravertis, diserts en matière de théorie. On entend souvent des gens respectables tenir au sujet des propriétés du marché boursier des propos ridicules (mais qui semblent intelligents). Sont émises en particulier des affirmations qui violent de manière flagrante les lois des probabilités. Au cours d'un été où je fréquentais avec assiduité la salle de gym, j'ai souvent entendu dire : « Le marché n'est inférieur que de 10 % à son maximum, alors que l'action moyenne l'est de près de 40 % », ce qui est censé montrer que la situation n'est pas normale, voire inquiétante – signe avant-coureur de marchés baissiers.

Il n'y a pas d'incompatibilité entre le fait que l'action moyenne soit de 40 % en dessous de son maximum alors que la moyenne de toutes les actions (c'est-à-dire le marché) est de 10 % inférieure à son maximum. Il faut en effet prendre en compte le fait que toutes les actions n'atteignent pas leur maximum au même moment ! Étant donné que les prix de toutes les actions ne sont pas à 100 % corrélés, l'action A peut atteindre son maximum en janvier, l'action B en avril, la moyenne des deux atteignant quant à elle son maximum en février. De plus, dans le cas d'une corrélation négative des actions, si A atteint son maximum quand B est à son minimum, alors elles peuvent être toutes les deux inférieures de 40 % à leur maximum quand le marché atteint, lui, son maximum ! Selon une section de probabilité appelée la distribution du maximum de variables aléatoires, le maximum d'une moyenne est nécessairement moins volatile que le maximum moyen.

À PRÉSENT, VOUS DEVRIEZ ÊTRE MORT

Les experts de la télévision commettent fréquemment une autre erreur à propos des lois de probabilité. Ces gens-là sont en effet choisis pour leur allure, leur charisme, leur talent de présentateurs, mais certainement pas pour leur discernement. Voici un exemple des démonstrations fallacieuses auxquelles j'ai souvent assisté à la télévision, en particulier chez une gourou de la finance très en vue : « L'espérance de vie moyenne pour un Américain est de 73 ans. Donc, si vous avez 68 ans, vous pouvez espérer vivre encore 5 ans et vous devriez établir votre programme en conséquence. » Elle s'est ensuite lancée dans des explications précises sur la manière dont la personne en question devrait investir sur les cinq années suivantes. Et si l'on a 80 ans, notre espérance de vie est-elle de – 7 ans ? En réalité, ces journalistes confondent espérance de vie conditionnelle et non conditionnelle. À la naissance, votre espérance de vie non conditionnelle peut être de 73 ans. Or plus vous avancez en âge sans mourir, plus votre espérance de vie s'allonge en même temps que votre vie. Pourquoi ? Parce que les autres, en mourant, prennent votre place dans les statistiques, car « espérance » signifie « moyenne ». De la sorte, si vous avez 73 ans et êtes en bonne santé, vous jouissez peut-être de neuf ans d'espérance de vie supplémentaire ! Et cette espérance évolue : à 82 ans, vous aurez encore devant vous 5 ans, à condition bien sûr que vous soyez toujours vivant. Même une personne âgée de 100 ans garde une espérance de vie positive. L'affirmation de la journaliste ne diffère pas tellement de celle-ci :

« Cette opération comporte un risque létal estimé à 1 %. Jusqu'ici, nous avons opéré 99 patients avec succès. Vous êtes le centième, donc vous avez 100 % de risques de décéder sur la table d'opération. »

Ainsi les analystes financiers de la télévision induisent-ils en erreur certaines personnes. Ce n'est guère gênant. Plus inquiétant est en revanche le fait que ce soit des non-professionnels qui transmettent l'information à des professionnels. C'est justement vers les journalistes que nous allons à présent nous tourner.

EXPLICATIONS SELON BLOOMBERG

Sur mon bureau se trouve une machine qu'on appelle un Bloom-berg™ (du nom du fondateur légendaire, Michael Bloomberg). Il per-met en toute sécurité de recevoir et d'envoyer des e-mails, de consulter les nouvelles, de retrouver des données historiques; il possède un sys-tème graphique, apporte une aide analytique extraordinaire et par-des-sus le marché fait office d'écran où je peux suivre l'évolution du prix des valeurs et des monnaies. Je suis tellement accro que je ne peux pas m'en passer pour travailler, sinon je me sentirais coupé du reste du monde. Je l'utilise pour entrer en contact avec mes amis, confirmer mes rendez-vous, et résoudre certaines de ces stimulantes querelles qui mettent un peu de piment dans la vie. Les traders qui n'ont pas d'adresse Bloomberg n'existent pas pour les autres (ils ont recours à l'Internet, plus plébéien). Toutefois il y a un aspect du Bloomberg dont je me pas-serais volontiers: les commentaires des journalistes. Pourquoi? Parce qu'ils ne cessent de vouloir expliquer les choses, perpétuant ainsi lour-dement la confusion entre la colonne de droite et celle de gauche. Ce n'est pas uniquement la faute du Bloomberg: en effet, je me suis tenu à l'écart des sections financières des journaux pendant toute la dernière décennie, préférant lire de la vraie prose.

Tandis que j'écris ces lignes, voici les titres qui s'affichent sur mon Bloomberg: « Le Dow Jones grimpe de 1,03 à cause de la baisse des taux d'intérêt inférieurs », « Le dollar baisse de 0,12 yen à cause de la hausse du déficit commercial avec le Japon », et ainsi de suite sur toute une page. Si je comprends bien, le journaliste prétend expliquer quelque chose qui se réduit à un simple bruit! Une augmentation de 1,03 quand le Dow Jones atteint les 11 000 points équivaut à moins de 0,01 % de hausse. Pareil mouvement ne nécessite aucune explica-tion. Il n'y a rien qu'une personne honnête ne puisse expliquer, ni aucune raison à fournir. Mais, comme un professeur de littérature comparée débutant, les journalistes, payés pour donner des explica-tions, vous les apportez avec plaisir et célérité. La seule solution serait que Michael Bloomberg cesse de payer ses journalistes pour gloser.

Comment puis-je décréter qu'il s'agit simplement de bruit? Prenons une analogie simple. Si vous vous lancez avec un ami dans une course à vélo à travers la Sibérie et qu'un mois plus tard vous le battez d'une seconde à l'arrivée, vous pouvez difficilement vous van-ter d'être le plus rapide. Vous avez pu être aidé, ou bien votre résultat est-il entièrement dû au hasard. Cette seconde d'écart n'est pas en soi assez significative pour que quelqu'un puisse en tirer des conclusions. Je n'irais pas écrire le soir dans mon journal : « Le cycliste A est meilleur que le cycliste B parce qu'il mange des épinards, alors que B a un régime alimentaire riche en tofu. Je tire cette conclusion du fait qu'A a battu B de 1,3 seconde sur une course de presque 5 000 kilomètres. » Si la différence était d'une semaine, alors je pourrais tenter de déterminer si le tofu en est la cause, ou s'il existe d'autres facteurs.

Causalité : il existe un autre problème. Même en tenant compte de l'importance des statistiques, il faut accepter la relation de causalité, ce qui signifie qu'un événement du marché peut être lié à une cause donnée. *Post hoc ergo propter hoc* (c'est la conséquence car c'est arrivé après). Disons qu'une année donnée, parmi les bébés nés à l'hôpital A, 52 % sont des garçons ; à l'hôpital B, ils ne sont que 48 %. Iriez-vous expliquer que vous avez eu un garçon parce que vous avez accouché à l'hôpital A ?

La relation de causalité est fort complexe. Il est très difficile d'isoler une cause quand elles sont si nombreuses dans la réalité. C'est ce qu'on appelle l'analyse multivariée. Ainsi le marché boursier peut-il réagir aux taux d'intérêt intérieurs américains, le dollar au yen, le dollar aux monnaies européennes, aux marchés boursiers européens, à la balance des paiements américaine, à l'inflation américaine, et à une douzaine d'autres facteurs primordiaux : aussi le journaliste doit-il observer tous ces facteurs, leur effet historique isolé et conjoint, la stabilité de telle influence, puis, après avoir consulté les statistiques tests, isoler le facteur essentiel, si possible. Enfin il faut attribuer à ce facteur un niveau de confiance : s'il est inférieur à 90 %, ce n'est pas convaincant. Je comprends pourquoi Hume était à ce point obsédé par la causalité et ne pouvait accepter la moindre inférence.

J'ai une astuce pour déceler s'il se passe « vraiment » quelque chose. J'ai organisé mon écran Bloomberg de manière à ce qu'il montre les prix et les variations en pourcentages de tout ce qui a de la valeur dans le monde : monnaies, actions, taux d'intérêt, matières premières. À force d'observer depuis des années la même configuration (je place les monnaies en haut à gauche et les actions à droite), je suis capable de savoir instinctivement s'il se passe quelque chose de sérieux. Cette astuce consiste à ne regarder que les variations importantes des pourcentages. Tant que les chiffres n'excèdent pas leur variation quotidienne, il ne s'agit que de bruit. Les variations sont à la mesure des titres. De plus leur interprétation n'est pas linéaire : une variation de 2 % n'est pas deux fois plus importante qu'une variation de 1 %, mais quatre à dix fois plus. Une variation de 7 % peut être plusieurs milliards de fois plus significative que celle de 1 % ! Le titre annonçant sur mon écran une variation de 1,3 point a à peine un milliardième de l'importance de la chute de 7 % d'octobre 1997. Vous allez peut-être me demander pourquoi j'aimerais que tout le monde étudie les statistiques. Eh bien, c'est parce que trop de gens se contentent de lire des explications. Nous ne pouvons comprendre d'instinct l'aspect non linéaire des probabilités.

UNE MÉTHODE DE FILTRAGE

Les ingénieurs ont inventé des méthodes pour différencier le signal du bruit dans les données. Vous est-il jamais venu à l'esprit, en conversant au téléphone avec votre cousine d'Australie, qu'on pouvait faire la distinction entre la voix et les parasites ? La méthode employée consiste à considérer que, quand un changement d'amplitude est faible, il s'agit probablement de bruit – en gardant à l'esprit qu'il peut s'agir d'un signal augmentant de manière exponentielle au fur et à mesure que s'accroît son ampleur. Cette méthode s'appelle un « noyau de lissage », elle est représentée par les figures 11.1 et 11.2. Notre appareil auditif est incapable d'agir ainsi. De même notre cerveau n'est pas apte à faire la différence entre un changement de prix significatif et un simple bruit, en particulier lorsqu'il est martelé par le bruit plein d'aspérités des journalistes.

Figure 11.1 Données non filtrées contenant le signal et le bruit.

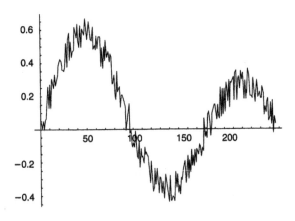

Figure 11.2 Mêmes données après qu'on a filtré le bruit

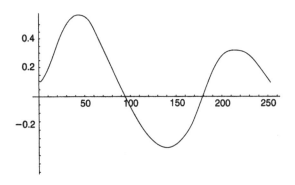

LE TAUX DE CONFIANCE

Les professionnels oublient la réalité suivante : l'important n'est pas tant l'estimation ou la prévision, mais le degré de confiance dans cette opinion. Imaginez que vous partiez en voyage un matin d'automne, et que vous ayez besoin de connaître les conditions climatiques de votre destination pour faire votre valise. Si vous vous attendez à trouver une température de 15 °C, à 5 °C près (en Arizona, par exemple), vous n'allez emporter ni vêtements de neige ni ventilateur électrique. Si à présent vous vous rendez à Chicago et que l'on vous apprend que la température y est de 15 °C, à 16 °C près, il vous faut emporter à la fois des vêtements d'hiver et de plein été. Ici la température prévue n'a guère d'importance en ce qui concerne le choix des vêtements à emporter : ce sont les variations qui comptent. Vous n'emporterez pas les mêmes bagages si l'on vous informe qu'il peut y avoir des variations de plus ou moins 16 °C. Poussons encore plus loin : si vous alliez sur une planète où la température est aussi de 15 °C, mais à 275 °C près ? Qu'emporteriez-vous ?

Vous voyez donc que mes activités sur le marché (comme d'autres variables aléatoires) dépendent beaucoup moins de la direction dans laquelle, selon moi, le marché ou la variable se dirigent que du degré d'erreur que j'accorde à mon taux de confiance.

CONFESSION

Nous allons refermer ce chapitre sur l'idée suivante : je me considère aussi dupe du hasard que n'importe qui d'autre, en dépit de ma profession et du temps que j'ai passé à étudier le sujet. Il existe cependant une différence : je sais que je suis très faible en ce domaine. Mon humanité tendra toujours à me faire échouer : je dois rester sur mes gardes. Je suis né pour me laisser berner par le hasard. C'est ce que nous allons voir dans la troisième partie.

TROISIÈME PARTIE

DE LA CIRE DANS LES OREILLES.
VIVRE AVEC LA MALADIE DU HASARD

Ulysse, le héros d'Homère, recourait à la ruse pour vaincre ses adversaires les plus forts. Pour moi, c'est contre lui-même qu'il usa de cette tactique de la manière la plus spectaculaire.

Au livre 12 de l'*Odyssée*, le héros rencontre les Sirènes près d'une île, non loin des écueils de Charybde et Scylla. Leur chant charme les marins au point de les rendre fous : ils se jettent alors à la mer, où ils se noient. L'ineffable beauté de la voix des Sirènes contraste avec les corps putrides de leurs victimes qui jonchent les flots. Prévenu par Circé, Ulysse imagine la ruse suivante : il bouche les oreilles de ses marins avec de la cire pour les rendre complètement sourds, puis se fait attacher au mât. Sous aucun prétexte l'équipage ne doit le libérer de ses liens. Le navire s'approche de l'île des Sirènes. La mer est calme. Puis, portée par les eaux, une mélodie arrive aux oreilles d'Ulysse. Elle est d'une beauté si fascinante que le héros, hypnotisé, cherche par tous les moyens à se détacher. Mais ses hommes resserrent ses liens et ne le libèrent pas avant d'avoir quitté la zone dangereuse.

La première leçon à tirer de cette histoire, c'est qu'il ne faut même pas chercher à ressembler à Ulysse. C'est un personnage mythologique. Pas moi. Il peut se faire attacher au mât. Je peux tout juste atteindre le rang des marins, dont il faut remplir les oreilles de cire.

JE NE SUIS PAS ASSEZ INTELLIGENT

Un jour, au cours de ma carrière dans le domaine du hasard, j'ai eu une révélation : j'ai compris que je n'étais ni assez intelligent ni assez fort pour lutter contre mes émotions. De plus, je sais que j'ai besoin de mes émotions afin de formuler mes idées et de puiser l'énergie nécessaire pour les mettre à exécution.

Je suis juste assez intelligent pour comprendre que je suis prédisposé à me laisser duper par le hasard, et pour accepter le fait que je suis littéralement dominé par mes émotions – et, en tant qu'esthète,

j'en suis heureux. En réalité, je ressemble trait pour trait à ces personnages que je m'amuse à ridiculiser tout au long de ce livre, à moins
que je ne sois pire encore, car il existe peut-être une corrélation négative entre les idées et le comportement (souvenez-vous de Popper en
tant qu'homme). Ce qui me différencie des autres, c'est que j'ai
conscience de tout cela. Peu importe le temps passé à étudier les probabilités : mes émotions obéiront toujours à un autre type de calculs,
ceux que mes gènes inintelligents veulent me faire endosser. Certes
mon cerveau peut faire la distinction entre le bruit et le signal ; pas
mon cœur.

Cette attitude inintelligente ne s'applique pas seulement aux probabilités et au hasard. Je ne suis pas suffisamment raisonnable pour ne
pas me mettre en colère quand un rustre me klaxonne parce que j'ai
mis une nanoseconde à réagir quand le feu est passé au vert. Je sais
parfaitement qu'il est mauvais de s'énerver ainsi, car cela n'apporte
rien, et que, si je réagissais de la sorte face à chaque imbécile que je
rencontre, je serais mort depuis longtemps. Ces petites émotions quo-
tidiennes échappent à la raison. Cependant elles sont nécessaires à
notre bon fonctionnement. Nous sommes faits pour répondre à l'hostilité par l'hostilité. J'ai suffisamment d'adversaires pour donner du
piment à ma vie, pourtant, parfois, j'aimerais en avoir davantage (je
vais rarement au cinéma et j'ai besoin de me distraire). L'existence
serait d'un ennui mortel si nous ne nous frottions pas de temps à
autre à des esprits antagonistes qui nous permettent de dépenser
notre énergie.

La bonne nouvelle, c'est que des astuces existent. L'une d'elles
consiste à éviter le contact visuel avec l'autre (c'est-à-dire, en voiture, de
ne pas jeter un coup d'œil dans son rétroviseur). Pourquoi ? Parce que
regarder l'autre dans les yeux active une partie différente de votre cerveau, plus émotionnelle, qui nous lance dans l'interaction. J'essaie alors
de me figurer que l'autre est un Martien et non un être humain. Cela
marche parfois – mais c'est surtout efficace si l'autre a l'air d'appartenir à une espèce différente. Comment ? Voici un exemple. J'adore le
vélo. Il y a peu, j'ai fait une randonnée à la campagne avec un groupe
de cyclistes. Comme nous ralentissions la circulation, une petite dame
au volant d'un énorme véhicule utilitaire a baissé sa vitre pour nous
insulter copieusement. Non seulement cela ne m'a rien fait, mais elle
n'a même pas réussi à interrompre le flot de mes pensées. Quand je suis
à vélo, les conducteurs de gros camions deviennent pour moi des sortes
d'animaux dangereux appartenant à une autre espèce. Ils sont susceptibles de me mettre en danger, mais pas en colère.

Comme tous ceux et celles qui émettent des opinions bien tranchées, j'ai de nombreux adversaires parmi les professeurs de finance et les économistes : mes critiques de leur mauvais usage des probabilités les dérangent, et ils ne supportent pas que je les traite de pseudo-scientifiques. Quand je lis leurs commentaires, je suis incapable de réprimer mes émotions. Le mieux à faire dans ce cas est de les ignorer. Idem pour les journalistes. Ne pas lire leurs gloses sur les marchés m'épargne beaucoup d'émotions nocives. Je ferai de même avec les commentaires désobligeants portant sur ce livre : de la cire dans les oreilles !

LA RÈGLE DE WITTGENSTEIN

Comment convaincre les auteurs de ne pas faire attention aux critiques, hormis quand ils les demandent expressément à ceux et celles qu'ils respectent ? Il existe une méthode de probabilités appelée l'information conditionnelle : à moins que la source soit hautement qualifiée, l'information exprimée en dit plus long sur son auteur que sur son sujet. Cela s'applique naturellement aux jugements. Une critique littéraire, bonne ou mauvaise, peut ainsi révéler beaucoup plus de choses sur son auteur que sur le livre lui-même. C'est ce phénomène que j'appelle aussi la règle de Wittgenstein : « *À moins d'avoir confiance en la fiabilité de la règle, si vous utilisez cet objet pour mesurer une table, vous pouvez tout autant utiliser la table pour mesurer la règle.* » Moins vous croyez en la fiabilité de la règle (en probabilités, on appelle cela le « précédent »), plus vous en apprenez sur elle et moins sur la table. La portée de cette réflexion dépasse largement les critiques et les probabilités. La conditionnalité de l'information est une notion centrale en épistémologie, en probabilités, et même dans l'étude de la conscience. Nous verrons plus tard son extension aux problèmes du « dix écarts types ».

Cette réflexion a également des applications pratiques : ainsi la critique d'un lecteur anonyme sur amazon.com en dit long sur lui, tandis que celle d'une personne qualifiée est vraiment consacrée au livre. Cela vaut également lors des procès. Prenons à nouveau l'exemple d'O.J. Simpson. L'un des jurés a dit : « Il n'y avait pas assez de sang », en guise d'évaluation des preuves statistiques présentées. Pareille déclaration ne révèle rien sur les preuves statistiques mais nous renseigne largement sur les capacités de déduction de celui qui l'a émise. Si ce juré avait été un expert en criminologie, son avis eût été contraire.

Le problème vient du fait que, même si pareil raisonnement est au centre de ma réflexion, mon cœur l'ignore totalement car mon système émotionnel ne comprend pas la règle de Wittgenstein. En voici la preuve : un compliment est toujours agréable, quel qu'en soit l'auteur – ce que les manipulateurs savent bien. Idem des critiques concernant mes livres et des commentaires sur ma stratégie de gestionnaire du risque.

De l'Odyssée à la fonction « silence »

Souvenez-vous que mon plus grand exploit, à mon sens, est de m'être soustrait à l'emprise de la télévision et des médias. J'en suis détaché au point que regarder une émission est l'activité qui requiert chez moi le plus d'énergie, davantage même qu'écrire ce livre. Mais cela ne s'est pas fait tout seul. Sans certains petits trucs, je n'échapperais pas au poison de l'ère de l'information. Dans la salle de marchés de mon entreprise, je laisse la télévision allumée en permanence, branchée sur la chaîne financière CNBC, où tout au long de la journée commentateurs et PDG assassinent à tour de rôle la rigueur intellectuelle. En quoi cela m'aide-t-il ? Eh bien, en réalité, je coupe le son. Pourquoi ? Parce que la personne à l'écran devient alors ridicule, exactement à l'opposé de l'impression créée quand on dispose du son. On découvre alors quelqu'un qui se prend très au sérieux : ses lèvres remuent, les muscles de son visage bougent… sans qu'aucun son n'en sorte. Nous sommes intimidés sur le plan visuel et non auditif, ce qui crée une discordance. Le visage exprime de l'enthousiasme, mais, sans parole, cela produit exactement l'effet inverse. C'est à ce type de contrastes que songeait le philosophe Henri Bergson dans *Le rire*, lorsqu'il fait sa célèbre description du fossé qu'il y a entre le monsieur qui s'apprête à marcher sur une peau de banane et l'aspect comique de la situation. Les grands pontes de la télévision perdent alors de leur superbe – ils ont même l'air tout à fait ridicules. Ils semblent fascinés par quelque chose qui n'a aucune importance. Soudain ils se transforment en clowns – c'est la raison pour laquelle l'écrivain Graham Greene a toujours refusé de passer à la télévision.

J'ai eu l'idée de priver ainsi les gens de la parole lors d'un voyage. Assommé par le décalage horaire, j'ai assisté à un discours en cantonais (langue que je ne comprends pas), sans interprète pour le traduire. Comme je n'avais pas la moindre idée de ce dont parlait l'orateur, il s'est transformé à mes yeux en une sorte de pantin à la dignité considérablement diminuée. J'ai alors songé que je pouvais peut-être m'inculquer un biais, en l'occurrence un préjugé, pour en contrecarrer un autre, ici notre prédisposition à prendre l'information au sérieux. Cela semble fonctionner.

Cette partie, qui est la conclusion de ce livre, met en lumière ce qu'il y a d'humain dans notre façon d'appréhender l'incertitude. Personnellement, je n'ai pas réussi à me soustraire au hasard, mais j'ai mis au point quelques astuces.

CHAPITRE 12

LA SUPERSTITION DU JOUEUR
ET LES PIGEONS DANS LA BOÎTE

La superstition du joueur envahit ma vie. Comment le mauvais anglais des chauffeurs de taxis peut vous aider à gagner de l'argent. Dupe entre les dupes je suis – mais je le sais ! Composer avec son inadaptation génétique. Il n'y a pas de boîte de chocolats dans le tiroir de mon bureau.

Taxis et causalité

R evenons en arrière dans le temps, aux débuts de ma carrière de trader à New York. À cette époque, je travaillais pour le Crédit Suisse First Boston, alors situé au milieu d'un pâté d'immeubles, entre la 52nd Street et la 53rd Street d'un côté, Madison et Park Avenue de l'autre. Bien que géographiquement éloignée, c'était une firme de Wall Street – je prétendais alors travailler « à Wall Street », alors que j'y avais seulement mis les pieds deux fois (par chance, car c'est l'endroit le plus insupportable que je connaisse à l'est de Newark, dans le New Jersey).

Jeune homme, j'habitais l'Upper East Side de Manhattan, dans un appartement rempli de livres. Vivre ainsi dans un lieu dépouillé n'était pas un choix de ma part : je n'avais jamais réussi à me rendre dans un magasin de meubles, car en chemin je finissais toujours par entrer dans une librairie, dont je ressortais chargé de livres. Naturellement la cuisine ne contenait pas le moindre objet utile – à part une cafetière –, sans parler de nourriture, car je n'ai appris à cuisiner que très récemment.

Tous les matins je sautais dans un taxi jaune pour aller au travail, et je descendais à l'angle de Park Avenue et de la 53rd Street. À New York, les chauffeurs de taxis sont plutôt mal dégrossis et totalement étrangers à la géographie des lieux ; à l'occasion, on tombe même sur des spécimens qui ne connaissent ni la ville, ni les lois universelles de l'arithmétique. Un jour j'eus le malheur (ou peut-être la chance) de tomber sur un chauffeur qui ne parlait aucune des langues que je maîtrisais – ce qui comprend l'anglais des taxis. J'essayai de l'aider à trouver son chemin entre la 74th Street et la 53rd Street, mais il poursuivit obstinément son chemin jusqu'à la 52nd Street, m'obligeant à utiliser une autre entrée que d'habitude. Ce jour-là mon portefeuille fit d'énormes profits grâce aux soubresauts des devises : ce fut le meilleur jour de ma jeune carrière.

Le lendemain, comme d'habitude, je hélai un taxi au coin de la 74th Street et de la Third Avenue. Le chauffeur de la veille n'était nulle part – peut-être avait-il été renvoyé dans son pays d'origine. Quel dommage : j'éprouvais l'inexplicable envie de le remercier pour le service qu'il m'avait rendu en le gratifiant d'un pourboire extravagant. Je me surpris alors à demander au nouveau chauffeur de me laisser à l'angle nord-est de la 52nd Street et de Park Avenue, exactement à l'endroit où j'étais descendu la veille. Je fus sidéré par mes propres paroles… mais il était trop tard.

Plus tard, en me regardant dans le miroir de l'ascenseur, je m'aperçus que je portais la même cravate que la veille – avec les taches de café causées par le fracas des événements (la seule substance prétendue nocive à laquelle je suis accro). Je découvris qu'en moi-même quelque chose croyait fermement à l'existence d'une forte relation de causalité entre le choix de ma cravate et le comportement du marché la veille. J'éprouvai un sentiment désagréable de duperie, comme un comédien interprétant un rôle qui n'est pas pour lui. J'avais l'impression d'être un imposteur. D'une part, j'affichais des opinions scientifiques très affirmées, et je réfléchissais toujours en termes de probabilités ; d'autre part, j'entretenais des superstitions, exactement comme le trader de base à la corbeille. Pourquoi ne pas consulter mon horoscope, tant qu'on y était ?

Au terme d'une courte introspection, je compris que jusque-là ma vie avait été placée sous le signe de superstitions légères – moi, l'expert en options, le calculateur dépassionné de probabilités, le trader rationnel ! Ce n'était pas la première fois que j'agissais ainsi, mû par des superstitions sans conséquences, certainement issues de mes racines levantines (on ne prend pas la salière de la main d'autrui car cela risque de semer la zizanie ; il faut toucher du bois quand on vous fait un compliment ; etc., ainsi que beaucoup d'autres croyances transmises au cours de quelques douzaines de siècles par les populations de Méditerranée orientale). J'appréhendais ces croyances avec méfiance et solennité mêlées, comme beaucoup de ce qui a germé et mûri sur ces rivages anciens. Pour nous, il s'agit davantage de rituels que d'actes réellement destinés à nous protéger des caprices imprévisibles de la déesse Fortune – les superstitions donnent un peu de poésie à la vie quotidienne.

En réalité j'étais surtout inquiet, car c'était la première fois que je débusquais de la superstition dans ma vie professionnelle. Dans ce métier je dois en effet agir telle une compagnie d'assurance qui calcule avec précision tous les risques en se basant sur des méthodes bien définies. Je tire avantage du manque de rigueur des autres, de leur aveuglement face aux « analyses », du fait qu'ils s'imaginent « choisis » par le destin. Cependant une part de hasard trop grande envahissait mon travail.

Je m'aperçus que des superstitions de joueur – à peine décelables – s'étaient subrepticement glissées dans ma pratique et commençaient à s'accumuler. Jusqu'alors cela m'avait échappé. Mon esprit semblait sans cesse en quête d'un lien statistique entre l'expression de mon visage et le tour que prendraient les événements. Par exemple, mes revenus avaient commencé à augmenter après avoir découvert que j'étais légèrement myope et que j'eus commencé à porter des lunettes. Elles ne m'étaient guère utiles, à part pour conduire la nuit, pourtant je les gardais sur le nez car, inconsciemment, je les imaginais liées à mes résultats. D'un point de vue rationnel, cette association statistique était sans le moindre fondement, étant donné la taille infime de l'échantillon (ici, une seule occurrence). Pourtant mon instinct statistique originel ne tenait aucun compte de mon expertise professionnelle.

Chez les joueurs se développent des comportements particuliers, résultant de l'association pathologique entre le résultat du jeu et certains gestes. « Joueur », voici bien la dénomination la plus insultante qu'on puisse employer pour définir mon activité sur les produits dérivés. Ouvrons une parenthèse : pour moi, le jeu se définit comme une activité où l'agent est émoustillé par sa confrontation avec le hasard, peu importe que la situation lui soit ou non favorable. Même lorsque le sort lui est clairement contraire, il réussit à transcender cette situation en s'imaginant d'une manière quelconque choisi par le destin. C'est manifeste chez les personnes au niveau intellectuel élevé que l'on rencontre dans les casinos, où elles ne devraient normalement pas se trouver. J'ai même rencontré un expert en probabilités de stature internationale qui avait l'habitude de jouer, oubliant ainsi complètement toutes ses connaissances. Un de mes anciens collègues, parmi les personnes les plus intelligentes que j'aie jamais rencontrées, se rendait fréquemment à Las Vegas. Il devait représenter une sorte de poule aux œufs d'or pour les casinos car ceux-ci mettaient à sa disposition voiture et suite de luxe. Il consultait même une voyante avant de prendre d'importantes décisions professionnelles, essayant ensuite de se faire rembourser ces séances par notre société.

Les pigeons de Skinner

À vingt-cinq ans, je ne savais rien des sciences du comportement. Mon éducation et ma culture me poussaient à croire que mes superstitions étaient d'ordre culturel et que par conséquent ma « raison » pouvait m'en débarrasser. Au niveau général de la société, la vie moderne devait les éliminer au fur et à mesure que l'influence de la science et de la logique se répandraient. Hélas, alors que sur le plan intellectuel je ne cessais de progresser, les barrages retenant le hasard sautaient et je me montrais de plus en plus superstitieux.

Ces croyances étaient certainement de nature biologique. Malheureusement j'avais été éduqué à une époque où l'on rejetait la faute sur la culture et non sur la nature. Il n'y avait évidemment rien de culturel dans le lien que j'avais créé entre mes lunettes et les résultats du marché. Ni dans l'association de telle porte d'entrée avec mon succès. Ni dans le fait de remettre la même cravate que la veille. Au cours du dernier millénaire, quelque chose en nous s'était développé dans le mauvais sens, et il me fallait composer avec les vestiges de cet ancien cerveau.

Pour pousser l'analyse plus loin, étudions la formation des liens de causalité chez des formes de vie moins évoluées. Le célèbre psychologue de Harvard, B.F. Skinner, mit au point pour les pigeons une boîte équipée d'un commutateur que les oiseaux activaient en picorant, et d'un système électrique distribuant la nourriture. Skinner avait conçu cette boîte pour qu'elle puisse servir à d'autres expériences plus générales portant sur le comportement d'un ensemble d'animaux. C'est en 1948 qu'il eut l'idée brillante de laisser de côté le commutateur pour se concentrer sur l'alimentation. Il programma la machine pour qu'elle donne à manger aux oiseaux affamés à un rythme aléatoire.

Il assista alors à une chose tout à fait extraordinaire : les pigeons se mirent à inventer une « danse de la pluie » extrêmement sophistiquée, dictée par leur mécanique statistique intérieure. L'un d'eux se tapait la tête en rythme contre un coin précis de la boîte, d'autres tournaient le cou dans le sens inverse des aiguilles d'une montre : tous mirent au point un rituel spécifique lié à l'obtention de nourriture, qui peu à peu se grava dans leur cerveau.

Cette découverte a des prolongements plus inquiétants : nous ne sommes pas faits pour concevoir les événements comme indépendants les uns des autres. Lorsqu'on considère deux événements, A et B, il nous est difficile de ne pas envisager qu'A soit la cause de B, B la cause de A, ou qu'ils soient interdépendants. Notre biais nous pousse à établir sur-le-champ un lien de causalité. Tant que cela fait seulement gaspiller quelques centimes de taxi à un trader débutant, ce n'est pas grave, mais cela peut conduire un scientifique à tirer des conclusions erronées. Car il est plus ardu d'agir comme si l'on était ignorant plutôt que très savant. Les scientifiques savent bien qu'il est plus difficile d'un point de vue émotionnel de rejeter une hypothèse que de l'accepter (c'est ce qu'on appelle les erreurs de type I et de type II) – ce qui devient d'autant moins facile quand on a entre autres pour dicton : *Felix qui potuit cognoscere causas* (heureux celui qui comprend ce qui se cache derrière les choses). Nous avons beaucoup de mal à simplement nous taire. Nous ne sommes pas faits pour cela. Avec ou sans Popper, nous prenons les choses trop au sérieux.

Philostrate Redux

Je n'ai proposé aucune solution au problème de l'inférence statistique à haute fréquence d'échantillonnage. Au chapitre 3, j'ai discuté des différences techniques entre bruit et sens : il est temps à présent de parler de l'exécution. Le philosophe grec Pyrrho, père du scepticisme, qui prônait une vie d'indifférence et d'équanimité, fut critiqué parce qu'il avait perdu son calme dans des circonstances critiques – il était pourchassé par un bœuf. Il répondit qu'il lui était parfois difficile de faire abstraction de son humanité. Si Pyrrho ne pouvait s'empêcher d'être humain, je ne vois pas pourquoi nous devrions quant à nous devenir des êtres rationnels, agissant de manière irréprochable en des circonstances incertaines, comme le voudraient les économistes. J'ai découvert qu'une grande partie des résultats obtenus de façon rationnelle grâce à mes calculs des différentes probabilités ne s'inscrivait pas assez durablement en moi pour avoir un impact sur mon comportement. En d'autres termes, j'agis comme le médecin du chapitre 11 qui sait que la maladie a un taux de probabilité de 2 %, mais qui sans le vouloir traite son patient comme s'il avait 95 % de chances d'être atteint. Mon cerveau et mon instinct n'agissent pas de concert.

Voici quelques explications plus détaillées. En tant que trader rationnel (nous nous targuons tous de l'être), je pense, comme je l'ai déjà dit, qu'il existe une différence entre le bruit et le signal, que le bruit doit être ignoré et le signal pris au sérieux. J'ai recours à des méthodes élémentaires (mais efficaces) pour calculer le bruit et la composition de toute fluctuation dans mes résultats. Par exemple, après avoir réalisé un profit de 100 000 dollars grâce à telle stratégie, je peux émettre l'hypothèse que cette stratégie ait 2 % de chances d'avoir été profitable, contre 98 % de chances que ses résultats soient dus au bruit. En revanche, un bénéfice de 1 000 000 de dollars montre que cette stratégie est fiable à 99 %. Une personne rationnelle agirait ainsi pour sélectionner ses stratégies, accordant ses émotions aux résultats. Pourtant il m'est arrivé d'éprouver de l'exaltation en découvrant des résultats qui, je le savais, n'étaient que du bruit, ainsi que des pincements au cœur face à d'autres qui n'avaient pas la moindre importance statistique. Je suis un être d'émotions, je ne peux m'en défendre, et je tire de ces émotions l'essentiel de mon énergie. La solution n'est donc pas de domestiquer mon cœur.

Mais puisqu'il ne semble pas vouloir se mettre d'accord avec ma tête, je dois faire très sérieusement attention à ne pas prendre de décisions irrationnelles en matière de trading : je m'empêche donc de vérifier mes résultats à moins qu'ils n'atteignent un seuil prédéterminé. Mon cerveau et mon goût pour les chocolats s'opposent de la même manière : je m'en tire généralement en affirmant qu'il n'y a pas de boîte de chocolats cachée dans le tiroir de mon bureau.

Je déteste par-dessus tout les gens qui me disent ce que je dois faire. La plupart d'entre nous savons exactement ce que nous avons à faire. Le problème n'est pas qu'on l'ignore : c'est passer à l'acte qui est difficile. Je suis las de ces moralisateurs au cerveau lent qui à longueur de journée me rabâchent qu'il faut utiliser du fil dentaire, manger chaque jour une pomme, et me rendre à la salle de gym même après que mes bonnes résolutions de début d'année se sont évaporées. À la bourse, ces recommandations seraient qu'il ne faut pas prêter attention au bruit des résultats. Nous avons besoin d'astuces pour assimiler tout cela, mais au préalable nous devons accepter le fait que nous sommes seulement des animaux à la recherche de petites astuces, et pas de sermons.

En fin de compte, j'estime avoir de la chance de ne pas être accro au tabac. La meilleure manière de comprendre comment nous pouvons à la fois être rationnels dans notre perception des risques et des probabilités, tout en demeurant assez sots pour nous laisser duper, ce serait d'avoir une petite conversation avec un fumeur. Très peu d'entre eux ignorent qu'ils ont une chance sur trois de souffrir un jour d'un cancer du poumon. Si vous n'êtes toujours pas convaincu, allez voir la foule des fumeurs rassemblés à l'entrée du Memorial-Sloan Kettering Cancer Centre, centre spécialisé dans le traitement du cancer à New York (il est interdit de fumer à l'intérieur des immeubles de la ville). Vous y verrez des douzaines d'infirmières et peut-être des médecins spécialistes du cancer, la cigarette à la main, tandis que des patients condamnés arrivent en chaise roulante pour subir leur traitement.

CHAPITRE 13

CARNÉADES À ROME :
DES PROBABILITÉS
ET DU SCEPTICISME

Caton le Censeur renvoie Carnéades dans ses foyers. Monsieur de Norpois ne se souvient plus de ses opinions de naguère. Méfiez-vous des scientifiques. Mariage d'idées. Le même Robert Merton aide l'auteur à faire démarrer sa propre société. La science évolue de funérailles en funérailles.

Demandez au mathématicien du coin de définir les probabilités : il va sûrement s'empresser de vous apprendre à les calculer. Comme nous l'avons vu au chapitre 3 à propos de la réflexion probabiliste, les probabilités ne concernent pas le calcul précis, mais la croyance à l'existence d'un résultat, d'une cause ou d'un motif alternatif. Souvenez-vous que les mathématiques sont un outil qui permet de réfléchir, pas de calculer. Cherchons une fois de plus conseil auprès des Anciens – en effet, ils considéraient les probabilités comme une façon subjective et fluide de mesurer les croyances, rien de plus.

Carnéades s'en vient à Rome

Vers l'an 155 de notre ère, accompagné de deux autres ambassadeurs athéniens, le philosophe grec postclassique Carnéades de Cyrène vint demander une faveur au Sénat romain. Une amende avait en effet été infligée à des citoyens d'Athènes, et tous trois voulaient convaincre les Romains que c'était injuste. Carnéades représentait l'Académie, forum voué au débat d'idées, née du jardin où trois siècles plus tôt Socrate posait un peu trop de questions à ses concitoyens (qui le condamnèrent à mort pour cela). Carnéades était issu de la Nouvelle Académie, toujours vouée au débat d'idées, qui selon les Anciens ne se distinguait guère de l'école du scepticisme.

Le jour tant attendu où il devait prendre la parole arriva enfin. Il se leva et se lança dans une brillante harangue faisant l'éloge de la justice et démontrant qu'elle devrait passer au premier rang des préoccupations humaines. Les Romains étaient pétrifiés d'admiration. Ce n'était pas simplement son charisme : l'audience était captivée par son éloquence, ses arguments, la pureté de son expression et son énergie. Mais là n'était pas la question.

Le lendemain, Carnéades revint. Il se leva et présenta la doctrine de l'incertitude des connaissances de la manière la plus convaincante qui soit. Comment ? En réfutant les arguments qu'il avait défendus la veille avec autant de conviction. Il réussit ainsi à persuader le même auditoire que la justice était la dernière chose dont les humains devaient se soucier.

Voici à présent la mauvaise nouvelle. Caton l'Ancien (le Censeur) se trouvait dans l'assistance. Il était très âgé et guère plus tolérant que sous son mandat de censeur. Courroucé, il convainquit le Sénat de renvoyer les trois ambassadeurs chez eux, de crainte que leur esprit rhétorique ne ramollisse la jeunesse romaine et ne porte préjudice à la culture martiale de la République. (Durant son mandat, Caton avait interdit aux rhéteurs grecs de s'établir à Rome. Il avait l'esprit trop pragmatique pour accepter leurs discours théoriques.)

Carnéades n'est pas le premier sceptique de l'époque classique, ce n'est pas non plus le premier à avoir enseigné la notion de probabilité. Cependant cet incident demeure le plus spectaculaire en raison de son impact sur des générations de rhéteurs et de penseurs. Carnéades n'était pas un simple sceptique. C'était un dialecticien qui n'adhérait jamais aux hypothèses qu'il défendait ni aux conclusions qu'il en tirait. Toute sa vie il s'opposa aux dogmes arrogants et à la croyance en une seule vérité. Rares sont les vrais penseurs qui puissent rivaliser avec la rigueur du scepticisme de Carnéades (on trouverait dans leurs rangs le philosophe arabe de l'époque médiévale Al Gazali, Hume et Kant – mais seul Popper a réussi à hisser le scepticisme au rang de méthodologie scientifique universelle). L'enseignement principal des sceptiques étant que rien ne doit être accepté avec certitude, on peut alors tirer des conclusions ayant différents degrés de probabilité, qui indiquent la voie à suivre.

Si l'on remonte encore plus loin dans le temps à la recherche du premier usage répertorié de la pensée probabiliste de l'histoire, on aboutit en Sicile (alors sous domination grecque), au VIᵉ siècle avant notre ère. La notion de probabilité fut utilisée dans un cadre légal par les tout premiers rhétoriciens qui, pour défendre leur cause, avaient besoin de mettre en doute une accusation. Le premier rhéteur connu, Korax de Syracuse, enseignait aux gens comment étayer leurs arguments par les probabilités. La méthode reposait sur la notion de « plus probable ». Par exemple, en l'absence d'informations et de preuves matérielles, la propriété d'un lopin de terre devait être attribuée à la personne dont le nom était le plus souvent utilisé pour désigner le lieu en question. Un de ses disciples indirects, Gorgias, importa cette méthode à Athènes où elle rencontra un vif succès. C'est l'établissement de notions telles que celles du « plus probable » qui nous a appris à considérer les contingences comme des événements distincts et séparables, ayant chacun un taux de probabilité.

LES PROBABILITÉS, FILLES DU SCEPTICISME

Avant que le monothéisme ne règne sur le Bassin méditerranéen (ce qui conduisit à croire à une espèce d'unicité de la vérité, qui ne céda le pas que beaucoup plus tard à quelques épisodes communistes), le scepticisme avait été adopté par beaucoup de grands penseurs. Les Romains n'avaient pas de religion en soi : ils étaient trop tolérants pour accepter une vérité unique. Ils croyaient à un ensemble de superstitions souples et syncrétiques. Je ne vais pas me lancer dans un cours de théologie, mais je me dois cependant de souligner qu'il a fallu attendre douze siècles pour que le monde occidental accepte de nouveau la pensée critique. Pour quelque étrange raison, au Moyen Âge les Arabes pratiquèrent la pensée critique (grâce à leur tradition philosophique postclassique) alors que la pensée chrétienne restait dogmatique. Après la Renaissance, pour des raisons mystérieuses, les rôles s'inversèrent.

Parmi les auteurs antiques, il en est un qui atteste de l'usage de ce mode de pensée, c'est le disert Cicéron. Il préférait en effet se laisser guider par les probabilités plutôt qu'affirmer quelque chose avec certitude – très pratique, objectaient certains, parce que cela lui permettait de se contredire. Pour nous qui avons appris grâce à Popper qu'il fallait garder l'esprit critique vis-à-vis de ses propres idées, c'est une raison de le respecter davantage. En effet il ne demeurait pas fixé sur une opinion simplement parce qu'il l'avait un jour formulée. Cependant le prof de lettres moyen lui reprocherait ses contradictions et ses changements d'opinion.

Le désir de ne pas être lié à ses affirmations passées n'a émergé que très récemment. C'est en France, lors des événements de Mai 68, qu'il s'est exprimé avec le plus d'éloquence. Nul doute que la jeunesse se sentait étouffée par la contrainte qui l'obligeait à se montrer intelligente et cohérente ; aussi produisit-elle entre autres perles cette exhortation :

Nous exigeons le droit de nous contredire !

Les opinions de monsieur de Norpois

L'époque moderne nous offre un modèle déprimant. Se contredire est devenu honteux dans notre culture, et ce nouveau tabou peut avoir des conséquences désastreuses en sciences. Dans *À la recherche du temps perdu*, Proust fait le portrait d'un diplomate en semi-retraite, le marquis de Norpois, qui, comme tous ses confrères d'avant l'invention du fax, était un mondain, assidu dans les salons. Le narrateur surprend monsieur de Norpois en pleine contradiction à propos d'un rapprochement d'avant la Première Guerre mondiale entre la France et l'Allemagne. Quand on lui rappelle son opinion passée, monsieur de Norpois semble ne pas s'en souvenir. Le narrateur le lui reproche :

« En disant cela, monsieur de Norpois ne mentait pas, il avait simplement oublié. On oublie du reste vite ce qu'on n'a pas pensé avec profondeur, ce qui vous a été dicté par l'imitation, par les passions environnantes. Elles changent, et avec elles se modifie notre souvenir.

Encore plus que les diplomates, les hommes politiques ne se souviennent pas du point de vue auquel ils se sont placés à un certain moment, et quelques-unes de leurs palinodies tiennent moins à un excès d'ambition qu'à un manque de mémoire. »

Ainsi devrait-il avoir honte d'exprimer une opinion différente. Le narrateur ne prend pas en compte le fait qu'il ait pu changer d'opinion. Nous devons en effet être fidèles à ce que nous pensons. Autrement, nous sommes des traîtres.

Je pense qu'aujourd'hui monsieur de Norpois ferait un bon trader. L'un des meilleurs que j'aie jamais rencontrés, Nigel Babbage, possède une qualité remarquable : celle d'être totalement détaché de ses opinions passées. Il n'éprouve pas le plus petit embarras à acheter une devise alors que quelques heures plus tôt il affirmait qu'elle allait devenir faible. Pourquoi a-t-il changé d'avis ? Il ne se sent pas tenu de vous l'expliquer.

Parmi ceux qui possèdent cette caractéristique, George Soros est le plus connu. Il est capable de revoir très rapidement son opinion sans la moindre gêne : c'est l'une de ses grandes forces. L'anecdote suivante l'illustre bien : le trader et playboy français Jean-Manuel Rozan raconte l'épisode suivant dans son autobiographie (déguisée en roman pour éviter les poursuites judiciaires). Le personnage principal (Rozan) avait l'habitude de jouer au tennis à Long Island, dans les Hamptons, avec Georgi Saulos, « un homme d'âge mûr ayant un drôle d'accent », avec qui il discutait parfois du marché. Au début, il ne savait pas à quel point Saulos était puissant. Un jour ce dernier se montra très baissier au cours de la discussion, égrenant toute une série d'arguments que le narrateur ne réussit pas à suivre. Il était manifestement baissier sur le marché des actifs. Quelques jours plus tard, le marché connut une forte reprise, atteignant des sommets. Le narrateur s'inquiéta pour Saulos, et à leur rencontre suivante lui demanda s'il n'avait pas été trop touché. « On a fait un carton, répondit Saulos. J'ai changé d'avis. Nous avons couvert et renversé la position. »

Quelques années plus tard, Rozan fut victime de cette façon de procéder, qui lui coûta presque sa carrière. Vers la fin des années 1980, Soros lui confia 20 millions de dollars pour spéculer (somme considérable à l'époque), ce qui lui permit de fonder sa société de trading (je faillis en faire partie). Quelques jours plus tard, en visite à Paris, au cours du déjeuner, les deux hommes se mirent à discuter du marché. Rozan sentit que Soros était distant. Puis il retira ses capitaux sans lui fournir la moindre explication. La caractéristique des vrais spéculateurs comme Soros est que leurs activités sont totalement indépendantes des précédentes. Ils sont complètement détachés de leurs actions passées. Chaque nouvelle journée est vierge.

LA « DÉPENDANCE AU SENTIER » DES IDÉES

Voici un test simple permettant de définir la dépendance du passé (les économistes ont leur propre version de ce phénomène, l'effet de dotation). Disons que vous possédiez un tableau acheté 20 000 euros. Le marché de l'art se portant bien, il vaut à présent 40 000 euros. S'il ne vous appartenait pas, l'achèteriez-vous à son prix actuel ? Si ce n'est pas le cas, on dit que vous êtes « marié à vos positions ». Il n'y a pas de raison rationnelle pour conserver un tableau que vous n'achèteriez pas à son prix actuel – c'est un investissement purement émotionnel. Beaucoup de gens restent ainsi toute leur vie mariés à leurs idées. On parle de dépendance « au sentier » des idées quand, dans une séquence d'idées, c'est la première qui domine sans autre raison que son avantage temporel.

Peut-être sommes-nous programmés pour des raisons évolutionnistes pour demeurer fidèles aux idées auxquelles nous avons consacré beaucoup de temps. Imaginez les conséquences qu'il y aurait à se comporter en bon trader en dehors de la sphère professionnelle : chaque matin, il faudrait se demander si l'on reste avec son compagnon ou sa compagne, ou si l'on s'en va chercher ailleurs une satisfaction émotionnelle supérieure. Imaginez encore un politicien si rationnel qu'au cours de sa campagne, après avoir découvert de nouveaux arguments sur un sujet précis, il ou elle change d'avis et passe dans un autre parti. Cela transformerait les investisseurs rationnels qui évaluent correctement leurs transactions en curiosités génétiques – des mutants rares, peut-être. Des chercheurs ont découvert qu'un comportement parfaitement rationnel chez l'être humain peut provenir d'un problème dans une partie du cerveau appelée l'amygdale, qui bloque l'attachement émotionnel. Cela signifie que le sujet est, littéralement, psychopathe. Soros est-il marqué par une anomalie génétique qui fait de lui un décideur rationnel ?

L'absence de dépendance à l'héritage du passé est rare chez les humains. Nous soutenons nos enfants en leur accordant du temps, en les nourrissant, jusqu'à ce qu'ils soient capables de transmettre nos gènes. De même avec les idées. Un professeur d'université connu pour ses thèses dans tel domaine ne va pas véhiculer d'idées qui puissent dévaloriser son travail passé, anéantissant ainsi le fruit d'années de travail. Les gens qui changent de parti deviennent des traîtres, des renégats ou, pire encore, des apostats (ceux qui abandonnaient leur religion étaient passibles de la peine de mort à une époque encore très récente).

Calculer plutôt que penser

Après celles de Carnéades et de Cicéron, voici une autre histoire de probabilités. Les probabilités ont fait irruption en mathématiques avec la théorie du jeu. Elles y sont restées en tant que simple mode de calcul. Récemment est apparue toute une industrie de « mesure du risque », qui s'est spécialisée dans l'évaluation des risques en sciences sociales grâce aux probabilités. Naturellement on peut calculer ses chances au jeu, car les règles sont définies de façon claire et explicite, et par conséquent en mesurer les risques. Pas dans le monde réel. Mère nature ne nous a pas fourni de directives claires. Il ne s'agit pas d'un jeu de cartes (nous ne savons même pas combien de couleurs il y a). Pourtant les gens « mesurent » les risques, en particulier quand on les paie pour ça. J'ai déjà parlé du problème d'induction de Hume et des cygnes noirs. À présent, au tour des scientifiques scélérats.

Souvenez-vous que je fais depuis longtemps la guerre aux charlatans déguisés en éminents économistes financiers. Voici de quoi il s'agit. Un certain Harry Markowitz a reçu un prétendu prix Nobel d'économie (qui en réalité n'est pas un vrai prix Nobel, mais une distinction attribuée par la Banque centrale de Suède en l'honneur d'Alfred Nobel – cela n'a jamais fait partie du testament du célèbre mécène). Quel exploit lui a permis de se faire ainsi remarquer ? La création d'une méthode élaborée permettant de calculer les risques futurs si l'on connaît les incertitudes futures – c'est-à-dire si le monde suivait des règles clairement définies, répertoriées dans un petit livre, comme on en trouve dans les boîtes de Monopoly™. J'ai expliqué tout ceci à un chauffeur de taxi. Il a bien ri à l'idée que quelqu'un ait imaginé pouvoir comprendre le marché et prédire ses mouvements grâce à une méthode scientifique. Cependant, quand on enseigne l'économie financière, en raison de l'atmosphère qui règne dans cette discipline, on a tendance à oublier ces faits élémentaires (obligation de publier pour conserver son rang parmi les autres universitaires).

La théorie du professeur Markowitz a eu pour résultat immédiat, au cours de l'été 1998, le quasi-effondrement du système financier (comme nous l'avons vu aux chapitres 1 et 5) à cause du Long Term Capital Management (LTCM), société d'investissement de Greenwich, dans le Connecticut, ayant à sa tête deux collègues de Markowitz, eux aussi nobélisés. Il s'agissait des docteurs Robert Merton (celui qui au chapitre 3 avait écrasé Shiller) et Myron Scholes. Ils pensaient en effet pouvoir scientifiquement « mesurer » leurs risques. Dans cette histoire, ils n'ont pas du tout tenu compte de l'éventualité qu'ils puissent ne pas avoir compris le marché et que leur méthode soit mauvaise. L'hypothèse ne valait même pas la peine d'être envisagée. Il se trouve que je suis spécialiste des cygnes noirs. Après ce fiasco retentissant, on a commencé à me témoigner un respect irrité et obséquieux. C'est grâce aux docteurs Merton et Scholes que votre humble auteur a soudain émergé, et qu'on a commencé à s'intéresser à ses idées. Le fait que ces « scientifiques » avaient évalué leurs éventuelles pertes catastrophiques à une probabilité de « dix écarts types » nous renvoie au problème de la règle de Wittgenstein : déclarer qu'il s'agit d'un événement ayant une chance de se réaliser de « dix écarts types » signifie soit que : 1. la personne sait de quoi elle parle avec une quasi-certitude (la supposition adverse est qu'elle a une chance sur plusieurs milliards de milliards de ne pas être qualifiée), connaît les probabilités, et il s'agit d'un événement qui se produit une fois sur plusieurs fois l'histoire de l'univers ; 2. la personne ne sait pas de quoi elle parle quand elle se mêle de probabilités (avec un fort degré de certitude), et la probabilité de l'événement est supérieure à une fois sur plusieurs fois l'histoire de l'univers. Je laisse au lecteur le soin de choisir parmi ces deux interprétations mutuellement exclusives laquelle est la plus plausible.

Notez que ces conclusions retentissent aussi sur le comité Nobel qui a sacré les idées des messieurs en question : relativement à ces événements, se sont-ils trompés ou s'agit-il d'événements sortant de l'ordinaire ? Le comité Nobel se compose-t-il de juges infaillibles ? Que Charles Sanders Peirce nous parle encore de l'infaillibilité du pape ! Que Karl Popper nous rappelle qu'il ne faut pas prendre la science – et les institutions scientifiques – trop au sérieux ! Dans quelques décennies, nous considérerons le comité d'attribution du prix Nobel d'économie avec le même petit sourire qui fleurit aujourd'hui quand nous évoquons les respectables académies « scientifiques » du Moyen

Âge qui répandaient l'idée que le cœur était la chaudière du corps humain (au mépris de toutes les observations). Nous nous sommes trompés par le passé, et nous nous moquons aujourd'hui de nos anciennes institutions : par conséquent il serait bon que nous évitions de sacraliser leurs équivalents modernes.

On pourrait croire que, quand les scientifiques commettent une erreur, ils fondent une nouvelle branche scientifique à partir de ce qu'ils ont appris de cette erreur. Quand des universitaires se mêlant de trading sautent, on pourrait là aussi s'attendre à ce qu'ils intègrent ces résultats à leur théorie et aient le courage de reconnaître qu'ils se sont trompés, et qu'à présent ils connaissent mieux le monde réel. Eh bien non ! Au lieu de cela, ils se plaignent de leurs collègues qui ont fondu sur eux comme des vautours, précipitant ainsi leur chute. Accepter ce qui s'est passé – c'est-à-dire avoir du courage – contredirait les idées qu'ils ont développées au cours de leur carrière. Tous les donneurs d'ordres qui discutent de la chute de LTCM prennent part à ce simulacre de science en fournissant les explications *ad hoc* et en rejetant la faute sur l'événement rare (problème d'induction : comment savent-il qu'il s'agissait d'un événement rare ?). Au lieu d'essayer de regagner de l'argent à partir de ce qu'ils ont appris, ils gaspillent leur énergie à essayer de se défendre. Comparons-les une fois de plus à George Soros, qui passe son temps à répéter à ceux qui ont encore la patience de l'écouter à quel point il est faillible. Grâce à lui j'ai appris à ouvrir toutes les séances de travail de ma petite entreprise en commençant par convaincre toutes les personnes présentes que nous ne sommes qu'une bande de nigauds qui ne savons rien et sommes condamnés à l'erreur, mais que nous jouissons cependant d'un rare privilège : celui de le savoir.

On a beaucoup étudié l'attitude du scientifique face à la réfutation de ses idées à travers ce qu'on appelle le « biais d'attribution ». On attribue sa réussite à ses qualités personnelles, ses échecs au hasard. Cela explique pourquoi ces scientifiques ont mis leur échec sur le compte de l'événement rare « dix écarts types », montrant qu'ils avaient raison mais qu'ils ont joué de malchance. Pourquoi ? Une heuristique humaine nous pousse à nous abuser ainsi afin de préserver notre estime de nous-mêmes et de continuer à lutter contre l'adversité.

Nous savons qu'il existe un gouffre entre les résultats d'une personne et son auto-évaluation depuis 1954, grâce à l'étude de Meehl qui comparait les capacités réelles d'experts à celles qu'ils estimaient posséder. Une différence substantielle est alors apparue entre les résultats objectifs des prévisions de ces gens et l'auto-évaluation de leurs capacités. Le biais d'attribution a une autre conséquence ; il donne à l'individu l'illusion d'être meilleur que les autres, ce qui explique que 80 à 90 % des gens se jugent supérieurs à la moyenne (et à la médiane) dans beaucoup de domaines.

De chrysanthèmes en chrysanthèmes

Je conclurai ce chapitre par une remarque un peu triste sur les scientifiques dans le domaine cognitif. Les gens confondent science et scientifiques. La science est grande, mais les scientifiques, en tant que personnes, sont dangereux. Ils sont humains, et par conséquent victimes des biais humains. Peut-être même davantage que les autres. Car la plupart d'entre eux sont obstinés, autrement ils ne pourraient trouver la patience et l'énergie nécessaires pour effectuer les tâches herculéennes qu'on exige d'eux, comme passer dix-huit heures par jour à peaufiner une thèse de doctorat.

Un scientifique est parfois amené à endosser le rôle d'avocat de la défense à deux sous, et non celui de chercheur de vérité. Il semble impensable qu'un étudiant soutenant sa thèse de doctorat, confronté à un argument convaincant, change d'avis. La science vaut mieux que les scientifiques. On a dit que la science évoluait d'un enterrement à l'autre. Après l'effondrement du LTCM naîtra un nouvel économiste financier qui intègrera cette expérience à ses connaissances. La vieille garde se dressera contre lui, mais elle sera plus proche de la fin que lui.

CHAPITRE 14

BACCHUS ABANDONNE ANTOINE

La mort de Montherlant. Le stoïcisme n'est pas l'indifférence, mais l'illusion de la victoire sur le hasard. Il est si facile de se montrer héroïque. Du hasard et de l'élégance.

Quand Henry de Montherlant, aristocrate et écrivain au sens classique, apprit qu'il devenait peu à peu aveugle, il choisit de mettre fin à ses jours. Voici la fin qui sied à un esprit classique. Pourquoi ? Parce que, face au hasard, les stoïciens recommandaient de faire le nécessaire pour contrôler sa destinée. Il reste toujours une solution devant l'incertitude. Mais cette attitude n'est pas l'apanage des stoïciens. Les épicuriens, école de pensée concurrente à l'époque antique, prônaient presque la même chose (la différence entre les deux réside dans des détails techniques. Ces deux courants de pensée philosophique ont peu à voir avec l'image que la culture populaire en donne aujourd'hui).

Être un héros ne nécessite pas forcément de mourir au combat ou de se donner la mort – cette dernière extrémité est conseillée dans certaines circonstances fort précises, et considérée comme une lâcheté le reste du temps. Notre capacité à contrôler le hasard s'exprime dans nos actes à petite et à grande échelle. Souvenez-vous que les héros épiques étaient jugés à l'aune de leurs actions, pas de leurs résultats. Quels que soient le degré de sophistication de nos choix et notre habileté à maîtriser les circonstances, le hasard aura toujours le dernier mot. La solution consiste à nous montrer dignes, la dignité étant l'exécution d'un protocole qui ne dépend pas des circonstances immédiates. Peut-être n'est-ce pas la solution optimale, mais c'est certainement celle qui nous apporte le plus de satisfaction. En résistant avec grâce aux pressions, par exemple. En refusant de flatter autrui, quel qu'en soit le bénéfice possible. En se battant en duel pour sauver la face. Ou en prévenant un éventuel partenaire au début d'une relation : « Écoute, j'éprouve des sentiments pour toi, je suis même très éprise, mais je ne m'abaisserai à rien qui puisse compromettre ma dignité. À la moindre rebuffade, tu ne me reverras plus. »

Dans ce dernier chapitre, nous allons aborder le hasard sous un angle tout à fait neuf, celui de la philosophie. Pas de la philosophie des sciences et de l'épistémologie, comme nous l'avons vu dans la première partie avec le problème du cygne noir. Mais sous un angle plus littéraire, celui de la philosophie des Anciens et de leurs principes quant à la façon dont une personne digne et vertueuse doit composer avec le hasard – la religion au sens moderne du terme n'existait pas à l'époque. En effet, avant l'apparition de ce qu'on peut appeler le monothéisme méditerranéen, les Anciens ne pensaient pas que leurs prières puissent influer sur le cours des choses. L'univers où ils vivaient était dangereux, soumis aux invasions et aux revers de fortune. Ils avaient besoin de conseils substantiels pour vivre avec le hasard. Nous allons donc examiner ces principes.

À propos des funérailles de Jackie O.

Si un stoïcien nous rendait visite, il se reconnaîtrait dans le poème que je vais citer. Pour beaucoup d'amateurs de poésie, Constantine P. Cavafy est l'un des plus grands. Fonctionnaire grec au nom d'origine turque ou arabe en poste à Alexandrie, il écrivit il y a environ un siècle des poèmes qui semblent échapper à l'influence de la littérature occidentale de ces quinze derniers siècles, dans une langue à la fois classique et moderne. Les Grecs le révèrent comme un monument national. La Syrie, l'Asie Mineure et Alexandrie sont le théâtre de la plupart de ses textes (je me suis intéressé à lui au départ pour ses poèmes gréco-syriens). Beaucoup de gens apprennent le grec semiclassique ne serait-ce que pour pouvoir apprécier ses poèmes. Leur esthétique dépouillée de tout sentimentalisme est une sorte de soulagement après des siècles de mièvrerie en poésie et au théâtre. C'est un havre classique où se réfugier quand on a été soumis aux œuvres mélodramatiques en vogue dans les classes moyennes, comme les romans de Dickens, la poésie romantique et les opéras de Verdi.

J'ai eu la surprise d'apprendre que Maurice Tempelsman, dernier compagnon de Jackie Kennedy Onassis, avait lu lors de ses funérailles ce poème d'adieu de Cavafy, *Apoleipein o Theos Antonion* (*Le dieu abandonne Antoine*). Ce poème est une injonction à Marc-Antoine, qui vient d'être vaincu par Octave et abandonné par Bacchus, son protecteur jusque-là. Pour moi, c'est un poème qui élève l'âme plus qu'aucun autre. Il est magnifique, en raison de sa dignité esthétique consommée, mais aussi de la douceur du narrateur lorsqu'il s'adresse à Antoine, vaincu, trahi, victime d'un terrible revers de fortune (d'après la légende, même son cheval s'enfuit pour rejoindre Octave). Il le presse de dire adieu à Alexandrie, la ville qu'il a perdue. Il lui enjoint de ne pas pleurer sur la chance évanouie, de ne pas nier les faits, ni de croire que ses oreilles et ses yeux l'abusent. Antoine, ne te soumets pas aux vains espoirs. Antoine,

Écoute, brisé par l'émotion, mais sans les pleurs ni les plaintes du pleutre.

Brisé par l'émotion, ne reste pas de marbre. Les émotions ne sont ni mauvaises ni indignes : elles sont dans notre nature. Ce qui est mal, c'est de ne pas suivre la voie de l'héroïsme, ou du moins de la dignité. Voilà ce que signifie vraiment le stoïcisme. C'est la tentative de l'être pour se mettre à égalité face aux probabilités. Je ne voudrais pas me montrer désagréable ni rompre le charme de ce poème et de son message, mais je ne peux résister à un certain cynisme. Vingt ans plus tard, en phase terminale d'un cancer de la gorge (la maladie même que Nero avait contractée), Cavafy oublia complètement ses sages conseils. Ayant perdu l'usage de la parole suite à une opération, il prit l'habitude de s'accrocher désespérément à ses visiteurs en poussant de lamentables cris pour les empêcher de quitter sa chambre d'hôpital.

Un peu d'histoire. J'ai dit que le stoïcisme avait peu à voir avec la notion d'indifférence qu'il véhicule aujourd'hui. Le fondateur de l'école stoïcienne était un Phénicien chypriote, Zéno de Kitium. Cette pensée se développa ensuite à l'époque romaine pour devenir une sorte de principe de vie reposant sur un système de vertus – au sens ancien de *virtu*, c'est-à-dire que la vertu trouve sa récompense en soi. Là se développa le modèle social du stoïcien, comme celui du gentleman à l'ère victorienne. Le stoïcien est une personne alliant la sagesse et le courage à des relations honnêtes avec les autres. Ainsi sera-t-il préservé des bouleversements de la vie car il sera au-dessus des bassesses que nous inflige l'existence. Les choses peuvent être poussées à l'extrême : l'austère Caton trouvait dégradant d'éprouver des sentiments. Sénèque nous en offre une vision plus humaine dans ses *Lettres à Lucilius*, œuvre apaisante, très accessible, que j'ai l'habitude d'offrir à mes amis traders (Sénèque mit lui aussi fin à ses jours lorsqu'il se retrouva piégé par le destin).

Du hasard et de l'élégance

Le lecteur sait ce que je pense des conseils non désirés et des sermons sur la bonne manière de se comporter. Souvenez-vous que les idées s'effacent quand les émotions entrent en jeu : nous n'utilisons plus notre cerveau rationnel une fois sortis de la salle de classe. Les recueils de conseils (même quand ils ne sont pas écrits par des charlatans) sont fort peu efficaces. Avis et sermons, même bienveillants, éclairés et amicaux, ne restent à l'esprit que quelques instants quand ils ne sont pas en phase avec notre propre pensée. Le stoïcisme est intéressant parce qu'il fait appel à la dignité et à l'esthétique, notions présentes dans nos gènes. Faites preuve d'élégance lors de votre prochain revers de fortune. Montrez du savoir-vivre en toutes circonstances.

Revêtez votre costume du dimanche le jour de votre mise à mort. Essayez de faire bonne impression auprès du peloton d'exécution en demeurant fier et droit. Ne jouez pas la victime quand vous découvrirez que vous êtes atteint d'un cancer (cachez-le aux autres et ne partagez ce secret qu'avec votre médecin, cela vous évitera les platitudes d'usage, personne ne vous traitera en victime et vous n'attirerez pas la pitié – par ailleurs, votre attitude digne vous donnera le sentiment d'être héroïque, aussi bien dans la victoire que dans la défaite). Soyez extrêmement courtois avec votre assistant quand vous avez un souci (au lieu de vous en prendre à lui comme le font beaucoup de traders que je méprise). Ne blâmez pas les autres pour ce qui vous arrive, même s'ils le méritent. Ne vous apitoyez jamais sur vous-mêmes, même si votre compagne part avec le séduisant moniteur de ski, ou votre compagnon avec une jeune mannequin débutante. Ne vous plaignez pas. Si vous souffrez d'une légère arrogance naturelle comme un de mes amis d'enfance, ne commencez pas à vous montrer gentil quand vous traversez des difficultés (il a envoyé à ses collègues un e-mail héroïque les informant qu'il avait « moins de travail, mais conservait la même arrogance »). La seule chose sur laquelle dame Fortune n'a aucun contrôle, c'est votre façon de réagir. Bonne chance !

ÉPILOGUE :
SOLON VOUS AVAIT PRÉVENU

DES DANGERS DE CIRCULER À LONDRES

Nous avions laissé Nero contemplant, avec une certaine jouissance, John qui fumait une cigarette. Son scepticisme avait payé. Tandis qu'il surmontait les 28 % de probabilités de mourir d'un cancer, il vivait simultanément une série d'exaltantes victoires personnelles et professionnelles. Il devint riche à son tour, au moment où les supermen de Wall Street perdaient tout – il aurait pu racheter leurs biens pour une bouchée de pain, s'il avait voulu. Mais il dépensa très peu, et n'acheta rien de ce qu'avaient l'habitude d'acquérir ses collègues de Wall Street. Toutefois Nero se livrait parfois à quelques excès.

Le vendredi après-midi, circuler dans Londres devient très difficile. Or Nero passait de plus en plus de temps en Angleterre. Il devint obsédé par les bouchons. Un jour il mit cinq heures pour aller de son bureau de la City de Londres jusqu'au cottage des Cotswolds où il passait la plupart des week-ends. Il décida donc d'apprendre à piloter un hélicoptère et prit quelques leçons rapides dans le Cambridgeshire. Le train aurait était plus simple, mais il avait besoin de cette petite extravagance. Sa frustration face aux bouchons le poussa aussi à prendre son vélo pour aller de son appartement de Kensington jusqu'à son bureau, ce qui n'était guère moins dangereux.

Hélas, la conscience aiguë des probabilités dont faisait preuve Nero dans le domaine professionnel ne s'appliquait pas vraiment aux risques qu'il encourait à l'extérieur. Par un jour de grand vent, son hélicoptère s'écrasa à l'atterrissage, près de Battersea Park. Il était seul dedans. Le cygne noir avait fini par avoir raison de sa victime.

POSTFACE

TROIS RÉFLEXIONS EN PRENANT MA DOUCHE

L'ampleur du sujet et la tendance naturelle de l'auteur à revenir sans cesse sur ses pensées font de ce livre un objet vivant qui continue de s'étoffer. Cette section comprend donc quelques réflexions qui me sont venues plus tard, sous la douche, et durant certaines conférences soporifiques en philosophie (sans vouloir offenser mes nouveaux collègues, je dois avouer que je suis incapable de me concentrer quand j'entends un orateur réciter ses notes telles quelles).

PREMIÈRE RÉFLEXION :
LE PROBLÈME DE LA RÉMUNÉRATION À L'ENVERS

Plus on grimpe haut dans la hiérarchie, plus on gagne d'argent. Cela se justifie dans la mesure où l'on a intérêt à payer les gens à la hauteur de leur contribution. Cependant, d'une manière générale, plus on gravit d'échelons dans une entreprise (à l'exclusion des entrepreneurs qui prennent des risques), moins cette contribution est visible. J'appelle cela la « rémunération à l'envers ».

Je vais développer ce point grâce à quelques arguments logiques. Au chapitre 2 nous avons fait la distinction entre ceux dont les aptitudes sont visibles (comme le dentiste) et ceux pour qui elles sont plus difficiles à cerner, surtout quand il s'agit d'une profession où la chance tient un grand rôle (comme par exemple jouer à la roulette russe). La part de hasard dans une activité et la possibilité d'isoler la contribution de l'individu déterminent le degré de visibilité de ses capacités. Ainsi la cuisinière qui travaille au siège d'une entreprise, ou l'ouvrier, exposent leurs aptitudes avec un degré d'incertitude réduit. Leur contribution est peut-être modeste, mais elle est clairement définissable. Un cuisinier professionnel visiblement incompétent, qui ne sait distinguer le sel du sucre et a tendance à servir systématiquement la viande trop cuite, se fait très vite remarquer, à moins que les papilles gustatives de ses clients ne soient complètement anesthésiées. Et si un jour il s'en tire grâce à la chance, il lui sera difficile de réussir par le simple fait du hasard une deuxième, une troisième fois, etc.

La répétition est la clef qui révèle les aptitudes en raison de ce que j'ai défini comme l'ergodicité au chapitre 8, la détection des caractéristiques à long terme, en particulier si elles existent bel et bien. Si vous flambez un million de dollars en une seule fois à la roulette à votre prochaine visite à Las Vegas, cette expérience ne pourra vous dire si vous avez perdu parce que c'est votre hôte qui avait l'avantage, ou si les dieux étaient contre vous ce jour-là. Si vous morcelez la somme en un million de paris d'un dollar, la somme que vous recouvrerez vous montrera systématiquement que c'est le casino qui est gagnant. Ce principe est au cœur de la théorie des échantillons qu'on appelle traditionnellement la loi des grands nombres.

Observons les choses sous un autre angle : prenons en compte la différence qu'il y a entre les résultats et le procédé qui a conduit à ces résultats. Dans une entreprise, ceux qui sont au bas de l'échelle sont jugés à la fois selon le procédé et les résultats – en réalité, étant donné la nature répétitive de leur tâche, procédé et résultats finissent par se confondre. La direction en revanche est uniquement jugée à l'aune de ses résultats – peu importe le procédé. À partir du moment où cela se transforme en profit, il n'y a pas de décision stupide. « L'argent parle de lui-même », entend-on souvent. Tout le reste n'est que littérature.

Jetons à présent un coup d'œil dans le bureau du PDG. Il est évident que les décisions prises ne peuvent être répétées. Un PDG prend un petit nombre de décisions capitales, un peu comme la personne qui dépense un million d'un coup au casino. Les facteurs externes comme l'environnement jouent un rôle beaucoup plus important que dans le cas de la cuisinière. De plus la relation entre les aptitudes du PDG et les résultats de l'entreprise sont ténus. Ses capacités peuvent laisser à désirer, mais il a tous les attributs nécessaires pour faire de beaux discours, charisme et vocabulaire approprié. En d'autres termes, il est soumis au problème des singes sur les machines à écrire. Il existe tant d'entreprises s'occupant de toutes sortes de choses que parmi elles certaines vont forcément prendre « la bonne décision ».

Le problème est très ancien. Mais avec l'accélération du processus d'économie des extrêmes, les différences entre les résultats s'accentuent, deviennent plus visibles, plus dérangeantes, car elles vont à l'encontre de notre sens de la justice. Autrefois un PDG gagnait cinq à dix fois plus que le gardien de nuit. Aujourd'hui ses revenus sont de plusieurs milliers de fois supérieurs.

J'exclus de cette réflexion les entrepreneurs pour des raisons évidentes : ils se mettent en avant pour défendre une idée, et prennent le risque d'aller enrichir le vaste cimetière de ceux qui ont échoué. Les PDG ne sont pas des entrepreneurs. En réalité ce sont plutôt des « costumes vides ». Dans le monde des traders scientifiques, l'expression « costume vide » désigne ceux qui ont l'allure qu'il faut pour tenir le rôle, mais rien de plus. Ils possèdent les qualités nécessaires pour gravir les échelons au sein de l'entreprise, et non les aptitudes pour prendre des décisions optimales – ce que nous appelons « du flair pour s'auto-promouvoir ». La plus grande qualité de ces gens réside dans leur aisance à faire des présentations sur écran.

La situation devient alors asymétrique car ces cadres n'ont rien à perdre. Imaginons que des frères jumeaux du genre « costume vide », au charisme égal, parviennent à la direction de deux entreprises différentes. Ils portent de beaux costumes, ont un MBA en poche et sont grands (le seul critère visible permettant de prédire le succès au sein d'une entreprise, c'est d'être d'une taille supérieure à la moyenne). En secret ils jouent à pile ou face et, suivant le hasard, prennent des décisions complètement opposées qui mènent à l'échec pour l'un, au succès pour l'autre. À la fin on obtient un cadre licencié mais vivant confortablement, et son frère jumeau, extrêmement riche et toujours en activité. L'actionnaire supporte les risques, le cadre empoche la récompense.

C'est un problème vieux comme le fait de diriger. Nous jugeons héroïques ceux qui ont pris des décisions déraisonnables mais qui ont eu la chance de gagner, ce qui est aberrant – nous continuons de révérer ceux qui ont remporté des batailles, et de mépriser ceux qui les ont perdues, quelle qu'en soit la raison. Je me demande combien d'historiens prennent en compte la chance dans leur interprétation des victoires – ou encore combien ont conscience de la différence entre le procédé et le résultat.

J'insiste là-dessus : ce problème n'est pas celui de la société mais des investisseurs. Si les actionnaires sont assez sots pour donner 200 millions de dollars à quelqu'un pour porter de beaux costumes et agiter une clochette, comme ils l'ont fait avec Richard Gasso du New York Stock Exchange en 2003, c'est leur problème : c'est leur argent qu'ils perdent, ni le vôtre ni le mien. C'est un problème de gérance des entreprises.

Dans une économie bureaucratique, la situation n'est guère plus reluisante. En dehors du système capitaliste, les futurs talents se dirigent vers les fonctions administratives qui ont pour attrait le prestige, le pouvoir et le rang social. Là aussi, les choses sont distribuées de façon disproportionnée. D'autant que la contribution des fonctionnaires est peut-être encore plus difficile à mesurer que celle des cadres dans une entreprise – et le contrôle est encore plus restreint. Le directeur de la banque centrale baisse les taux d'intérêt, la croissance s'ensuit, mais nul ne sait si cette mesure est la cause de la reprise, ou si elle la ralentit. On ne sait même pas si elle ne déséquilibrera pas l'économie en augmentant le risque d'inflation futur. Le directeur trouvera toujours une explication théorique, mais l'économie est une discipline narrative, et il est facile de trouver des explications adaptées a posteriori.

Le problème n'est peut-être pas inextricable. Mais il faut faire entrer ceci dans la tête de ceux qui mesurent la contribution des cadres : ce qu'ils voient ne reflète pas forcément la réalité. En fin de compte, ce sont les actionnaires qui sont dupés par le hasard.

DEUXIÈME RÉFLEXION : DES BIENFAITS DU HASARD

Du bonheur et de l'incertitude

Avez-vous jamais dîné un soir de semaine à New York avec une personne habitant la banlieue lointaine ? Il y a des chances pour que son emploi du temps soit gravé dans le marbre de sa tête. Elle possède une conscience aiguë de l'heure, et gère son repas de manière à ne pas manquer le train de 19 h 08, parce qu'après il n'y a plus de directs, et il lui faudra prendre le 19 h 42 qui s'arrête dans toutes les gares, ce qui est fâcheux. Vers 18 h 58, elle coupe court à la conversation, vous donne une poignée de main rapide et quitte en quatrième vitesse le restaurant pour être sûre de ne pas rater son train. Naturellement l'addition vous reste sur les bras. Le repas n'étant pas terminé, la note n'est pas prête : vos bonnes manières vous obligent à dire que c'est pour vous. Vous finissez votre café tout seul, en contemplant le siège d'en face à présent vide, et en vous demandant comment font les gens pour se piéger ainsi tout seuls.

Recommençons à présent mais en privant votre partenaire de son emploi du temps – ou en rendant aléatoires les horaires des trains pour qu'ils ne soient plus fixes et de ce fait connus d'avance. Comme ce qui est aléatoire et ce qu'on ignore reviennent au même, vous n'avez pas besoin de demander à la New York Area Metropolitan Transit Authority de modifier arbitrairement le départ des trains pour mener à bien votre expérience : imaginez simplement que votre invité ne connaisse pas les horaires. Il sait simplement qu'il y en a un environ toutes les trente-cinq minutes. Que fera-t-il en de telles circonstances ? Peut-être devrez-vous quand même vous acquitter de l'addition, mais il laissera le repas suivre son cours naturel, puis s'en ira tranquillement jusqu'à la gare toute proche où il attendra le train suivant. La différence de temps entre ces deux scénarios est d'environ un quart d'heure. Autre manière d'envisager le contraste entre un timing connu ou inconnu : supposez que vous dîniez avec quelqu'un qui a un temps de trajet identique, mais qui prend le métro et ne connaît donc pas les horaires. Les gens qui circulent en métro sont beaucoup plus libres par rapport à leur emploi du temps, et pas seulement en raison de la fréquence plus grande des rames. L'incertitude les protège d'eux-mêmes.

Nous avons vu au chapitre 10, à travers l'exemple de l'âne de Buridan, que le hasard a parfois d'heureux effets. Le but de cette discussion est de montrer qu'un certain degré d'incertitude (ou d'ignorance) peut rendre service à notre espèce inadaptée. Un programme qui laisse une petite place au hasard nous empêche d'optimiser les choses et d'être efficaces à l'excès, en particulier dans les mauvais domaines. Cette petite part d'incertitude permet de passer un dîner plus détendu et d'oublier la pression de l'heure. Votre compagnon, au lieu d'optimiser la situation, en tire une satisfisance (voir le chapitre 11, où j'explique la théorie d'Herbert Simon qui mêle « satisfaction » et « suffisance »). Les recherches sur le bonheur montrent que ceux qui s'imposent des règles strictes afin de profiter au maximum des choses souffrent de stress.

La différence entre satisfisance et optimisation soulève quelques interrogations. On sait que les personnes prédisposées au bonheur sont plutôt du genre « satisfisance » : elles ont une idée précise de ce qu'elles veulent dans la vie, et savent s'arrêter quand elles obtiennent

satisfaction. Leurs buts et leurs désirs ne continuent pas d'évoluer
avec l'expérience. En général elles ne subissent pas l'effet d'entraînement qui consiste à consommer toujours davantage pour atteindre
un niveau de sophistication de plus en plus élevé. En d'autres termes,
elles ne sont ni avares ni insatiables. Les candidats à l'optimisation, en
revanche, sont du genre à déménager et à se couper de leurs racines
ne serait-ce que pour réduire leurs impôts de quelques points. On
croirait pourtant qu'avoir des revenus confortables permet d'être
libre de vivre où l'on veut; en réalité, chez ces gens-là, la richesse
accroît la dépendance! Plus ils sont riches, plus ils voient ce qui ne va
pas dans les biens et les services qu'ils achètent. Le café n'est pas assez
chaud. Le restaurant n'est plus digne des trois étoiles du guide
Michelin (on va écrire à l'éditeur!). La table est trop loin de la
fenêtre. Les gens qui sont promus à des postes importants ont en
général un emploi du temps très serré : chaque chose doit être faite
dans un laps de temps terminé. Quand ils voyagent, tout est organisé
afin d'optimiser leur emploi du temps, ce qui comprend le déjeuner
à 12 h 45 avec le président de la compagnie (de préférence une table
proche de la fenêtre s'il vous plaît), la salle de gym à 16 h 40 et
l'opéra à 20 h.

Le lien de causalité n'est pas clair : les optimisateurs sont-ils malheureux parce qu'ils essaient sans cesse d'obtenir plus, ou bien les
gens ont-ils tendance à optimiser parce qu'ils sont malheureux? Quoi
qu'il en soit, le hasard dans ces cas-là semble avoir un effet apaisant.

Je suis convaincu que nous ne sommes pas faits pour obéir au
rythme d'emplois du temps stricts. Nous devrions vivre à la manière
des pompiers, avec du temps pour nous reposer et méditer entre deux
appels, sous la protection du hasard. Hélas, certains deviennent
contre leur gré des optimisateurs, comme l'enfant dont le week-end
est saucissonné entre le karaté, les cours de guitare et l'éducation religieuse. J'écris ces lignes dans un train qui traverse lentement les Alpes,
bien à l'abri du monde des affaires. Autour de moi, des étudiants, des
retraités, des gens qui n'ont pas de « rendez-vous important », et qui
par conséquent n'ont pas peur de perdre du temps. J'ai choisi ce
mode de transport qui met sept heures et demie pour aller de Munich
à Milan au lieu de l'avion, ce qu'aucun homme d'affaires digne de ce
nom ne ferait un jour de la semaine, et je me régale de cette atmosphère vierge de toute personne trop pressée.

Je suis arrivé à cette conclusion il y a environ dix ans, quand j'ai
cessé d'utiliser un réveil. Je me lève toujours à peu près à la même
heure, mais je suis mon horloge interne. Douze minutes de marge

font une énorme différence dans mon emploi du temps. Bien sûr certaines professions exigent la ponctualité, et donc la présence d'un réveil, mais j'ai eu la liberté de choisir un domaine où je n'étais pas esclave des exigences extérieures. Vivre ainsi permet de se coucher de bonne heure sans avoir à optimiser chaque minute de sa soirée. À la limite, on peut choisir d'être (relativement) pauvre, mais libre de son temps, ou riche, mais aussi dépendant qu'un esclave.

Il m'a fallu du temps pour comprendre qu'il n'était pas dans notre nature d'être soumis à un emploi du temps. Cela m'est venu à l'esprit quand j'ai compris la différence qu'il y avait entre le fait d'écrire un livre et un article. Il est agréable d'écrire un livre, pas un article. J'aime écrire à partir du moment où je n'ai pas de contrainte extérieure Quand on écrit, on peut s'interrompre à la seconde où l'on cesse d'avoir envie de poursuivre, serait-ce au beau milieu d'une phrase. Étant donné le succès de ce livre en librairie, j'ai été contacté par différents journaux professionnels et scientifiques qui souhaitaient me publier. Ils m'ont ensuite demandé quelle serait la longueur de mon article. Comment ça, quelle longueur? Pour la première fois de ma vie, j'ai perdu tout plaisir à écrire. Je me suis alors fixé une règle: pour qu'écrire me soit agréable, la longueur du texte ne doit pas être prédéterminée! Si j'en vois le bout, si j'entraperçois l'ombre d'un plan, j'abandonne. Je le répète: nos ancêtres n'avaient ni plans, ni emploi du temps, ni délais administratifs.

L'autre manière de mettre en lumière l'aspect pernicieux des emplois du temps et des projections rigides consiste à réfléchir en termes de limites. Aimeriez-vous connaître avec précision la date de votre mort? Voudriez-vous savoir qui est l'assassin avant même le début du film? Ne pensez-vous pas qu'il serait plus agréable de ne pas du tout savoir combien de temps dure le film?

Les messages brouillés

En plus de ses effets sur notre bien-être, l'incertitude présente des avantages tangibles dans le domaine de l'information, surtout lorsqu'on brouille les messages potentiellement dommageables qui risquent de se réaliser. Imaginez une monnaie indexée par une banque centrale sur un taux fixe. La politique officielle de la banque consiste à utiliser ses réserves pour soutenir cette monnaie en la rachetant et en la revendant sur le marché, processus appelé « intervention ». Si le taux de change de cette monnaie baisse un tout petit peu, les gens sauront immédiatement que l'intervention a échoué et que la dévaluation est proche. Une monnaie indexée n'est pas censée subir de fluctuations : la plus petite baisse est forcément annonciatrice de mauvaises nouvelles. La ruée pour s'en débarrasser s'auto-alimentera, conduisant alors à une dévaluation certaine.

Imaginons à présent que la banque centrale accepte qu'un peu de bruit environne le taux officiel. Elle ne promet pas un taux fixe et tolère de légères fluctuations avant d'intervenir. Une baisse faible n'indique donc plus qu'il se passe quelque chose. L'existence du bruit nous conduit à ne pas surinterpréter les variations. *Fluctuat nec mergitur* (il flotte mais ne coule pas).

Cette idée trouve également des prolongements en biologie évolutionniste, dans la théorie des jeux dite évolutionniste, et dans les situations de conflit. En effet, un certain degré d'imprévisibilité peut vous permettre de vous protéger en cas de conflit. Admettons que vous ayez toujours le même seuil de réaction. Vous acceptez les agressions extérieures jusqu'à un certain point, disons dix-sept remarques désobligeantes par semaine, avant de vous mettre en colère et de flanquer votre poing dans la figure de la dix-huitième personne. Être ainsi prévisible poussera les autres à profiter de la situation en se gardant de franchir la dernière limite. Toutefois, si les choses sont plus aléatoires, et que vous sur-réagissez parfois à une simple boutade, le gens ne sauront plus à l'avance jusqu'où ils peuvent aller. La même chose s'applique aux gouvernements : en cas de conflit, ils doivent convaincre leur adversaire qu'ils sont assez fous pour réagir à la moindre peccadille. Par ailleurs, l'ampleur de leur réaction doit être difficile à prévoir. Dans ce cas, être imprévisible est fort dissuasif.

TROISIÈME RÉFLEXION : À CLOCHE-PIED

Régulièrement on me demande de résumer toutes ces idées sur le hasard en quelques phrases, afin que même les anciens des écoles de commerce puissent comprendre (chose surprenante, cette catégorie et les titulaires de MBA, malgré les piques que je leur lance, représentent un gros contingent de lecteurs et lectrices, tout simplement parce qu'ils estiment que mes moqueries s'appliquent aux autres, mais pas à eux !).

Cela me rappelle l'histoire de Rabbi Hillel : un jour, quelqu'un de très paresseux lui demanda s'il était capable d'enseigner la Torah à un étudiant qui se tiendrait debout sur une seule jambe. Le génie de Rabbi Hillel tient à ce qu'il ne chercha pas à résumer : au lieu de cela, il parvint à extraire l'idée-source, le cadre axiomatique, que je vais essayer de paraphraser ainsi : *Ne fais pas à autrui ce que tu ne voudrais point qu'on te fît ; le reste n'est que glose.*

Il m'a fallu toute une vie pour découvrir quelle était mon idée-source. La voici : *Nous préférons ce qui est visible, enraciné, personnel, tangible, et en forme de récit ; nous méprisons l'abstraction.* Tout ce qui est bon (l'esthétique, l'éthique) et mauvais (se laisser duper par le hasard) semble découler de cette source.

PETITE ESCALE À LA BIBLIOTHÈQUE :
NOTES ET SUGGESTIONS DE LECTURE

Professionnel du hasard, j'avoue m'être concentré avant tout sur les failles de mon propre système de pensée (et sur celui de quelques personnes que j'ai observées au cours du temps). J'ai aussi voulu que ce livre soit ludique, ce qui n'est pas facile quand on doit relier ses idées à un article scientifique pour leur donner un certain degré de respectabilité. Je prends la liberté dans la présente section d'affiner quelques points et de fournir une bibliographie sélective (les « ouvrages recommandés » comme on dit) renvoyant à des thèmes que j'ai moi-même étudiés. J'insiste sur le fait que le présent ouvrage est un essai personnel, pas un traité.

Une fois cette liste terminée, je me suis rendu compte de la prédominance des textes concernant l'étude de la nature humaine (en psychologie empirique, notamment) sur les ouvrages consacrés aux mathématiques. Signe des temps : je suis convaincu que la prochaine édition, qui paraîtra dans deux ans je l'espère, sera pleine de références à la neurobiologie et à la neuro-économie.

PRÉFACE

Biais de rétrospection : alias « stratègie du lundi matin ». Voir Fischhoff (1982).

Connaissance clinique : Problème des cliniciens qui ne connaissent pas leurs lacunes et ne s'en rendent pas complètement compte. Voir l'introduction fondamentale de Meehl (1954) : « [...] il est clair que l'assertion dogmatique et complaisante que l'on entend parfois chez les cliniciens, selon laquelle la prédiction clinique – qui se fonde sur une "compréhension véritable" – est "bien évidemment" supérieure, n'est à ce jour tout simplement pas justifiée par les faits. » Les expériences menées par Meehl ont révélé, à une exception près, que les prédictions basées sur des calculs actuariels se confirmaient aussi souvent, voire plus, que les méthodes cliniques. Encore mieux : dans un article ultérieur, Meehl est revenu sur sa décision concernant l'exception que ses expériences avaient révélée. Depuis, de nombreux experts ont étudié la question et confirmé ses résultats. Ce problème s'applique à toutes les professions ou presque, mais notamment au journalisme et à l'économie. Nous aborderons dans d'autres notes le problème de la connaissance de soi.

Montaigne contre Descartes : Je remercie Peter McBurney, chercheur en intelligence artificielle et lecteur omnivore, d'avoir attiré mon attention sur Toulmin (1990). Malheureusement je dois faire remarquer ici que Descartes était à l'origine un sceptique (comme le prouve sa fameuse hypothèse du malin génie), mais que le supposé « esprit cartésien » correspond à une personne en quête de certitudes. L'idée de Descartes dans sa forme originelle consiste à dire qu'il existe très peu de certitudes en dehors de certaines propositions de type déductif très étroitement définis, et non que toutes nos pensées doivent être déductives.

Affirmation du conséquent : Le sophisme logique se présente généralement comme suit :

Si p alors q

Or q

Donc p

(Tous les membres de la famille Smith sont grands ; Machin est grand, donc il fait partie de la famille Smith.)

Le grand public réussit rarement à formuler correctement de telles relations d'inférence. Bien qu'il ne soit pas commun de citer des manuels, je renvoie le lecteur à Eysencki & Keane (2000), qui ont dressé une excellente liste des articles publiés sur les différentes difficultés rencontrées par le grand public dans ce domaine – près de 70 % de la population peut faire une telle erreur !

L'esprit millionnaire : Stanley (2000). Il a compris (correctement) que les riches sont des « preneurs de risques » et en a déduit (incorrectement) que prendre des risques menait à la richesse. S'il avait étudié la population des entrepreneurs qui ont fait faillite, il en aurait aussi conclu (correctement) qu'eux aussi étaient des « preneurs de risques ».

Les journalistes ont l'esprit « pratique » : J'ai entendu au moins quatre fois le terme « pratique » dans la bouche de journalistes tentant de justifier leur façon de simplifier les choses. L'émission de télévision dans laquelle je devais donner trois conseils boursiers me demandait des arguments « pratiques », pas de la théorie.

PROLOGUE

Les mathématiques en conflit avec les probabilités : Les premières sont affaire de certitudes, les secondes exactement l'inverse. Cet état de fait explique le manque de respect que les mathématiciens pur jus ont longtemps eu pour les probabilités – et la difficulté à intégrer les deux. L'appellation « logique de la science », appliquée aux probabilités, est récente – c'est le titre du livre posthume de Jaynes (2003). Il est intéressant de noter que ce livre est peut-être aussi l'exposé le plus complet sur les mathématiques du sujet – Jaynes se sert de la probabilité comme d'une expansion de la logique conventionnelle.

L'éminent mathématicien David Mumford, titulaire de la médaille Fields, se repent de son ancien mépris pour les probabilités. Il écrit dans *The Dawning of the Age of Stochasticity* (Mumford, 1999) : « La logique aristotélicienne a régné sur la pensée occidentale durant plus de deux millénaires. Toutes les théories précises, tous les modèles scientifiques, jusqu'au modèle du processus de la pensée lui-même, se sont en principe conformés au carcan de la logique. Mais après des débuts troubles consacrés à élaborer des stratégies sur le jeu et à compter les cadavres dans le Londres du Moyen Âge, la théorie de la probabilité et l'inférence statistique s'imposent aujourd'hui comme une fondation solide pour les modèles scientifiques, notamment ceux du processus de la pensée, et comme ingrédients essentiels des mathématiques théoriques, voire des fondements des mathématiques mêmes. Nous avançons que ce tournant radical dans notre perspective affectera la quasi-totalité des mathématiques au cours du siècle à venir. »

Courage ou bêtise : Pour un examen de cette notion de « courage » et de « cran », voir Kahneman & Lovallo (1993). Voir aussi ce qu'en dit Hilton (2003). J'ai tiré cette idée de la communication effectuée par Daniel Kahneman à Rome en avril 2003 (Kahneman, 2003).

Erreurs cognitives dans le domaine des prévisions : Voir Tversky & Kahneman (1971), Tversky & Kahneman (1982), et Lichtenstein, Fischhoff & Phillips (1977).

Utopique/tragique : C'est Steven Pinker, essayiste et éminent intellectuel, qui a popularisé cette distinction (attribuable au départ au penseur politique Thomas Sowell). Voir Sowell (1987) et Pinker (2002). En fait, cette distinction n'est pas claire. Certains croient réellement, par exemple, que Milton Friedman est un utopiste dans le sens où tous les maux du monde viendraient des gouvernements et que s'en débarrasser serait la panacée.

Faillibilité et infaillibilité : C.S. Peirce (dans un essai préliminaire à un livre qui n'a jamais vu le jour) écrit : « Rien ne peut être plus complètement contraire à une philosophie, fruit d'une vie scientifique, que l'infaillibilité, qu'elle soit revêtue des vieux atours ecclésiastiques ou se dissimule sous sa récente étiquette "scientifique" » (Brent, 1993). Pour une première approche concise et très accessible des travaux de Peirce, voir Menand (2001). Ils s'inspirent de la seule biographie de Brent (1993).

PREMIÈRE PARTIE

CHAPITRE 1

Position relative contre position absolue : Voir Kahneman, Knetsch & Thaler (1986). Robert Frank est un chercheur intéressant qui a consacré une partie de sa carrière au problème du statut, du rang et du revenu relatif : voir Frank (1985) et son ouvrage très accessible (1999). Ce dernier contient des débats sur le problème du proposeur/répondeur, autrement dit sur le fait que certaines personnes renoncent à des profits afin de priver les autres d'une plus grosse part. Quelqu'un propose à quelqu'un d'autre une part sur 100 dollars. Ce dernier peut accepter ou refuser. S'il refuse, personne ne reçoit quoi que ce soit.

Des chercheurs ayant étudié les montants que certaines personnes seraient prêtes à *payer* afin de réduire le revenu des autres ont obtenu des résultats encore plus pervers : voir Zizzo & Oswald (2001), ainsi que Burnham (2003), dont l'une des expériences consistait à mesurer les taux de testostérone atteints lors d'échanges économiques.

Sérotonine et hiérarchie : Sujet abordé par Frank (1999).

Du rôle social du psychopathe : Horrobin (2002). Malgré quelques assertions excessives sur le sujet, le livre d'Horrobin est intéressant pour son tour d'horizon des discussions engendrées par les théories sur le succès des psychopathes. Voir aussi Carter (1999) sur l'avantage qu'ont certaines personnes à ne pas éprouver de sentiments d'empathie et de compassion.

Émotions sociales : Damasio (2003) : « L'une des nombreuses raisons pour lesquelles certains sont des meneurs, d'autres des suiveurs, et qui font que beaucoup de gens attirent le respect, n'a rien à voir avec la connaissance ou le talent, mais plutôt avec les réponses émotionnelles que suscitent chez les autres certaines manières et traits physiques de la personne. »

Ouvrages sur les émotions : Pour un tour d'horizon des idées scientifiques qui existent à ce jour sur ce thème, voir l'excellent et concis Evans (2002). Evans fait partie de cette nouvelle race de philosophes/essayistes qui envisagent de vastes thèmes avec l'esprit du scientifique. Elster (1998), lui, s'intéresse aux implications sociales des émotions dans leur ensemble. Quant au livre à succès de Goleman (1955), il offre un exposé étonnamment complet sur la question (son statut de best-seller est surprenant : nous avons conscience de notre irrationalité, mais cela ne semble pas nous aider).

CHAPITRE 2

Mondes possibles : Kripke (1980).

Univers multiples : Voir l'excellent Deutsch (1997). Je suggère aussi la consultation de son site Internet, très riche. Les premiers travaux sur ce thème nous viennent de DeWitt & Graham (1973), qui contiennent l'article d'origine de Hugh Everett.

Économie de l'incertitude et états de nature possibles : Debreu (1959). Pour une présentation des modèles espace-état non linéaires dans le domaine de la finance mathématique, voir Ingersoll (1987), un livre bien structuré bien qu'il soit austère et très, très monotone, à l'image de son auteur ; et Huang & Litzenberger (1988), plus jargonneux. Pour une approche économique de la question, voir Hirshleifer & Riley (1992).

Pour les travaux de Shiller : Shiller (2000). On peut lire ses recherches plus techniques dans Shiller (1981), ouvrage (au départ) controversé. Pour une compilation, voir Shiller (1989), et Kurz (1997) pour une exploration de l'incertitude endogène.

Risque et émotions : Étant donné l'intérêt croissant pour le rôle joué par les émotions au niveau du comportement, les écrits sur leurs répercussions dans le domaine de la prise, ou non, de risque se multiplient. Pour la théorie du « risque comme sentiment », voir Loewenstein, Weber, Hsee & Welch (2001), et Slovic, Finucane, Peters

& MacGregor (2003a). Sous forme d'étude, voir Slovic, Finucane, Peters & MacGregor (2003b). Voir aussi Slovic (1987).

Pour une discussion sur l'heuristique de l'affect : Finucane, Alhakami, Slovic & Johnson (2000).

Émotions et cognition : Sur l'effet des émotions sur la cognition, voir LeDoux (2002).

L'heuristique de disponibilité (facilité avec laquelle certaines choses nous viennent à l'esprit) : Tversky & Kahneman (1973).

Incidence réelle des catastrophes : Pour une discussion très sagace sur le sujet, voir Albouy (2002).

Des dictons et des proverbes : Les psychologues étudient depuis longtemps la crédulité des gens face à des proverbes qui respirent le bon sens. Ainsi, depuis les années soixante, on mène le type d'expérience suivant : on soumet à deux échantillons de personnes le même proverbe, en donnant au second une définition opposée à celle donnée au premier, et on demande à chacun de ces groupes si la définition qu'on leur donne leur paraît juste. Pour une présentation des résultats, hilarants, voir Myers (2002).

Épiphénomène : Voir Wegner (2002), magnifique.

CHAPITRE 3

Keynes : Son *Traité sur la probabilité* (1989 [1920]) reste pour beaucoup l'ouvrage le plus important jamais écrit sur ce sujet – surtout si l'on tient compte du fait que Keynes était jeune lorsqu'il l'a rédigé (le livre a été publié des années après sa rédaction). C'est là que Keynes développe la notion cruciale de probabilité subjective.

Les Gommes : Robbe-Grillet (1985).

Historicisme pseudoscientifique : On peut lire, à titre d'exemple, Fukuyama (1992).

Peurs inscrites dans nos gènes : Ce n'est pas tout à fait juste – les traits génétiques ont besoin d'un contexte culturel pour s'activer. Nous avons une prédisposition pour certaines peurs, comme la peur du serpent, mais les singes qui n'ont jamais vu de reptile ne la ressentent pas. Ils ont besoin de voir cette peur s'exprimer sur la face d'un autre singe pour commencer à la ressentir eux-mêmes (LeDoux, 1998).

Amnésie et non-prise de risque : Damasio (2000) expose le cas d'un patient amnésique, David, sachant se protéger de ceux qui le maltraitent. Voir aussi Lewis, Amini & Lannon (2000). Leur livre est une dis-

cussion pédagogique sur « l'apprentissage camouflé », sous la forme
de mémoire implicite, par contraste avec la mémoire explicite (néo-
corticale). Les auteurs assimilent la mémoire à une corrélation des cir-
cuits neuronaux et non à un enregistrement de style CD – ce qui
explique pourquoi la mémoire d'un individu révise un événement
après coup.

Pourquoi ne tirons-nous pas de leçons de notre passé? Il existe
deux tendances: la première, récente, en psychologie, selon laquelle
nous sommes « étrangers à nous-mêmes » (Wilson, 2002) ; la seconde,
qui parle « d'oubli immunitaire » (Wilson, Meyers & Gilbert 2001, et
Wilson, Gilbert & Centerbar, 2003). *Stricto sensu,* les gens ne tirent
aucune leçon de leurs réactions passées à des événements bons ou
mauvais.

Ouvrages sur les bulles: C'est une tradition ancienne. Voir
Kindleberger (2001), MacKay (2002), Galbraith (1991), Chancellor
(1999), et bien sûr Shiller (2000). Si on insiste un peu, Shiller pourrait se laisser convaincre de publier une seconde édition.

Long Term Capital Management: Lowenstein (2000).

Stress et hasard: Le livre de Sapolsky (1998), très connu, est parfois hilarant. L'auteur est spécialiste, entre autres, de l'effet des gluco-
corticoïdes sécrétés en situation de stress. Ils entraînent l'atrophie de
l'hippocampe, ce qui, par exemple, empêche la mémoire d'acquérir
de nouvelles informations et réduit la plasticité du cerveau. Pour une
présentation plus technique, voir Sapolsky (2003).

Asymétries du cerveau entre gains et pertes: Gehring et
Willoughby (2002). Voir aussi les travaux de Davidson sur l'asymétrie
du cerveau antérieur (on en trouve un résumé clair et une présentation simple dans Goleman, 2003), et Shizgal (1999).

Le dentiste et la théorie des perspectives: Voir Kahneman &
Tversky (1979). Dans cette contribution majeure, Kahneman et
Tversky nous présentent les agents comme intéressés par les différences et le réajustement à zéro de leur niveau de déception/plaisir
(qui devient leur « ancrage »). Le point central, ici, est que la
« richesse » n'a pas d'importance ; ce qui compte presque uniquement, ce sont les variations de richesse, puisque le réajustement
annule l'effet de l'accumulation. Pensez à John, arrivant à la tête de
son million de dollars, suivant qu'il soit parti de plus haut ou de plus
bas, et aux répercussions sur son bien-être. La différence entre l'utilité de la richesse et l'utilité des variations de richesse n'est pas ano-
dine: cela conduit à être dépendant de la période d'observation. En
fait, cette notion, si on la pousse à l'extrême, mène à une révision

complète de la théorie économique : sortie des exercices mathématiques, l'économie néoclassique n'aura plus aucune utilité. Le monde de la psychologie hédoniste a connu des débats tout aussi virulents : voir à cet égard Kahneman, Diener & Schwarz (1999).

CHAPITRE 4

L'intellectuel public et scientifique : Brockman (1995) nous offre un véritable *who's who* de la nouvelle culture intellectuelle scientifique. Voir aussi son site Internet, www.edge.org. Pour en savoir plus sur la position d'un physicien à l'égard de ces guerres de culture, voir Weinberg (2001). Posner (2002), lui, définit l'intellectuel public. À noter : on peut s'inscrire en doctorat à la Florida Atlantic University pour devenir un intellectuel public – littéraire s'entend, puisque les scientifiques n'ont pas besoin de tels artifices.

Le canular : Sokal (1996).

Le gène égoïste : Dawkins (1989, 1976). Hegel : *in* Popper (1994).

Les cadavres exquis : Nadeau (1970).

Le générateur : www.monash.edu.au.

Langue et probabilités : Langue et probabilités sont très étroitement liées ; penseurs et scientifiques ont étudié ce rapport selon deux méthodes, celle de l'entropie et celle de la théorie de l'information – par exemple, on peut réduire la dimensionnalité d'un message en éliminant les redondances ; on mesure ce qui reste, le contenu informationnel (comme lorsque l'on comprime un fichier informatique), qu'on relie à la notion d'« entropie », autrement dit le degré de désordre, l'imprévisible qui subsiste. L'entropie est une notion très vaste puisqu'elle entretient des rapports avec l'esthétique et la thermodynamique. Voir Campbell (1982) pour une vision littéraire de cette notion, et Cover & Thomas (1991) pour une présentation scientifique – et notamment leur discussion sur « l'entropie de la langue anglaise ». Anrheim (1971) apporte un point de vue classique sur l'entropie et l'art, mais la relation entre entropie et probabilités n'était pas encore claire à l'époque. Voir enfin Georgescu-Roegen (1971) pour une réflexion (peut-être) précurseure sur l'entropie en matière d'économie.

CHAPITRE 5

L'effet caserne et la convergence des opinions : Il y a eu de nombreux débats en psychologie sur la convergence des opinions, en particulier dans le domaine de la sélection du partenaire, ou ce que Keynes appelle « le concours de beauté ». En effet les gens ont tendance à choisir la même chose que les autres, créant ainsi un feedback en boucle positif.

L'effet autocinétique en est une manifestation intéressante. Quand plusieurs personnes regardent une lumière immobile dans une pièce, au bout d'un moment elles la voient bouger, et sont même capables de mesurer ce mouvement, car elles ne savent pas que c'est une illusion d'optique. Isolés, les sujets donnent des amplitudes de mouvement très variables. Testés en groupe, ils en viennent à donner à peu près la même valeur. Voir Plotkin (1998). Sornette (2003) donne une explication intéressante du feed-back en boucle qui résulte du mimétisme, formulé au moyen de mathématiques extrêmement intuitives.

Biologie de l'imitation : Voir Dugatkin (2001).

Évolution et probabilités faibles : L'évolution est essentiellement un concept probabiliste. Peut-elle se laisser duper par le hasard ? Les moins habiles peuvent-ils survivre ? Selon certaines idées darwinistes (le darwinisme naïf), une espèce ou un membre d'une espèce qui domine à un moment donné a été sélectionné par l'évolution parce qu'elle ou il possède un avantage sur les autres. Ces conclusions sont la conséquence directe d'une erreur classique au sujet des *optimums* locaux et globaux, qui s'ajoute à l'incapacité de se débarrasser de la croyance en la « loi des petits nombres » (sur-inférence issue d'un ensemble restreint de données). Mettez deux personnes pendant un week-end dans un environnement aléatoire, par exemple un casino. L'une d'elles se débrouillera mieux que l'autre. Pour l'observateur naïf, celle qui s'est le mieux débrouillée possède un avantage sur l'autre en termes de survie. Si elle est plus grande que l'autre, ou possède une caractéristique quelconque qui l'en distingue, l'observateur naïf jugera que ce trait distinctif explique leur différence d'adaptation. Certains le font avec les traders – ils les mettent en compétition dans un cadre formel. La pensée évolutionniste naïve a pour postulat « l'optimalité » de la sélection. Le père fondateur de la sociobiologie, Edward O. Wilson, n'est pas d'accord en ce qui concerne les événements rares. Il a écrit en 2002 : « Le cerveau humain, évidemment, a évolué de manière à ne s'attacher émotionnellement qu'à une zone géographique restreinte, à un groupe de pairs limités, et à deux ou trois générations dans le futur. Ne pas regarder trop loin dans l'espace et dans le temps est élémentaire au sens darwinien. *Nous avons une tendance innée à ne pas prendre en compte les possibilités éloignées qui ne requièrent pas encore notre analyse. D'après les gens, c'est juste une question de bon sens.* Pourquoi ont-ils cette vision à court terme ? La raison en est simple : elle est prédéterminée par notre héritage paléolithique. Pendant des centaines de milliers d'années, ceux qui se préoccupaient de leur bien-être à court terme, au sein d'un groupe de parents et d'amis restreint, avaient une espérance de vie supérieure aux autres et laissaient une descendance plus nombreuse – même quand les luttes collectives sonnaient le glas de leurs seigneuries et empires. La pensée à long terme qui aurait pu sauver leurs descendants lointains nécessitait une vision et un altruisme étendu difficile à mettre en pratique d'instinct. »

Voir également Miller en 2000 : « L'évolution n'a pas de discernement. Il lui manque la vision à long terme de l'industrie pharmaceutique. Une espèce ne peut lever des capitaux-risques pour payer ses factures pendant que son équipe de chercheurs travaille… Chaque espèce doit rester adaptée biologiquement à chaque génération, sinon elle s'éteint. Elle rencontre constamment des problèmes de cash-flow qui lui interdisent tout investissement spéculatif sur l'avenir. Plus précisément, chaque gène qui sous-tend une innovation potentielle doit rapporter plus gros sur le plan évolutionniste que les autres gènes en compétition, sous peine que l'innovation en question ne disparaisse avant de s'être développée plus avant. Ainsi est-il difficile d'expliquer les innovations. »

CHAPITRE 6

Dupé par l'asymétrie négative : Le premier semblant d'explication de la popularité des gains de l'asymétrie négative vient des premières études du comportement face à l'incertitude et du « problème des petits nombres ». Tversky et Kahneman ont écrit (1971) : « Nous soutenons que les gens considèrent un échantillon tiré au hasard parmi une population comme étant très représentatif, c'est-à-dire semblable à cette population par ses caractéristiques essentielles. » Cela a pour conséquence les erreurs de déduction suivantes : une trop grande assurance dans la possibilité de tirer des propriétés générales des faits

observés, « confiance excessive dans les premières tendances », stabilité des modèles observés, dont on tire des conclusions auxquelles on
attache une confiance plus grande que ne le garantissent les données.
Pire encore : l'agent trouve des explications causales, ou peut-être des
caractéristiques de distribution qui confirment ses généralisations
excessives. Il est facile de voir que les « petits nombres » sont exacer-
bés par l'asymétrie, puisque, la plupart du temps, la moyenne observée est différente de la moyenne réelle, de même que la variance
observée est plus basse que la variance réelle. Prenons à présent en
compte le fait que dans la vie, à la différence du laboratoire ou du
casino, nous n'observons pas la distribution probabiliste d'où sont
tirées les variables aléatoires : nous voyons seulement la réalisation de
ces processus aléatoires. Malheureusement il est impossible de mesurer les probabilités comme on mesure la température ou la taille
d'une personne. Cela signifie que, quand nous calculons des probabilités à partir de données passées, nous émettons des suppositions à
propos de l'asymétrie du générateur d'un échantillon aléatoire –
toutes les données sont conditionnelles par rapport à un générateur.
Bref, avec des ensembles asymétriques, les propriétés sont camou-
flées, mais nous croyons pourtant les voir. Taleb (2004).

Les philosophes se prennent parfois pour des scientifiques : Nozik
(1993).

Économie de Hollywood : De Vany (2003).

Les gens sont plus sensibles au signe qu'à l'amplitude : Hsee et
Rottenstreich (2004).

Critique de Lucas : Lucas (1978).

CHAPITRE 7

Livre de Niederhoffer : Niederhoffer (1997).

L'énigme de l'induction selon Goodman : On peut amener l'induction sur des territoires plus mouvants avec l'énigme suivante.
Disons que le marché grimpe tous les jours pendant un mois. Pour
beaucoup de gens pratiquant l'induction, cela peut confirmer la théorie selon laquelle il monte tous les jours. Mais attention : cela peut
aussi confirmer la théorie selon laquelle il monte tous les jours puis
s'effondre – nous ne sommes pas témoins d'un marché en hausse,
mais *d'un marché en hausse qui s'effondre ensuite !* Quand on observe un
objet bleu, il est possible de dire qu'on observe un objet bleu jusqu'à
l'instant *t*, au-delà duquel il devient vert – cet objet n'est pas bleu mais

294 LE HASARD SAUVAGE

« blert ». Selon la même logique, le fait que le marché ne cesse de grimper montre qu'il s'effondrera peut-être demain ! Cela confirme que nous observons un marché *en hausse s'effondrant.* Voir Goodman (1954).

Écrits de George Soros: Soros (1998).

Hayek: Voir Hayek (1945) et le prophétique Hayek (1994), publié pour la première fois en 1945.

Personnalité de Popper: Magee (1997), et Hacohen (2001). Voir aussi le récit intéressant d'Edmonds & Eidinow (2001).

DEUXIÈME PARTIE

CHAPITRE 8

The Millionaire Next Door: Stanley (1996).

Le problème de la prime des actions: Il y a un débat académique intense sur le problème de « la prime des actions », « prime » désignant ici les résultats supérieurs des actions par rapport aux obligations, qu'on cherche à expliquer. On n'a guère pris en compte l'idée que la prime était peut-être ici une illusion d'optique due au biais du survivant – ou encore que le processus pouvait inclure la possibilité qu'un cygne noir se produise. Le débat semble s'être calmé après le déclin du marché des actions ordinaires, à la suite des événements de 2000-2002.

CHAPITRE 9

Hot-hand effect: Gilovitch, Vallone et Tversky (1985).

Les analystes boursiers qui se dupent eux-mêmes: Au sujet de la comparaison entre ces analystes et les météorologues, voir Taszka et Zielonka (2002).

Différences sur bénéfices: Voir Ambarish et Siegel (1996). Cet ennuyeux présentateur comparait en réalité les « ratios Sharpe », c'est-à-dire les bénéfices divisés par leurs écarts types (annualisés), baptisés d'après l'économiste financier William Sharpe. Ce concept est habituellement connu en statistiques sous le nom de « coefficient de variation ». (Sharpe a introduit le concept dans le contexte de la théorie [normative] du portefeuille afin de calculer les bénéfices prévus du portefeuille suivant un certain profil de risque, et pas en tant que dispositif statistique.) Sans tenir compte du biais du survivant, sur une période de douze mois, en supposant (très généreusement) qu'on ait une distribution gaussienne, les différences en termes de « ratio Sharpe » pour deux gestionnaires non corrélés dépasseraient 1,8 avec une probabilité de 50 %. Le présentateur parlait quant à lui de différences en termes de « ratio Sharpe » d'environ 0,15 ! Même en prenant une fenêtre d'observation de cinq ans, ce qui est très rare pour les gestionnaires de sociétés d'investissement, les choses ne s'améliorent guère.

Valeur du « seat » (la présence physique à la bourse, comme un pas-de-porte) : En raison du biais d'attribution, les traders ont tendance à croire que leur revenu est dû à leur habileté, pas au « seat », ni à la « franchise » (c'est-à-dire à la valeur du flux d'ordres). Le « seat » a une valeur dans la mesure où le « book » du spécialiste de bourse vaut de grosses sommes d'argent : voir Hilton (2003). Voir également Taleb (1997) pour l'analyse de l'avantage du lieu et du moment.

Data mining : Sullivan, Timmermann et White (1999).

Les chiens qui n'aboient pas : Je remercie mon correspondant à l'université de Bocconi, Francesco Corielli, pour sa remarque sur la méta-analyse.

CHAPITRE 10

Réseaux : Arthur (1994). Voir Barabasi (2002), Watts (2003).

Dynamiques non linéaires : Pour une introduction à la dynamique non linéaire en finance, voir Brock et De Lima (1995) ; Brock, Hsieh et Lebaron (1991). Voir aussi l'étude la plus récente, et sans doute la plus complète, de Sornette (2003). Sornette ne se contente pas de caractériser le processus comme étant fat-tailed, ni de dire que la distribution probabiliste est différente de celle que nous avons étudiée en cours de finance 101. Il étudie les seuils de transition : par exemple, les ventes d'un livre approchent du seuil critique au-delà duquel elles vont vraiment décoller. Leur dynamique, conditionnelle aux courbes des ventes passées, devient alors prévisible.

Le point de bascule : Gladwell (2000). Dans l'article qui précède le livre (Gladwell, 1996), il écrit : « Cela semble surprenant car les êtres humains préfèrent penser en termes linéaires... Je me souviens, enfant, m'être posé les mêmes questions théoriques quand j'essayais de verser du ketchup dans mon assiette. Comme tous les enfants qui sont confrontés pour la première fois à ce problème, je supposais que la solution était linéaire : qu'en tapant régulièrement sur le fond du flacon, j'obtiendrai un afflux régulier et croissant de ketchup à l'autre extrémité. "Non, me dit alors mon père", puis il me récita une comptine qui pour moi demeure la formule la plus concise permettant de décrire la non-linéarité fondamentale de la vie quotidienne : "Le ketchup dans la bouteille − Rien ne vient, puis tout déboule." »

Pareto : Avant que l'usage de la loi Normale ne se généralise, nous prenions plus au sérieux les idées de Pareto au sujet de sa distribution − sa marque est la contribution de larges variations par rapport aux propriétés générales. On a par la suite poussé sa pensée plus loin avec les distributions de Pareto-Lévy-Mandelbrot ou de Mandelbrot-Stable (en dehors des cas spéciaux), qui ont des propriétés très vicieuses (aucun taux d'erreur connu). Les économistes n'ont jamais aimé les utiliser parce qu'elles ne présentent pas de propriétés faciles à résoudre − ils préfèrent en effet écrire des articles où ils donnent l'illusion de solutions, en particulier sous forme mathématique. La distribution de Pareto-Lévy-Mandelbrot ne leur offre pas ce luxe. Pour plus de renseignements sur les idées économiques de Pareto, voir Zajdenweber (2000), Bouvier (1999). Pour une présentation mathématique des distributions de Pareto-Lévy, voir Voit (2001) et Mandelbrot (1997). On a récemment redécouvert les lois de puissance. Intuitivement, la distribution d'une loi de puissance possède les propriétés suivantes : si l'exposant est à la puissance 2, alors il y aurait quatre fois plus de gens dont les revenus dépassent 1 million de dollars que de gens ayant 2 millions de dollars. En réalité il y a une probabilité très faible qu'on rencontre un événement avec une variation très ample. Plus généralement, étant donné une variation x, les chances pour qu'il y ait une variation d'un multiple de x seront de ce multiple à une certaine puissance. Plus l'exposant est élevé, plus la probabilité d'une large variation est faible.

Voir aussi le manifeste anti-gaussien, Mandelbrot et Taleb (2005).

La remarque de Spitznagel : Voir Gladwell (2002).

Ne prenez pas au sérieux le mot « corrélation » et ceux qui l'utilisent : Le même « A. », du genre à lancer les briquets, m'a appris certaines choses concernant la fausseté de la notion de corrélation. « Vous ne semblez corrélé à rien », voilà le reproche que j'entends le plus souvent quand j'expose ma stratégie de recherche de l'événement rare. L'exemple suivant en est l'illustration. Un instrument de trading non linéaire comme l'option de vente sera positivement corrélé à l'action sous-jacente sur plusieurs trajectoires stochastiques (disons que l'option de vente expire sans rien valoir sur un marché baissier, car le marché n'a pas suffisamment baissé), à part bien entendu si elle devient dans-les-cours et qu'elle dépasse le prix d'exercice, auquel cas la corrélation s'inverse très fortement. Les lecteurs auront raison de ne pas prendre au sérieux la notion de corrélation, à part dans des cas très précis où la linéarité se justifie.

CHAPITRE 11

« Aveugle » devant les probabilités: J'emprunte l'expression à Piattelli-Palmarini (1994).

Discussion sur la « rationalité » : Le concept n'est pas si facile que ça à manier. Il a été étudié dans beaucoup de disciplines, surtout par les économistes en tant que théorie normative du choix. Pourquoi s'y sont-ils autant intéressés? À la base de l'analyse économique il y a le concept de nature humaine et de rationalité incarnée par la notion d'*homo economicus*. Les traits caractéristiques et le comportement de l'*homo economicus* font partie des postulats concernant les choix du consommateur, ils comportent la non-satiété (on préfère toujours avoir plus que moins), et la transitivité (cohérence globale des choix). Arrow écrit par exemple (1987) : « Il faut noter que l'usage courant du terme "rationalité" ne correspond pas à la définition des économistes de transitivité et de complétude, c'est-à-dire la maximisation de quelque chose. L'usage courant signifie plutôt exploitation complète de l'information, raisonnement sain, etc. »

Peut-être que, pour un économiste, la meilleure façon de voir les choses est que la maximisation mène à une solution unique.

Mais, même dans ce cas, ce n'est pas facile. Qui maximise quoi? Pour commencer, il y a conflit entre la rationalité collective et individuelle (« la tragédie du peuple », selon Keynes, dans sa fable du stade où la stratégie optimale d'une personne est de se mettre debout, alors que la stratégie collective optimale est que tout le monde reste assis). Le théorème sur l'impossibilité de voter d'Arrow met en lumière une autre difficulté. N'oublions pas non plus cet autre problème du vote : les gens votent, mais le gain probabiliste ajusté du vote peut être inférieur à l'effort dépensé pour se rendre au bureau de vote. Voir Luce et Raiffa (1957) pour une discussion portant sur ces paradoxes.

Notez que les livres sur le choix rationnel dans des conditions incertaines sont très nombreux car ils sont à cheval sur plusieurs disciplines, allant de la théorie des jeux évolutionniste aux sciences politiques. Mais, comme le dit sans détour John Harsanyi: « C'est normatif, et c'est censé être ainsi. » Voici une affirmation héroïque :

dire que l'économie a renoncé à ses prétentions scientifiques et qu'elle accepte l'idée qu'elle décrit non pas la façon dont se comportent les gens, mais la façon dont ils devraient se comporter ! Cela signifie que l'économie est passée à une autre phase : la philosophie (voire même l'éthique). Ainsi un individu peut-il l'accepter dans son ensemble pour ensuite essayer d'agir en être néo-classique. S'il y arrive.

Cause immédiate/cause finale, solutions à certains problèmes de rationalité : Les théoriciens de l'évolution font la distinction entre cause immédiate et cause finale.

Cause immédiate : je mange *parce que* j'ai faim.

Cause finale : si je n'éprouvais pas le désir de manger, j'aurais doucement disparu du cadre génétique.

Invoquer les causes finales permet de comprendre la rationalité de nombreux comportements irrationnels du point de vue immédiat (par exemple le problème du vote cité plus haut). Cela explique l'altruisme : pourquoi courrait-on des risques en sauvant un inconnu de la noyade ? Visiblement, cette impulsion nous a aidés à arriver au stade où nous sommes aujourd'hui.

Voir Dawkins (1989, 1976) et Pinker (2002) pour d'autres renseignements sur la différence entre ces deux types de causes.

Rationalité et « scientisme » : Suivant le conseil de mon correspondant Peter MacBurney, j'ai découvert le roman d'Eugène Zamiatine, *Nous autres,* satire de la Russie léniniste écrite en 1920 et située dans un lointain futur où le taylorisme et la pensée rationaliste l'auraient apparemment emporté en éliminant de l'existence toute incertitude et irrationalité.

« Rationalité limitée » : Simon (1956), Simon (1957), Simon (1987a) et Simon (1987b).

Naissance de la neurobiologie de la rationalité : Berridge (2003) introduit une dimension neurobiologique dans la rationalité en utilisant deux des quatre utilités désignées par Daniel Kahneman (les utilités de l'expérience, du souvenir, de la prédiction et de la décision), et en fixant le seuil de l'irrationnel quand l'utilité de décision dépasse celle de la prédiction. Pareille irrationalité a une dimension neurale : la dopamine dans le système mésolimbique.

Compilation de textes sur les heuristiques et les biais en quatre volumes : Kahneman, Slovic et Tversky (1982). Kahneman et Tversky (2000). Gilovich, Griffin et Kahneman (2002). Kahneman, Diener et Schwarz (1999).

Deux façons de raisonner : Voir Sloman (1996) et Sloman (2002).

Voir le résumé dans Kahneman et Frederick (2002). Pour l'heuristique de l'affect , voir Zajonc (1980) et Zajonc (1984).

Psychologie/sociobiologie évolutionnistes : L'ouvrage le plus accessible est celui de Burnham et Phelan (2000). Voir Kreps et Davies
(1993) pour le cadre général de l'écologie en tant qu'optimisation.
Voir aussi E.O. Wilson (2000), Winston (2002), Evans et Zarate
(1999), Pinker (1997) et Burnham (1997).

Modularité : Pour les travaux importants, voir Fodor (1983) en philosophie et en sciences cognitives, Cosmides et Tooby (1992) en psychologie évolutionniste.

Voici le problème de sélection de Wason (qui se trouve dans à peu
près tous les livres de psychologie évolutionniste). Considérons les
deux tests suivants :

Problème n°1 : Imaginons que j'aie un jeu de cartes. Chacune
porte d'un côté une lettre, de l'autre un nombre. En outre, je pré-
tends que se vérifie la règle suivante : si une carte a d'un côté une
voyelle, alors elle porte un nombre pair de l'autre côté. Je vous présente maintenant quatre cartes : E, 6, K, 9. Quelle est ou quelles sont
les cartes que vous devez retourner pour vérifier si la règle est vraie ou
fausse ?

Problème n°2 : Vous tenez un bar dans une ville où l'âge légal pour
consommer une boisson alcoolisée est de vingt et un ans, or vous êtes
une personne responsable. Dans cette situation vous devez soit
demander au client son âge, soit la nature de ce qu'il boit. Lesquels
des consommateurs suivants allez-vous interroger ?

Le premier boit une bière.

Le deuxième a plus de vingt et un ans.

Le troisième boit un chocolat.

Le quatrième a moins de vingt et un ans.

Les deux problèmes sont identiques (il suffit de vérifier le premier
et le quatrième cas), mais la majorité de la population échoue au premier alors qu'elle réussit au second test. Selon les psychologues évolutionnistes, la difficulté à résoudre le premier et la facilité à venir à
bout du second mettent en évidence le module de détection du fraudeur – il faut tenir compte du fait que nous nous sommes habitués à
travailler en groupe, et que nous sommes prompts à identifier les pro-
fiteurs.

Critères distinctifs de la modularité : J'emprunte à la linguiste
Elisabeth Bates (Bates, 1994) sa présentation des neuf critères de
Fodor désignant les modules (détail ironique, Bates reste sceptique
sur le sujet). Les critères de transformation de l'information sont :

l'encapsulation (on ne peut agir sur le fonctionnement d'un module), l'inconscience, la vitesse (c'est tout l'intérêt du module), l'output faible (nous n'avons aucune idée des étapes intermédiaires), et l'activation obligatoire (un module génère des outputs prédéterminés pour des inputs prédéterminés). Les critères biologiques qui les distinguent des habitudes acquises sont les suivants: universaux onto-génétiques (ils se développent par séquences caractéristiques), localisation (ils utilisent des systèmes neuraux réservés), et universaux pathologiques (les modules présentent des pathologies caractéristiques à travers les populations). En fin de compte, la propriété la plus importante de la modularité est la spécificité au domaine.

Ouvrages sur le cerveau physique: Pour la hiérarchie cerveau reptilien / limbique / néo-cortex, voir les descriptions de Ratey (2001), Ramachandran et Blakeslee (1998), Carter (1999), Carter (2002), Conlan (1999), Lewis, Amini et Lannon (2000), et Goleman (1995).

Le cerveau émotionnel: Damasio et Ledoux (1998). Bechara, Damasio, Damasion et Tranel (1994) montrent la baisse de la capacité à éviter les risques chez les patients dont le cortex frontal ventromédian a été endommagé – c'est la partie du cerveau qui nous relie aux émotions. Les émotions semblent jouer un rôle critique dans les deux sens. Pour la nouvelle discipline de neuro-économie, voir les débats dans Glimcher (2002) et Camerer, Loewenstein et Prelec (2003).

Sensibilité à la perte: On observe que les pertes comptent plus que les gains, mais qu'on y devient rapidement insensible (mieux vaut perdre une fois 10 000 dollars que dix fois 1 000 dollars). Les gains comptent moins que les pertes, et les gains importants encore moins (mieux vaut gagner dix fois 1 000 dollars qu'une seule fois 10 000 dollars).

Le tapis roulant du bien-être: Mon ami Jimmy Powers avait l'habitude de faire des détours pour me montrer des banquiers d'investissement très riches qui manifestaient un profond découragement après une mauvaise journée. En quoi est-ce bien d'être si riche s'ils suivent le cours de leur fortune de si près qu'une seule mauvaise journée puisse anéantir l'effet de tous leurs succès passés? Si les choses ne peuvent être correctement accumulées, alors les humains devraient déployer d'autres stratégies. Ce « recentrage » est examiné par la théorie de la perspective.

Débat: Gigerenzer (1996), Kahneman et Tversky (1996), et Stanvich et West (2000). On dit que les théoriciens de l'évolution ont une vision des choses digne de Pangloss: l'évolution résout tous les problèmes. Fait étonnant, le débat fait rage non pas parce que les différences d'opinion sont importantes, mais au contraire parce qu'elles sont faibles. *Simple Heuristics That Make Us Smart*, voici le titre d'un recueil d'articles de Gigerenzer et de ses collègues (Gigerenzer, 2000). Voir aussi Gigerenzer, Czerlinski et Martignon (2002).

Exemple médical : Bennett (1998). Le problème est aussi abordé dans Gigerenzer, Czerlinski et Martignon (2002). Les recueils d'heuristiques et de biais le cataloguent comme erreur d'échelle de base. Les théoriciens de l'évolution se scindent en deux domaines : le général (probabilité non conditionnelle) par opposition au spécifique (probabilité conditionnelle).

Finance comportementale : Voir Schleifer (2000) et Shefrin (2000). Voir aussi Thaler (1994b) et le Thaler original (1994a).

Adaptations du domaine spécifique : Nos poumons constituent une adaptation du domaine spécifique permettant d'extraire l'oxygène de l'air et de le transférer à notre sang ; ils ne servent pas à faire circuler le sang. Pour les psychologues évolutionnistes, il en va de même des adaptations psychologiques.

Opacité : Pour les psychologues de la tradition des heuristiques et des biais, le système 1 est opaque, c'est-à-dire qu'il échappe à la conscience. Cela rappelle l'encapsulation et l'inconscience des modules citées précédemment.

Flow : Voir Csikszentmihalyi (1993) et Csikszentmihalyi (1998). Je cite les deux pour plus de sûreté, car je ne sais s'il y a des différences entre ces deux ouvrages. L'auteur en effet semble avoir reformulé la même idée d'une manière différente.

Sous-estimation des résultats possibles : Hilton (2003).

TROISIÈME PARTIE

Neurobiologie du contact visuel : Voir Ramachandran et Blakeslee (1998) au sujet des centres de la vue projetés sur l'amygdale : « Les scientifiques qui mesurent la réponse des cellules de l'amygdale ont découvert que, en plus de réagir aux expressions faciales et aux émotions, ces cellules réagissent aussi à la direction du regard d'autrui. Par exemple une cellule peut s'activer si quelqu'un vous regarde droit dans les yeux, alors qu'une cellule voisine s'activera seulement si le regard de l'autre est détourné de quelques millimètres. D'autres encore s'activent quand le regard porte sur la gauche ou sur la droite. Ce phénomène n'est guère surprenant était donné l'importance de la direction du regard dans la communication sociale chez les primates – regard détourné pour la culpabilité, la honte, l'embarras ; regard direct et intense de l'amant, ou menaçant de l'ennemi. »

CHAPITRE 12

Les pigeons dans la boîte : Skinner (1948).

L'illusion de la connaissance : L'ouvrage de Barber et Odean (2001) est une critique des livres portant sur la tendance à tirer des conclusions plus catégoriques que ne le permettent les données, ce qu'ils appellent l'« illusion de la connaissance ».

Les sceptiques arabes : Al-Ghazali (1989).

Livre de Rozan : Rozan (1999).

Explication mentale : Thaler (1980), Kahneman, Knetch et Thaler (1991).

Théorie du portefeuille (hélas !) : Markowitz (1959).

Paradigme conventionnel des probabilités : La plupart des textes conventionnels en matière de pensée probabiliste, en particulier en philosophie, présentent de légères variantes du même paradigme selon la succession des contributions historiques suivantes : le chevalier de Méré, Pascal, Cardano, De Moivre, Gauss, Bernouilli, Laplace, Bayes, von Mises, Carnap, Kolmogorov, Borel, De Finetti, Ramsey, etc. Cependant tous se rapportent au calcul des probabilités, avec peut-être une pointe de réflexion technique ; ils s'arrêtent un peu trop sur les détails et, sans vouloir me montrer méprisant, restent académiques. Ils ne sont guère intéressants dans l'optique de ce livre, car, en dépit de ma spécialité, ils ne semblent guère utiles dans les cas pratiques. Pour une synthèse sur le sujet, je vous recommande Gillies (2000), Von Plato (1994), Hacking (1990), ou le plus célèbre et très accessible *Plus forts que les dieux. La remarquable histoire du risque* (Bernstein, 1998), qui s'est largement inspiré de Florence Nightingale David (David, 1962). Ce livre de Bernstein présente l'histoire de la pensée probabiliste en matière d'ingénierie et sciences fondamentales appliquées. Toutefois je suis en désaccord total avec son opinion sur la possibilité de mesurer les risques dans le domaine des sciences sociales.

Je me permets de revenir une fois de plus là-dessus : pour les philosophes qui réfléchissent sur les probabilités en soi, le problème vient du calcul. Dans le présent livre, le problème des probabilités est essentiellement une question de connaissances, pas de calcul. Pour moi, les calculs ne méritent guère mieux qu'une note de bas de page. Voilà le vrai problème : d'où tirons-nous les probabilités ? Comment pouvons-nous changer nos croyances ? J'ai réfléchi au problème du fait de « jouer avec les mauvais dés » : il est beaucoup plus important de décider quels dés nous allons utiliser pour jouer que d'élaborer des estimations sophistiquées de résultats et de prendre le risque de nous retrouver avec des dés qui ont des 6 sur toutes les faces. En économie, par exemple, nous disposons de vastes modélisations pour calculer les risques, fondées sur des suppositions douteuses (si ce n'est complètement fausses !). On nous embrouille avec les mathématiques, mais tout le reste est hypothétique. Trouver les vraies questions est plus important qu'avoir une modélisation sophistiquée.

Autre problème intéressant, celui de « l'erreur ludique » : les gens s'imaginent qu'ils peuvent comprendre les risques en utilisant des « mathématiques compliquées » et en émettant des prévisions au sujet des événements rares – ils croient pouvoir observer les distributions de probabilités à partir des données passées. Il est intéressant de constater que ceux qui prônent cette pratique ne semblent pas avoir mis à l'épreuve leurs résultats passés en matière de prévisions, ce qui constitue un autre problème du genre de celui de Meehl.

Penseurs et philosophes des probabilités : Le livre le plus important écrit sur le sujet est certainement celui du grand John Maynard Keynes, *Treatise on Probability* (Keynes, 1989, 1920) qui, fait surprenant, n'a pas pris une ride – je ne sais pourquoi, mais tout ce que nous découvrons semble déjà y figurer, dans un style un peu alambiqué, caractéristique de Keynes. Dans la liste habituelle des penseurs probabilistes, on peut citer Shackle, qui a affiné la théorie de la probabilité subjective, et qui est souvent méconnu (Shackle, 1973). La plupart des auteurs omettent également l'intéressante contribution d'Isaac Levi au sujet de la probabilité subjective et de ses relations avec la croyance (Levi, 1971), qui en ce domaine devrait figurer parmi les lectures imposées (le texte est très abscons, mais cela en vaut la peine). C'est une honte car Isaac Levi est un *penseur* probabiliste, par opposition aux calculateurs de probabilités. L'épistémologue spécialisé en probabilités Henry Kyburg (Kyburg, 1983) est également oublié (trop difficile à lire).

On observe que, par comparaison avec les scientifiques, les philosophes travaillent de façon très hétérogène et compartimentée. Les probabilités, en philosophie, sont en effet traitées par différentes branches : la logique, l'épistémologie, la théorie de la décision, la philosophie des mathématiques, la philosophie des sciences. Aussi est-il surprenant que Nicholas Rescher ait fait un discours très pertinent au sujet de la chance à l'American Philosophical Association (publié ensuite sous le titre de *Luck*, voir Rescher, 1995) sans guère aborder les problèmes de probabilité présentés dans les œuvres en philosophie et en sciences cognitives.

Problèmes de compréhension de ce message : Notez que beaucoup de lecteurs issus des professions techniques, par exemple les ingénieurs, ont du mal à comprendre le rapport entre probabilités et croyance, ainsi que l'importance du scepticisme en matière de gestion du risque.

CHAPITRE 14

Stoïcisme : Prolongements modernes chez Becker (1998) et Banateanu (2001).

POSTFACE

Incertitude et plaisir : Voir Wilson et autres (2005) au sujet des conséquences du hasard sur la prévoyance de la durée du bien-être.

Apparence et succès : Voir Shahami et autres (1993) et Hosoda et autres (1999). Mon ami Peter Bevelin m'a écrit : « Quand je songe aux erreurs de jugement sur les personnes, je me souviens toujours de ce que dit Sherlock Holmes dans *Le signe des quatre* : "Il est capital que votre jugement ne se laisse pas influencer par les qualités des personnes. Je puis vous assurer que la femme la plus charmante que j'aie jamais rencontrée fut pendue pour avoir empoisonné trois jeunes enfants afin de toucher leur assurance-vie ; quant à l'homme le plus repoussant parmi mes relations, c'est un philanthrope qui a dépensé près d'un quart de million pour aider les pauvres de Londres." »

Maximiser : Les œuvres publiées en psychologie se concentrent sur la maximisation des choix et non sur l'optimisation réelle. Je vais plus loin en observant cette optimisation dans la vie quotidienne. Pour une synthèse et un rapport sur l'impact hédoniste de la maximisation, et pourquoi « moins, c'est plus », voir Schwartz (2003). Voir aussi Schwartz et autres (2002). Au sujet du lien de causalité entre l'absence de bonheur et la quête de bénéfices matériels, voir Kasser (2002).

La date de votre décès : Je dois ce dernier point à Gerd Gigerenzer.

Un comportement imprévisible : Voir Miller (2002) pour un développement dans le domaine de la biologie. Voir aussi Lucas (1978) et les applications à une politique monétaire aléatoire déjouant les prévisions.

BIBLIOGRAPHIE

Albouy, François-Xavier, *Le temps des catastrophes*, Descartes & Cie, Paris, 2002.

Al-Ghazali, « Mikhtarat Min Ahthar Al-Ghazali », *in* Saliba, Jamil, *Tarikh Al Falsafa Al Arabiah*, Al Sharikah Al Ahlamiah Lilkitab, Beirut, 1989.

Ambarish, R., et Siegel, L., « Time is the essence », *RISK*, 9, 8, 41-2, 1996.

Arnheim, Rudolf, *Entropy and Art: An Essay on Disorder and Order*, University of California Press, Berkeley, 1971.

Arrow, Kenneth, « Economic Theory and the Postulate of Rationality », *in* Eatwell, J., Milgate, M., et Newman, P. (eds), 1987. *The New Palgrave: A Dictionary of Economics*, vol. 2, 69-74, Macmillan, Londres, 1987.

Arthur, Brian W., *Increasing Returns and Path Dependence in the Economy*, University of Michigan Press, Ann Arbor, 1994.

Banateanu, Anne, *La théorie stoïcienne de l'amitié: essai de reconstruction*, Éditions universitaires de Fribourg Fribourg / Éditions du Cerf, Paris, 2002.

Barabási, Albert-László, *Linked: The New Science of Networks*, Perseus Publishing, Boston, 2002.

Barber, B. M. & Odean, T., « The internet and the investor », *Journal of Economic Perspectives*, Winter, vol. 15, n° 1, 41-54, 2001.

Barron, G. & Erev, I., « Small Feedback-based Decisions and their Limited Correspondence to Description-based Decisions », *Journal of Behavioral Decision Making*, 16, 215-233, 2003.

Bates, Elisabeth, « Modularity, Domain Specificity, and the Development of Language », *in* Gajdusek, D.C., McKhann, G.M. & Bolis, C.L. (eds.), *Evolution and Neurology of Language. Discussions in Neuroscience*, 10(1-2), 136-149, 1994.

Bechara, A., Damasio, A.R., Damasio, H. & Anderson, S. W., « Insensitivity to Future Consequences Following Damage to Human Prefrontal Cortex », *Cognition*, 50: 1-3, 7-15, 1994.

Becker, Lawrence C., *A New Stoicism,* Princeton University Press, Princeton, 1998.

Bennett, Deborah J., *Randomness*, Harvard University Press, Cambridge, Mass., 1998.

Bernstein, Peter L., *Plus forts que les dieux. La remarquable histoire du risque*, trad. de l'anglais (États-Unis) par Juliette Hoffenberg, Flammarion, Paris, 1998.

Berridge, Kent C., « Irrational Pursuits: Hyper-incentives from a Visceral Brain », *in* Brocas & Carillo, 2003.

Bouvier, Alban (ed.), *Pareto aujourd'hui*, Presses universitaires de France, Paris, 1999.

Brent, Joseph, *Charles Sanders Peirce: A Life*, Indiana University Press, Bloomington, 1993.

Brocas, I. & Carillo, J. (eds.), *The Psychology of Economic Decisions: vol. 1: Rationality and Well-Being*, Oxford University Press, Oxford, 2003.

Brock, W. A. & De Lima, P.J.F., « Nonlinear Time Series, Complexity Theory, and Finance », University of Wisconsin Madison – Working Papers 9523, 1995.

——, Hsieh, D.A. & LeBaron, B., *Nonlinear Dynamics, Chaos, and Instability: Statistical Theory and Economic Evidence*, MIT Press, Cambridge, Mass., 1991.

Brockman, John, *The Third Culture: Beyond the Scientific Revolution*, Simon & Schuster, New York, 1995.

Buchanan, Mark, *Ubiquity: Why Catastrophes Happen*, Three Rivers Press, New York, 2002.

Buehler, R., Griffin, D. & Ross, M., « Inside the Planning Fallacy: The Causes and Consequences of Optimistic Time Predictions », *in* Gilovich, Griffin & Kahneman, 2002.

Burnham, Terence C., *Essays on Genetic Evolution and Economics*, Dissertation.com., New York, 1997.

—— & Phelan, J., *Mean Genes*, Perseus Publishing, Boston, 2000.

—— « Caveman Economics », Harvard Business School, 2003.

Camerer, C., Loewenstein, G. & Prelec, D., « Neuroeconomics: How Neuroscience Can Inform Economics », Caltech Working Paper, 2003.

Campbell, Jeremy, *Grammatical Man: Information, Entropy, Language and Life*, Simon & Schuster, New York, 1982.

Carter, Rita, *Atlas du cerveau*, trad. de l'anglais par Geneviève Brzustowski, Christian Jeanmougin et Stéphane Berthois ; révision scientifique [de la trad.], Eve Lepicard, Autrement, Paris, 1999.

—— *Exploring Consciousness*, University of California Press, Berkeley, 2002.

Chancellor, Edward, *Devil Take the Hindmost : A History of Financial Speculation*, Farrar Straus & Giroux, New York, 1999.

Conlan, Roberta (ed.), *States of Mind : New Discoveries About How Our Brains Make Us Who We Are*, Wiley, New York, 1999.

Cootner, Paul H., *The Random Character of Stock Market Prices*, MIT Press, Cambridge, Mass., 1964.

Cosmides, L. & Tooby, J., « Cognitive Adaptations for Social Exchange », *in* Barkow et al. (eds.), *The Adapted Mind*, Oxford University Press, Oxford, 1992.

Cover, T. M. & Thomas, J. A., *Elements of Information Theory*, Wiley, New York, 1991.

Csikszentmihalyi, Mihaly, *Vivre : la psychologie du bonheur*, trad. de l'anglais (États-Unis), adapt. et mise à jour par Léandre Bouffard, « Réponses », Robert Laffont, Paris, 2004.

—— *Finding Flow : The Psychology of Engagement with Everyday Life*, Basic Books, New York, 1998.

Damasio, Antonio R., *L'erreur de Descartes : la raison des émotions*, trad. de l'anglais (États-Unis) par Marcel Blanc, Odile Jacob [« Poches Odile Jacob » pour la seconde édition], Paris, 2000 [1995].

—— *Le sentiment même de soi : corps, émotions, conscience*, trad. de l'anglais (États-Unis) par Claire Larsonneur et Claudine Tiercelin, Odile Jacob [« Poches Odile Jacob » pour la seconde édition], Paris, 2002 [1999].

—— *Spinoza avait raison*, trad. de l'anglais (États-Unis) par Jean-Luc Fidel, Odile Jacob, Paris, 2003.

David, Florence Nightingale, *Games, Gods, and Gambling : A History of Probability and Statistical Ideas*, Oxford University Press, Oxford, 1962.

Dawes, R. M., Faust, D. & Meehl, P. E., « Clinical Versus Actuarial Judgment », *Science*, 243, 1668-1674, 1989.

Dawkins, Richard, *Le gène égoïste*, trad. de l'anglais par Laura Ovion, « Poches Odile Jacob », Odile Jacob, Paris, 2003.

De Vany, Arthur, *Hollywood Economics : Chaos in the Movie Industry*, Routledge, Londres, 2003.

Debreu, Gérard, *Théorie de la valeur : analyse axiomatique de l'équilibre économique*, trad. de l'anglais par J.-M. Comar et J. Quintard, Dunod, Paris, 1965.

Dennett, Daniel C., *Darwin est-il dangereux ? : l'évolution et les sens de la vie*, trad. de l'anglais par Pascal Engel, Odile Jacob, Paris, 2000.

Deutsch, David, *L'étoffe de la réalité*, trad. de l'anglais par Françoise Balibar, « Le sel et le fer, 11 », Cassini, Paris, 2003.

DeWitt B. S. & Graham N. (eds.), *The Many-Worlds Interpretation of Quantum Mechanics*, Princeton University Press, Princeton, N. J., 1973.

Dugatkin, Lee Alan, *The Imitation Factor: Evolution Beyond the Gene*, Simon & Schuster, New York, 2001.

Easterly, William, *The Elusive Quest For Growth: Economists' Adventures and Misadventures in the Tropics*, The MIT Press, Cambridge, Mass., 2001.

Edmonds, D. & Eidinow, J., *Wittgenstein's Poker: The Story of a Ten-Minute Argument Between Two Great Philosophers*, Ecco, New York, 2001.

Einstein, A., *Investigations on the Theory of the Brownian Movement*, Dover, New York, 1956 [1926].

Ekman, Paul, *Menteurs et mensonges: comment les détecter*, trad. de l'anglais (États-Unis) par Evelyne Châtelain, P. Belfond, Paris, 1986.

Elster, Jon, *Alchemies of the Mind: Rationality and the Emotions*, Cambridge University Press, Cambridge, 1998.

Evans, D. & Zarate, O., *Introducing Evolutionary Psychology*, Totem Books, Londres, 1999.

Evans, Dylan, *Emotions: The Science of Sentiment*, Oxford University Press, Oxford, 2002.

Eysenck, M. W. & Keane, M.T., *Cognitive Psychology*, 4th Edition, 2000.

Finucane, M. L., Alhakami, A., Slovic, P. & Johnson, S. M., « The Affect Heuristic in Judgments of Risks and Benefits », *Journal of Behavioral Decision Making*, 13, 1-17, 2000.

Fischhoff, Baruch, « For Those Condemned to Study the Past: Heuristics and Biases in Hindsight », *in* Kahneman, Slovic & Tversky, 1982.

Fodor, Jerry A., *La modularité de l'esprit: essai sur la psychologie des facultés*, trad. de l'anglais (États-Unis) par Abel Gerschenfeld, Éd. de Minuit, Paris, 1986.

Frank, Robert H. & Cook, P. J., *The Winner-Take-All Society: Why the Few at the Top Get So Much More than the Rest of Us*, Free Press, New York, 1995.

—— *Choosing the Right Pond: Human Behavior and the Quest for Status*, Oxford University Press, Oxford, 1985.

—— *Luxury Fever: Why Money Fails to Satisfy in an Era of Excess*, Princeton University Press, Princeton, N. J., 1999.

Frederick, S. & Loewenstein, G., « Hedonic Adaptation », *in* Kahneman, Diener & Schwartz, 1999.

Freedman, D. A. & Stark, P. B., « What Is the Chance of an Earthquake ? » Department of Statistics, University of California, Berkeley, CA 94720-3860, Technical Report 611, September 2001, revised January 2003.

Fukuyama, Francis, *La fin de l'histoire et le dernier homme,* trad. de l'anglais par Denis-Armand Canal, Flammarion, Paris, 1992.

Galbraith, John Kenneth, *La crise économique de 1929: anatomie d'une catastrophe financière,* trad. de l'anglais par Henri Le Gallo, Payot, Paris, 1976 [1961].

Gehring, W. J. & Willoughby, A. R., « The Medial Frontal Cortex and the Rapid Processing of Monetary Gains and Losses », *Science,* 295, mars 2002.

Georgescu-Roegen, Nicholas, *The Entropy Law and the Economic Process,* Harvard University Press, Cambridge, Mass., 1971.

Gigerenzer, Gerd, *The Empire of Chance: How Probability Changed Science and Everyday Life,* Cambridge University Press, Cambridge, 1989.

—— « On Narrow Norms and Vague Heuristics : A Reply to Kahneman and Tversky », *Psychological Review,* 103, 592-596, 1996.

—— *Calculated Risks: How to Know when Numbers Deceive You,* Simon & Schuster, New York, 2003.

—— Todd, P. M., & ABC Research Group, *Simple Heuristics that Make Us Smart,* Oxford University Press, Oxford, 2000.

—— Czerlinski, J. & Martignon, L., « How Good are Fast and Frugal Heuristics ? » *in* Gilovich, Griffin & Kahneman, 2002.

Gilbert, D., Pinel, E., Wilson, T. D., Blumberg, S. & Weatley, T., « Durability Bias in Affective Forecasting », *in* Gilovich, Griffin & Kahneman, 2002.

Gillies, Donald, *Philosophical Theories of* Probability, Routledge, Londres, 2000.

Gilovich, T., Vallone, R. P., & Tversky, A., « The Hot Hand in Basketball : On the Misperception of Random Sequences », *Cognitive Psychology,* 17, 295-314, 1985.

—— Griffin, D. & Kahneman, D. (eds.), *Heuristics and Biases: The Psychology of Intuitive Judgment,* Cambridge University Press, Cambridge, 2002.

Gladwell, Malcolm, « The Tipping Point: Why Is the City Suddenly So Much Safer – Could it Be that Crime Really Is an Epidemic ? » *The New Yorker,* 3 juin 1996.

—— *Le point de bascule : comment faire une grande différence avec de très petites choses*, trad. de l'anglais par Danielle Charon, Éd. Transcontinental, Montréal, 2003.

—— « Blowing Up : How Nassim Taleb Turned the Inevitability of Disaster into an Investment Strategy », *The New Yorker*, 22 & 29 avril 2002.

Glimcher, Paul, *Decisions, Uncertainty, and the Brain : The Science of Neuroeconomics*, MIT Press, Cambridge, Mass., 2002.

Goleman, Daniel, *L'intelligence émotionnelle : comment transformer ses émotions en intelligence*, trad. de l'anglais (États-Unis) par Thierry Piélat, Robert Laffont, Paris, 1997.

—— *Surmonter les émotions destructrices : un dialogue avec le dalaï-lama*, trad. de l'anglais (États-Unis) par Anatole Muchnik, Le grand livre du mois, Paris, 2003.

Goodman, Nelson, *Faits, fictions et prédictions*, trad. de l'anglais et rév. par Pierre Jacob, Éd. de Minuit, Paris, 1985.

Hacking, Ian, *The Taming of Chance*, Cambridge University Press, Cambridge, 1990.

Hacohen, Malachi Haim, *Karl Popper, The Formative Years, 1902-1945 : Politics and Philosophy in Interwar Vienna*, Cambridge University Press, Cambridge, 2001.

Hayek, F. A., « The Use of Knowledge in Society », *American Economic Review*, 35(4), 519-530, 1945.

—— *La route de la servitude*, trad. de l'anglais par G. Blumberg, « Éditions politiques, économiques et sociales », Librairie de Médicis, Paris, 1946.

Hilton, Denis, « Psychology and the Financial Markets : Applications to Understanding and Remedying Irrational Decision-making », *in* Brocas and Carillo, 2003.

Hirshleifer, J. & Riley, J. G., *The Analytics of Uncertainty and Information*, Cambridge University Press, Cambridge, 1992.

Horrobin, David, *Madness of Adam and Eve : How Schizophrenia Shaped Humanity*, Transworld Publishers Limited, New York, 2002.

Hosoda, M., Coats, G., Stone-Romero, E. F. & Backus, C. A., « Who Will Fare Better in Employment-related Decisions ? A Meta-analytic Review of Physical Attractiveness Research in Work Settings », paper presented at the meeting of the Society of Industrial Organizational Psychology, Atlanta, Georgia, 1999.

Hsee, C. K. & Rottenstreich Y. R., « Music, Pandas and Muggers : On the Affective Psychology of Value », *Journal of Experimental Psychology*, 133(1), 23-30, mars 2004.

Hsieh, David A., « Chaos and Nonlinear Dynamics: Application to Financial Markets », *The Journal of Finance,* 46(5), 1839-1877, 1991.

Huang, C-F. & Litzenberger, R. H., *Foundations for Financial Economics,* North-Holland, New York/ Amsterdam/ Londres, 1988.

Hume, David, *Enquête sur l'entendement humain,* 1947, introd., trad. de l'anglais et notes par Michel Malherbe, « Bibliothèque des textes philosophiques », J. Vrin, Paris, 2004.

Ingersoll, Jonathan E., Jr., *The Theory of Financial Decision Making,* Rowman & Littlefield Publishing, Lanham, Md., 1987.

Jaynes, E. T., *Probability Theory: The Logic of Science,* Cambridge University Press, Cambridge, 2003.

Kahneman, D., « Why People Take Risks », *in Gestire la vulnerabilitá e l'incertezza: un incontro internazionale fra studiosi e capi di impresa,* Italian Institute of Risk Studies, Rome, 2003.

——, Diener, E. & Schwarz, N. (eds.), *Well-being: The Foundations of Hedonic Psychology,* Russell Sage Foundation, New York, 1999.

—— & Frederick, S., « Representativeness Revisited: Attribute Substitution in Intuitive Judgment », *in* Gilovich, Griffin & Kahneman, 2002.

——, Knetsch, J. L. & Thaler, R. H., Rational choice and the framing of decisions, *Journal of Business,* vol. 59 (4), 251-78, 1986.

——, Knetsch, J. L. & Thaler, R. H., « Anomalies: The Endowment Effect, Loss Aversion, and Status Quo Bias », *in* Kahneman and Tversky (2000), 1991.

—— & Lovallo, D., « Timid Choices and Bold Forecasts: A Cognitive Perspective on Risk-taking », *Management Science,* 39, 17-31, 1993.

——, Slovic, P. & Tversky, A. (eds.), *Judgment Under Uncertainty: Heuristics and Biases,* Cambridge University Press, Cambridge, 1982.

—— & Tversky, A., « Subjective Probability: A Judgment of Representativeness », *Cognitive Psychology,* 3, 430-454, 1972.

—— & Tversky, A., « On the Psychology of Prediction », *Psychological Review,* 80: 237-51, 1973.

—— & Tversky, A., « Prospect Theory: An Analysis of Decision Under Risk », *Econometrica,* 47, 263-291, 1979.

—— & Tversky, A., « On the Study of Statistical Intuitions », *Cognition,* 11: 123-141, 1982.

—— & Tversky, A., « On the Reality of Cognitive Illusions », *Psychological Review,* 103, 582-591, 1996.

—— & Tversky, A. (eds.), *Choices, Values, and Frames,* Cambridge University Press, Cambridge, 2000.

Kasser, Tim, *The High Price of Materialism*, The MIT Press, Cambridge, Mass., 2002.

Keynes, John Maynard, *Treatise on Probability*, Macmillan, Londres, 1989 (1920).

—— *Théorie générale de l'emploi, de l'intérêt et de la monnaie*, trad. de l'anglais par Jean de Largentaye, « Bibliothèque scientifique », Payot, Paris, 1990.

Kindleberger, Charles P., *Manias, Panics, and Crashes*, Wiley, New York, 2001.

Knight, Frank, *Risk, Uncertainty and Profit*, Harper and Row, New York, 1921 [1965].

Kreps, J. & Davies, N. B., *An Introduction to Behavioral Ecology*, 3rd edition, Blackwell Scientific Publications, Oxford, 1993.

Kreps, David M., *Notes on the Theory of Choice*, Westview Press, Boulder, Colo., 1988.

Kripke, Saul A., *La logique des noms propres*, trad. de l'anglais (États-Unis) par Pierre Jacob et François Recanati, « Propositions », Éditions de Minuit, Paris, 1982.

Kurz, Mordecai, « Endogenous Uncertainty: A Unified View of Market Volatility », Working Paper, Stanford University Press, Stanford, Calif., 1997.

Kyburg, Henry E., Jr., *Epistemology and Inference*, University of Minnesota Press, Minneapolis, 1983.

Ledoux, Joseph, *Le cerveau des émotions*, trad. de l'anglais (États-Unis) par Pierre Kaldy, Odile Jacob, Paris, 2005.

—— *Neurobiologie de la personnalité*, trad. de l'anglais (États-Unis) par Pierre Kaldy, Odile Jacob, Paris, 2003.

Levi, Isaac, *Gambling with Truth*, The MIT Press, Boston, Mass., 1970.

Lewis, T., Amini, F. & Lannon, R., *A General Theory of Love*, Vintage Books, New York, 2000.

Lichtenstein, S., Fischhoff, B. & Phillips, L., « Calibration of Probabilities: The State of the Art », 1977, *in* Kahneman, Slovic & Tversky (1982).

Loewenstein, G. F., Weber, E. U., Hsee, C. K. & Welch, E. S., « Risk as Feelings », *Psychological Bulletin*, 127, 267-286, 2001.

Lowenstein, Roger, *When Genius Failed: The Rise and Fall of Long-Term Capital Management*, Random House, New York, 2000.

Lucas, Robert E., « Asset Prices in Man Exchange Economy », *Econometrica*, 46, 1429-1445, 1978.

Luce, R. D. & Raiffa, H., *Games and Decisions: Introduction and Critical Survey*, Dover, New York, 1957.

Machina, M. J. & Rothschild, M., « Risk », *in* Eatwell, J., Milgate, M. & Newman P. (eds.), 1987, *The New Palgrave: A Dictionary of Economics,* Macmillan, Londres, 1987.

MacKay, Charles, *Extraordinary Popular Delusions and the Madness of Crowds,* Metro Books, New York, 2002.

Magee, Bryan, *Confessions of a Philosopher,* Weidenfeld & Nicholson, Londres, 1997.

Mandelbrot, Benoit B., & Taleb, N.N., « How the finance gurus got risk all wrong », *Fortune,* 51, 14, 2005.

Mandelbrot, Benoit B., *Fractals and Scaling in Finance,* Springer-Verlag, New York, 1997.

Markowitz, Harry, *Portfolio Selection: Efficient Diversification of Investments,* 2nd ed., Wiley, New York, 1959.

Meehl, Paul E., *Clinical versus Statistical Predictions: A Theoretical Analysis and Revision of the Literature,* University of Minnesota Press, Minneapolis, 1954.

Menand, Louis, *The Metaphysical Club: A Story of Ideas in America,* Farrar Straus & Giroux, New York, 2001.

Merton, Robert C., *Continuous-Time Finance,* 2nd ed., Blackwell, Cambridge, 1992 .

Miller, Geoffrey F., *The Mating Mind: How Sexual Choice Shaped the Evolution of Human Nature,* Doubleday, New York, 2000.

Mumford, David, « The Dawning of the Age of Stochasticity », 1999, www.dam.brown.edu/people/mumford/Papers/Dawning.ps.

Myers, David G., *Intuition: Its Powers and Perils,* Yale University Press, New Haven, Conn., 2002.

Nadeau, Maurice, *Histoire du surréalisme,* Seuil, Paris, 1970.

Niederhoffer, Victor, *The Education of a Speculator,* Wiley, New York, 1997.

Nozick, Robert, *The Nature of Rationality,* Princeton University Press, Princeton, N. J., 1993.

Peirce, Charles S., *Chance, Love and Logic: Philosophical Essays,* University of Nebraska Press, Lincoln, 1998 (1923).

Peterson, Ivars, *The Jungles of Randomness: A Mathematical Safari,* Wiley, New York, 1998.

Piattelli-Palmarini, Massimo, *Inevitable Illusions: How Mistakes of Reason Rule Our Minds,* Wiley, New York, 1994.

Pinker, Steven, *Comment fonctionne l'esprit,* trad. de l'anglais (États-Unis) par Marie-France Desjeux, Odile Jacob, Paris, 2000.

—— *Comprendre la nature humaine,* trad. de l'anglais (États-Unis) par Marie-France Desjeux, Odile Jacob, Paris, 2005.

Plotkin, Henry, *Evolution in Mind: An Introduction to Evolutionary Psychology*, Harvard University Press, Cambridge, Mass., 1998.

Popper, Karl R., *La société ouverte et ses ennemis*, trad. de l'anglais par Jacqueline Bernard et Philippe Monod, Éd. du Seuil, Paris, 1990-1991 [1979].

—— *The Myth of the Framework*, Routledge, Londres, 1994.

—— *Conjectures et réfutations : la croissance du savoir scientifique*, trad. de l'anglais par Michelle-Irène et Marc B. de Launay, « Bibliothèque scientifique », Payot, Paris, 1985.

—— *The Logic of Scientific Discovery*, 15th ed., Routledge, Londres, 2002.

—— *Misère de l'historicisme*, trad. de l'anglais par Hervé Rousseau, révisé et augmenté par Renée Bouveresse, « Agora, 22 », Presses Pocket, Paris, 1988.

Posner, Richard A., *Public Intellectuals: A Study in Decline*, Harvard University Press, Cambridge, Mass., 2002.

Rabin, Mathew, « Inference by Believers in the Law of Small Numbers », Economics Department, University of California, Berkeley, Working Paper E00-282, 2000, http://repositories.cdlib.org/iber/econ/E00-282.

—— & Thaler, R. H., « Anomalies: Risk Aversion », *Journal of Economic Perspectives*, 15 (1), Winter, 219-232, 2001.

Ramachandran, V. S. & Blakeslee, S., *Le fantôme intérieur*, trad. de l'anglais (États-Unis) par Michèle Garène, Odile Jacob, Paris, 2002.

Ratey, John J., *A User's Guide to the Brain: Perception, Attention and the Four Theaters of the Brain*, Pantheon, New York, 2001.

Rescher, Nicholas, *Luck: The Brilliant Randomness of Everyday Life*, Farrar, Straus & Giroux, New York, 1995.

Robbe-Grillet, Alain, *Les Gommes*, Éditions de Minuit, Paris, 1985.

Rozan, Jean-Manuel, *Le fric*, Michel Lafon, Neuilly-sur-Seine, 1999.

Sapolsky, Robert, M., *Why Zebras Don't Get Ulcers: An Updated Guide to Stress, Stress-related Diseases, and Coping*, W. H. Freeman & Co, New York, 1998.

—— (and Department of Neurology and Neurological Sciences, Stanford University School of Medicine), « Glucocorticoids and Hippocampal Atrophy in Neuropsychiatric Disorders », Stanford University, 2003.

Savage, Leonard J., *The Foundations of Statistics*, Dover, New York, 1972.

Schleifer, Andrei, *Inefficient Markets: An Introduction to Behavioral Finance*, Oxford University Press, Oxford, 2000.

Schwartz, Barry, *The Paradox of Choice*, Ecco, New York, 2003.

——, Ward, A., Monterosso, J., Lyubomirsky, S., White, K., & Lehman, D. R., « Maximizing versus Satisficing : Happiness Is a Matter of Choice », *J Pers Soc Psychol*, nov., 83 (5) : 1178-97.

Searle, John R., *Rationality in Action*, The MIT Press, Cambridge, Mass., 2001.

Sen, Amartya, K., « Rational : A Critique of the Behavioral Foundations of Economic Theory », *Philosophy and Public Affairs*, 6, 317-344, 1977.

—— *Rationality and Freedom*, The Belknap Press of Harvard University, Cambridge, Mass., 2003.

Shackle, George L. S., *Epistemics and Economics : A Critique of Economic Doctrines*, Cambridge University Press, Cambridge, 1973.

Shahani, C., Dipboye, R. L. & Gehrlein, T. M., « Attractiveness Bias in the Interview : Exploring the Boundaries of an Effect », *Basic and Applied Social Psychology*, 14 (3), 317-328, 1993.

Shefrin, Hersh, *Beyond Fear and Greed : Understanding Behavioral Finance and the Psychology of Investing*, Oxford University Press, New York, 2000.

Shiller, Robert J., « Do Stock Prices Move Too Much to Be Justified by Subsequent Changes in Dividends ? » *American Economic Review*, vol. 71, 3, 421-436, 1981.

—— *Market Volatility*, The MIT Press, Cambridge, Mass., 1989.

—— « Market Volatility and Investor Behavior », *American Economic Review*, vol. 80 (2) 58-62, 1990.

—— *Exubérance irrationnelle*, Valor, Hendaye, 2000.

Shizgal, Peter, « On the Neural Computation of Utility : Implications from Studies of Brain Simulation Rewards », *in* Kahneman, Diener & Schwarz, 1999.

Sigelman, C. K., Thomas, D. B., Sigelman, L. & Ribich, F. D., « Gender, Physical Attractiveness, and Electability : An Experimental Investigation of Voter Biases », *Journal of Applied Social Psychology*, 16 (3), 229-248, 1986.

Simon, Herbert A., « A Behavioral Model of Rational Choice », *Quarterly Journal of Economics*, 69, 99-118, 1955.

—— « Rational Choice and the Structure of the Environment », *Psychological Review*, 63, 129-138, 1956.

—— *Models of Man*, Wiley, New York, 1957.

—— *Reason in Human Affairs*, Stanford University Press, Stanford, Calif., 1983.

—— « Bounded Rationality », *in* Eatwell, J., Milgate, M. & Newman, P. (eds), 1987, *The New Palgrave : A Dictionary of Economics*, Macmillan, Londres, 1987.

—— « Behavioral Economics », *in* Eatwell, J., Milgate, M. & Newman, P., (eds), 1987, *The New Palgrave : A Dictionary of Economics*, Macmillan, Londres, 1987.

Skinner, B. F., « Superstition in the Pigeon », *Journal of Experimental Psychology,* 38, 168-172, 1948.

Sloman, Steven A., « The Empirical Case for Two Systems of Reasoning », *Psychological Bulletin,* 119, 3-22, 1996.

—— « Two Systems of Reasoning », *in* Gilovich, Griffin and Kahneman, 2002.

Slovic, Paul, « Perception of Risk », *Science,* 236, 280-285, 1987.

—— *The Perception of Risk,* Earthscan Publications, Londres, 2000 .

——, Finucane, M., Peters, E. & MacGregor, D. G., « The Affect Heuristic », *in* Gilovich, Griffin and Kahneman, 2002.

——, Finucane, M., Peters, E. & MacGregor, D. G., « Rational Actors or Rational Fools ? Implications of the Affect Heuristic for Behavioral Economics », Working Paper, 2003a, www.decisionre search.com.

——, Finucane, M., Peters, E. & MacGregor, D. G., « Risk as Analysis, Risk as Feelings : Some Thoughts About Affect, Reason, Risk, and Rationality », paper presented at the Annual Meeting of the Society for Risk Analysis, New Orleans, La., 10 décembre 2002, 2003b.

Sokal, Alan D., « Transgressing the Boundaries : Toward a Transformative Hermeneutics of Quantum Gravity », *Social Text,* 46/47, 217-252, 1996.

Sornette, Didier, *Why Stock Markets Crash : Critical Events in Complex Financial Systems,* Princeton University Press, Princeton, N.J., 2003.

Soros, George, *L'alchimie de la finance,* trad. de l'anglais (États-Unis) par Antoine Dublanc et Stéphan Wrobel, « Livres d'investisse- ment », Valor, Hendaye, 1998.

Sowell, Thomas, *A Conflict of Visions : Ideological Origins of Political Struggles,* Morrow, New York, 1987.

Spencer, B. A. & Taylor, G. S., « Effects of Facial Attractiveness and Gender on Causal Attributions of Managerial Performance », *Sex Roles,* 19 (5/6), 273-285, 1988.

Stanley, T. J., *L'esprit millionnaire,* trad. de l'anglais (États-Unis) par Bruno Guévin, Varennes (Québec) : L'art de s'apprivoiser, DG Diffusion, Toulouse, 2000.

—— & Danko, W. D., *The Millionaire Next Door : The Surprising Secrets of America's Wealthy,* Longstreet Press, Atlanta, 1996.

Stanovich, K. & West, R., « Individual Differences in Reasoning : Implications for the Rationality Debate », *Behavioral and Brain Sciences,* 23, 645-665, 2000.

Sterelny, Kim, *Dawkins vs Gould : Survival of the Fittest,* Totem Books, Cambridge, 2001.

Stigler, Stephen M., *The History of Statistics : The Measurement of Uncertainty Before 1900,* The Belknap Press of Harvard University, Cambridge, Mass., 1986.

—— *Statistics on the Table : The History of Statistical Concepts and Methods,* Harvard University Press, Cambridge, Mass., 2002.

Sullivan, R., Timmerman, A. & White H., « Data-snooping, Technical Trading Rule Performance and the Bootstrap », *Journal of Finance,* octobre 1999, 54, 1647-1692.

Taleb, Nassim Nicholas, *Dynamic Hedging : Managing Vanilla and Exotic Options,* Wiley, New York, 1997.

—— « Bleed or Blowup ? Why Do We Prefer Asymmetric Payoffs ? » *Journal of Behavioral Finance,* 5, 2004.

Taszka, T. & Zielonka, P., « Expert Judgments : Financial Analysts Versus Weather Forecasters », *The Journal of Psychology and Financial Markets,* vol. 3(3), 152-160, 2002.

Thaler, Richard H., « Towards a Positive Theory of Consumer Choice », *Journal of Economic Behavior and Organization,* 1, 39-60, 1980.

—— *Quasi Rational Economics,* Russell Sage Foundation, New York, 1994.

—— *The Winner's Curse : Paradoxes and Anomalies of Economic Life,* Princeton University Press, Princeton, N.J., 1994.

Toulmin, Stephen, *Cosmopolis : The Hidden Agenda of Modernity,* Free Press, New York, 1990.

Tversky, A. & Kahneman, D., « Belief in the Law of Small Numbers », *Psychology Bulletin,* août 76(2), 105-10, 1971.

—— & Kahneman, D., « Availability : A Heuristic for Judging Frequency and Probability », *Cognitive Psychology,* 5, 207-232, 1973.

—— & Kahneman, D., « Evidential Impact of Base-Rates », *in* Kahneman, Slovic & Tversky, 153-160, 1982.

—— & Kahneman, D., « Advances in Prospect Theory : Cumulative Representation of Uncertainty », *Journal of Risk and Uncertainty,* 5, 297-323, 1992.

Voit, Johannes, *The Statistical Mechanics of Financial Markets,* Springer, Heidelberg, 2001.

Von Mises, Richard, *Probability, Statistics, and Truth,* Dover, New York, 1957 [1928].

Von Plato, Jan, *Creating Modern Probability*, Cambridge University Press, Cambridge, 1994.

Watts, Duncan, *Six Degrees : The Science of a Connected Age*, W. W. Norton, New York, 2003.

Weinberg, Steven, *Facing Up : Science and Its Cultural Adversaries*, Working Paper, Harvard University, 2001.

Wilson, Timothy D., *Strangers to Ourselves : Discovering the Adaptive Unconscious*, The Belknap Press of Harvard University, Cambridge, Mass., 2002.

Wilson, Edward O., *Sociobiology : The New Synthesis*, Harvard University Press, Cambridge, Mass., 2000.

—— *L'avenir de la vie*, trad. de l'anglais (États-Unis) par Christian Jeanmougin, Éd. du Seuil, Paris, 2003.

——, Gilbert D. & Centerbar D. B., « Making Sense : The Causes of Emotional Evanescence », *in* Brocas & Carillo, 2003.

——, Meyers J. & Gilbert D., « Lessons from the Past : Do People Learn from Experience That Emotional Reactions Are Short Lived ? » *Personality and Social Psychology Bulletin*, 2001.

——, Centerbar, D. B., Kermer, D. A. & Gilbert D. T., « The Pleasures of Uncertainty : Prolonging Positive Moods in Ways People Do Not Anticipate », *J Pers Soc Psychol.*, 88(1), 5-21, janvier 2005.

Winston, Robert, *Human Instinct : How Our Primeval Impulses Shape Our Lives*, Bantam Press, Londres, 2002.

Zajdenweber, Daniel, *L'économie des extrêmes*, Flammarion, Paris, 2000.

Zajonc, R. B., « Feeling and Thinking : Preferences Need No Inferences », *American Psychologist*, 35, 151-175, 1980.

—— « On the Primacy of Affect », *American Psychologist*, 39, 117-123, 114, 1984.

Zizzo, D. J. & Oswald, A. J., « Are People Willing to Pay to Reduce Others' Income ? » *Annales d'économie et de statistique*, 63/64, 39-62, juillet-décembre 2001.

REMERCIEMENTS
POUR LA PREMIÈRE ÉDITION

Je tiens tout d'abord à remercier ceux de mes amis qui ont pleinement droit ici au titre de co-auteurs. Stan Jonas, intellectuel new-yorkais et expert du hasard (je ne trouve aucune autre façon de le décrire qui lui rende justice), m'a fait don d'années de conversations sur tout ce qui touche au thème de la probabilité, et ce avec le dynamisme et le zèle d'un néophyte. Don Geman, probabiliste (et époux de Helyette Geman, ma directrice de thèse), m'a soutenu avec enthousiasme dans mon projet; il m'a également fait prendre conscience du fait qu'on naît probabiliste, et qu'on ne le devient pas – beaucoup de mathématiciens sont capables d'analyser les probabilités, mais pas de les comprendre (ils ne sont pas mieux armés que le commun des mortels pour formuler des jugements probabilistes). Toutefois le présent livre est réellement né au cours de l'été 1987, après une nuit passée avec mon ami, l'érudit Jamil Baz, à discuter de l'origine de l'argent « nouveau » et « ancien » dans les familles. J'étais à l'époque un tout jeune trader; quant à lui, il n'avait que mépris pour les arrogants qui l'entouraient chez les Salomon Brothers (son mépris s'avéra justifié). C'est lui qui m'a instillé ce désir impérieux de réfléchir à mes « performances » dans la vie, et qui, de là, a fait germer mon texte. Plus tard, lui et moi avons fini par faire une thèse sur des sujets presque identiques. J'ai également entraîné de nombreuses personnes à faire de (très longues) balades dans les rues de New York, Londres ou Paris, pour discuter de certaines parties de mon livre. L'une d'elles, le regretté Jimmy Powers, m'a aidé à progresser dans ma profession de trader. Il répétait sans cesse : « Tout le monde peut vendre et acheter. » Mon ami David Pastel, véritable encyclopédie vivante, aussi bien à l'aise en littérature qu'en mathématiques ou en langues sémitiques, m'a souvent accompagné, lui aussi. J'ai par ailleurs engagé de nombreuses conversations avec Jonathan Waxman, collègue et popperrien lucide, sur l'intégration des idées de Karl Popper dans nos vies de traders.

Deuxièmement, j'ai eu la chance de rencontrer Myles Thompson et David Wilson à l'époque où ils travaillaient chez J. Wiley & Sons. Myles voit loin – à l'inverse de l'éditeur « suiveur ». Il sait qu'il n'est pas nécessaire d'écrire des livres pour satisfaire un public cible, mais plutôt qu'un livre trouvera son propre lectorat – il accorde par là même plus de crédit au lecteur que ne le font les éditeurs ordinaires. Quant à David, sa confiance dans mon livre a été assez grande pour me pousser à lui laisser libre cours, en dehors de toute étiquette et classification. David m'a perçu tel que je me vois : comme quelqu'un qui se passionne pour les probabilités et le hasard, qui est obsédé par la littérature, mais qui s'avère trader, et non « expert » générique. Il a également évité à mon style de se faire émousser par le processus éditorial (aussi fautif soit-il, c'est mon style). Enfin Mina Samuels s'est révélée la meilleure éditrice possible : immensément intuitive, cultivée, ayant le sens de l'esthétique, tout cela sans jamais s'imposer.

D'autres nombreux amis m'ont nourri de leurs idées, qui ont fait leur chemin jusque dans mon texte. Je mentionnerai ici toujours les mêmes, mes éternels compagnons de discussion : Cynthia Shelton Taleb, Helyette Geman, Marie-Christine Riachi, Paul Wilmott, Shaiy Pilpel, David DeRosa, Eric Briys, Sid Kahn, Jim Gatheral, Bernard Oppetit, Cyrus Pirasteh, Martin Mayer, Bruno Dupire, Raphael Douady, Marco Avellaneda, Didier Javice, Neil Chriss et Philippe Asseily.

Certains chapitres de ce livre ont été composés et débattus au sein du « cercle de l'Odeon ». L'Odeon est un restaurant situé dans le quartier de Tribeca, à New York, et c'est au bar que mes amis et moi nous retrouvions plus ou moins régulièrement (le mercredi à vingt-deux heures, après mon cours au Courant Institute). *Genius loci* (« l'esprit du lieu ») et le remarquable Tarek Khelifi, membre du personnel de l'Odeon, furent les garants de notre confort. Tarek nous poussa même à une plus grande assiduité en me donnant mauvaise conscience chaque fois que je manquais un rendez-vous. Il a donc grandement contribué à la rédaction de ce livre. Nous lui devons beaucoup.

Je suis également redevable à ceux qui ont lu mon tapuscrit, m'ont aidé par leur diligence à y corriger les erreurs ou ont contribué à l'élaboration du texte grâce à leurs remarques judicieuses : Inge Ivchenko,

Danny Tosto, Manos Vourkoutiotis, Stan Metelits, Jack Rabinowitz, Silverio Foresi, Achilles Venetoulias, et Nicholas Stephanou. Le rôle de préparateur de copie, joué dans l'ombre par Erik Stettler, a été inestimable.

Enfin de nombreuses versions de ce livre, consultables sur Internet, ont suscité des vagues sporadiques (et aléatoires) de lettres d'encouragement, de corrections et de questions précieuses. J'ai intégré mes réponses à ces questions dans la présente édition, et plusieurs chapitres en sont directement issus. Quant à Francesco Corielli, de l'université Bocconi, il m'a mis en garde contre les biais dans la diffusion de résultats scientifiques.

J'ai écrit ce livre après avoir fondé Empirica, mon foyer intellectuel, au beau milieu des bois qui entourent la petite ville de Greenwich, dans le Connecticut. J'ai conçu « Camp Empirica » selon mes goûts, comme si c'était un passe-temps : c'est donc tout à la fois un laboratoire de recherche appliquée aux probabilités, un camp de vacances pour sportifs et, dernière casquette mais non des moindres, une société d'investissement à la recherche des situations de crise (j'ai connu l'une des meilleures années de ma carrière de trader à l'époque où j'écrivais ces lignes). Je remercie tous ceux qui, animés par les mêmes sentiments que moi, ont contribué à l'atmosphère stimulante d'Empirica – Pallop Angsupun, Danny Tosto, Peter Halle, Mark Spitznagel, Yuzhao Zhang et Cyril de Lambilly – ainsi que les membres de Paloma Partners tels que Tom Witz, qui a chaque jour mis à l'épreuve notre sagesse, et Donald Sussman, qui m'a fait bénéficier de sa perspicacité.

REMERCIEMENTS
POUR LA SECONDE ÉDITION

ADIEU LES BIBLIOTHÈQUES

Ce livre m'a aidé à sortir de mon isolement intellectuel (ne pas être universitaire à temps plein offre de nombreux avantages – on est indépendant et on évite les corvées de la profession – mais cela a aussi un prix, celui de la solitude). Grâce à la première édition, j'ai dîné avec des gens intéressants et je me suis fait un réseau de correspondants. Ces intellectuels lucides m'ont aidé à revoir et à réviser certains des sujets que j'avais alors abordés. En outre, grâce à ces échanges stimulants, je me suis rapproché de la vie dont je rêve : c'est l'une des raisons pour lesquelles je veux faire honneur à ce livre. Certes les échanges et la correspondance avec des gens intelligents permettent de former sa propre pensée mieux que ne le feront jamais d'innombrables heures passées dans les bibliothèques (la chaleur humaine : peut-être est-il dans notre nature de mieux penser lorsque nous discutons en amicale compagnie). D'une certaine façon, il y a eu pour moi une vie avant et après *Le hasard sauvage*. Les remerciements formulés à l'occasion de la première édition restent plus que jamais d'actualité, mais je souhaite ici y associer ceux auprès desquels j'ai contracté une nouvelle dette.

UN MONDE PLUS PETIT

J'ai rencontré Robert Shiller lors d'un petit déjeuner conférence où nous étions assis l'un à côté de l'autre. Par mégarde j'ai dévoré tous les fruits qui se trouvaient dans son assiette, j'ai bu son café, son eau, ne lui laissant à se mettre sous la dent que des *muffins,* entre autres aliments de peu d'intérêt. Il n'a rien dit (peut-être ne s'en est-il même pas rendu compte). Je ne connaissais pas Shiller lorsque je l'ai mentionné dans la première édition de ce livre. J'ai été pris au dépourvu par sa disponibilité, son humilité et son charme (les arcanes de l'heuristique font que l'on ne s'attend pas à ce que les visionnaires soient des gens agréables). Il m'a emmené plus tard dans une librairie de la ville de New Haven, pour me montrer un livre, *Flatland*[6], parabole scientifique traitant de physique, qu'il avait lue au lycée. Il m'a alors enjoint de conserver dans la seconde édition l'esprit de la première, bref de garder ce ton personnel, aussi proche du roman que possible. Je m'en suis souvenu du début à la fin de la réécriture de cet ouvrage (il avait cependant tenté de me convaincre de ne pas me lancer dans cette entreprise, et pour ma part je l'avais supplié de publier une seconde édition de son *Exubérance irrationnelle,* ne serait-ce que pour moi : je crois que j'ai obtenu gain de cause sur les deux tableaux). Les livres obéissent à une dynamique non linéaire comme je le décris au chapitre 10, par conséquent la seconde édition d'un même ouvrage a beaucoup plus de chances de franchir le seuil critique des ventes qu'une publication entièrement nouvelle (les externalités de réseau créent les religions, et les modes réussissent proportionnellement mieux lorsqu'elles reviennent qu'à leur première apparition). Didier Sornette, physicien et théoricien des krachs boursiers, m'a donné quelques arguments qui m'ont convaincu de la pertinence d'une seconde édition ; il est surprenant que les maisons d'édition, qui prospèrent pourtant grâce à l'afflux incessant de l'information, ne soient pas conscientes de ce fait.

J'ai réécrit une bonne partie de ce livre sous l'influence stimulante de deux soirées passées en Italie à discuter avec Daniel Kahneman. J'ai compris alors que son travail allait beaucoup plus loin que la simple étude du choix dans un environnement incertain, ce qui a eu pour effet de me « pousser » jusqu'au seuil critique suivant de la dynamique intellectuelle. Je suis sûr que son influence dans le domaine des sciences économiques (influence qui lui a valu le prix Nobel, entre autres) a détourné le public des conclusions plus générales de ses découvertes. L'économie, c'est rébarbatif, mais son travail compte !, me suis-je souvent répété, pas seulement parce que Daniel Kahneman

6. Edwin A. Abbott, *Flatland : une aventure à plusieurs dimensions,* trad. Élisabeth Gilles-Sebaoun [préf. par Philip Goy], Paris, Denoël, 1998 [1968], « Présence du futur ; 110 ».

est un empiriste, pas seulement parce que son travail (et sa personnalité) contraste par sa pertinence avec celui des autres récents prix Nobel en économie, mais parce que ce travail a des implications d'une portée considérable dans d'autres domaines bien plus dignes d'intérêt : primo, avec Amos Tversky, il a bouleversé l'image de l'être humain que nous avions héritée du rationalisme dogmatique de la période hellénistique et qui avait perduré vingt-trois siècles avec toutes les conséquences néfastes que l'on sait ; secundo, le travail essentiel de Kahneman porte sur la théorie de l'utilité (dans ses différentes phases) et a des répercussions sur des sujets aussi considérables que le bonheur. Comprendre ce qu'est le bonheur, voilà un vrai sujet de recherche !

J'ai eu aussi de longs échanges avec Terry Burnham, biologiste et économiste évolutionniste, co-auteur de *Mean Genes*, ouvrage introductif sans prétention sur la psychologie évolutionniste. Pure coïncidence, Terry Burnham s'est avéré très proche de Jamil Baz, l'un de mes propres amis d'enfance, qui a reçu, il y a de cela vingt ans, la primeur de mes réflexions sur le hasard. Peter McBurney, quant à lui, m'a introduit dans le cercle de l'intelligence artificielle, qui semble fondre en un les champs de la philosophie, des neurosciences cognitives, des mathématiques, de l'économie et de la logique. Nous avons tous les deux entamé une correspondance volumineuse sur les diverses théories de la rationalité. Michael Schrage, l'un de mes critiques, est l'exemple même de l'intellectuel moderne (et donc scientifique) – il a le chic pour lire tout ce qui paraît important. Sa conversation est celle d'un véritable penseur, sans le carcan universitaire. Ramaswami Ambarish et Lester Siegel m'ont montré (grâce à leur travail, qui passe étrangement inaperçu) que, si nous nous laissons duper par le hasard en matière de performance pure et simple, nous avons encore plus de mal à cerner le différentiel de cette performance. L'écrivain Malcolm Gladwell m'a fait découvrir des livres importants sur l'intuition et la connaissance de soi. Art De Vany, économiste perspicace et haut en couleurs, spécialiste de la non-linéarité et des événements rares, m'a envoyé une première lettre qui commençait par ce mot d'ordre : « Je méprise les manuels. » Il est encourageant de voir qu'une personne possédant une telle profondeur de réflexion sache aussi s'amuser dans la vie. L'économiste William Easterly m'a montré, lui, que le hasard favorisait les causes illusoires en matière de développement économique. Il a aimé le lien entre le statut d'empiriste sceptique et de détracteur des monopoles de la pensée exercés par des institutions telles que les gouvernements et les universités. Je suis reconnaissant à Jeff Berg, agent à Hollywood et lecteur enthousiaste, qui m'a éclairé sur l'aspect incontrôlable du type d'incertitude qui prévaut dans le monde des médias. Je dois enfin remercier mon livre de m'avoir permis de dîner avec Jack Schwager et d'avoir eu avec lui des conversations éclairantes au sujet de problèmes auxquels il semble avoir réfléchi plus longtemps que quiconque.

MERCI GOOGLE

Je tiens à citer ici toutes les personnes qui m'ont apporté une aide précieuse dans la rédaction de mon texte. J'ai eu la chance de bénéficier des lectures incisives et de l'écoute sans faille d'Andrea Munteanu ; elle a délaissé, des heures durant, son énorme travail sur les titres dérivés pour vérifier l'exactitude de mes références sur Google. Amanda Gharghour a également participé à ces recherches. Gianluca Monaco, mon traducteur vers l'italien, a repéré dans mon texte des erreurs qu'il m'aurait fallu des siècles à découvrir (spécialiste de science cognitive et traducteur devenu étudiant en finance mathématique, il a lui-même appelé la maison d'édition et s'est désigné d'office traducteur de mon livre). Les discussions techniques sur le thème de la probabilité que j'ai eues avec mon collaborateur, le philosophe des sciences Avital Pilpel, m'ont été d'une aide inestimable. Elie Ayache, autre physicien-mathématicien-trader levantin devenu philosophe des sciences, de la probabilité et des marchés (neurobiologie exceptée), m'a fait passer des heures dans les rayons philosophie et science de la librairie Borders Books. Flavia Cymbalista, Sole Marittimi (aujourd'hui Riley), Paul Wilmott, Mark Spitznagel, Gur Huberman, Tony Glickman, Winn Martin, Alexander Reisz, Ted Zink, Andrei Pokrovsky, Shep Davis, Guy Rivière, Eric Shoenberg et Marco Di Martino m'ont tous fait des remarques précieuses sur mon texte. Comme à l'accoutumée, l'écoute de George Martin aura été irremplaçable. Bruce Bellner et Illias Katsounis, mes relecteurs, m'ont aimablement envoyé par courriel de longues listes d'errata. Je remercie aussi Cindy, Sarah et Alexander pour leur soutien qui m'a permis de ne pas oublier qu'il y a d'autres choses dans la vie que la probabilité et l'incertitude.

Je suis également redevable au Courant Institute of Mathematical Sciences, que je considère comme ma deuxième maison et qui m'a offert l'atmosphère de travail idéale, à l'enseignement, et à l'encadrement de nos étudiants, tout en me permettant de préserver mon indépendance intellectuelle ; et notamment à Jim Gatheral qui ne s'est pas gêné pour me défier lors de nos cours en commun. Je dois beaucoup à Donald Sussman et Tom Witz, de Paloma, et à leurs intuitions hors du commun ; je reste littéralement médusé devant leur capacité héroïque à comprendre le concept du « cygne noir ». Je veux aussi remercier les membres d'Empirica (nous avons banni entre nous l'emploi du terme « employé »), qui ont rendu possibles, au sein de notre bureau, des débats intellectuels féroces et implacables menés avec un bel acharnement. Mes collègues font toujours en sorte de me mettre à l'épreuve.

Enfin je tiens à redire que, sans David Wilson et Myles Thompson, ce livre n'aurait pas paru. Mais, sans Will Murphy, Daniel Menaker et Ed Klagsbrun, cette nouvelle édition n'aurait jamais vu le jour. Je remercie également Janet Wygal pour sa minutie (et sa patience) ainsi que Fleetwood Robbins pour son aide. Grâce à leur attention de nombreuses erreurs ont été évitées, celles qui, cependant, seraient restées dans ces pages sont de mon fait.

Quelques mots sur l'auteur

NASSIM NICHOLAS TALEB est considéré comme l'homme qui donne le plus d'angoisse à Wall Street et aux milieux financiers americains. Essayiste et penseur humaniste, il se consacre essentiellement aux problèmes interdisciplinaires de l'incertitude. Ses centres d'intérêt se situent au carrefour de la philosophie, des mathématiques et des sciences sociales. Toutefois il reste proche du « terrain » grâce à la carrière de trader quantitatif qu'il a menée durant deux décennies entre New York et Londres.

Nassim Nicholas Taleb est professeur titulaire de la chaire des sciences de l'incertitude à l'université du Massachusetts à Amherst, où il enseigne l'épistémologie du hasard. Il enseignait auparavant au Courant Institute of Mathematical Sciences de l'université de New York. Il est titulaire d'un MBA de la Wharton School et d'une thèse de doctorat de l'université de Paris-Dauphine.

Outre son intérêt pour les sciences et la littérature, Nassim Nicholas Taleb a pour passe-temps favori de brocarder ceux qui prennent leur personne et la qualité de leurs connaissances trop au sérieux.

Ses écrits ont été publiés en dix-sept langues. Il vit la plupart du temps à New York.

INDEX DES NOMS PROPRES

INDEX DES NOTIONS

ANNEXE 1
CONVERSATION AVEC ROLF DOBELLI

Écrivain et entrepreneur renommé, Rolf Dobelli est le cofondateur de « getAbstract », le plus grand fournisseur au monde de résumés de livres. Ses romans, traduits en plusieurs langues, ont pour cadre le monde des affaires.

Dobelli [Lucerne, Suisse] : Nassim, pourquoi avez-vous recours à la fiction dans un livre de non-fiction ?

Taleb [Liban] : D'abord, Rolf, en tant que romancier, je suis certain que vous savez que la fiction est l'expression de la vérité sous des dehors originaux, ou encore de vérités supérieures. En fait, je pense qu'il y a davantage de vérité chez Proust, même s'il s'agit officiellement de fiction, que dans les analyses verbeuses du *New York Times,* qui donnent l'illusion de comprendre les choses. Officiellement, les journaux connaissent les faits avérés, mais leur interprétation est imaginaire – et le choix des faits présentés est arbitraire. Ils mentent avec les faits avérés ; un romancier dit la vérité avec des faits non-avérés.

La première fois que j'ai lu ma notice biographique rédigée par Malcolm Gladwell dans le *New Yorker,* j'ai été effaré de constater qu'il mettait dans ma tête des idées qui n'y sont pas, et faisait des rapprochements entre mon passé et ma pensée. Ces associations pour le moins manquaient de rigueur. J'essaie d'apprendre à travers le négatif, par imitation inverse. Aussi ai-je conclu que, en tant qu'écrivain, je devrai me garder d'exprimer un mensonge ou une distorsion en mettant des idées dans la tête de personnes réelles. La seule issue possible, alors, consiste à produire des personnages fictifs. Ces personnages-là m'appartiennent, et je peux leur faire penser ce que je veux.

Les idées, ça va, ça vient, comme on dit. Le penseur le plus lu au fil du temps est Voltaire, en raison de ses contes philosophiques – ce à quoi il ne s'attendait guère. Il pensait accéder à la notoriété posthume grâce à ses œuvres plus sérieuses et à ses tragédies sophistiquées.

Mon livre est donc une attaque contre l'erreur de narration – notre tendance à créer des explications pour nous donner l'illusion de comprendre le monde. Toutefois, cette narration possède un pouvoir esthétique qui peut être utilisé à bon escient.

Dobelli [Aventura, Floride, États-Unis] : Certes, mais vous avez quelque chose à dire de précis. Vous exprimez des messages clairs. Quant à moi, je suis romancier, mais je n'ai rien de particulier à dire. Je crée un univers nouveau grâce à la fiction. Comme Marcel Proust (inutile de préciser qu'il l'a fait beaucoup mieux que moi). Comme la plupart des romanciers. Si vous leur demandez ce que signifient leurs livres, ils vous toiseront sans répondre. Et ils auront raison. J'ignore ce que veulent dire mes livres. Ils créent un monde, une atmosphère, un univers. Peut-être devient-on romancier parce qu'on n'a pas d'idée à exprimer (dans le cas inverse, on devient journaliste). Cela dit, je suis d'accord : les histoires restent en mémoire. Le cerveau humain est conçu pour ça, beaucoup plus que pour les faits et l'abstraction. Avez-vous une idée pour expliquer ce phénomène ? Je me suis souvent interrogé sur ce fait. Pourquoi l'évolution n'a-t-elle pas favorisé une espèce capable de gérer des faits plutôt que de la fiction ?

Taleb [New York, États-Unis] : Vous avez beaucoup à dire. Vous le découvrez simplement en tâtonnant, et les choses vous viennent de façon naturelle.

L'évolution ne favorise pas la vérité, elle vous aide à vous sortir des mauvaises passes. Prendre le faux pour le vrai est parfois une bonne chose du point de vue de l'évolution. Ainsi donc, si on est à côté de la vérité, disons qu'en fait le tigre ne cherche pas à vous attaquer : vous ne perdez rien à vous enfuir, au contraire. Ceux qui ont confondu les pierres avec les ours ont survécu. Ceux qui avaient besoin d'en savoir davantage ont quitté la chaîne de transmission génétique pour finir dans l'estomac de l'ours.

Dobelli [Aventura, Floride, États-Unis] : Mais je tire aussi profit des faits, pas seulement de la fiction. Si je ne confonds pas le lapin avec l'ours ou le tigre, je peux le tuer pour le manger. De plus, j'économise une énergie importante en ne fuyant pas à toutes jambes. L'évolution favorise aussi cela, c'est certain.

Taleb [Édimbourg, Écosse] : Selon moi, il existe des biais : des réactions outrées qui nous font surestimer certaines choses. Mais ce n'est pas général.

Revenons à la distinction fiction/non-fiction – qui est beaucoup plus intéressante que l'évolution. Pour moi, la fiction ne s'occupe pas des idées. Elle est au-dessus des idées. Je fais une distinction entre le sacré, le mystérieux, l'inexplicable, l'implicite, l'esthétique, le moral et l'éthique, d'une part, et d'autre part l'empirique, le fonctionnel, l'explicable, le logique, l'avéré et le prouvé. En bref, le sacré et l'empirique. La littérature appartient au sacré. Vous pouvez écrire de la fiction, de la non-fiction, un mélange des deux, peu importe. La littérature est au-dessus de cette distinction. Elle est sacrée.

J'écris sur deux niveaux, l'esthétique et le fonctionnel, et je les mélange sans vergogne. Tout ce qui frustre les critiques est bon car en vérité ce sont des philistins, qui se mêlent de parler des livres des autres en les jugeant comme s'ils disposaient de critères rigoureux. Je les soupçonne d'être de faux experts dépourvus d'autorité empirique. Ce qui déplaît au chroniqueur de base semble justement plaire au vrai lecteur (et vice versa).

Mon humeur oscille entre l'esthétique et l'empirique, *idem* de mes textes. Toutefois, il me faut éviter certains mélanges dangereux, comme faire preuve d'empirisme avec le sacré, ou traiter le sacré de manière empirique – comme ces gens qui essaient de se montrer analytiques en matière d'art, ou ces économistes qui font de leurs théories une religion.

Dobelli [Zurich, Suisse] : Nous reviendrons au sacré et à l'empirique. D'abord, un commentaire sur les critiques : je ne pense pas en effet que ce soit la raison première de leur frustration. Ils sont frustrés face à tous les sceptiques. Tout au long du livre, vous brandissez des avertissements et des panneaux « il est impossible de savoir ceci », sans leur apporter de solution pour établir des prévisions, ou savoir comment éviter ou gérer les Cygnes Noirs. Alors ils cherchent le chapitre des solutions, et comme ils ne le trouvent pas, ils sont frustrés.

Taleb [Brésil] : C'est vrai, les gens aiment les charlatans. Ils veulent des conseils pratiques qu'ils puissent appliquer tout de suite et n'ont aucun respect pour les recommandations concernant les choses à ne pas faire. J'appelle ça le mépris de l'abstrait. Alors je compense l'abstraction de mes idées en les incarnant dans un récit, dans des personnages comme Yevgenia, Nero, le gros Tony, des fables mythologiques, des vignettes d'autrefois, des anecdotes personnelles ainsi que l'idiosyncrasie de mon discours et du choix de mes mots. Je travaille dur pour ne produire que des narrations de première qualité : j'investis toute mon énergie dans mes textes et protège leur intégrité face aux correcteurs.

La différence entre la prose artistique et la non-fiction fonctionnelle, c'est que la première est idiosyncratique et inséparable de la personnalité de l'auteur, alors que la seconde doit être pasteurisée pour être comprise même par les autistes. Là réside la différence entre une bibliothèque victorienne avec son charmant désordre, et la salle de conférence moderne d'une entreprise située au 42ᵉ étage. Prenons le *New York Times* : tous les articles semblent écrits par la même personne. Il en va de même des livres rédigés par les nègres des cadres de haute volée (ou encore des scientifiques ou politiciens célèbres) : tous sentent la salle de conférence du 42ᵉ étage. Prenons de nouveau Proust. Ouvrons l'œuvre au hasard : on reconnaît tout de suite son style – et pas seulement à cause de la longueur des phrases. Il fut durement critiqué par les faux experts de son temps pour son écriture si personnelle, si particulière, surtout par André Gide. Lewis Grassic Gibbon, Nabokov, Joseph Conrad, Faulkner, Frédéric Dard, Céline, André Malraux, Maurice Barrès, Drieu La Rochelle, Alessandro Barrico, Georges Simenon, Colette, Patrick Modiano, Albert Cohen possèdent aussi cette nature. Ils n'ont pas besoin de se forcer pour être eux-mêmes ni pour être littéraires (excepté Nabokov).

Dobelli [Zurich, Suisse] : Vous avez dit un jour que vous n'aimiez pas les éditeurs. Eh bien, j'ai suivi les différents stades du manuscrit du *Cygne Noir*, et j'ai constaté que seule la typographie avait été rectifiée. Ils n'ont pas touché au fond. Mais vous êtes un privilégié. Vous êtes un auteur de *best-seller*. La majorité des écrivains ne peuvent protéger ainsi leur texte, car s'ils refusent de le modifier, ils s'exposent à ne pas être publiés.

Taleb [Suisse] : J'ai eu la chance de figurer parmi les *best-sellers* en étant publié par une maison très modeste. Les gros éditeurs vous écrasent quand vous êtes inconnu.

Dobelli [Berlin, Allemagne] : Revenons à la différence fiction/non-fiction. Je ne vois pas où vous voulez en venir avec ça. Après tout, on peut très bien diviser le monde entre les noix de coco et les non-noix de coco. Je comprends bien que le mélange des deux, comme vous l'avez fait dans le *Cygne Noir*, n'est pas du tout orthodoxe (les éditeurs comme les critiques détestent ça). Mais je ne crois pas que ce soit là votre propos. Vous pouvez développer ?

Taleb [New York, États-Unis] : Je vais vous expliquer pourquoi, à mon avis, il est inutile de continuer à parler d'écriture. Dans aucun autre domaine les gens ne sont aussi auto-référentiels que dans l'écriture : les écrivains écrivent sur l'écriture, en revanche les musiciens ne composent pas sur la musique, et les peintres ne peignent pas sur la peinture. Toutefois, l'intérêt de la distinction entre fiction et non-fiction dépasse largement les livres. Dans la vraie vie, les gens se créent un univers fictif où vivre. Nous avons davantage besoin de la fiction que de la vérité ; en dehors de quelques applications précises, la vérité n'est guère pertinente. Ainsi donc sa valeur est-elle surestimée.

Sur un autre plan, dans le *Cygne Noir*, je parviens à expliquer que certaines vérités prises sur le plan probabilistique n'ont aucune importance. Nous n'agissons pas en fonction de ce qui est « vrai » (ou probable) ou « faux » (ou improbable), mais plutôt en fonction des conséquences. Nous faisons passer les effets avant les faits. Ce qui est mal compris du point de vue de la logique : je choisis souvent d'agir sur l'improbable car les conséquences en seront énormes. Si je soupçonne que l'avion risque de s'écraser, je n'y monte pas – bien que cette probabilité soit extrêmement faible. Je peux prendre une décision en sachant qu'elle a peu de chance de rapporter quoi que ce soit, mais parce qu'elle a une petite chance de rapporter gros. Je n'investirai peut-être pas dans les actions bien que je sache que c'est un bon investissement – à cause de la possibilité que le contraire se produise.

Dobelli [Francfort, Allemagne] : Et ces décisions – par exemple ne pas prendre un avion par peur d'un accident – sont influencées par le miroir arbitraire des « mass media ». Comme vous l'écrivez

dans le *Cygne Noir*, plus une chose est visible, plus grande est la perception du risque. Mais il n'y a pas que les mass media. C'est aussi la
proximité qui augmente la perception du risque. Cela m'arrive tout
le temps. Je vais vous donner un exemple : j'ai toujours eu envie de
faire du parapente dans les montagnes suisses, dériver pendant des
heures au gré des courants d'air, aller d'un sommet à un autre jusqu'à ce que le soleil se couche et que les courants se dissipent. Je me
voyais alors redescendre tout doucement vers la ville et atterrir
comme une fleur dans mon jardin. J'ai étudié les taux d'accident, de
décès, puis j'ai acheté tout l'équipement et je me suis lancé. La
même semaine, mon ami Andy s'est tué dans un accident de parapente. J'ai arrêté sur le champ, et depuis je n'ai pas touché à mon
équipement. Le parapente était-il devenu plus dangereux après cet
accident ? Bien sûr que non. Mais ma perception du risque, elle,
était montée en flèche.

Dobelli [Lucerne, Suisse] : Certains disent que vos écrits sont
arrogants. Cela vient-il de vous ? De votre style ? Est-ce que les lecteurs d'aujourd'hui ont perdu l'habitude des déclarations d'opinion ? Quand on lit Montaigne, on se rend compte qu'il est plutôt
intolérant. Les livres d'aujourd'hui sont presque tous fades, ils man-
quent d'agressivité. Le vôtre est une exception. Est-ce une tactique
marketing ?

Je ne sais plus ce que signifie le terme « arrogant », surtout
quand il est utilisé par vos détracteurs, qui sont, qui plus est, effrayés
par votre assurance.

Dobelli [New York, États-Unis] : Comment gérez-vous les
attaques personnelles ?

Taleb [New York, États-Unis] : Ce n'est jamais agréable pour un
écrivain d'être attaqué, même pour ceux d'entre nous qui jouent les
philosophes. Si vous réussissez à y être indifférent, alors vous avez un
problème. Les écrivains sont humains. Nous n'appliquons pas ce que
j'appelle la règle de Wittgenstein en y cherchant un sens second,
c'est-à-dire en nous disant que l'agression est plus révélatrice sur la
nature de l'adversaire que sur sa cible ; nous prenons les choses au
premier degré (de même que les compliments font toujours plaisir,
même quand vous savez que ce sont des balivernes).

Certaines personnes m'envoient des lettres d'injures ou bien s'at-
taquent à mon travail parce qu'elles ne sont pas d'accord avec moi,

mais d'autres agissent ainsi poussées par l'envie, ou encore, dans le cas des analystes quantitatifs et des pseudo-experts en matière de risque à cause d'une dissonance cognitive. Si j'ai raison, alors leur travail n'a aucun sens. Il en va de même des traders qui réussissent : si j'ai raison, alors leur habileté ne compte pas, et cela froisse leur ego. Tous ces gens se sentent donc obligés de s'en prendre à moi verbalement et personnellement, pensant que cela va me faire du mal, peut-être même me détruire, faisant ainsi disparaître le problème. Dans la réalité physique, si vous décochez une flèche contre une cible, vous la mettez à bas. Les mots, eux, sont au mieux inefficaces, et au pire lancent un signal qui contribue à mettre la cible sur un piédestal (la mauvaise publicité, ça n'existe pas). Néanmoins, mon instinct me dit que les mots peuvent blesser, et que les agressions sont justifiées. Il me faut donc trouver une parade pour m'en protéger.

Ma technique consiste à me débarrasser des émotions négatives en utilisant un processus similaire à celui que vous employez face à quelqu'un qui klaxonne au feu de signalisation : apprenez à le considérer comme non-humain, alors vous le considérerez comme si vous regardiez un reportage en anthropologie, et peut-être même que vous vous amuserez. Une autre astuce consiste à ne pas réagir aux attaques récentes, mais à lire seulement les plus anciennes pour leur ôter leur substance : il y a peu, j'ai fait une compilation de toutes les insultes que j'ai reçues sur un site, avant que leurs auteurs ne sautent (et soient de ce fait réduits au silence). Je dois admettre que je suis humain et que ces agressions, *a posteriori*, peuvent paraître drôles, diminuant de fait l'impact des suivantes.

Quand je suis face à des critiques ou des attaques personnelles, je me projette sur le champ l'image d'un type en colère, au visage rouge, lançant des œufs contre une forteresse. Je me rappelle aussi que mon livre sera encore lu bien après sa mort, ce qui constitue une hypothèse raisonnable, et alors l'agression devient comique.

Dobelli [Arrecife, Espagne] : Question subsidiaire : pourquoi les faux compliments vous font-ils plaisir ? En réalité, tout dépend de qui vient le compliment. Mon ami Martin Walser, le deuxième plus grand écrivain allemand (le premier en terme de ventes et de réputation étant le prix Nobel Günter Grass), m'a raconté ceci : « Si une jeune femme me fait [à quatre-vingts ans] un faux compliment, c'est flatteur car cela signifie qu'elle m'a consacré du temps et a mis en œuvre pour moi sa créativité – en cela, peu importe que le compliment soit réel ou pas. » La vérité de la proposition n'a plus d'importance.

Songez à tous ces auteurs qui aimeraient tant que leurs lecteurs réagissent – quelle que soit la réaction ! Ils écrivent un livre, et en face, silence radio. Rares sont ceux qui ont le privilège d'être attaqués.

Quand avez-vous su que vous aviez trouvé (ou défini) votre domaine de recherche ? Certains ne le trouvent jamais. D'autres, comme Benoît Mandelbrot, le découvrent tard dans leur carrière. Comment est-ce arrivé ? J'imagine que vous ne vous êtes pas réveillé un matin en criant « Eurêka ! » Peut-être que si ? Je m'intéresse à la manière dont on découvre des domaines de recherche qui jusqu'alors n'existaient pas.

Taleb [Londres, aéroport de Heathrow, Grande-Bretagne] : Je me souviens d'une conversation que nous avons eue il y a deux ans, où vous m'avez dit que Sir Doktor Proffessor Karl Raimund Popper a écrit qu'il n'y avait pas de disciplines, que des problèmes. Ainsi donc, j'ai toujours su quel était mon problème : le hasard et le malentendu qui règne sur la connaissance – je me le pose depuis toujours. Cela dit, je continue de chercher une discipline.

Dobelli [Lucerne, Suisse] : Et Margaret Thatcher a déclaré : « Il n'y a pas de société, il n'y a que des gens. »

Je viens de finir de lire *Histoire de Dieu*[1] de Karen Armstrong. C'est un livre brillant – à tel point que j'ai tout de suite recommencé à le lire. C'est vous qui m'en aviez recommandé la lecture. Sur votre bloc-notes, que vous ne qualifiez pas ainsi, il y a plusieurs entrées sur la religion. Comment la religion est-elle liée à votre « discipline » du hasard et de l'erreur cognitive (à moins, bien sûr, que vous n'interprétiez le pari de Pascal dans un sens statistique) ?

Taleb [San Francisco, États-Unis] : Voilà ce que j'ai écrit dans mon carnet de notes[2] (§ 29 Confiance et Croyance)

« Vous regardez un film de la série James Bond, où le héros est poursuivi par les méchants. Vous savez que cette situation n'est pas réelle, que la personne n'est qu'un acteur – que le sang, c'est du jus de tomate, et que le criminel, dans la réalité, est un type sympathique. Mais vous ignorez cette information de fond pour le besoin du film. Vous avez décidé de faire confiance aux images, de sus-

---

1. Karen Armstrong, *Histoire de Dieu*, Seuil 1997, Paris.
2. Cf. www.fooledbyrandomness.com/notebook.htm

pendre votre jugement pour croire à ce que le créateur du film vous présente.

De même, vous n'exercez pas vos capacités premières d'interprétation quand vous êtes face à une œuvre d'art. Pour "comprendre" la religion, il faut aussi "comprendre" l'art – chose qui pose problème aux savants idiots parce qu'ils ne savent pas prendre les choses au second degré.

Un membre de ma famille m'a dit, qui étudie la koinè, que dans la Septante, πιστεύω signifie au départ "faire confiance". Plus tard, le sens a dérivé vers "croire", dans la Septante 4.5 par exemple. Πιστε vient de אמין (comme l'arabe "amin" – dont vient notre amen). Quand les sémites modernes récitent "Amin bi…", Amin – Mu'min, Ma'mun, Musta'min sont des déclinaisons autour de la confiance. En fait, Amn, sécurité, a la même racine. Amen, littéralement, signifie : "J'ai confiance". »

Armstrong l'a compris. Je l'ai vu dans son livre. La religion a peut-être commencé comme une duperie du hasard (utiliser de faux modèles pour démêler l'incertitude). Mais par la suite, elle a évolué 1/ en théosis (orthodoxie, bouddhisme et mystique soufie dans l'islam), 2/ en instituant des règles d'or (« Ne fais pas à autrui… »). De plus, Armstrong n'est pas une universitaire, ce qui signifie que son intérêt pour son domaine est réel (celui des universitaire est souvent feint).

Je vois un troisième avantage à la religion : satisfaire votre illusion de contrôle et vous détourner des médecins (§ 60 – La médecine vous protège de la mauvaise science). La médecine a tué tant de gens que tout ce qui pouvait vous en détourner était bon pour vous.

Dobelli [Genève, Suisse] : Et c'est là exactement le génie des dramaturges grecs anciens. Le public des pièces de Sophocle était incité à pleurer en voyant une tragédie. En fait, c'était là l'essentiel : instiller le sens de la compassion. Les dramaturges mettent en scène les souffrances du monde. Songez à Œdipe, un type qui a tué son père et épousé sa mère. Sophocle voulait que vous souffriez avec ce pauvre gars (complètement bousillé). Et ça marchait, bien que tout le monde sache que c'était du théâtre. Au bout du compte, la Grèce a renoncé à la compassion pour devenir une société militaire protoprussienne (dirigée par des bureaucrates de premier ordre qui réfléchissaient) et là-dessus, la culture du théâtre est morte.

Ainsi donc, en un sens, l'art (et la religion) nécessite une erreur cognitive. Sans cette erreur, nous ne pourrions l'apprécier.

Ce qui manque dans les propos d'Armstrong sur la religion, c'est la perspective probabiliste : plus étonnant encore, le biais du survivant. On y revient sur notre Dieu monothéiste, avec toutes ses évolutions. On retourne jusqu'aux toutes premières traces de Yahvé (Yahvé Sabaoth, pour être précis, un simple dieu de la guerre). Pourtant, je ne peux m'empêcher de songer aux nombreuses autres trajectoires des autres dieux ou principes divins qui ont échoué en cours de route. Soit parce que ces concepts n'étaient pas adaptables aux différentes époques, soit parce que leurs adorateurs respectifs disparurent, ou encore furent forcés de se convertir, à moins que les preuves matérielles de leur existence n'aient pas survécu. Quelle qu'en soit la raison, suivant l'éclairage du biais du survivant, les notions de dieux chrétien/juif/musulman semblent assez arbitraires. C'est un peu comme une action qui grimpe grâce à la chance, alors que les autres touchent le fond. Idem pour le concept de Yahvé. J'aimerais avoir votre opinion là-dessus.

Taleb [New York, États-Unis] : Si vous lisez les travaux des anthropologues Scott Atran, Dan Sperber et Pascal Boyer, vous remarquerez qu'il existe des « bassins ». Différentes populations semblent avoir découvert les mêmes dieux indépendamment les unes des autres. Aussi, je ne pense pas que cela soit arbitraire. Armstrong elle aussi parle de convergence dans son autre chef-d'œuvre *The Great Transformation*[3].

Dobelli [New York, États-Unis] : Après avoir relu Armstrong, une question m'est venue à l'esprit : pourquoi y a-t-il si peu de religions ? Imaginez un instant les milliers et milliers d'autres cultes possibles. Le nombre d'espèces vivantes, pas exemple, ne me surprend pas. N'existent pas toutes les espèces qu'on peut envisager – certaines n'ont tout simplement pas évolué. Aussi ne m'attends-je pas à trouver sur cette planète toutes les espèces concevables. Mais je suis très étonné qu'il n'y ait pas plus de religions différentes (considérant le fait qu'elles n'ont pas besoin de mutations biologiques et de moyen de se propager, mais seulement d'être pensées et transmises). Quelles sont les forces en jeu ici ?

Taleb [Mumbaï, Inde] : Pour commencer, il y a concentration dans tout ce qui est culturel. Prenons les langues ; elles suivent

3. Karen Armstrong, *The Great Transformation*, Atlantic, mars 2007.

une sorte de distribution concentrée qui ressemble aux lois de puissance fractale à la Mandelbrot. Le problème est que les religions sont à la fois inclusives et intolérantes les unes par rapport aux autres, voilà pourquoi il n'existe pas d'équivalent aux personnes bilingues, ou possédant une double nationalité. Elles se concentrent davantage.

(PS : Depuis, j'ai rencontré Armstrong, car j'ai déjeuné à côté d'elle. Je lui ai montré votre courriel enthousiaste, car je l'avais sur mon ordinateur portable. Mais je n'ai pas établi une très bonne relation avec elle. Elle n'est guère sociable. C'est une intellectuelle solitaire.)

Dobelli [Lucerne, Suisse] : Vous préférez les penseurs non-académiques aux universitaires. Pourquoi ? Il existe des gens brillants de part et d'autre. La frontière ne devrait-elle pas plutôt s'établir entre les intellectuels dépendants sur le plan financiers et ceux qui ne le sont pas (qu'ils soient ou pas des universitaires) ?

Taleb [Londres, aéroport d'Heathrow, Grande Bretagne] : J'ai fréquenté les universitaires américains – certains sont brillants, en effet ; hélas, la plupart ne sont qu'à demi humains, incapables qu'ils sont d'affronter la vérité, la réalité. Alors ils se regroupent et créent un univers où ils peuvent réussir.

J'aime l'indépendance d'esprit. C'est plutôt rare chez les universitaires américains.

Dobelli [Zurich, Suisse] : Les romanciers ont souvent du mal à s'affranchir de leurs personnages. Comment votre vie est-elle affectée par vos écrits ? Comment faites-vous au jour le jour pour ne pas vous surveiller en permanence, ni observer vos propres biais, heuristiques et erreurs cognitives (inévitables) ?

Taleb [Bruxelles, Belgique] : Je serai franc : je suis monstrueusement humain dans la vie réelle. J'adore commettre des erreurs – des petites.

Dobelli [Lucerne, Suisse] : Est-on plus heureux quand on a conscience de ses erreurs cognitives (et qu'on peut les éviter) ?

(Aparté : Pour moi, le bonheur n'équivaut pas à l'absence de désastre – et vice-versa. Ce n'est pas l'opposé en négatif. Ces deux états, heureux ou malheureux, sont corrélés d'une étrange manière. C'est aux chercheurs qui enquêtent sur le bonheur de le découvrir, ceux de la trempe de Dan Gilbert.)

Taleb [New York, États-Unis] : Laissez-moi me répéter au sujet des petites erreurs. On n'augmente pas le bonheur en développant l'efficacité cognitive et la rationalité. tre heureux nécessite une part de sagesse vis-à-vis des grandes choses de la vie, mais aussi de garder une attitude d'enfant par rapport aux petites erreurs. Voilà où je trace la limite. J'aime faire des erreurs cognitives quand elles font partie du quotidien. C'est inhérent au fait d'être humain ; *homo sum.*

Merci pour cette conversation. Je vous quitte à présent pour m'en aller commettre de petites erreurs – pas des grandes. Ciao.

ANNEXE 2
ESSAIS D'ÉPISTÉMOLOGIE

Science négative, science iatrogène
Les gens voudraient des conseils pour savoir comment devenir riche – et ils sont prêts à payer pour ça. En revanche, comment *ne pas sauter* ne semble pas les intéresser – or, au fil du temps, seule une minorité d'entreprises *ne font pas faillite,* par conséquent, expliquer aux personnes comment éviter l'échec me semble le meilleur conseil possible – et le plus sérieux. C'est encore plus important quand vos concurrents rencontrent des difficultés et que vous pouvez vous livrer au pillage légal de leurs structures. Hélas, rares sont ceux que ce genre de conseils intéresse, voilà pourquoi les analystes quantitatifs, les consultants et les gestionnaires d'investissement de Wall Street ont du boulot, en dépit de leurs pratiques de charlatans. Récemment, j'ai été invité dans une émission de télévision où un charlot en costume-cravate n'a cessé de me harceler pour avoir des conseils précis sur comment sortir de la crise de 2008. Il m'a été impossible de lui expliquer « ce qu'il ne faut pas faire », que mon champ d'action – qui est une discipline en soi – consiste à éviter les erreurs, pas à procéder aux réparations d'urgence. En fait, j'ai passé douze ans à prêcher que, souvent, mieux vaut ne pas avoir de modèle – c'est plus sage – plutôt que de suivre les acrobaties mathématiques sur lesquelles nous nous sommes reposés pendant des années, jusqu'à ce qu'une crise gigantesque parvienne enfin à convaincre les gens de l'ineptie de ces modèles.

Malheureusement, on retrouve ce manque de rigueur là même où l'on s'attend le moins à le rencontrer : dans le domaine scientifique. En effet, les sciences, surtout dans leur version académique, n'ont jamais aimé les résultats négatifs, et je ne parle pas de l'affirmation ni de la mise en avant de leurs propres limites – le système de récompense n'est pas conçu pour ça. On est respecté quand on se livre à un numéro de funambule ou à des prouesses sportives, c'est-à-dire en se préparant à devenir le « Einstein de l'économie », ou « le nouveau Darwin », plutôt qu'en essayant d'apporter à la société quelque chose de concret en déboulonnant les mythes ou en répertoriant les frontières de nos connaissances.

Dans certains cas, nous acceptons l'idée de limites à la connaissance, comme par exemple les théorèmes d'incomplétude de Gödel, parce qu'ils font preuve d'élégance dans leur formulation et constituent une prouesse mathématique. Toutefois, ce genre de frontière théorique n'est rien en comparaison des limites pratiques en matière de prévisions concernant les changements climatiques, les crises économiques et sociales, ou encore le sort des fonds qui financent les recherches sur les futures frontières « élégantes ».

Prenons la médecine, qui sauve des vies depuis moins d'un siècle (et je suis généreux) – et encore, dans une moindre mesure qu'on pourrait le croire en lisant les textes de vulgarisation, car la baisse de la mortalité semble davantage résulter d'une prise de conscience de la nécessité de l'hygiène et de la découverte (aléatoire) des antibiotiques, plutôt que des traitements prescrits. Longtemps, guidés par un fantasme de contrôle, les médecins ont achevé leurs patients car ils refusaient de considérer la possibilité de « ne rien faire » - et d'après les recherches entreprises par mon collègue Spyros Makridakis, ils le font toujours dans une certaine mesure. En vérité, jusqu'aux années 1960, les praticiens conservateurs qui envisageaient qu'on puisse laisser la nature suivre son cours, ou qui faisaient état des limites de nos connaissances médicales, étaient taxés de nihilisme thérapeutique. Il était considéré comme « non-scientifique » de décider de suivre telle direction en se basant sur une compréhension incomplète du corps humain, de dire « j'atteins la limite de ma connaissance du corps ».

Le terme iatrogène (problème dû à celui qui soigne) est d'ailleurs peu répandu – je ne l'ai jamais vu utilisé en dehors du domaine médical. Malgré mon obsession de toujours pour les « erreurs de type 2 », ou le faux positif, je n'ai pris connaissance de ce concept que très récemment, grâce à une conversation avec l'essayiste Bryan Appleyard. Comment une telle idée peut-elle échapper à notre conscience ? Même en médecine, le concept est récent. Le philosophe des sciences Georges Canguilhem s'est étonné que cette idée ne nous soit pas venue avant les années 1950. Pour moi, c'est un mystère : comment des spécialistes peuvent-ils commettre de tels dégâts pendant si longtemps au nom de la science, et s'en tirer ainsi ?

Hélas, de plus amples recherches montrent que la iatrogénie est une simple redécouverte, suivant une période où la science était devenue trop arrogante. Là encore, les anciens en savaient plus que nous – Grecs, Romains, Byzantins et Arabes éprouvaient un respect inné pour les limites de la connaissance. Un traité du médecin et philosophe arabe médiéval Al-Ruhawi montre à quel point ces frontières étaient familières dans les cultures méditerranéennes. Par le passé, il m'est aussi arrivé de penser que les religions avaient contribué à sauver des vies en tenant les patients à l'écart des médecins. On pouvait en effet satisfaire son illusion de contrôle sur les choses en se rendant au temple d'Apollon plutôt qu'en consultant un docteur. Il est intéressant de constater que les peuples anciens des rives de la Méditerranée avaient peut-être compris cet échange, et accepté en partie la religion dans la mesure où elle permettait d'apprivoiser ce désir de contrôle.

Je conclurai par la déclaration suivante : la connaissance ne mène à rien si l'on ne sait où elle s'arrête. La science post-Lumières, et sa fille, la science superstar, ont eu la chance d'obtenir des résultats dans des disciplines linéaires comme la physique, la chimie et l'ingénierie. Toutefois, il arrive un moment où nous devons renoncer à l'élégance pour nous concentrer sur une chose qui longtemps a été mise de côté : la carte des connaissances et méthodes qui ne nous conviennent pas, ainsi qu'une étude rigoureuse des iatrogénies scientifiques.

(Edge Annual Question, 2009)

Les probabilités sont faillibles

J'ai longtemps cru que les probabilités étaient au cœur de la vie. Ainsi conseillais-je de tout exprimer en termes de degrés de crédibilité, avec des probabilités unitaires dans le cas particulier de la certitude absolue, et nulles pour l'invraisemblance totale. La pensée critique, la connaissance, les croyances, tout devait être traduit en termes de probabilité. Jusqu'au jour, il y a douze ans, où j'ai compris que j'avais tort de croire que le calcul des probabilités puisse servir de guide dans la vie et aider la société. En réalité, rares sont les circonstances où les probabilités peuvent aider à prendre une décision. Il s'agit en effet d'une construction académique gauche, très artificielle, et inobservable. La probabilité est étayée par les décisions ; ce n'est pas un outil sur lequel on puisse se reposer uniquement pour prendre des décisions dans la réalité. Cela a conduit à des erreurs dans de multiples domaines.

Considérez la déclaration suivante : « Je crois que ce bouquin ne va pas marcher, mais je serais très heureuse de le publier. » Est-ce incohérent ? Bien sûr que non : même si le livre risque fort d'être un échec commercial, cela a peut-être malgré tout un intérêt économique de le publier (pour quelqu'un qui a du flair et des moyens) car l'on ne peut ignorer la faible possibilité que ce livre soit un succès, ni l'encore plus faible possibilité que ce soit un best-seller. On comprend très vite qu'en matière de faibles probabilités, la prise de décision ne dépend pas seulement des probabilités. C'est le rapprochement entre la probabilité du bénéfice (ou d'une série de bénéfices) et le degré de son attrait qui compte. En certaines occasions, le bonus potentiel est si colossal, qu'il rend le degré de probabilité sans intérêt – or il s'agit en général de situations réelles, dans lesquelles on ne peut mesurer le taux de probabilité.

Par conséquent, il existe une différence entre la connaissance et l'action. On ne peut naïvement se fonder sur le savoir statistique scientifique (comme il est défini) ou sur ce que les épistémologues appellent croyance vraie justifiée pour les décisions qui touchent à la vie réelle. La science moderne qui est tournée vers les statistiques se base sur un système vrai/faux avec un seuil de confiance qui ne tient pas compte des conséquences. Prendriez-vous un médicament qui soigne les maux de tête si l'on vous disait qu'il est efficace à 95 % ? Très certainement. Par contre, prendriez-vous un médicament dont il serait établi qu'il est « non-mortel » à 95 % ? J'espère que non.

Quand je discute de l'impact des événements très improbables (les Cygnes Noirs), les gens commettent toujours l'erreur de croire que ces événements sont plus probables que ne le montrent les méthodes conventionnelles. Ils sont en fait extrêmement peu probables. Prenons un environnement où le gagnant rafle tout, comme les arts. Les chances de succès sont faibles car peu de gens ont assez de talent, en revanche le gain est disproportionné. Dans un environnement à queue épaisse (ce que j'appelle l'Extrêmistan) les événements rares sont moins fréquents (leur probabilité est plus faible), mais ils sont si puissants que leur effet sur l'ensemble est plus important.

Note technique : la distinction se fait tout simplement entre la probabilité brute, $P[x>K]$, c'est-à-dire la probabilité de dépasser K, et $E[x|x>K]$, l'espérance de X étant conditionnelle à $x>K$. C'est la différence entre le moment zéro et le moment un. Le second comptant en général dans la prise de décision. Ce que j'ai vu en 1995 c'est que la valeur d'une option en dehors de la monnaie augmente quand la probabilité de l'événement décroît, ce qui m'a conduit à penser que tout ce que je croyais jusque-là était faux.]

De graves erreurs sont commises car en dehors du cas particulier des casinos et des loteries, on ne rencontre presque jamais une probabilité simple avec un bénéfice simple (et connu). Vous pouvez être confronté à disons une probabilité de 5 % qu'il y ait un séisme de magnitude 3 ou plus ; 2 % d'un séisme de magnitude 4 ou plus, etc. *Idem* pour les guerres ; il existe un niveau de dégâts différents avec chaque fois une probabilité différente. « Quel est le taux de probabilité de la guerre ? » Voilà une question dépourvue de sens quand il s'agit d'évaluer un risque.

Il est donc faux de ne regarder qu'une seule probabilité que se produise un seul événement dans un contexte où les possibilités sont multiples (comme se concentrer sur des questions telles que « Quelle est la probabilité de perdre un million de dollars ? » sans prendre en compte le fait que, conditionnel au fait de perdre plus, on peut s'attendre à une perte de 20 millions, 40 millions, ou juste un million de dollars). Une fois encore, la réalité n'est pas un casino aux paris simples. Voilà l'erreur qui conduit le système bancaire à sauter avec une régularité étonnante. J'ai déjà montré que les institutions qui sont soumises aux Cygnes Noirs négatifs (comme les banques et certaines catégories d'assurances) n'ont jamais été profitables à long terme. Le problème de la crise actuelle des *subprimes*, ce n'est pas tant que les analystes quantitatifs et autres pseudo-experts de gestion du risque dans les banques se sont trompés en calculant les probabilités (et c'est le cas), mais qu'ils ont commis une grosse erreur sur les différents degrés de profondeur des conséquences négatives potentielles. Par exemple, Morgan Stanley a perdu environ 10 milliards (jusqu'ici), alors qu'ils avaient soi-disant prévu la crise et mis en place des barrages pour s'en prémunir ; ils n'ont tout simplement pas réalisé à quel point elle serait profonde, et se sont exposés à des risques d'une ampleur énorme. C'est la routine. Un ami à moi qui a sauté au cours du crash de 1987 m'a dit : « Je pariais que ça allait arriver, mais je ne pensais pas que ça irait si loin. »

Le problème est simple sur le plan mathématique, mais l'esprit humain ne l'intègre pas facilement. Je me suis amusé à soumettre à des étudiants en mathématiques le questionnaire suivant (auquel ils devaient répondre de manière intuitive, sur le champ). Dans un uni-

vers gaussien, la probabilité de dépasser un écart type tourne autour
de 16 %. Quelles sont les chances de le dépasser avec une distribution à queue plus épaisse (avec les mêmes moyenne et variance) ? La
bonne réponse est plus faible, pas plus élevée : le nombre de
déviances diminue, mais celles qui restent sont plus importantes. Il
est intéressant de noter que la plupart des étudiants se sont trompés.
Ceux qui n'ont pas l'habitude de calculer des probabilités font preuve d'une bien meilleure intuition en la matière.

Autre complication : de même que probabilité et conséquence
sont inséparables, on ne peut pas non plus exclure une composante
complexe – l'utilité – du processus de décision. Heureusement, les
Anciens, avec toutes leurs astuces et leur sagesse accumulée en
matière de prise de décision en savaient long sur la question – en
tout cas, plus que les théoriciens modernes des probabilités. Cessons
de les considérer comme des idiots de façon systématique. La plupart des textes leur reprochent leur ignorance dans le calcul des probabilités : on accuse les Babyloniens, les Égyptiens, les Romains malgré leur ingénierie sophistiquée, ainsi que les Arabes en dépit de
leurs connaissances mathématiques, de ne pas avoir inventé un
mode de calcul des probabilités (ce qui au passage est un mythe,
puisqu'un lettré ommeyade utilisait la fréquence relative des mots
pour attribuer à tel ou tel auteur l'écriture des textes religieux et
décrypter des messages). Les raisons invoquées avec désinvolture
sont la religion, le manque de sophistication de ce qu'on nomme «
méthode scientifique », ou la croyance en la destinée. Les Anciens
prenaient juste des décisions d'une manière écologiquement plus
subtile que les modernes, férus d'épistémologie. Ils intégraient l'empirisme sceptique à la Pyrrhon [?] dans le processus. Comme je l'ai
déjà dit, considérons que la croyance (c'est-à-dire l'épistémologie) et
l'action (c'est-à-dire le fait de décider), de la manière dont on les utilise, ne coïncident en général pas l'une avec l'autre. Appliquons à
présent ce point de vue au débat actuel sur les émissions de carbone
et le changement climatique. Mes correspondants ne cessent de me
demander si ceux qui tirent la sonnette d'alarme se fondent sur de
mauvaises recherches, et si, en raison de la non-linéarité, leurs prévisions sont entachées d'un tel degré d'erreur possible que nous ne
devrions pas en tenir compte. Même si je pensais que leurs
recherches sont mauvaises, même si j'étais d'accord pour dire que
les climatologues ont probablement tort, j'opterais néanmoins pour
l'affirmation conservatrice la plus écologique : « Laissons la Planète
Terre dans l'état où nous l'avons trouvée. » Imaginez les consé-

quences de la possibilité même infime qu'ils puissent avoir raison –
ou pire, la possibilité encore plus faible qu'ils puissent avoir tout à
fait raison.

(*Edge Annual Question, 2008*)

Naissance de la science stochastique

Dans l'œuvre de Richard Dawkins, j'ai trouvé de nombreuses références au fait qu'en regardant un animal, les gens éprouvent des difficultés à accepter l'idée qu'il ne résulte pas d'une décision hiérar-
chisée, mais d'un processus aléatoire, au cours duquel (de manière
grossière uniquement) les mutations les plus efficaces ont perduré.
Mon problème vient du fait que ceux qui acceptent la théorie de
l'évolution, quand ils regardent un ordinateur, un rayon laser, un
médicament qui marche, une technique chirurgicale, la manière
dont s'est répandue une langue dans le monde, dont s'est étendue
une ville, ou une entreprise commerciale, eh bien ceux-là tombent
dans le piège en croyant que leur découverte ou fabrication fait partie d'un dessein supérieur. Et, rétrospectivement, on donne des
« explications » en racontant ce qui s'est passé : il existe un fil
conducteur – il ne peut s'agir d'un accident.

Hélas, nous sommes victimes de l'erreur de narration – même
dans le domaine de la recherche scientifique (toutefois, si nous
avons appris à le gérer en matière de religion, et à un moindre degré
dans la finance, nous semblons aveugles devant sa prépondérance
dans la recherche). La machine à produire de la causalité et à débusquer des schémas qui sommeillent en nous nous aveugle d'illusions
d'ordre, malgré un passé chargé d'horribles erreurs de prédictions.
Je soutiens que non seulement les découvertes sont pour beaucoup
tributaires du hasard, mais que ce hasard est encore moins traçable
et simple que dans le domaine de l'évolution biologique. Alors que
la nature produit une stochastique plus douce, l'environnement où
émergent les découvertes humaines est soumis à des processus beaucoup plus sévères et sauvages, qu'on dit à « queue épaisse ».

Contrairement à ce qu'on pourrait croire, cela me rend très *optimiste* sur l'avenir dans différents domaines de recherche, où l'asymétrie des résultats favorise le positif par rapport au négatif – comme
l'évolution. Ces domaines se nourrissent du hasard. Dans ces environnements, plus élevé est le degré d'incertitude, plus brillant apparaît l'avenir – puisque nous sélectionnons seulement ce qui fonctionne et rejetons le reste. Dans le domaine des découvertes involon-
taires, on garde le meilleur ; comme en matière d'options sur les

marchés financiers, on n'est pas obligé de garder ce dont on ne veut pas. Le raisonnement rigoureux s'applique moins à l'élaboration d'un plan qu'à la sélection de ce qui fonctionne. J'appelle aussi ces découvertes positives Cygnes Noirs : on ne peut les prédire, mais on sait d'où ils peuvent venir et comment ils peuvent vous affecter. Mon optimisme dans ces domaines vient donc à la fois du fait que le nombre d'expériences ne cesse de croître, mais aussi de l'augmentation de l'incertitude et de l'impossibilité de prévoir en général.

Je suis convaincu que l'avenir des États-Unis est plus éclatant que ne le disent les gens – j'entends parler de leur déclin depuis que je sais lire. Considérez un instant cette énigme. Chaque fois qu'un Européen arrogant expose les stéréotypes américains, il décrit ce peuple comme étant « non cultivé », « non-intellectuel », et « mauvais en mathématiques » car à la différence de leurs pairs, les Américains ne passent pas leur temps plongés dans les équations et les constructions mentales que les classes moyennes de l'intelligence appellent la Culture, avec un grand C. Pourtant, la personne qui énonce ces vérités est très certainement accro à son *Ipod*, porte un *tee-shirt* et un *jean*, utilise *Microsoft Word* pour jeter ses arguments « culturels » sur son *PC (Intel)*, et fait des recherches sur *Internet* avec le moteur de recherche *Google*. Eh bien, il se trouve que les États-Unis forment aujourd'hui un environnement beaucoup plus stimulant que ces pays dont les habitants fréquentent les musées et résolvent des équations – et ce malgré la supposée faiblesse du système éducatif, qui se laisse conduire de manière aléatoire, par tâtonnements, de la base au sommet, que ce soit dans le domaine technologique ou les affaires. Cela favorise des entrepreneurs et les créateurs, pas les forts en thème, les bureaucrates ou pire, les économistes vivant dans l'illusion. Ainsi, la prétendue faiblesse des élèves américains dans les études théoriques conventionnelles est en réalité leur force : le système produit des entrepreneurs qui courent après leur rêve, chassent les Cygnes Noirs, des gens pragmatiques, qui savent prendre des risques, et attirent des étrangers d'une débrouillardise agressive. La globalisation a permis aux États-Unis de se spécialiser dans tout ce qui est créatif, la production de concepts et d'idées nécessitant une prise de risque, c'est-à-dire la partie scalable à queue épaisse de la production et, de plus en plus, en exportant l'emploi, de séparer les composantes les moins scalables et les plus linéaires pour les assigner à des personnes vivant dans des pays plus matheux et culturellement « heureux » qui sont payées à l'heure pour travailler sur les idées des autres. (Selon moi, contrairement au discours façon Adam Smith en vigueur dans le domaine économique, la liberté d'entreprise sans plan à l'américaine fonctionne parce qu'elle permet de capter de façon agressive les hasards de l'environnement – « les options bon marché » – et non à cause de la concurrence, et encore moins grâce aux aides matérielles. Ni les disciples d'Adam Smith, ni ceux de Karl Marx jusqu'à un certain point, ne semblent avoir conscience du rôle du hasard sauvage. Ils sont trop immergés dans une culture de causalité façon Lumières et ne peuvent séparer les potentialités des bénéfices.)

Le monde nous présente d'autres « options bon marché », or les options bénéficient tout principalement de l'incertitude. Voilà pourquoi je suis particulièrement optimiste en matière de traitements médicaux. Au grand dam de nombreux organisateurs, le facteur hasard ne cesse de prendre de l'ampleur en médecine, plaçant l'impact des découvertes dans une catégorie de lois de style Mandelbrot quant aux bénéfices potentiels. Cela se combine à un autre effet : la capacité de trouver par hasard. Les gens commencent en effet à comprendre qu'une bonne partie des découvertes médicales vient de la « marge », c'est-à-dire de gens qui trouvent autre chose que ce qu'ils cherchent. Il ne s'agit pas seulement du fait qu'un médicament pour l'hypertension a conduit au Viagra, qu'un autre censé soigner l'angiogenèse conduit à un traitement contre la dégénérescence maculaire, qu'un remède contre la tuberculose soigne la dépression et la maladie de Parkinson, etc., mais aussi que certaines découvertes estampillées comme issues de la recherche ont en réalité été le fruit du hasard, le résultat d'un bricolage qu'on a ensuite a posteriori habillé d'une narration en ajoutant qu'on cherchait ça dès le départ. L'important taux d'échec devrait suffire à nous convaincre du manque d'efficacité qu'il y a à se fixer des objectifs.

Toutefois, si le taux de réussite est très faible, plus nous multiplions les recherches, et plus nous avons de chances de trouver « par accident », en marge du plan d'origine – ou bien est-ce un « plan » original et non-défini qui a des chances d'aboutir. En observant le pipeline gonflé du flot des découvertes, mon petit doigt me dit que des traitements pour telle ou telle maladie ne vont pas tarder à arriver – mais j'ignore quel problème ils traiteront, ou encore d'où ils viendront. D'un point de vue plus technique, je vois dans ces conséquences positives la trace du hasard fractal car elles sont plus linéaires par rapport au nombre d'investissements que par rapport à la quantité investie – favorisant ainsi la multiplication des petits paris.

Ainsi donc la science institutionnelle est-elle en grande partie conduite par les certitudes causales, ou l'illusion de pouvoir maîtriser ces certitudes ; on n'accepte pas facilement l'idée du bricolage stochastique. Pourtant, de plus en plus, nous apprenons à le pratiquer à notre insu – grâce à des entrepreneurs trop sûrs d'eux, à des investisseurs naïfs, à des banquiers d'investissement gourmands et des capitalistes agressifs réunis grâce à la liberté commerciale. J'ai bon espoir aussi que l'académie perde de son pouvoir et de sa capacité à sangler la connaissance dans des costumes empesés, pour que celle-ci s'écoule librement et circule façon Wiki. Mais ce que je dis n'est pas nouveau. Accepter l'idée que le progrès technologique soit le fruit d'un processus stochastique non-dirigé (et non-prévisible), voilà la ligne suivie par une branche quasi inconnue de la médecine hellénique au IIe siècle au Proche-Orient, qu'on appelait les médecins empiriques. Les praticiens les plus connus furent Ménodote de Nicomédie, et mon héros des héros, Sextus Empiricus. Ils prônaient une médecine stochastique au sens littéral, sans théorie ni opinion, fondée sur l'expérience. Leurs voies furent noyées par les théoriciens emmenés par Claude Galien, et plus tard par la médecine arabe aristotélicienne qui prévaut jusqu'à aujourd'hui.

Cette idée s'applique à tant de domaines technologiques. Le seul inconvénient c'est que nous ne pouvons prévoir dans quel secteur vont émerger les bonnes nouvelles, même si nous pouvons affirmer que c'est dans les champs où il y a le plus d'expérimentations. Plus il y a de bricoleurs, plus les Cygnes Noirs sont nombreux. Allez donc voir où en sont les bricoleurs.

(*Edge Annual Question, 2007*)

L'opium des classes moyennes

En tant que sceptique, je crois à la validité du débat sur l'athéisme et la religion. Pourtant, cela me semble être une dépense d'énergie sans intérêt – c'est-à-dire davantage un combat pour le principe que pour défendre une ligne de conduite. En tant que sceptique empirique, j'aimerais introduire une dimension à ce débat : la pertinence, les conséquences et notre capacité à corriger une situation – en d'autres termes, il s'agit de l'impact sur notre vie quotidienne.

Voici le portrait du parfait dupe du hasard selon moi : il ne croit pas à la religion, et avance des arguments parfaitement rationnels pour étayer sa non-croyance. Il oppose méthode scientifique à superstition et foi aveugle. Hélas, le scepticisme humain est en général limité à des domaines très précis et relégué aux salles de classe. Celui de la personne dupe du hasard subit une sévère atrophie dès qu'on quitte le débat intellectuel :

1/ Il croit aux marchés boursiers parce qu'on lui a dit de le faire – il a placé une bonne partie de l'argent de sa retraite. Il ignore que celui qui gère ces fonds mutuels ne fait pas mieux que si les choses étaient laissées au hasard – il fait même moins bien, mais se fait grassement payer pour ça. Il ne réalise pas non plus que les marchés sont beaucoup plus aléatoires et risqués que ne le laissent penser les grands prêtres de l'industrie de la finance.

Il ne croit pas les évêques (en se fondant sur des bases scientifiques), mais il les remplace par l'analyste expert en sécurité. Il écoute ses prospectives, et celles d'autres experts – sans aller vérifier leurs prédictions passées. S'il l'avait fait, il aurait compris qu'ils ne font pas mieux que le hasard – et souvent pire.

2/ Il croit en la capacité du gouvernement à « prévoir » les variables économiques, le prix du pétrole, la croissance du PIB ou l'inflation. L'économie fournit des équations très complexes – hélas notre capacité prévisionnelle historique est pitoyable. Il ne faut pas longtemps pour vérifier toutes ces affirmations : un simple empirisme suffit. Pourtant, nous disposons de prévisions sérieuses en matière de déficit de la sécurité sociale publiées par les deux principaux partis politiques américains (les démocrates et les républicains) vingt ou trente ans à l'avance ! Ce Scandale de la Prédiction (avec des lettres majuscules) est bien plus sérieux que celui de la religion, ne serait-ce que parce ces prédictions servent à définir des politiques. La dernière fois que j'ai vérifié, aucune figure religieuse n'avait été consultée pour mettre en place les politiques économiques et commerciales à long terme.

3/ Il croit aux « capacités » des dirigeants des grandes entreprises, et leur offre d'énormes bonus pour récompenser leurs « performances ». Il oublie que leurs contributions sont justement les moins mesurables. Cette attribution de capacités est au mieux spécieuse – il est impossible de mesurer le rôle de la chance dans leur succès.

4/ Son intégrité scientifique lui fait rejeter la religion, mais il croit les économistes, car dans « sciences économiques », il y a le mot science.

5/ bIl croit que les médias donnent une représentation exacte des risques. C'est faux. En raison du phénomène que j'appelle l'erreur de narration, les médias déforment notre carte mentale du monde en nous faisant ingurgiter des faits sous forme d'histoire qui corresponde à notre tournure d'esprit. Par exemple, le cancer (qui est prévisible), est un danger infiniment plus grand pour nous que le terrorisme. Le nombre de personnes tuées par les tornades, de manière indirecte, n'est rien comparé au nombre de gens qui meurent chaque jour dans un lit d'hôpital. Mais l'histoire de ces derniers n'en vaut pas la peine, d'où l'absence d'intérêt des médias et la réduction disproportionnée de l'aide accordée à ces gens. La différence entre le risque réel et la perception du danger est énorme – et hélas le gouffre se creuse en raison de la globalisation, des médias, et de notre sensibilité aux stimuli visuels.

Attention, je ne dis pas qu'il faille ignorer les effets secondaires des religions – n'oublions pas les intolérances passées. Mais c'est dans ces colonnes que Richard Dawkins, se faisant l'écho du grand Peter Medawar, a recommandé aux étudiants brillants de se trouver une discipline qui vaille la peine d'être intelligent. De même, je suggère que nous exercions notre scepticisme dans les cas où cela en vaut la peine. Pourquoi ? Parce que hélas, sur le plan cognitif, nos capacités à douter sont assez restreintes.

Nous, les humains, sommes par nature crédules – douter exige une extraordinaire dépense d'énergie. C'est une ressource limitée. Je propose qu'on évalue le scepticisme aux conséquences qu'il peut avoir sur nos vies. Les dangers de la religion organisée ont certes existé, mais ils ont peu à peu été remplacés par l'idéologie des sciences sociales, pas du tout introspective et extrêmement sévère.

La religion apporte du réconfort à bon nombre de gens. D'un point de vue personnel, je dois admettre que je sens mon esprit s'élever davantage dans une cathédrale qu'à la bourse – ne serait-ce que pour des raisons esthétiques. Tout en écrivant, j'écoute Palestrina. Sachant que je ne puis m'empêcher d'être crédule, autant l'être dans un domaine qui n'aura pas de conséquences fâcheuses sur mon avenir – surtout si en plus il étanche ma soif d'esthétique.

Il est grand temps de s'inquiéter de l'opium des classes moyennes.

(Edge, 2005)

TABLE DES MATIÈRES

Ce volume,
publié aux Éditions Les Belles Lettres
a été imprimé en France
par CPI
en mai 2022

N° d'éditeur : 10228
N° d'imprimeur : 169409
Dépôt légal : mai 2022